板書で見る国

全単元の授業のすべて

小学校 1年 上

中村和弘 監修
岡﨑智子・福田淳佑 編著

東洋館出版社

まえがき

令和２年度に完全実施となる小学校の学習指導要領では、これからの時代に求められる資質・能力や教育内容が示されました。

この改訂を受け、これからの国語科では、

・子供たちが言語活動を通して「言葉による見方・考え方」を働かせながら学習に取り組むことができるようにする。

・単元の目標／評価を、〔知識及び技能〕と〔思考力、判断力、表現力等〕のそれぞれの指導事項を結び付けて設定し、それらの資質・能力が確実に身に付くよう学習過程を工夫する。

・子供たちにとって「主体的・対話的で深い学び」が実現するよう、単元の構成や教材の扱い、言語活動の設定などを工夫する。

などの授業づくりが求められています。

一方で、こうした授業を実現していくためには、いくつかの難しさを抱えているように思います。例えば、言語活動が重視されるあまり、「国語科の授業で肝心なのは、言葉や言葉の使い方などを学ぶことである」という共通認識が薄れているように感じます。あるいは、活動には取り組ませているけれども、今日の学習でどのような言葉の力が付いたのかが、教師にも子供たちにも自覚的ではない授業が見られます。

国語科の授業を通して、「どんな力が付けばよいのか」「何を教えればよいのか」という肝心な部分で、困っている先生方が多いのではないかと感じています。

本書は、「板書をどうすればいいのか」という悩みに答えながら、同時に、国語科の授業で「どんな力が付けばよいのか」「何を教えればよいのか」というポイントを、単元ごとに分かりやすく具体的に示しています。いわば、国語科の授業づくりの手引き書でもあることが特徴です。

この板書シリーズは、2005年の初版刊行以来、毎日の授業づくりに寄り添う実践書として多くの先生方に活用されてきました。そして、改訂を重ねるたびに、板書の仕方はもちろん、「もっとうまく国語の授業ができるようになりたい」という先生方の要望に応えられる内容と質を備えられるよう、改善されてきました。

今回、平成29年告示の学習指導要領に対応する新シリーズを作るに当たっても、そうした点を大切にして、検討を重ねてきました。

日々教室で子供たちと向き合う先生方に、「こういうふうに授業を進めていけばよいのか」「指導のポイントは、こういうところにあるのか」「自分でもこんな工夫をしてみたい」と国語科の授業づくりの楽しさを感じながらご活用いただければ幸いです。

令和２年３月吉日

中村　和弘

本書活用のポイント―単元構想ページ―

本書は、各学年の全単元について、単元全体の構想と各時間の板書のイメージを中心とした本時案を紹介しています。各単元の冒頭にある単元構想ページの活用のポイントは次のとおりです。

教材名と指導事項、関連する言語活動例

本書の編集に当たっては、令和２年発行の光村図書出版の国語教科書を参考にしています。まずは、各単元で扱う教材とその時数、さらにその下段に示した学習指導要領に即した指導事項や関連する言語活動例を確かめましょう。

単元の目標

単元の目標を総括目標として示しています。各単元で身に付けさせたい資質・能力の全体像を押さえておきましょう。

評価規準

ここでは、指導要録などの記録に残すための評価を取り上げています。本書では、❶❷のように記録に残すための評価は色付きの丸数字で統一して示しています。本時案の目標で色付きの丸数字が登場したときには、本ページの評価規準と併せて確認することで、より単元全体を意識した授業づくりができるようになります。

おおきな　かぶ　（6時間扱い）

〔知識及び技能〕(1)ク　〔思考力、判断力、表現力等〕C読むことイ、エ　関連する言語活動例C(2)イ

単元の目標

・場面の様子について、登場人物の行動を中心に想像を広げながら読むことができる。
・繰り返しの言葉やリズムを考えながら、声に出して読むことができる。

評価規準

知識・技能	❶語のまとまりや言葉の響きなどに気を付けて音読している。(〔知識及び技能〕(1)ク)
思考・判断・表現	❷「読むこと」において場面の様子や登場人物の行動など、話の内容の大体を捉えている。(〔思考力・判断力・表現力〕Cイ) ❸「読むこと」において場面の様子に着目して、登場人物の行動を具体的に想像している。(〔思考力・判断力・表現力〕Cエ)
主体的に学習に取り組む態度	❹進んで場面の様子から登場人物の行動を具体的に想像し、学習の見通しをもって、想像したことや考えたことを音読で表現しようとしている。

単元の流れ

次	時	主な学習活動	評価
一	1	教師の範読後、全文を読み、物語の場面や登場人物や出てくる順番を確かめる。 初発の感想を書く。	
二	2	学習の見通しをもつ 初発の感想から、話の特徴やおもしろいところを共有し、学習課題を考える。 繰り返しの言葉を見つけ、その効果を考える。	❷
	3	かぶを抜こうとするときや助けを呼ぼうとするときの、登場人物の行動や気持ちを想像する。 繰り返し出てくる言葉の意味の違いを考え、音読の仕方を工夫する。	❶
	4	かぶが抜けないときやかぶを抜こうとするときの、登場人物の行動や気持ちを想像する。 つなぎ言葉の意味の違いを考え、音読の仕方を工夫する。 かぶが抜けた理由について話し合う。	❸
三	5・6	役割を決めて、音読の練習をする。 音読発表会をする。 学習を振り返る 学習の振り返りをする。	❹

おおきな　かぶ
202

単元の流れ

単元の目標や評価規準を押さえた上で、授業をどのように展開していくのかの大枠をここで押さえます。各展開例は学習活動ごとに構成し、それぞれに対応する評価をその右側の欄に対応させて示しています。

ここでは、「評価規準」で挙げた記録に残すための評価のみを取り上げていますが、本時案では必ずしも記録には残さない、指導に生かす評価も示しています。本時案での詳細かつ具体的な評価の記述と併せて確認することで、指導と評価の一体化を意識することが大切です。

また、学習の見通しをもつ　学習を振り返るという見出しが含まれる単元があります。見通しをもたせる場面と振り返りを行う場面を示すことで、教師が子供の学びに向かう姿を見取ったり、子供自身が自己評価を行う機会を保障したりすることに活用できるようにしています。

授業づくりのポイント

〈単元で育てたい資質・能力〉

本単元のねらいは、場面の様子から想像したことを音読で表現する力を育むことである。

そのために、登場人物の行動や会話に着目し、具体的に登場人物の様子や気持ちを想像できるようにする。想像したことを音読で表現することで、繰り返し出てくる言葉の意味やリズムのよさなどに気付くことができるようにする。

具体例

○おじいさんはかぶの種をまくときに、「あまい　あまい　かぶに　なれ。おおきな　おおきな　かぶに　なれ。」と言っている。「あまい　かぶに　なれ。」ではなく「あまい　あまい」や「おおきな　おおきな」と２回同じ言葉を繰り返している。このことから、このときのおじいさんの気持ちを考えさせたい。

〈教材・題材の特徴〉

「おおきな　かぶ」は、反復表現と登場人物が現れる順序が特徴的な話であり、その繰り返しの効果がおもしろさを引き出している教材である。

登場人物が次の登場人物を呼んでくる同じ展開の繰り返し、「うんとこしょ、どっこいしょ。」という同じ掛け声の繰り返し、「○○が□□をひっぱって」という行動描写の繰り返し、「それでも～ぬけません」「まだまだ～ぬけません」等の接続詞や副詞を使った同じ状況の繰り返しがある。言葉の繰り返しは、イメージと意味を強調する効果がある。

登場人物が現れる順序は、自分よりも力が弱いものを呼んでくる設定が繰り返される。大きなかぶを抜こうとしているのに対して、どんどん力が小さい登場人物が登場することで、かぶが抜けてほしいという思いと果たしてかぶは抜けるのかという緊張感があいまって、読み手は作品に引き込まれていく。最後に小さな力のねずみの参加でかぶが抜ける意外性とともに、みんなで協力することの大切さや小さな存在の大きな役割という価値も見いだすことができる。

具体例

○「うんとこしょ、どっこいしょ。」は６回繰り返される。１回ごとにかぶを引っ張る人数が増えるとともに、かぶを抜きたいという気持ちが強くなっていく。このことを踏まえ、どのように音読することがふさわしいのかと、表現方法を考えさせていく。

○「○○が□□をひっぱって」という表現が繰り返されることで、文章にリズムのよさが生まれる。登場人物の動作と会話のタイミングなどを具体的に想像させていく。

〈言語活動の工夫〉

話の繰り返される展開や繰り返し出てくる言葉に着目し、その効果のおもしろさを味わえるように言語活動を設定する。そのために、場面ごとに区切って読むのではなく、話全体を何度も通読することで、繰り返される言葉の意味の違いや効果を読み取り、音読の表現に生かせるようにする。また、繰り返される言葉が生み出す心地よいリズムによって、読み手は、自然と身体も動きだすであろう。動作化も取り入れながら、場面の様子を具体的に想像できるようにするとよい。

具体例

○話の世界を具体的に想像できるように、気持ちや会話を書き込めるようなワークシートを用意する。また、具体的に動作化できるように立体的なかぶを用意するなど工夫する。

○どのような音読表現がよいかについて、友達同士がアドバイスできる学習環境も整えたい。

203

授業づくりのポイント

ここでは、本単元の授業づくりのポイントを取り上げています。

全ての単元において〈単元で育てたい資質・能力〉を解説しています。単元で育てたい資質・能力を確実に身に付けさせるために、気を付けたいポイントや留意点に触れています。授業づくりに欠かせないポイントを押さえておきましょう。

他にも、単元や教材文の特性に合わせて〈教材・題材の特徴〉〈言語活動の工夫〉〈他教材や他教科との関連〉〈子供の作品やノート例〉〈並行読書リスト〉などの内容を適宜解説しています。これらの解説を参考にして、学級の実態を生かした工夫を図ることが大切です。各項目では解説に加え、具体例も挙げていますので、併せてご確認ください。

本書活用のポイント―本時案ページ―

単元の各時間の授業案は、板書のイメージを中心に、目標や評価、学習の進め方などを合わせて見開きで構成しています。各単元の本時案ページの活用のポイントは次のとおりです。

本時の目標

本時の目標を総括目標として示しています。単元冒頭ページとは異なり、各時間の内容により即した目標を示していますので、「授業の流れ」などと併せてご確認ください。

本時の主な評価

ここでは、各時間における評価について2種類に分類して示しています。それぞれの意味は次のとおりです。

○❶❷などの色付き丸数字が付いている評価

指導要録などの記録に残すための評価を表しています。単元冒頭ページにある「単元の流れ」の表に示された評価と対応しています。各時間の内容に即した形で示していますので、具体的な評価のポイントを確認することができます。

○「・」の付いている評価

必ずしも記録に残さない、指導に生かす評価を表しています。以降の指導に反映するための教師の見取りとして大切な視点です。指導との関連性を高めるためにご活用ください。

資料等の準備

ここでは、板書をつくる際に準備するとよいと思われる絵やカード等について、箇条書きで示しています。なお、💿の付いているものについては、本書付録のDVDにデータが収録されています。

本時案

おおきな　かぶ

本時の目標

・話の流れや登場人物を読み取ることができる。
・話を読んで、感想をもつことができる。

本時の主な評価

・話の流れを理解し、登場人物が出てくる順番を読み取っている。
・話のおもしろいところに気付き、感想を書くことができている。

資料等の準備

・挿絵
・登場人物のお面 💿 17-01〜07

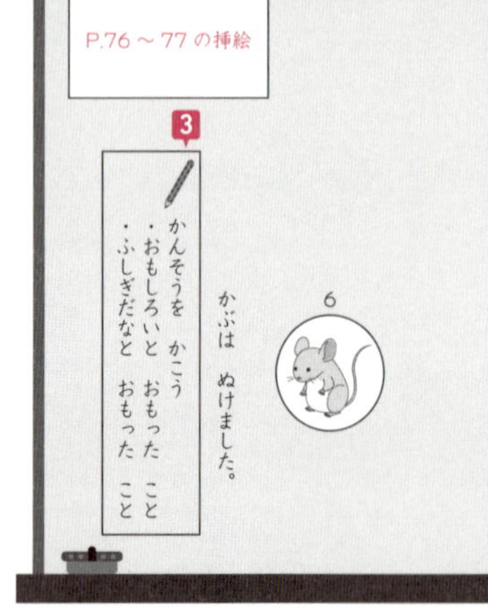

P.76 ～ 77 の挿絵
3
6
かぶは　ぬけました。
かんそうを　かこう
・おもしろいと　おもった　こと
・ふしぎだなと　おもった　こと

授業の流れ▷▷▷

1 「おおきな　かぶ」という題名から、どんな話か想起させ、教師の範読を聞く〈10分〉

○題名「おおきな　かぶ」や挿絵から話の内容を想像させ、話の内容に興味や期待感をもたせるようにする。
T 「おおきな　かぶ」はどんな話だと思いますか。
・大きなかぶの話。
・おじいさんがかぶを抜く話。
○範読を聞かせる際には、意識させたい観点を提示してから聞かせるようにする。
T どんな話か、登場人物は何人でてくるのかを考えながら聞きましょう。

2 物語の場面や登場人物を出てきた順番に確認する〈25分〉

○教師の後に続いて全文を音読する。
○音読する際には、地の文と会話文（「　」）があることを確認し、会話文を意識して音読できるようにする。
T 話の場面はどこですか。
・おじいさんの畑。
T どんな話でしたか。
・おじいさんが大きなかぶを育てた話。
・みんなで力を合わせてかぶを抜く話。
T 登場人物は何人いましたか。それは誰ですか。出てきた順番に言いましょう。
・6人。
・おじいさん、おばあさん、まご、いぬ、ねこ、ねずみ。

おおきな　かぶ
204

3 物語を読んだ感想を書く〈10分〉

○観点（おもしろいと思ったこと・不思議だなと思ったことなど）を示して感想を書かせるようにする。
・何回も「うんとこしょ、どっこいしょ。」と言っていておもしろい。
・なかなかかぶが抜けなくて、どきどきした。
・みんなでかぶを引っ張って、かぶが抜けてよかった。
・どうして、ねずみが引っ張ってかぶが抜けたのだろう。

よりよい授業へのステップアップ

範読の工夫

低学年の子供への教師の範読は、子供が話を理解したり、話の世界に浸ったりする手助けとなるため重要である。地の文と会話文の表現の違いが分かるように音読し、「誰が何をしたのか」「だれが何と言ったのか」など、登場人物の行動や話の展開を理解できるように工夫する。

掲示物の工夫

話の流れや登場人物の順番を理解できるように挿絵などの掲示物を効果的に使うようにしたい。

第1時
205

本時の板書例

子供たちの学びを活性化させ、授業の成果を視覚的に確認するための板書例を示しています。学習活動に関する項立てだけでなく、子供の発言例なども示すことで、板書全体の構成をつかみやすくなっています。

板書に示されている**1** **2**などの色付きの数字は、「授業の流れ」の各展開と対応しています。どのタイミングで何を提示していくのかを確認し、板書を効果的に活用することを心掛けましょう。

色付きの吹き出しは、板書をする際の留意点です。実際の板書では、テンポよくまとめる必要がある部分があったり、反対に子供の発言を丁寧に記していく必要がある部分があったりします。留意点を参考にすることで、メリハリをつけて板書を作ることができるようになります。

その他、色付きの文字で示された部分は実際の板書には反映されない部分です。黒板に貼る掲示物などが当たります。

これらの要素をしっかりと把握することで、授業展開と一体となった板書を作り上げることができます。

よりよい授業へのステップ

ここでは、本時の指導についてポイントを絞って解説しています。授業を行うに当たって、子供がつまずきやすいポイントやさらに深めたい内容について、各時間の内容に即して実践的に示しています。よりよい授業づくりのために必要な視点を押さえましょう。

授業の流れ

1時間の授業をどのように展開していくのかについて示しています。

各展開例について、主な学習活動とともに目安となる時間を示しています。導入に時間を割きすぎたり、主となる学習活動に時間を取れなかったりすることを避けるために、時間配分もしっかりと確認しておきましょう。

各展開は、T：教師の発問や指示等、・：予想される子供の反応例、〇：留意点等の3つの内容で構成されています。この展開例を参考に、各学級の実態に合わせてアレンジを加え、より効果的な授業展開を図ることが大切です。

板書で見る全単元の授業のすべて

国語 小学校１年上

もくじ

1 第１学年における授業づくりのポイント

2 第１学年の授業展開

1

第 1 学年における授業づくりのポイント

「主体的・対話的で深い学び」を目指す授業づくりのポイント

1 国語科における「主体的・対話的で深い学び」の実現

平成29年告示の学習指導要領では、国語科の内容は育成を目指す資質・能力の３つの柱の整理を踏まえ、〔知識及び技能〕と〔思考力、判断力、表現力等〕から編成されている。これらの資質・能力は、国語科の場合は言語活動を通して育成される。

つまり、子供の取り組む言語活動が充実したものであれば、その活動を通して、教師の意図した資質・能力は効果的に身に付くということになる。逆に、子供にとって言語活動がつまらなかったり気が乗らなかったりすると、資質・能力も身に付きにくいということになる。

ただ、どんなに言語活動が魅力的であったとしても、あるいは子供が熱中して取り組んだとしても、それらを通して肝心の国語科としての資質・能力が身に付かなければ、本末転倒ということになってしまう。

このように、国語科における学習活動すなわち言語活動は、きわめて重要な役割を担っている。その言語活動の質を向上させていくための視点が、「主体的・対話的で深い学び」ということになる。学習指導要領の「指導計画作成上の配慮事項」では、次のように示されている。

> 単元など内容や時間のまとまりを見通して、その中で育む資質・能力の育成に向けて、児童の主体的・対話的で深い学びの実現を図るようにすること。その際、言葉による見方・考え方を働かせ、言語活動を通して、言葉の特徴や使い方などを理解し自分の思いや考えを深める学習の充実を図ること。

ここにあるように、「主体的・対話的で深い学び」の実現は、「資質・能力の育成に向けて」工夫されなければならない点を確認しておきたい。

2 主体的な学びを生み出す

例えば、「読むこと」の学習では、子供の読む力は、何度も文章を読むことを通して高まる。ただし、「読みましょう」と教師に指示されて読むよりも、「どうしてだろう」と問いをもって読んだり、「こんな点を考えてみよう」と目的をもって読んだりした方が、ずっと効果的である。問いや目的は、子供の自発的な読みを促してくれる。

教師からの「〇場面の人物の気持ちを考えましょう」という指示的な学習課題だけでは、こうした自発的な読みが生まれにくい。「〇場面の人物の気持ちは、前の場面と比べてどうか」「なぜ、変化したのか」「ＡとＢと、どちらの気持ちだと考えられるか」など、子供の問いや目的につながる課題や発問を工夫することが、主体的な学びの実現へとつながる

この点は、「話すこと・聞くこと」や「書くこと」の授業でも同じである。「まず、こう書きましょう」「書けましたか。次はこう書きましょう」という指示の繰り返しで書かせていくと、活動がいつの間にか作業になってしまう。それだけではなく、「どう書けばいいと思う？」「前にどんな書き方を習った？」「どう工夫して書けばいい文章になるだろう？」などのように、子供に問いかけ、考えさせながら書かせていくことで、主体的な学びも生まれやすくなる。

3 対話的な学びを生み出す

対話的な学びとして、グループで話し合う活動を取り入れても、子供たちに話し合いたいことがなければ、形だけの活動になってしまう。活動そのものが大切なのではなく、何かを解決したり考えたりする際に、１人で取り組むだけではなく、近くの友達や教師などの様々な相手に、相談したり自分の考えを聞いてもらったりすることに意味がある。

そのためには、例えば、「疑問（○○って、どうなのだろうね？）」「共感や共有（ねえ、聞いてほしいんだけど……）」「目的（いっしょに、○○しよう！）」「相談（○○をどうしたらいいのかな）」などをもたせることが有用である。その上で、何分で話し合うのか（時間）、誰と話し合うのか（相手）、どのように話し合うのか（方法や形態）といったことを工夫するのである。

また、国語における対話的な学びでは、相手や対象に「耳を傾ける」ことが大切である。相手の言っていることにしっかり耳を傾け、「何を言おうとしているのか」という意図など考えながら聞くということである。

大人でもそうだが、思っていることや考えていることなど、頭の中の全てを言葉で言い表すことはできない。だからこそ、聞き手は、相手の言葉を手がかりにしながら、その人がうまく言葉にできていない思いや考え、意図を汲み取って聞くことが大切になってくる。

聞くとは、受け止めることであり、フォローすることである。聞き手がそのように受け止めてくれることで、話し手の方も、うまく言葉にできなくても口を開くことができる。対話的な学びとは、話し手と聞き手とが、互いの思いや考えをフォローし合いながら言語化する共同作業である。対話することを通して、思いや考えが言葉になり、そのことが思考を深めることにつながる。

国語における対話的な学びの場面では、こうした言葉の役割や対話をすることの意味などに気付いていくことも、言葉を学ぶ教科だからこそ、大切にしていきたい。

4 深い学びを生み出す

深い学びを実現するには、言葉による見方・考え方を働かせ、言語活動を通して国語科としての資質・能力を身に付けることが欠かせない（「言葉による見方・考え方」については、次ページを参照）。授業を通して、子供の中に、言葉や言葉の使い方についての発見や更新が生まれるということである。

国語の授業は、言語活動を通して行われるため、どうしても活動することが目的化しがちである。だからこそ、読むことでも書くことでも、「どのような言葉や言葉の使い方を学習するために、この活動を行っているのか」を、常に意識して授業を考えていくことが最も大切である。

そのためには、例えば、学習指導案の本時の目標と評価を、できる限り明確に書くようにすることが考えられる。「○場面を読んで、人物の気持ちを想像する」という目標では、どのような語句や表現に着目し、どのように想像させるのかがはっきりしない。教材研究などを通して、この場面で深く考えさせたい叙述や表現はどこなのかを明確にすると、学習する内容も焦点化される。つまり、本時の場面の中で、どの語句や表現に時間をかけて学習すればよいかが見えてくる。全部は教えられないので、扱う内容の焦点化を図るのである。焦点化した内容について、課題の設定や言語活動を工夫して、子供の学びを深めていく。言葉や言葉の使い方についての、発見や更新を促していく。評価についても同様で、何がどのように読めればよいのかを、子供の姿で考えることでより具体的になる。

このように、授業のねらいが明確になり、扱う内容が焦点化されると、その部分の学習が難しい子供への手立ても、具体的に用意することができる。どのように助言したり、考え方を示したりすればその子供の学習が深まるのかを、個別に具体的に考えていくのである。

「言葉による見方・考え方」を働かせる授業づくりのポイント

1 「言葉を学ぶ」教科としての国語科の授業

国語科は「言葉を学ぶ」教科である。

物語を読んで登場人物の気持ちについて話し合っても、説明文を読んで分かったことを新聞にまとめても、その言語活動のさなかに、「言葉を学ぶ」ことが子供の中に起きていなければ、国語科の学習に取り組んだとは言いがたい。

「言葉を学ぶ」とは、普段は意識することのない「言葉」を学習の対象とすることであり、これもまたあまり意識することのない「言葉の使い方」（話したり聞いたり書いたり読んだりすること）について、意識的によりよい使い方を考えたり向上させたりしていくことである。

例えば、国語科で「ありの行列」という説明的文章を読むのは、アリの生態や体の仕組みについて詳しくなるためではない。その文章が、どのように書かれているかを学ぶために読む。だから、文章の構成を考えたり、説明の順序を表す接続語に着目したりする。あるいは、「問い」の部分と「答え」の部分を、文章全体から見付けたりする。

つまり、国語科の授業では、例えば、文章の内容を読み取るだけでなく、文章中の「言葉」の意味や使い方、効果などに着目しながら、筆者の書き方の工夫を考えたりすることなどが必要である。また、文章を書く際にも、構成や表現などを工夫し、試行錯誤しながら相手や目的に応じた文章を書き進めていくことなどが必要となってくる。

2 言葉による見方・考え方を働かせるとは

平成29年告示の学習指導要領では、小学校国語科の教科の目標として「言葉による見方・考え方を働かせ、言語活動を通して、国語で正確に理解し適切に表現する資質・能力を次のとおり育成することを目指す」とある。その「言葉による見方・考え方を働かせる」ということついて、『小学校学習指導要領解説　国語編』では、次のように説明されている。

> 言葉による見方・考え方を働かせるとは、児童が学習の中で、対象と言葉、言葉と言葉との関係を、言葉の意味、働き、使い方等に着目して捉えたり問い直したりして、言葉への自覚を高めることであると考えられる。様々な事象の内容を自然科学や社会科学等の視点から理解することを直接の学習目的としない国語科においては、言葉を通じた理解や表現及びそこで用いられる言葉そのものを学習対象としている。このため、「言葉による見方・考え方」を働かせることが、国語科において育成を目指す資質・能力をよりよく身に付けることにつながることとなる。

一言でいえば、言葉による見方・考え方を働かせるとは、「言葉」に着目し、読んだり書いたりする活動の中で、「言葉」の意味や働き、その使い方に目を向け、意識化していくことである。

前に述べたように、「ありの行列」という教材を読む場合、文章の内容の理解のみを授業のねらいとすると、理科の授業に近くなってしまう。もちろん、言葉を通して内容を正しく読み取ることは、国語科の学習として必要なことである。しかし、接続語に着目したり段落と段落の関係を考えたりと、文章中に様々に使われている「言葉」を捉え、その意味や働き、使い方などを検討していくことが、言葉による見方・考え方を働かせることにつながる。子供たちに、文章の内容への興味をもたせるとともに、書かれている「言葉」を意識させ、「言葉そのもの」に関心をもたせることが、国語科の授業では大切となる。

3 〔知識及び技能〕と〔思考力、判断力、表現力等〕

言葉による見方・考え方を働かせながら、文章を読んだり書いたりさせるためには、〔知識及び技能〕の事項と〔思考力、判断力、表現力等〕の事項とを組み合わせて、授業を構成していくことが必要となる。文章の内容ではなく、接続語の使い方や文末表現への着目、文章構成の工夫や比喩表現の効果など、文章の書き方に目を向けて考えていくためには、そもそもそういった種類の「言葉の知識」が必要である。それらは主に〔知識及び技能〕の事項として編成されている。

一方で、そうした知識は、ただ知っているだけでは、読んだり書いたりするときに生かされてこない。例えば、文章構成に関する知識を使って、今読んでいる文章について、構成に着目してその特徴や筆者の工夫を考えてみる。あるいは、これから書こうとしている文章について、様々な構成の仕方を検討し、相手や目的に合った書き方を工夫してみる。これらの「読むこと」や「書くこと」などの領域は、〔思考力、判断力、表現力等〕の事項として示されているので、どう読むか、どう書くかを考えたり判断したりする言語活動を組み込むことが求められている。

このように、言葉による見方・考え方を働かせながら読んだり書いたりするには、「言葉」に関する知識・技能と、それらをどう駆使して読んだり書いたりすればいいのかという思考力や判断力などの、両方の資質・能力が必要となる。単元においても、〔知識及び技能〕の事項と〔思考力、判断力、表現力等〕の事項とを両輪のように組み合わせて、目標／評価を考えていくことになる。先に引用した『解説』の最後に、「『言葉による見方・考え方』を働かせることが、国語科において育成を目指す資質・能力をよりよく身に付けることにつながる」としているのも、こうした理由からである。

4 他教科等の学習を深めるために

もう１つ大切なことは、言葉による見方・考え方を働かせることが、各教科等の学習にもつながってくる点である。一般的に、学習指導要領で使われている「見方・考え方」とは、その教科の学びの本質に当たるものであり、教科固有のものであるとして説明されている。ところが、言葉による見方・考え方は、他教科等の学習を深めることとも関係してくる。

これまで述べてきたように、国語科で文章を読むときには、書かれている内容だけでなく、どう書いてあるかという「言葉」の面にも着目して読んだり考えたりしていくことが大切であった。

この「言葉」に着目し、意味を深く考えたり、使い方について検討したりすることは、社会科や理科の教科書や資料集を読んでいく際にも、当然つながっていくものである。例えば、言葉による見方・考え方が働くということは、社会の資料集や理科の教科書を読んでいるときにも、「この言葉の意味は何だろう、何を表しているのだろう」と、言葉と対象の関係を考えようとしたり、「この用語と前に出てきた用語とは似ているが何が違うのだろう」と言葉どうしを比較して検討しようとしたりするということである。

教師が、「その言葉の意味を調べてみよう」「用語同士を比べてみよう」と言わなくても、子供自身が言葉による見方・考え方を働かせることで、そうした学びを自発的にスタートさせることができる。国語科で、言葉による見方・考え方を働かせながら学習を重ねてきた子供たちは、「言葉」を意識的に捉えられる「構え」が生まれている。それが他の教科の学習の際にも働くのである。

言語活動に取り組ませる際に、どんな「言葉」に着目させて、読ませたり書かせたりするのかを、教材研究などを通してしっかり捉えておくことが大切である。

学習評価のポイント

1 国語科における評価の観点

各教科等における評価は、平成29年告示の学習指導要領に沿った授業づくりにおいても、観点別の目標準拠評価の方式である。学習指導要領に示される各教科等の目標や内容に照らして、子供の学習状況を評価するということであり、評価の在り方としてはこれまでと大きく変わることはない。

ただし、その学習指導要領そのものが、「知識及び技能」「思考力、判断力、表現力等」「学びに向かう力、人間性等」の資質・能力の３つの柱で、目標や内容が構成されている。そのため、観点別学習状況の評価についても、この３つの柱に基づいた観点で行われることとなる。

国語科の評価観点も、これまでの５観点から次の３観点へと変更される。

これまで		変更後
「(国語への) 関心・意欲・態度」 「話す・聞く能力」 「書く能力」 「読む能力」 「(言語についての) 知識・理解 (・技能)」	→	「知識・技能」 「思考・判断・表現」 「主体的に学習に取り組む態度」

2 「知識・技能」「思考・判断・表現」の評価規準

国語科の評価観点のうち、「知識・技能」と「思考・判断・表現」については、それぞれ学習指導要領に示されている〔知識及び技能〕と〔思考力、判断力、表現力等〕と対応している。

例えば、低学年の「話すこと・聞くこと」の領域で、夏休みにあったことを紹介する単元があり、次の２つの指導事項を身に付けることになっていたとする。

- 音節と文字との関係、アクセントによる語の意味の違いなどに気付くとともに、姿勢や口形、発声や発音に注意して話すこと。　〔知識及び技能〕(1)イ
- 相手に伝わるように、行動したことや経験したことに基づいて、話す事柄の順序を考えること。　〔思考力、判断力、表現力等〕A話すこと・聞くことイ

この単元の学習評価を考えるには、これらの指導事項が身に付いた状態を示すことが必要である。したがって、評価規準は次のように設定される。

「知識・技能」	姿勢や口形、発声や発音に注意して話している。
「思考・判断・表現	「話すこと・聞くこと」において、相手に伝わるように、行動したことや経験したことに基づいて、話す事柄の順序を考えている。

このように、「知識・技能」と「思考・判断・表現」の評価については、単元で扱う指導事項の文末を「〜こと」から「〜している」として置き換えると、評価規準を作成することができる。その際、単元で育成したい資質・能力に照らして、指導事項の文言の一部を用いて評価規準を作成する場合もあることに気を付けたい。また、「思考・判断・表現」の評価を書くにあたっては、例のように、冒頭に「『話すこと・聞くこと』において」といった領域名を明記すること（「書くこと」「読む

こと」も同様）も必要である。

3 「主体的に学習に取り組む態度」の評価規準

一方で、「主体的に学習に取り組む態度」の評価については、指導事項の文言をそのまま使うということができない。学習指導要領では、「学びに向かう力、人間性等」については教科の目標や学年の目標に示されてはいるが、指導事項としては記載されていないからである。そこで、「主体的に学習に取り組む態度」の評価規準は、それぞれの単元で、育成する資質・能力と言語活動に応じて、次のように作成する必要がある。

「主体的に学習に取り組む態度」の評価規準は、次の①～④の内容で構成される（〈　〉内は当該内容の学習上の例示）。

①粘り強さ〈積極的に、進んで、粘り強く等〉
②自らの学習の調整〈学習の見通しをもって、学習課題に沿って、今までの学習を生かして等〉
③他の２観点において重点とする内容（特に、粘り強さを発揮してほしい内容）
④当該単元（や題材）の具体的な言語活動（自らの学習の調整が必要となる具体的な言語活動）

先の低学年の「話すこと・聞くこと」の単元の場合でいえば、この①～④の要素に当てはめてみると、例えば、①は「進んで」、②は「今までの学習を生かして」、③は「相手に伝わるように話す事柄の順序を考え」、④は「夏休みの出来事を紹介している」とすることができる。

この①～④の文言を、語順などを入れ替えて自然な文とすると、この単元での「主体的に学習に取り組む態度」の評価規準は、

「主体的に学習に取り組む態度」	進んで相手に伝わるように話す事柄の順序を考え、今までの学習を生かして、夏休みの出来事を紹介しようとしている。

と設定することができる。

4 評価の計画を工夫して

学習指導案を作る際には、「単元の指導計画」などの欄に、単元のどの時間にどのような言語活動を行い、どのような資質・能力の育成をして、どう評価するのかといったことを位置付けていく必要がある。評価規準に示した子供の姿を、単元のどの時間でどのように把握し記録に残すかを、計画段階から考えておかなければならない。

ただし、毎時間、全員の学習状況を把握して記録していくということは、現実的には難しい。そこで、ABC といった記録に残す評価活動をする場合と、記録には残さないが、子供の学習の様子を捉え指導に生かす評価活動をする場合との、二つの学習評価の在り方を考えるとよい。

記録に残す評価は、評価規準に示した子供の学習状況を、原則として言語活動のまとまりごとに評価していく。そのため、単元のどのタイミングで、どのような方法で評価するかを、あらかじめ計画しておく必要がある。一方、指導に生かす評価は、毎時間の授業の目標などに照らして、子供の学習の様子をそのつど把握し、日々の指導の工夫につなげていくことがポイントである。

こうした２つの学習評価の在り方をうまく使い分けながら、子供の学習の様子を捉えられるようにしたい。

板書づくりのポイント

1 縦書き板書の意義

国語科の板書のポイントの１つは、「縦書き」ということである。教科書も縦書き、ノートも縦書き、板書も縦書きが基本となる。

また、学習者が小学生であることから、板書が子供たちに与える影響が大きい点も見過ごすことができない。整わない板書、見にくい板書では子供たちもノートが取りにくい。また、子供の字は教師の字の書き方に似てくると言われることもある。

教師の側では、電子黒板やデジタル教科書を活用し、いわば「書かないで済む板書」の工夫ができるが、子供たちのノートは基本的に手書きである。教師の書く縦書きの板書は、子供たちにとっては縦書きで字を書いたりノートを作ったりするときの、欠かすことのできない手がかりとなる。

デジタル機器を上手に使いこなしながら、手書きで板書を構成することのよさを再確認したい。

2 板書の構成

基本的には、黒板の右側から書き始め、授業の展開とともに左向きに書き進め、左端に最後のまとめなどがくるように構成していく。板書は45分の授業を終えたときに、今日はどのような学習に取り組んだのかが、子供たちが一目で分かるように書き進めていくことが原則である。

黒板の右側　授業の始めに、学習日、単元名や教材名、本時の学習課題などを書く。学習課題は、色チョークで目立つように書く。

黒板の中央　授業の展開や学習内容に合わせて、レイアウトを工夫しながら書く。上下二段に分けて書いたり、教材文の拡大コピーや写真や挿絵のコピーも貼ったりしながら、原則として左に向かって書き進める。チョークの色を決めておいたり（白色を基本として、課題や大切な用語は赤色で、目立たせたい言葉は黄色で囲むなど）、矢印や囲みなども工夫したりして、視覚的にメリハリのある板書を構成していく。

黒板の左側　授業も終わりに近付き、まとめを書いたり、今日の学習の大切なところを確認したりする。

3 教具を使って

(1) 短冊など

画用紙などを縦長に切ってつなげ、学習課題や大切なポイント、キーワードとなる教材文の一部などを事前に用意しておくことができる。チョークで書かずに短冊を貼ることで、効率的に授業を進めることができる。ただ、子供たちが短冊をノートに書き写すのに時間がかかったりするなど、配慮が必要なこともあることを知っておきたい。

(2) ミニホワイトボード

グループで話し合ったことなどを、ミニホワイトボードに短く書かせて黒板に貼っていくと、それらを見ながら、意見を仲間分けをしたり新たな考えを生み出したりすることができる。専用のものでなくても、100円ショップなどに売っている家庭用ホワイトボードの裏に、板磁石を両面テープで貼るなどして作ることもできる。

(3) 挿絵や写真など

物語や説明文を読む学習の際に、場面で使われている挿絵をコピーしたり、文章中に出てくる写真や図表を拡大したりして、黒板に貼っていく。物語の場面の展開を確かめたり、文章と図表との関係を考えたりと、いろいろな場面で活用できる。

(4) ネーム磁石

クラス全体で話し合いをするときなど、子供の発言を教師が短くまとめ、板書していくことが多い。そのとき、板書した意見の上や下に、子供の名前を書いた磁石も一緒に貼っていく。そうすると、誰の意見かが一目で分かる。子供たちも「前に出た○○さんに付け加えだけど……」のように、黒板を見ながら発言をしたり、意見をつなげたりしやすくなる。

4 黒板の左右に

(1) 単元の学習計画や本時の学習の流れ

単元の指導計画を子供向けに書き直したものを提示することで、この先、何のためにどのように学習を進めるのかという見通しを、子供たちももつことができる。また、今日の学習が全体の何時間目に当たるのかも、一目で分かる。本時の授業の進め方も、黒板の左右の端や、ミニホワイトボードなどに書いておくこともできる。

(2) スクリーンや電子黒板

黒板の上に広げるロール状のスクリーンを使用する場合は、当然その分だけ、板書のスペースが少なくなる。電子黒板などがある場合には、教材文などは拡大してそちらに映し、黒板のほうは学習課題や子供の発言などを書いていくことができる。いずれも、黒板とスクリーン（電子黒板）という二つをどう使い分け、どちらにどのような役割をもたせるかなど、意図的に工夫すると互いをより効果的に使うことができる。

(3) 教室掲示を工夫して

教材文を拡大コピーしてそこに書き込んだり、挿絵などをコピーしたりしたものは、その時間の学習の記録として、教室の背面や側面などに掲示していくことができる。前の時間にどんなことを勉強したのか、それらを見ると一目で振り返ることができる。また、いわゆる学習用語などは、そのつど色画用紙などに書いて掲示していくと、学習の中で子供たちが使える言葉が増えてくる。

5 上達に向けて

(1) 板書計画を考える

本時の学習指導案を作るときには、板書計画も合わせて考えることが大切である。本時の学習内容や活動の進め方とどう連動しながら、どのように板書を構成していくのかを具体的にイメージすることができる。

(2) 自分の板書を撮影しておく

自分の授業を記録に取るのは大変だが、「今日は、よい板書ができた」というときには、板書だけ写真に残しておくとよい。自分の記録になるとともに、印刷して次の授業のときに配れば、前時の学習を振り返る教材として活用することもできる。

(3) 同僚の板書を参考にする

最初から板書をうまく構成することは、難しい。誰もが見よう見まねで始め、工夫しながら少しずつ上達していく。校内でできるだけ同僚の授業を見せてもらい、板書の工夫を学ばせてもらうとよい。時間が取れないときも、通りがかりに廊下から黒板を見させてもらうだけでも勉強になる。

〈第１学年及び第２学年　指導事項／言語活動一覧表〉

教科の目標

	言葉による見方・考え方を働かせ、言語活動を通して、国語で正確に理解し適切に表現する資質・能力を次のとおり育成することを目指す。
知識及び技能	(1) 日常生活に必要な国語について、その特質を理解し適切に使うことができるようにする。
思考力、判断力、表現力等	(2) 日常生活における人との関わりの中で伝え合う力を高め、思考力や想像力を養う。
学びに向かう力、人間性等	(3) 言葉がもつよさを認識するとともに、言語感覚を養い、国語の大切さを自覚し、国語を尊重してその能力の向上を図る態度を養う。

学年の目標

知識及び技能	(1) 日常生活に必要な国語の知識や技能を身に付けるとともに、我が国の言語文化に親しんだり理解したりすることができるようにする。
思考力、判断力、表現力等	(2) 順序立てて考える力や感じたり想像したりする力を養い、日常生活における人との関わりの中で伝え合う力を高め、自分の思いや考えをもつことができるようにする。
学びに向かう力、人間性等	(3) 言葉がもつよさを感じるとともに、楽しんで読書をし、国語を大切にして、思いや考えを伝え合おうとする態度を養う。

〔知識及び技能〕

（１）言葉の特徴や使い方に関する事項

(1) 言葉の特徴や使い方に関する次の事項を身に付けることができるよう指導する。	
言葉の働き	ア　言葉には、事物の内容を表す働きや、経験したことを伝える働きがあることに気付くこと。
話し言葉と書き言葉	イ　音節と文字との関係、アクセントによる語の意味の違いなどに気付くとともに、姿勢や口形、発声や発音に注意して話すこと。 ウ　長音、拗（よう）音、促音、撥（はつ）音などの表記、助詞の「は」、「へ」及び「を」の使い方、句読点の打ち方、かぎ（「　」）の使い方を理解して文や文章の中で使うこと。また、平仮名及び片仮名を読み、書くとともに、片仮名で書く語の種類を知り、文や文章の中で使うこと。
漢字	エ　第１学年においては、別表の学年別漢字配当表*（以下「学年別漢字配当表」という。）の第１学年に配当されている漢字を読み、漸次書き、文や文章の中で使うこと。第２学年においては、学年別漢字配当表の第２学年までに配当されている漢字を読むこと。また、第１学年に配当されている漢字を書き、文や文章の中で使うとともに、第２学年に配当されている漢字を漸次書き、文や文章の中で使うこと。
語彙	オ　身近なことを表す語句の量を増し、話や文章の中で使うとともに、言葉には意味による語句のまとまりがあることに気付き、語彙を豊かにすること。
文や文章	カ　文の中における主語と述語との関係に気付くこと。
言葉遣い	キ　丁寧な言葉と普通の言葉との違いに気を付けて使うとともに、敬体で書かれた文章に慣れること。
表現の技法	（第５学年及び第６学年に記載あり）
音読、朗読	ク　語のまとまりや言葉の響きなどに気を付けて音読すること。

＊…学年別漢字配当表は、『小学校学習指導要領（平成29年告示）』（文部科学省）を参照のこと

（２）情報の扱い方に関する事項

(2) 話や文章に含まれている情報の扱い方に関する次の事項を身に付けることができるよう指導する。	
情報と情報との関係	ア　共通、相違、事柄の順序など情報と情報との関係について理解すること。
情報の整理	（第３学年以上に記載あり）

（３）我が国の言語文化に関する事項

(3) 我が国の言語文化に関する次の事項を身に付けることができるよう指導する。	
伝統的な言語文化	ア　昔話や神話・伝承などの読み聞かせを聞くなどして、我が国の伝統的な言語文化に親しむこと。 イ　長く親しまれている言葉遊びを通して、言葉の豊かさに気付くこと。
言葉の由来や変化	（第３学年以上に記載あり）
書写	ウ　書写に関する次の事項を理解し使うこと。 (ア)姿勢や筆記具の持ち方を正しくして書くこと。 (イ)点画の書き方や文字の形に注意しながら、筆順に従って丁寧に書くこと。 (ウ)点画相互の接し方や交わり方、長短や方向などに注意して、文字を正しく書くこと。
読書	エ　読書に親しみ、いろいろな本があることを知ること。

〔思考力、判断力、表現力等〕

A　話すこと・聞くこと

		(1)　話すこと・聞くことに関する次の事項を身に付けることができるよう指導する。
話すこと	話題の設定 情報の収集 内容の検討	ア　身近なことや経験したことなどから話題を決め、伝え合うために必要な事柄を選ぶこと。
	構成の検討 考えの形成	イ　相手に伝わるように、行動したことや経験したことに基づいて、話す事柄の順序を考えること。
	表現 共有	ウ　伝えたい事柄や相手に応じて、声の大きさや速さなどを工夫すること。
聞くこと	話題の設定 情報の収集	【再掲】ア　身近なことや経験したことなどから話題を決め、伝え合うために必要な事柄を選ぶこと。
	構造と内容の把握 精査・解釈 考えの形成 共有	エ　話し手が知らせたいことや自分が聞きたいことを落とさないように集中して聞き、話の内容を捉えて感想をもつこと。
話し合うこと	話題の設定 情報の収集 内容の検討	【再掲】ア　身近なことや経験したことなどから話題を決め、伝え合うために必要な事柄を選ぶこと。
	話合いの進め方の検討 考えの形成 共有	オ　互いの話に関心をもち、相手の発言を受けて話をつなぐこと。
(2)　(1)に示す事項については、例えば、次のような言語活動を通して指導するものとする。		
	言語活動例	ア　紹介や説明、報告など伝えたいことを話したり、それらを聞いて声に出して確かめたり感想を述べたりする活動。 イ　尋ねたり応答したりするなどして、少人数で話し合う活動。

B　書くこと

(1)　書くことに関する次の事項を身に付けることができるよう指導する。	
題材の設定 情報の収集 内容の検討	ア　経験したことや想像したことなどから書くことを見付け、必要な事柄を集めたり確かめたりして、伝えたいことを明確にすること。
構成の検討	イ　自分の思いや考えが明確になるように、事柄の順序に沿って簡単な構成を考えること。
考えの形成 記述	ウ　語と語や文と文との続き方に注意しながら、内容のまとまりが分かるように書き表し方を工夫すること。
推敲	エ　文章を読み返す習慣を付けるとともに、間違いを正したり、語と語や文と文との続き方を確かめたりすること。
共有	オ　文章に対する感想を伝え合い、自分の文章の内容や表現のよいところを見付けること。
(2)　(1)に示す事項については、例えば、次のような言語活動を通して指導するものとする。	
言語活動例	ア　身近なことや経験したことを報告したり、観察したことを記録したりするなど、見聞きしたことを書く活動。 イ　日記や手紙を書くなど、思ったことや伝えたいことを書く活動。 ウ　簡単な物語をつくるなど、感じたことや想像したことを書く活動。

C　読むこと

(1)　読むことに関する次の事項を身に付けることができるよう指導する。	
構造と内容の把握	ア　時間的な順序や事柄の順序などを考えながら、内容の大体を捉えること。 イ　場面の様子や登場人物の行動など、内容の大体を捉えること。
精査・解釈	ウ　文章の中の重要な語や文を考えて選び出すこと。 エ　場面の様子に着目して、登場人物の行動を具体的に想像すること。
考えの形成	オ　文章の内容と自分の体験とを結び付けて、感想をもつこと。
共有	カ　文章を読んで感じたことや分かったことを共有すること。
(2)　(1)に示す事項については、例えば、次のような言語活動を通して指導するものとする。	
言語活動例	ア　事物の仕組みを説明した文章などを読み、分かったことや考えたことを述べる活動。 イ　読み聞かせを聞いたり物語などを読んだりして、内容や感想などを伝え合ったり、演じたりする活動。 ウ　学校図書館などを利用し、図鑑や科学的なことについて書いた本などを読み、分かったことなどを説明する活動。

第１学年の指導内容と身に付けたい国語力

1 第１学年の国語力の特色

小学校第１学年は小学校教育において基盤となる、〔知識及び技能〕〔思考力、判断力、表現力等〕の育成が肝要となる。その際には、〔学びに向かう力、人間性等〕の態度の育成も見据えた学習環境をデザインしていく必要がある。入学段階において、子供たちの言葉への興味・関心や、その経験に個人差がある。指導者は、このことを十分に理解した上で、学びの場を設けていくようにする。

〔知識及び技能〕に関する目標は、全学年を通して共通である。第１学年では今後の基盤となることを念頭において育成をしていくべきだろう。言葉を学ぶのは、日常生活で、よりよい言語生活を営むためということを、頭だけの理解ではなく実感することのできる場を設けるようにしたい。

〔思考力、判断力、表現力等〕に関する目標では、「順序立てて考える力」と「感じたり想像したりする力」を養い、「伝え合う力」を高めることと、「自分の思いや考え」をもつことが示されている。これらの力は、「日常生活における人との関わりの中」で生きていく力である。

〔学びに向かう力、人間性等〕では、「言葉をもつよさを感じる」「楽しんで読書」をすることなどが示されている。これは、先の２つの柱の育成の原動力となるものであるとともに、今後の小学校生活の基礎となる部分であることをよく理解した上で学習を進めていくようにする。

2 第１学年の学習指導内容

〔知識及び技能〕

学習指導要領では「⑴言葉の特徴や使い方に関する事項」「⑵情報の扱い方に関する事項」「⑶我が国の言語文化に関する事項」から構成されている。〔思考力、判断力、表現力等〕で構成されているものと別個に指導をしたり、先に〔知識及び技能〕を身に付けるという順序性をもたせたりするものではないことに留意をするようにする。

「⑴言葉の特徴や使い方に関する事項」では、正確性や具体性があることを「よさ」として認識させることが大切である。また、日常的かつ継続的に取り扱うことで習熟していくことも同様である。語彙指導の重要性も学習指導要領改訂時に指摘をされている。個人差がある第１学年の子供の学力差の背景に語彙の量と質があるという指摘である。量的な学びに終始するだけではなく、質的な学びも忘れてはならない。

教科書上巻では、文字の表記や助詞の使い方、句読点の打ち方などの内容が示されている「⑴ウ」に重点を置いた教材が多く配置されている。今後の言語活動の基礎となる部分であることを意識した丁寧な指導をしていくようにするとよい。

「⑵情報の扱い方に関する事項」では、情報と情報の関係について、「共通」「相違」「事柄の順序」という３つのキーワードを念頭に置くようにする。

教科書にある『くちばし』『うみの　かくれんぼ』『じどう車くらべ』『どうぶつの　赤ちゃん』は、同じような文章構成で、複数のものを比較しながら説明をしている文章である。これらの教材と、〔思考力、判断力、表現力等〕の指導内容と関連付けた指導ができるだろう。

「⑶我が国の言語文化に関する事項」には、「伝統的な言語文化」の項に、「言語文化に親しむ」「言葉の豊かさに気付く」という文言がある。「読書」の項にも「読書に親しみ」という言葉がある。第１学年での学びが第２学年の学びをより充実させるとともに、今後の小学校生活における学びの豊かさにつながっていく。

1年生の教科書では「(3)イ（言葉の豊かさ）」と「(3)エ（読書）」に重点が置かれた教材が多く配置されている。これらの教材では、子供たち自身でも楽しみ方を見いだせるような工夫をしていきたい。

〔思考力、判断力、表現力等〕

① A 話すこと・聞くこと

低学年の「話すこと」では、「身近なことや経験したいこと」から話題を設定し、様々な相手を想定して相手に伝わるように「話す事柄の順序を考えること」が示されている。実際の場において、表現を身に付けていくようにするとよい。学習指導要領解説には、「自分の伝えたいことを表現できたという実感を味わわせ、工夫して話そうとする態度へとつなぐことが大切である。」と書かれている。

1年生の学習初期の中心は話す言語活動である。『あつまって　はなそう』では、同じ動物を好きな友達と話す活動がある。好きなものについて、自分と同じ気持ちの友達と話すことは、ただ楽しい活動であるだけではなく、安心感を伴った活動ともなる。1年生の子供にとって、「安心感」は学びにおいて大事な要素である。

「聞くこと」では、「話し手が知らせたいことや自分が聞きたいことを落とさないように集中して聞き、話の内容を捉えて感想をもつこと。」が示されている。話し手の立場で大切であったことが、聞き手の立場でも同様に大切にされている。感想については、教師が手本を示したりしながら少しずつ言えるように導いていくとよい。

「話し合うこと」では、「互いの話に関心をもつ」ことが示されている。これは、話し合いにおいて前提となる態度である。

本書では、教科書の最初の教材である『いい　てんき』の単元目標として、「挿絵をもとに気付きや想像を広げ、相手の発言を受けて話をつなぐことができる」ことを挙げている。最初の教材で「A(1)オ」の指導事項に触れていることに注目をしたい。一般にコミュニケーション能力というと、自分の思いや考えを発信することに目が向きがちであるが、まずは相手の言葉を受け止めることを重視しているのである。1年生の子供は自分の考えを伝えるということに熱心になる傾向があり、時に、自分の発言が終わったら、友達の意見に関心を示さないという姿も見せる。教室における学びというのは、自分だけで完結するのではなく、友達とともにつくっていくものであることを示すことには、大きな意義がある。

「A(2)イ　尋ねたり応答したりするなどして、少人数で話し合う活動。」を想定した教材の配置は下巻からである。「ともだちのことをしらせよう」という教材では、友達に質問をしたり、それに応えたりする活動に取り組む。「ものの名前」では、お店屋さんごっこをする中で、「お店屋さん」と「お客さん」という役割に応じた会話をしていくことになる。これらの学習に至るまでに、態度とともに、力を育てておくようにする。

② B 書くこと

書くという行為は、話すことと比べると難しさを感じる子供が多い。第1学年の子供においては、それを感じる度合いも大きくなる。指導者はこのことを念頭においた上で指導に当たる必要があるだろう。教科書でも、書く活動は話す活動の後に設定されている。書く活動に取り組む際には、何を書くのかを明確にした、丁寧な指導が必要である。本書では、『おおきく　なった』で、書く際の観点を子供にもたせることに重点をおいた単元計画を設定し、『すきな　もの、なあに』では、「話すこと・聞くこと」での学びと関連をさせた計画としている。

学習指導要領では、書くよさを子供が実感できるように「情報の収集」に重点が置かれている。子供に負担のないように書くことが見つけられるようにするとよい。「構成の検討」では、「自分の思いや考えが明確になるように」構成を考えることが示され、「考えの形成」でも「内容のまとまりが分かるように」書くことが示されている。両者に共通しているのは、自分の考えの明確化である。「推敲」では、文章を読み返す行為の習慣化が重要事項となっている。「共有」の項にある「自分の文章の内容や表現のよいところ」が示しているのは、具体性である。

一連の学びの成果を生かす教材として下巻には「いいことといっぱい、一年生」が位置付けられている。１年生最後の「書く活動」を見据えた上で、学びを積み重ねていくようにするとよい。教科書には「絵日記」の形が例示されている。日々の活動として絵日記に取り組み、１年生最初の絵日記と最後の絵日記を読み比べることで、自身の成長を感じさせることもできる。

「書くこと」に限ることではないが、１年後のゴールのイメージをもって、学びを積み重ねていくことができるようになると、より充実した学級経営を進めていけるようにもなる。

③Ｃ読むこと

学習指導要領では、「構造と内容の把握」から「精査・解釈」という流れで指導事項が示されている。物語文であれ、説明的文章であれ、「構造と内容の把握」では、「内容の大体を捉えること」が示されている。しかし、これは文章をあっさりと読んで終わるということではなく、内容の大体を捉えた上で、叙述に即した理解と解釈を進めていくという思考の流れを示したものである。叙述を頼りとして読みを構築していくことを、第１学年の時期にこそ確かめておく必要がある。

「考えの形成」では、「文章の内容と自分の体験を結び付けて、感想をもつ」とある。子供の体験は子供それぞれである。それによって読んだ感想にも違いが出るだろう。それらを「共有」する際には、互いの感想を尊重し合う態度をもって行うように場をつくるようにする。

１年生教材では物語文が説明的文章よりも多く配置されている。それらの教材では、「Ｃ⑴イ」の指導事項に重点が置かれている。それらを指導していく上で、挿絵も１年生にとっては重要な要素である。

最初の教材である『いい　てんき』は、「話すこと・聞くこと」に重点を置いた教材ではあるものの、挿絵から様々なことを読み取り、想像をすることができるということを、子供に意識付けることができる。これは、子供が親しんでいる絵本と同じである。子供たちが国語の学習で読む最初の教材である『はなの　みち』も挿絵から文章には書かれていないことを読み取ることができる。

ただ、授業者は、子供たちの読みの根拠が、文章にあるのか、挿絵にあるのか、それとも両方にあるのかをきちんと整理して、子供の発言を受け止める必要がある。根拠となるものがそろっていないと、子供の意見がかみ合わない場合があるからである。また、子供に自分の読みの根拠がどこにあるのかを伝えていくことで、読みの観点をもたせることにもつなげることができるだろう。「文から分かることを探してみよう」「絵から分かることを探してみよう」などと、観点を明確にした問いを発してもよいだろう。

物語文は下巻になると上巻よりも分量が増えてくる。読みを構築していく上で、読み取っておく必要のある事柄も、それに合わせて増えてくる。前提となる叙述を読み飛ばしてしまっていたり、意識から抜け落ちてしまっていたりすると、児童の読みに妥当性がなくなってしまう。

１年生最後の物語文『ずうっと、ずっと、大すきだよ』では、主人公と犬の交流を丁寧に読み取っていかないと、読後感に差が出てしまうことが危惧される。

説明的文章として配置されているのは、『くちばし』『うみの　かくれんぼ』『じどう車くらべ』『どうぶつの　赤ちゃん』の４つである。これらの文章上の特徴は、①の「⑵情報の扱い方に関する事項」の項でも述べたように、同じ文章構成で複数のものを説明しているというところである。繰り返しを通して、子供はその文の役割を学んでいくのである。

『くちばし』で、「問いかけの文」と「答えの文」という役割を知り、『うみの　かくれんぼ』でもその学びを活かすことができる。また、「答えの文」の内容を補足する「説明の文」という役割にも気付くことができるだろう。その学びは、「じどう車くらべ」を読む際にも生かされていく。『どうぶつの赤ちゃん』では、「C(1)ウ」に指導の重点が置かれている。この力は、教材文以外の図書資料を読む際にも生かされる。本書では「表」を用いることで、読み取った情報を整理する活動を示している。「表」にすることで、同系統の情報を比較することも容易になる。2年次以降の説明的文章を読んでいく際にも有効である。

一つ一つの教材をよく読める手立てを用意するだけではなく、次の教材につながる手立てを意識していくことが、子供の豊かな学びを生むことになる。

3 第1学年における国語科の学習指導の工夫

第1学年の子供にとって、小学校で学ぶこと、取り組むことの多くが初めてのことである。新しいことを学ぶという意欲もあるが、同時に「やり方が分からない」「間違えたらどうしよう」という不安もある。新しいことに取り組む際には、教師が手本や他の子供の活動の様子を見せたりするなど、丁寧な指導を心掛けるようにする。また、既に指導したことであっても、丁寧な指導は継続していく必要がある。

①話すこと・聞くことにおける授業の工夫について

【正確に伝えるための土台づくり】第1学年では自分の思いを伝えられる力を身に付けることが求められている。その土台となるのが、正確な「姿勢や口形、発声や発音」である。授業の開始時に短い詩の音読を行ったりして、継続的に身に付けていけるように工夫をするとよい。家庭学習として保護者の協力を仰ぐ際には、どのような点に気を付けてほしいのかをあらかじめ伝えておくようにする。

また、少人数で話すときと学級全体に向けて話すときなど、場に応じた声量についても指導をするようにする。

【少人数での会話】ペアや3、4人の少人数グループで会話をする機会を授業の中に取り入れる。自分の考えを伝えることができたり、友達の話をしっかりと聞くことができたりという実感をもたせるようにする。考えの交流だけではなく、授業時における相談の場としても機能をさせることができる。習慣化することで、学習に迷ったとき、互いに教え合い学び合う風土をつくることもできる。

【全体の場での発表】第1学年の子供であっても、学級全体の前で話をするということには緊張を伴うものである。そういった緊張を和らげる方法の一つとして、あらかじめ話をする内容を決めておくというものである。「書くこと」の学習で書いた作文などを読ませるのもよい。

②書くことにおける授業の工夫について

【題材集めの習慣化】書くことの学習でつまずきを覚える子供の多くは、「何を書いたらよいのか分からない」という不安をもっている。書くことの学習に先立って、学級で「伝えたいこと」「教えてあげたいこと」などを集め、掲示しておくとよい。これらは学級の財産となると同時に、日常的に題材を探すことを習慣とすることが期待できる。

【文章構造の視覚化】「はじめ・なか・おわり」という文章構成の際には、「なか」の部分を明らかに大きくしたワークシートなどを用意することで、どこを厚く記述すればよいのかが子供に明確になる。構成ごとに文字数を変えたワークシート（例：始、終15文字　中：40文字）を用意することも有効である。

【作品の交流】 子供たちが「書いてよかった」と思えるのは、自分が書いたものに対して、友達からの反応があったときである。学級掲示としたり、学級文集としてまとめたりするなどして、互いの作品を読み合う機会を設けるようにする。朝の会のスピーチの材とするのもよい。

③読むことにおける授業の工夫について

【音読】 声に出して読むことは、低学年期の子供にとって内容を理解するのに有効である。第１学年の文章教材の多くは短いものが多いので、授業の始まりでは全文の音読をするとよい。音読が内容理解に有効である理由の第一が、その言葉を自分が理解できているのかどうかが、子供自身にも明確になることである。目で追っているときには、飛ばして読めてしまうが、声に出す限り、それをすることができない。教師にとっても、子供の音読に耳を傾けることで、子供自身の理解を確かめることができる。

そして、必ずしも斉読をしなくてもよい。子供それぞれに合った速さがあるからである。また、斉読であると自分が声を出さなくても大丈夫だという思いを子供が抱いてしまう危惧もある。

【劇化・動作化】 読み取ったことを劇にしたり、動作として表したりするためには、正確な理解が必要である。音読同様に、教師は、劇化・動作化をしている姿から、その子供の理解を確かめることもできる。体を動かすことは低学年期の子供にとって自然な行為である。そのため、体を動かすことに注意が向くあまり、叙述から離れた動きとなってしまうことも多い。常に、自分の動きと叙述を確かめさせるようにするとよい。

【文章内容の視覚化】 低学年教材において、写真や絵は情報として大きな役割を担っている。子供自身もそこから多くの情報を得ながら、内容を捉えている。板書をする際にも、それらを積極的に活用していくとよい。説明的文章の構成や物語の内容を整理する際にも、図や表、矢印、吹き出しなど、視覚的な板書を心掛けるようにする。

④語彙指導や読書指導などにおける授業の工夫について

【生活に生かす】 語彙指導において、量的な学びは多く行われてきた。しかし、言葉を集めて終わりにしては、質的な学びとはならない。新しく獲得した語彙を、意図的に使う場を設けることが肝要である。短文作りなどを通して、使い方を習熟できるようにする。

【意図的な選書】 この時期の子供たちには毎日の読み聞かせを実施したい。もちろん学校事情に応じた形で構わない。選書については意図をもってするようにしたい。学習している教材に関連したものだけではなく、あえて子供が手に取らないような絵本を選ぶのもよい。読み聞かせの後には、内容理解の定着を確かめるような質問はせず、子供の素直な感想を大切にすることで、子供と読書との距離を近づけることができる。

2

第 1 学年の授業展開

いい　てんき　（2時間扱い）

〔知識及び技能〕(1)ア〔思考力、判断力、表現力等〕A 話すこと・聞くことオ

単元の目標

・挿絵をもとに気付きや想像を広げ、相手の発言を受けて話をつなぐことができる。

評価規準

知識・技能	❶言葉には、事物の内容を表す働きや、経験したことを伝える働きがあることに気付いている。(〔知識及び技能〕(1)ア)
思考・判断・表現	❷「話すこと・聞くこと」において、互いの話に関心をもち、相手の発言を受けて話をつないでいる。(〔思考力、判断力、表現力等〕A オ)
主体的に学習に取り組む態度	❸進んで挿絵を見たり詩を音読したりして、気付いたことや想像したことを、学習課題に沿って友達と伝え合おうとしている。

単元の流れ

時	主な学習活動	評価
1	学習の見通しをもつ 「いい　てんき」という言葉から想像できることを出し合う。 誰が何をしているかに気を付けて教科書の絵を見て、描かれているものを見つける。 詩「いい　てんき」を音読する。	❶❸
2	挿絵を基に行動や会話を想像する。 学習を振り返る 詩「いい　てんき」を音読する。	❷❸

授業づくりのポイント

〈単元で育てたい資質・能力〉

本単元のねらいは、これから始まる国語の学習への期待を高めることにある。その中で、自分の思いを言葉で表現しようとしたり、友達と伝え合おうとしたりする態度を育てたい。

そのために、挿絵から読み取ったことや想像したことを言葉で表現する力や、友達の話を受け止めて聞いたり、相手の発言につなげて話したりする力が必要となる。

ペアでやり取りする活動を通して、対話の基礎を養い、言葉を介して友達と共に学ぶことの楽しさを味わうことができるようにする。

具体例

○友達と一緒にやって楽しかった、自分では思い付かないことを友達に教えてもらった、おもしろいアイデアが思い付いたという学習感想が出るとよい。この経験が、これから主体的・対話的に学習を進めていく際に大切になる。

〈教材・題材の特徴〉

1年生の第一教材である。カラフルな挿絵がページいっぱいに描かれており、最初のページで登場する先生や友達に誘われ、自分も絵の中に入ったような気持ちになって読み進めることができる。

躍動感のある子供たちの姿や表情、鳥や動物などの生き物、木々やきのこなどの植物、遠くに見える海など、様々なものが描かれている。絵を見ているうちに次々と気付きが生まれ、自然に友達と話をしたくなる。挿絵の中で友達と会話をしたりやりたいことを考えたりと、想像を広げ楽しませたい。

一人一人の子供が、それぞれ違った動きや表情をしているので、「何をしているのか」を話すことで、ものの名前だけでなく動作や気持ちの言葉にも触れることができる。これまでの生活経験や、その中で獲得してきた言葉を活用して想像を広げたり、話したりすることのできる教材である。

最後の場面の詩は、「いい　てんき」という言葉から始まる。新しい世界へ誘う前向きな言葉が使用されており、音読することでこれから始まる国語学習への期待がますます高まる構成になっている。

〈言語活動の工夫〉

日常生活の中で相手の話を受けてつなげて返している活動は会話である。会話は、1人対1人のやり取り（対話）が基本である。本単元では、挿絵の中に入り込み、友達と1対1でやり取りをする活動を行なうことで、対話の基礎を養う。

そこで、自分のミニチュアを作成し、教科書のページの中で友達と遊ぶ活動を設定する。子供たちは、幼稚園や保育園でごっこ遊びを経験してきており、その経験を生かしてできる活動である。指人形やペープサートを作成し、友達と同じページの上に立たせることで、自然と会話が生まれてくる。遊びの中で友達との言葉のやり取りをたっぷりと楽しむことができるようにしたい。

教師がICT機器で子供のやり取りの様子を記録し、全体で会話がうまく続いたペアの姿を共有することで、相手の話を受けてつなげて返すために必要なことに気付くことができる。

具体例

○「あ、大きなきのこがある」「本当だ、きのこに乗ってみよう」「ふかふかだね」「この上でとんでみよう」のように、相手の話を受けて会話が展開していたり、「次はどうしようか」と相手に尋ねたりしているペアを紹介するとよい。

○挿絵に描かれているものに気付かせるときは「何があるかな」、挿絵を手掛かりに想像を広げさせたいときは「何をしているのかな」「どんな音がするかな」などのように、子供に投げかける言葉を少しずつ変えていく。

本時案

いい　てんき

本時の目標

・挿絵から気付いたことや想像したことを、発表することができる。

本時の主な評価

❶言葉には、事物の内容を表す働きや、経験したことを伝える働きがあることに気付いている。【知識・技能】
❸進んで挿絵を見たり詩を音読したりして気付いたことや想像したことを、学習課題に沿って友達と伝え合おうとしている。【態度】

資料等の準備

・教科書の挿絵（デジタル教科書・挿絵をプロジェクターで投影してもよい）
・話型作成のための画用紙

2

〜が　あります。
〜が　…して　います。

3

いい　てんき
さあ　いこう
ひろい　せかいへ
とびだそう
わくわく　するね
たのしいね

子供が読めるぐらいの速さでゆっくり書く。

授業の流れ ▷▷▷

1 「いい　てんき」という言葉から想像できることを出し合う　〈5分〉

○教科書を開く前に行うとよい。言葉から感じることを自由に出し合う中で、子供の生活経験に基付いた「いいてんき」に関連する語彙が集まるだろう。

T　「いい　てんき」というと、どんなことが思い浮かびますか。

・晴れている。
・空が青い。
・いい気持ち。
・お出かけの日は、わくわくする。
・入学式のときは、いい天気だったよ。

○天気や空の色だけでなく、「わくわく」「うきうき」などの気持ちまで広げることで、これから始まる学習に期待感を高めたい。

2 挿絵を見て、描かれているものを見つける　〈25分〉

○スクリーンに映した教科書のページをめくり、読み進める。子供は描かれているものに気付いて口々に声に出すので、それを受けて発問をするとよい。

T　この絵の中には、何がありますか。

・大きなきのこがあります。
・木の一本橋があります。
・下からはしごで登れるようになっています。

T　この絵の中では、誰が何をしていますか。

・女の子がきのこの上で跳んでいます。
・木の中から誰かが見ています。

○前後のページの挿絵と関連させて考えたり、「〜しているんじゃない」等、想像を広げる子供が現れたら、大いに感心し、次時につなげる。

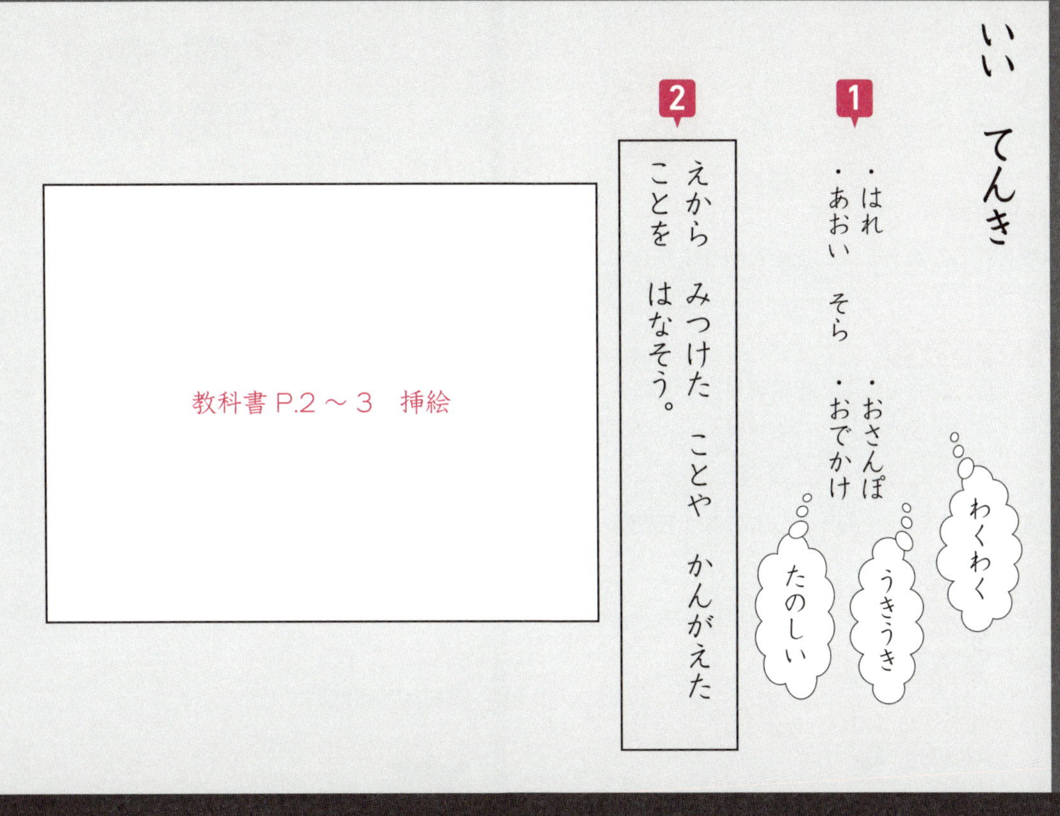

3 詩「いい　てんき」を音読する〈15分〉

T　先生のまねっこをして読んでみましょう。

○平仮名が読めない子供もいるので、教師の後について音読をさせる。子供は、教師の範読を聞き、そっくりに音読しようとする。口形や発音を意識して、ゆっくり、はっきりと読むとよい。

○詩がもつ、前向きな明るい雰囲気を感じ取らせるために、「さあ　いこう」「とびだそう」等を強調し、明るい声で読むとよい。

○教師と子供が一行ずつ交互に読んだり、隣の席の友達と一緒に読んだりと、方法を変えながら何度も音読する機会を設けるようにする。

よりよい授業へのステップアップ

聞き手を育てる工夫

子供が挿絵の中から見つけたことを発表したら、「どこどこ」と聞いている子供と一緒に探したり、「本当だ」と感心したりする。教師の話の聞き方が、友達の発表を聞く際の聞き方のモデルとなる。相手の発言を共感的に聞くことを心掛けたい。

安心して発表できるようにする工夫

安心して発表するために、話型が有効な子供もいる。上手に発表できた子供の話し方を基に「～があります。」「～が…しています。」のような話型を作成し、掲示するとよい。

本時案

いい　てんき

本時の目標

・挿絵を基に想像を広げ、友達とやり取りをすることができる。

本時の主な評価

❷互いの話に関心をもち、相手の発言を受けて話をつないでいる。【思・判・表】
❸進んで挿絵を見たり詩を音読して気付いたりしたことや、想像したことを、学習課題に沿って友達と伝え合おうとしている。【態度】

資料等の準備

・教科書の挿絵（デジタル教科書・挿絵をプロジェクターで投影してもよい）
・自分のミニチュア人形
（顔だけ書き込めばよいもの）
・子供２人の挿絵　01-01

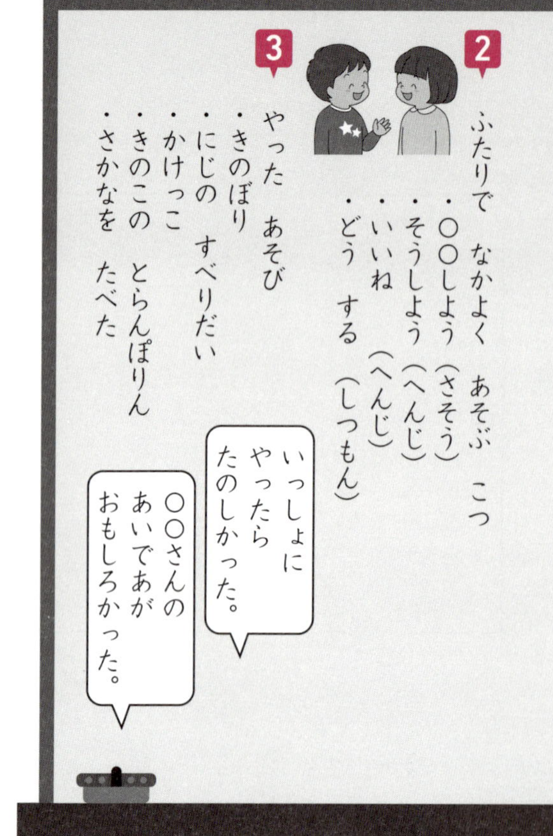

授業の流れ ▷▷▷

1　絵の中の子供たちが何をしているのか想像する　〈10分〉

T　絵の中の子供たちは、何をしているのだと思いますか。
・遠足に出かけた。
・探険をしている。
・お散歩の途中。
・遊んでいる。
○「いいなあ」「いってみたい」「やってみたい」等のつぶやきが出たら、出た意見を生かして本時の課題をつくる。
例「ともだちと　いっしょに、えの　なかで　あそぼう」「えの　なかを、たんけんしよう」
○顔を描き込み、自分のミニチュア人形を作る。

2　友達と一緒に挿絵を見て、想像を広げながらやり取りする　〈25分〉

○隣同士でペアをつくり、１冊の教科書を使って活動をさせる。
T　隣の席の友達と一緒に、絵の中で仲よく遊びましょう。それでは、出発！
○途中、全体でしたことを出し合ったり、やり取りのコツを考えたりする。上手にできているペアのやり取りを撮影して紹介したり、教師と子供でやり取りをしたりするとよい。
T　２人で仲よく遊ぶためには、どんなふうに話したらよいですか。
・○○しよう。（誘う）
・いいね。そうしよう。（返事）
・どうする。（質問）
○相手が話したら自分も話すとよいと確認したい。

いい　てんき

1
・たんけん
・えんそく
・おでかけ

1
ともだちと　いっしょに　えの　なかで、
あそぼう。

教科書 P.4 ～ 5　挿絵

3 詩「いい　てんき」を音読し、本時の学習を振り返る　〈10分〉

T　仲よくなった隣の席の友達と一緒に、音読をしましょう。

○交互に読んだり、声を合わせて読んだりさせる。数組を指名して全体の前で発表させてもよい。

T　今日は、ペアの友達と一緒に絵の中で遊んだり、音読をしたりしました。やってみてどうでしたか。

・一緒にやって楽しかったです。
・おもしろい遊びができてよかったです。
・○○さんと一緒にやったら、いいアイデアを思い付きました。

○感想を話したり聞いたりすることから、一時間の学習を振り返る習慣を付けていく。

よりよい授業へのステップアップ

関わりを意識した授業づくり

入学後、友達も少なくまだまだ緊張している時期である。授業では、楽しみながら友達との関係づくりができるような学習活動を行いたい。

幼保小の連携やスタートカリキュラムを意識して、遊びの中でやり取りをすることや、交互に音読をしたりすること等、簡単なことから少しずつ行うとよい。

友達と一緒に学ぶことの楽しさや、友達の話を聞くことの有用性を感じる経験を積み重ねていくことで、対話的な学びの基礎を養うことができる。

さあ　はじめよう （13時間扱い）

単元の目標

・簡単な話をしたり、友達の話や読み聞かせを聞いたりして、友達との関わりを楽しむことができる。
・様々な活動を通して、学びに関わる事柄を理解することができる。

評価規準

知識・技能	❶言葉遊びの歌を、姿勢や口形、発声や発音に注意して音読している。(〔知識及び技能〕(1)イ) ❷言葉遊びの歌を音読することを通して、言葉のおもしろさに気付いている。(〔知識及び技能〕(3)イ) ❸姿勢や筆記具の持ち方を正しくして書いている。(〔知識及び技能〕(3)ウ(ア)) ❹読み聞かせを聞き、読書に親しみ、いろいろな本があることを知っている。(〔知識及び技能〕(3)エ)
思考・判断・表現	❺「話すこと・聞くこと」において身近なことから話題を決め、伝えたいことを選んでいる。(〔思考力、判断力、表現力等〕A ア) ❻「話すこと・聞くこと」において友達の話を聞いて、興味をもったことなどの感想をもっている。(〔思考力、判断力、表現力等〕A エ) ❼「読むこと」において読み聞かせを聞き、想像を広げ、感想をもっている。(〔思考力、判断力、表現力等〕C オ)
主体的に学習に取り組む態度	❽友達に伝わるように自分のことを話そうとしたり、先生や友達の話を聞いたりして、これからの学習に大切なことを学ぼうとしている。

単元の流れ

時	主な学習活動	評価
1	「おはなし　たのしいな」 教師の読み聞かせを聞いたり、自分が好きな話を発表したりする。	❹❼
2	「あつまって　はなそう」 好きな動物について、同じ動物を好きな友達と、好きな理由などを話す。	❺❽
3	好きな動物について、友達と好きな理由などを話し、感想をもつ。	❺❻
4 5	「えんぴつと　なかよし」 鉛筆の持ち方や書くときの姿勢を確かめて、簡単な線をなぞったり引いたりする。	❸
6 7	「どうぞ　よろしく」 自分の名前を書いた紙をもって、友達と自己紹介をする。	 ❽
8 9	「なんて　いおうかな」 絵を見て、その場面にふさわしい言葉を考える。	❽ ❺
10 11	「こんな　もの　みつけたよ」 学校で見つけたものと、感想を友達に発表する。	❺ ❺❻
12 13	「うたに　あわせて　あいうえお」 言葉遊びの歌を、声に出して読む。	❶ ❶❷

授業づくりのポイント

〈単元で育てたい資質・能力〉

本単元は、複数の言語活動が組み合わさって成り立っている。ここでのねらいは、様々な言語活動を通して、友達との関わりをもつことともに、学びに関わる事柄を学んでいくことである。

そのためには、自分のことを相手に伝えたり、相手の言いたいことを理解して聞いたりする力が必要となる。また、読書への興味・関心を高めることや、正しい姿勢や鉛筆の持ち方で文字を書くこと、正しい発声をすることも大切となる。

具体例

○友達と話をしているときに楽しかったことを想起させる。その際に、自分の好きなものが友達に伝わった喜びや、友達から言ってもらってうれしかったことなどを取り上げるとよい。友達と関わりながら学んでいくことの楽しさを子供が感じられるような指導を心掛けていくようにする。

〈聞くことの意識を高めること〉

本単元では、子供は「自分が話をすること」に意識を向けるだろう。しかし、「聞くこと」についての意識をきちんともたせておく必要がある。これからの学校生活や学習の場の充実につながってくるからである。

友達の話を聞くときの姿勢や態度、友達の話を聞いた後の感想を言う場面などを見て、学級全体で共有したい姿を積極的に認めていくとよい。上手に話す姿は子供たちの目に留まりやすいが、上手に聞いている姿は子供たちには見えにくい。ゆえに教師の関わりが必要となる。

具体例

○「相手のことをきちんと見ながら聞いていたね」「友達と同じ気持ちになったことを伝えられていたね」のように、具体的にそのよさを伝えるようにする。これは、周りの子供への指導となるだけではなく、その子供自身に自分の聞き方のよさを自覚させることにつながるからである。

○読み聞かせをしていると、子供たちは笑ったり、驚いたりするなどの反応をする。そういった反応は認めていくとよい。また、感想を口にすることもあるだろうが、それが周りの子供たちが読み聞かせに集中ができないほどであれば声掛けをする。自分以外の友達も「聞いている」ということをここで意識させる。

〈他教科等との関連〉

学校生活や学校施設、そこに携わる人々の関わりの場を学習に合わせて設けるとよい。事前に設定することで、実際の場面を想起した活動が期待できる。事後に行えば、学習の成果を活かす実の場とすることができる。

生活科の学習と関連をさせて、言語活動を展開することも考えられる。

事前と事後を効果的に組み合わせることで、これからの学びをすぐに生かすこともできる。

具体例

○『なんて　いおうかな』では、これまでの学校生活を想起させることで子供の活発な意見交流を生むことができる。また、この学習での学びをこれからの生活場面ですぐに生かすこともできるだろう。授業で学んだことを生かせたことを子供たちと共有することで、学びを継続的なものとすることができる。

本時案

さあ はじめよう「おはなし たのしいな」 1/13

本時の目標

・教師の読み聞かせを聞いて、簡単な感想をもつことができる。

本時の主な評価

❹教師の読み聞かせを聞いて、いろいろな絵本があることを知っている。【知・技】
❼読み聞かせを聞いて、簡単な感想をもっている。【思・判・表】

資料等の準備

・読み聞かせ用の絵本
・絵本の表紙をコピーしたもの

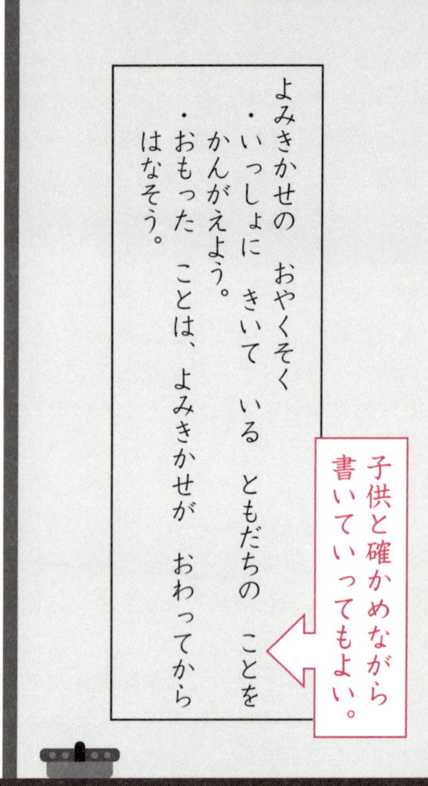

よみきかせの　おやくそく
・いっしょに　きいて　いる　ともだちの　ことを
かんがえよう。
・おもった　ことは、よみきかせが　おわってから
はなそう。
子供と確かめながら書いていってもよい。

授業の流れ ▷▷▷

1 読み聞かせをしてもらった経験を思い出す 〈10分〉

○これまでに、読み聞かせをしてもらった経験を想起させ、本時の活動への興味関心を高めるようにする。
○密着性を高めるために、教師の周りに車座にするとよい。
T　これまでに、絵本を読んでもらったときのことを教えてください。
・読んでもらった絵本の題名。
・誰によんでもらったか。
・読んでもらったときの気持ち。

2 教師の読み聞かせを聞く 〈20分〉

○学級全体で読み聞かせを聞くときの約束を確かめる。
・楽しいところで笑ったり、驚いたところでびっくりしたりしてもよいが、静かに聞きたい友達のことを気にすること。
・思ったことをすぐに口にするのではなく、読み終わってから話をすること。
○親に読んでもらったときとは違い、周りには一緒に読み聞かせを聞いている友達がいる。周りの友達のことを意識させるようにする。

おはなし　たのしいな

1 2

よみきかせを　きいて、
かんそうを　もとう。

教師が読む絵本の
表紙のコピー

3

○おもしろかった　ところ

○せんせいに　よんで　もらいたい　えほん
『いちねんせいに　なったら』
『ぐりとぐら』
『とのさま　いちねんせい』

3 読み聞かせを聞いた感想を発表する〈15分〉

T　読み聞かせを聞いて、おもしろかったところはどこですか。

・話の展開。
・登場人物。
・場面。
・台詞や表現。

T　これから先生に読んでもらいたい絵本はありますか。

・様々な絵本の題名。

○できる範囲で、ここで挙げられた絵本を、読み聞かせしていってあげるとよい。

よりよい授業へのステップアップ

楽しむ読書のための工夫

子供たちに読み聞かせや絵本の楽しさを味わわせることが大切な時間である。読み聞かせをした後に、「誰が出てきたかな」などのように、子供が記憶を再現しなければならないような問いは発しないようにする。子供の素直な感想を待つ。

多人数で読み聞かせを楽しむための配慮についても指導をしておくとよい。子供は他意なく近くの友達に自分の感想を話すことがある。自然な反応は、「3秒までね」などと否定せずに収束させる声掛けをするとよい。

本時案

さあ　はじめよう「あつまって　はなそう」

2/13

本時の目標

・好きな動物について、友達と理由や体験などを話すことができる。

本時の主な評価

❺好きな理由や体験を思い出して、友達と好きな動物について話している。【思・判・表】
❽好きなことについて、友達と話をしようとしている。【態度】

資料等の準備

・拡大した動物の絵

3 ともだちと　はなしを　して　おもった　こと

教科書
P.13
パンダの絵

授業の流れ ▷▷▷

1 どの動物について話をしたいのかを選ぶ 〈15分〉

○本時の活動が明確になるように、教師が手本を見せる。
T　今日は、友達と好きな動物について話をします。犬が好きな人はいますか。
○手を挙げた子供を一人前に呼ぶ。
T　うれしいときにしっぽをふっているところがかわいいからですよね。
・私もかわいいと思います。
T　同じ気持ちでうれしいです。
○自然な会話となるように心掛けるようにする。
○どの動物について話したいのかを選ばせ、黒板の絵の前に子供を集める。ネームプレートを貼るなどしてもよい。

2 友達と好きな動物について話をする 〈20分〉

○ペアを作り、話をさせるようにする。学級の人数によっては、3人までの少人数グループを作ってもよい。
T　それでは、友達と話をしてみましょう。
・好きな理由を相手に伝えている。
・好きな動物に関わる体験を伝えている。
・相手の話に対してあいづちを打っている。
・相手の話につなげて話をしている。
○話がすぐに終わってしまったり、停滞してしまったりしているところには、適宜教師が入り、話がつながるようにする。

1 あつまって　はなそう

2 すきな　どうぶつの　おはなしを　しよう。

教科書 P.12 いぬの絵	教科書 P.12 ねこの絵	教科書 P.13 ライオンの絵	教科書 P.13 ゾウの絵

3 友達と話をした感想を発表する〈10分〉

T　友達と話をして、思ったことを教えてください。

・自分の好きな理由を話すことができた。
・友達と理由が同じでうれしかった。
・好きな動物について話すことができてうれしかった。

○肯定的な感想を大切にしたい。「もう少しこうしたかった」「あまり話を聞いてもらえなかった」などの感想が出てきたときは、会話が弾んでいたペアの様子を紹介し、共有を図るとよい。ただ、聞き手のみに責任を負わせるのではなく、話し手のよかったところも合わせて紹介をすることを意識する。

よりよい授業へのステップアップ

好きな動物が同じであることの意義

友達と話題に沿って話をする最初の活動だからこそ、同じ動物が好きな、「同好の士」とペアを組むことに意義がある。同じものを好きな相手だと、両者には、共感できる経験や、共有できる知識がある。「会話が弾む」素地があらかじめつくられた場を設定することができるのである。

1年生は、興味があることについて話すのが好きだが、聞き手の興味への関心は薄い。聞き手の反応が芳しくないと、話すことへの意欲が減退することもある。

本時案

さあ　はじめよう「あつまって　はなそう」

3/13

教科書
P.13
パンダの絵

本時の目標

・好きな動物について、友達と理由や体験などを話すことができる。
・友達と話をしたことについて感想をもつことができる。

本時の主な評価

❺好きな理由や体験を思い出して、友達と好きな動物について話している。【思・判・表】
❻友達と話をしたことについて簡単な感想をもっている。【思・判・表】

資料等の準備

・拡大した動物の絵
・感想を記入するためのワークシート  02-01～02

授業の流れ ▷▷▷

1 本時のめあてを確かめる 〈10分〉

○前時と同様の活動を行うが、本時では話をした感想をもつことが重点となることを意識付ける。

T　今日も、友達と好きな動物について話をしましょう。話をして思ったことも聞きますよ。

○前時とは違う動物を選んでもかまわない。ただし、様々な友達と話をすることを大切にするため、別の子供と話すようにする。

2 友達と好きな動物について話をする 〈15分〉

○ペアを作り、話をさせるようにする。学級の人数によっては、３人までの少人数グループを作ってもよい。

T　それでは、友達と話をしてみましょう。

・好きな理由を相手に伝えている。
・好きな動物に関わる体験を伝えている。
・相手の話に対してあいづちを打っている。
・相手の話につなげて話をしている。

○話がすぐに終わってしまったり、停滞してしまったりしているところには、適宜教師が入り、話がつながるようにする。

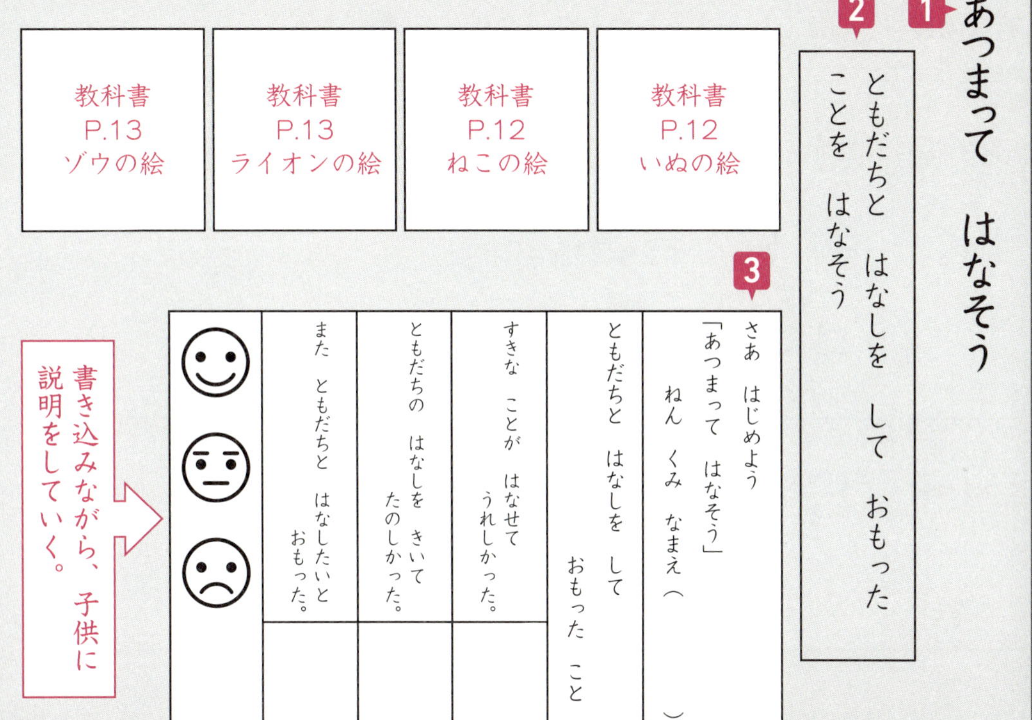

3 友達と話をした感想をワークシートに書き、発表をする　〈20分〉

T　友達と話して思ったことをワークシートに書きましょう。

○ワークシートの書き方を説明する際には、拡大したものを掲示し、教師が実際にやってみせるとよい。

○ワークシートの内容を挙手させることで、全員の子供に、授業に参加をしたという思いを抱かせることができる。

T　手を挙げて、みんなの前で話ができる人はいますか。

よりよい授業へのステップアップ

選択式ワークシートの活用

1年生にとって、自分が思ったことを書き表すことはとても難しい作業となる。選択式のワークシートを活用することは、子供の内面を表出させることを助ける手立てとなるだろう。

ワークシートを活用することで、全員の思いを評価することもできる。

選択肢の内容については吟味が必要になるが、まずは、自分の思いを表出したという気持ちを抱かせることが大切である。

子供の実態や成長に応じて、自由記述欄を設けてもいいだろう。

1 第３時資料　感想を記入するためのワークシート 02-01

さあ　はじめよう 「あつまって　はなそう」 ねん　くみ　なまえ（　　　　）	
ともだちと　はなしを　して おもった　こと	
すきな　ことが　はなせて うれしかった。	
ともだちの　はなしを　きいて たのしかった。	
また　ともだちと　はなしたいと おもった。	

2 第３時資料　感想を記入するためのワークシート 02-02

さあ　はじめよう

「あつまって　はなそう」

ねん　くみ　なまえ（　　　　　）

ともだちと　はなしを　して

おもった　こと

すきな　ことが　はなせて うれしかった。	
ともだちの　はなしを　きいて たのしかった。	
また　ともだちと　はなしたいと おもった。	

◎　○　△

本時案

さあ はじめよう「えんぴつと なかよし」

4/13

本時の目標

・正しい鉛筆の持ち方を知ることができる。

本時の主な評価

❸正しい鉛筆の持ち方を理解して書いている。【知・技】

資料等の準備

・教科書 P.14の図を拡大したもの
・鉛筆の持ち方　言葉の短冊

授業の流れ ▷▷▷

1 現状の鉛筆の持ち方を確かめる〈10分〉

T　今日は、鉛筆となかよくなる時間です。みなさんは、鉛筆を使って、何をしたことがありますか。

○これまでの鉛筆を使った経験を想起させる。

・文字を書いたりした経験。
・自分の名前などを練習した経験。
・絵を描いた経験。

T　それでは、そのときに、鉛筆をどのように持っていましたか。実際に鉛筆をもって、手を上に挙げてください。

○子供の実態を確認する。ここでは、正誤をつきつめることはしないようにする。

2 教科書の言葉を音読しながら、正しい鉛筆の持ち方を確かめる〈20分〉

T　教科書の言葉を先生の後に続けて読んでみましょう。

○簡単な節を付けて読むなどして、子供が楽しくこの言葉を読み上げることができるようにするとよい。

T　実際に鉛筆を持ちながら、声に出して読みましょう。

○一度読んだ後に、黒板に掲示をした「正しい鉛筆の持ち方」の図と比べさせる。

○隣同士や近くの席の友達と、繰り返し言葉を声に出しながら鉛筆の持ち方を確認させるようにする。

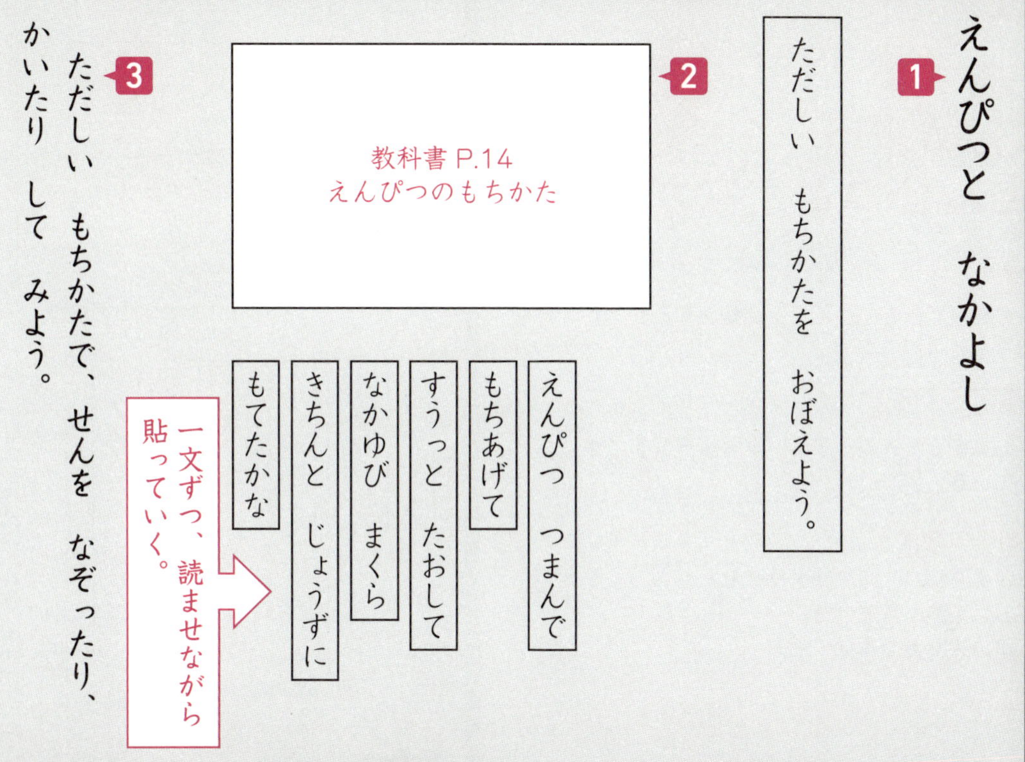

3 正しい鉛筆の持ち方で、簡単な線をなぞったり、書いたりする〈15分〉

T　正しい鉛筆の持ち方をして、線をなぞったり、書いたりしましょう。

○線を引くことに夢中になり、鉛筆の持ち方が普段どおりになってしまっている子供には、適宜声掛けをして修正をしていくようにする。

○教科書をなぞらせてもよいし、別途ワークシートを用意してもよい。

T　次の時間は、書くときの正しい姿勢を確かめますよ。

よりよい授業へのステップアップ

個の実態把握

鉛筆の持ち方は、子供の入学前までの経験によって習得の差が大きい。この時間に子供それぞれの鉛筆の持ち方の実態を把握するようにするとよい。また、利き手についても確かめておくと、これからの指導に生かすことができる。

手の小さい子供は、人差し指と中指で鉛筆をもち、薬指で支える持ち方をしていることが多い。また、筆圧が安定しない子供は、中指の支えの弱さや、親指が人差し指にかかるような握り方をしていることが多い。

本時案

さあ はじめよう「えんぴつと なかよし」

5/13

本時の目標

・ものを書くときの、正しい姿勢を知ることができる。

本時の主な評価

❸ものを書くときの、正しい姿勢を理解して書いている。【知・技】

資料等の準備

・教科書 P.14、P.15の図を拡大したもの
・正しい姿勢の言葉の短冊
・鉛筆の持ち方の言葉の短冊

教科書 P.14
えんぴつのもちかた

授業開始前に掲示をしておく。

えんぴつ つまんで
もちあげて
すうっと たおして
なかゆび まくら
きちんと じょうずに
もてたかな

授業の流れ ▷▷▷

1 前時の鉛筆の持ち方を確かめる 〈10分〉

T 前の時間に学習をした、正しい鉛筆の持ち方を確かめましょう。

○前時の言葉を声に出して読みながら、鉛筆の持ち方を確かめる。前時で活用をした掲示を貼る。

T 今日はものを書くときの正しい姿勢について学習をしましょう。

2 教科書の言葉を音読しながら、ものを書くときの正しい姿勢を確かめる 〈20分〉

T 教科書の言葉を先生の後に続けて読んでみましょう。

○簡単な節を付けて読むなどして、子供が楽しくこの言葉を読み上げることができるようにするとよい。

T 声に出して読みながら、正しい姿勢になりましょう。

○一度読んだ後に、黒板に掲示をした「正しい姿勢」の図と比べさせる。

○姿勢を意識するあまり、体に力が入っている子供には力を抜くように声を掛けていく。また、机と椅子の高さに比べて、身長が低い子供には、椅子に浅く腰掛けるとよいことなどを伝える。

えんぴつと　なかよし

1 ただしい　しせいで　せんを　かこう。

2 教科書 P.15
正しいしせい

読みながら一文ずつ貼っていく。

あしは　ぺったん
せなかは　ぴん
おなかと　せなかに
ぐう　ひとつ
かみを　おさえて
さあ　かこう

3 ただしい　しせいで、せんを　なぞったり、かいたり　して　みよう。

3 ものを書くときの正しい姿勢で、簡単な線をなぞったり、書いたりする〈15分〉

T　正しい姿勢をして、線をなぞったり、書いたりしましょう。鉛筆の持ち方にも気を付けますよ。

○線を引くことに夢中になり、姿勢が崩れたり、鉛筆の持ち方が普段どおりになってしまっている子供には、適宜声掛けをして修正をしていくようにする。

○教科書の線をなぞらせたり、子供の実態に応じてワークシートなどを用意してもよい。

よりよい授業へのステップアップ

継続的な指導

「えんぴつと　なかよし」という教材では、正しい持ち方や姿勢を身に付けることよりも、まずは「理解をする」ことに重点を置くとよい。子供にはこれまでの経験から、子供なりの方法が身に付いてしまっている。これらを短時間で「矯正」をしようとすると、子供を追い立てるような指導となってしまう危惧がある。

各家庭に、学校での学習内容を知らせ、家庭での取り組みでも適宜声掛けをしてもらうように、協力を求めるとよい。

本時案

さあ はじめよう「どうぞ よろしく」

6/13

本時の目標

・自分の名前を、正しい姿勢や鉛筆の持ち方に気を付けて、丁寧に書くことができる。

本時の主な評価

・自分の名前を、正しい姿勢や鉛筆の持ち方に気を付けて、丁寧に書こうとしている。

資料等の準備

・教科書 P.14、P.15の図を拡大したもの
・平仮名五十音表 02-03
・名前の練習用シート 02-04
・自己紹介カード 一人５枚 02-05

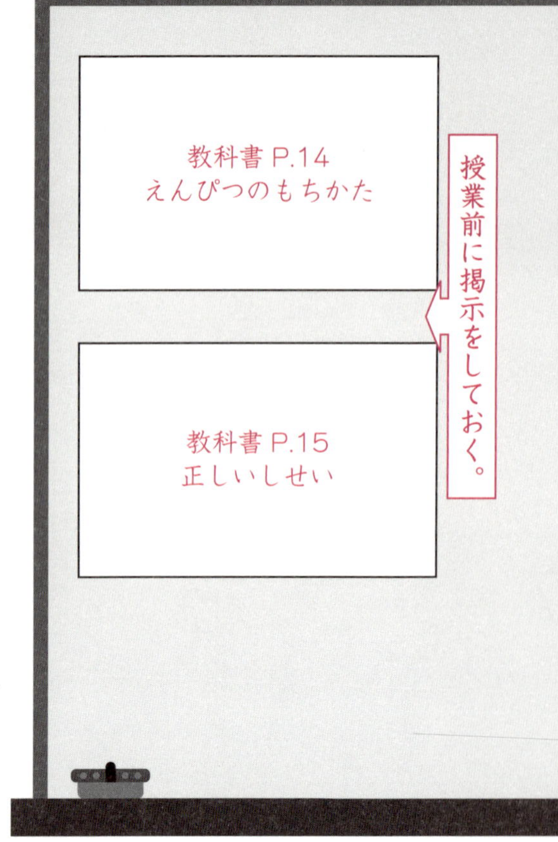

授業の流れ ▷▷▷

1 五十音表から、自分や友達の名前に使われているひらがなを見つける〈15分〉

T 自分の名前を大切に書いて、友達と自己紹介をしましょう。

T まずは、自分の名前の平仮名を、表から探してみましょう。

○最初は教師の名前を例にして、探させるとよい。その中で、右からア行、カ行となっていることを確かめるとよい。濁音や拗音などが名前に含まれている子供には個別に対応をする。

2 自分の名前を書く練習をする〈15分〉

T 自分の名前を書く練習をしましょう。大切に書くのですよ。

○「大切に書く」という指示は、子供が自分の名前を丁寧に書くことを意識付けさせるためのものである。ここでは、「上手に書こう」という言葉はあえて使わない。文字の巧みさを求めているわけではないからである。「大切に書く」という声掛けで、子供は十分に文字の形に気を付けて書くだろう。

○正しい姿勢や鉛筆の持ち方を想起させる。

○文字を誤って書いている子供には、適宜指導をする。

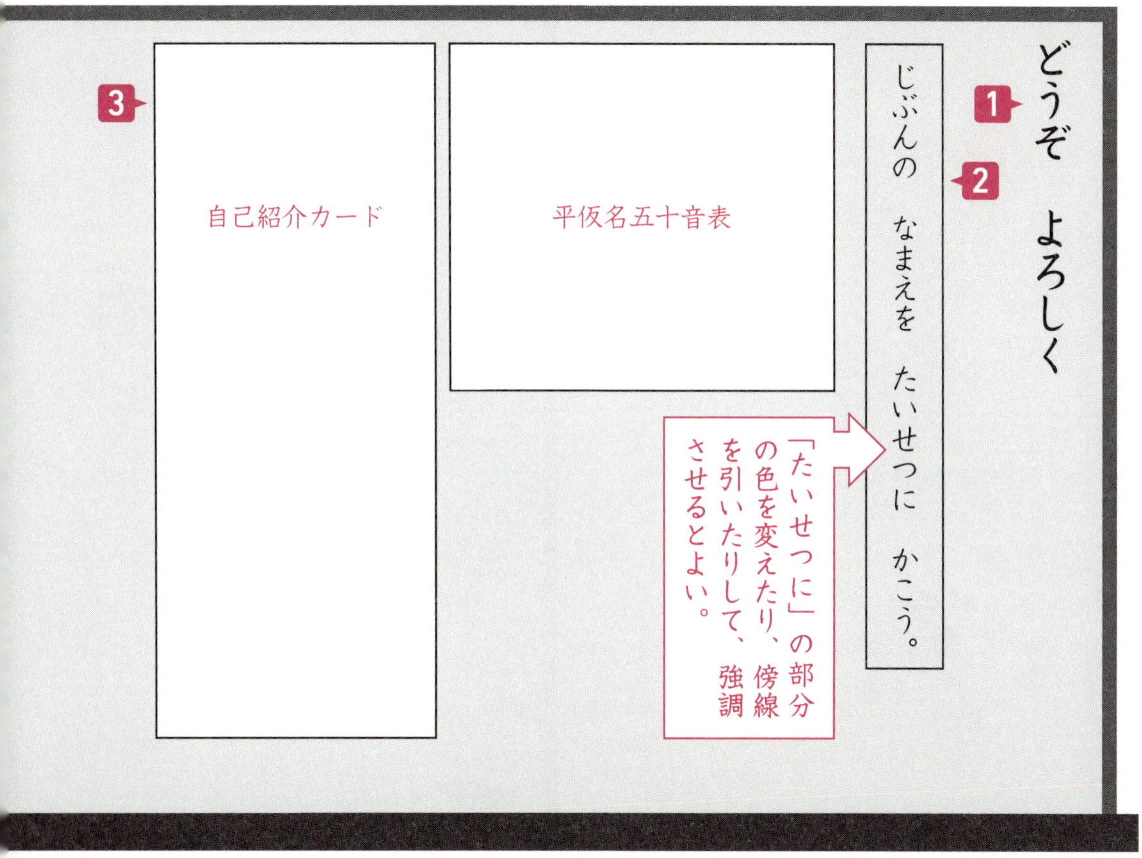

どうぞ　よろしく

じぶんの　なまえを　たいせつに　かこう。

平仮名五十音表

自己紹介カード

「たいせつに」の部分の色を変えたり、傍線を引いたりして、強調させるとよい。

3　自己紹介カードをつくる　〈15分〉

T　自己紹介カードを作ってみましょう。
次の時間に、このカードを使って友達と自己紹介をしますよ。友達にきちんと名前を読んでもらえるように書きましょう。

○一人五枚の自己紹介カードを配布する。丁寧に書くように適宜声掛けをする。

よりよい授業へのステップアップ

丁寧な文字を書く習慣を付ける

自分の名前というのは小学校において子供が最も書く文字であるといえる。それを丁寧に書く習慣をしっかりと付けるようにしたい。

丁寧な文字の基準としては、「楷書」であることである。一画、一画を丁寧に書くように指導をする。この姿勢は、片仮名や漢字を学習する際にも生かせるものである。

子供によっては、就学前に文字に癖が付いている場合もある。五十音表と照らし合わせながら、丁寧に指導をするようにする。

本時案

さあ はじめよう「どうぞ よろしく」 7/13

本時の目標

・自己紹介カードを使って、自分の名前や自分の好きなことを友達に伝えることができる。

本時の主な評価

❽自分の名前や自分の好きなことを友達に伝えようとしている。【態度】

資料等の準備

・平仮名五十音表 02-03
・ヒントカード 02-06

じぶんの すきな いろ
じぶんの すきな のりもの
じぶんの すきな たべもの
じぶんの すきな えほん
じぶんの たからもの

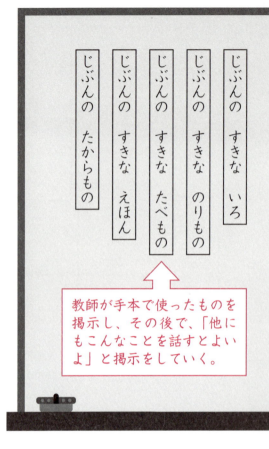

教師が手本で使ったものを掲示し、その後で、「他にもこんなことを話すとよいよ」と掲示をしていく。

授業の流れ ▷▷▷

1 本時の活動を確かめる 〈10分〉

T 今日は、友達と自己紹介カードを持って、自己紹介をします。友達からもらったカードに書いてある名前が読めるように、平仮名の確かめをしましょう。

○五十音表を使って、平仮名の読み方を確認する。

2 友達と自己紹介カードを使って、自分の名前や好きなものを伝える〈25分〉

T それでは、自己紹介のやり方を確かめます。

○ここでは、教師が手本を見せながら、一つ一つやり方を確かめていく。好きなものについては、ヒントカードを用いるとよい。

T それでは、自己紹介を始めましょう。

○近くの友達から始めてもよい。歌いながら歩いたり、音楽をかけたりして、相手を探すなどの工夫もできる。

○カードを集めることに終始してしまうことのないように、丁寧に手順を踏ませていくように適宜声掛けをしていく。

どうぞ　よろしく

1

ともだちと　じこしょうかいを　しよう。

平仮名の五十音表

2

じこしょうかいの　やりかた
①はじめに　あくしゅを　する。
②じこしょうかいかあどを　みせる。
③じぶんの　なまえと　すきな　ものを　おしえる。
④かあどを　もらった　ともだちの　なまえを　よむ。
⑤あくしゅを　して　わかれる。

3 学習の振り返りをする　〈10分〉

T　友達と自己紹介をして、どんな気持ちになりましたか。

・楽しかったです。またやりたいです。
・自分の名前を友達が読んでくれてうれしかったです。
・自分の好きなものをきちんと言えました。
・友達の名前をきちんと読むことができました。
・友達の好きなものも知ることができました。
・友達と握手ができてよかったです。

○感想については、自己紹介をしたときのこと、してもらったときのことなどを整理して受け止める。してもらったときの場合は、自己紹介をしたときのことも想起させるようにする。

よりよい授業へのステップアップ

活動の枠組みを示す

1年生の子供と活動に取り組む際には、分かりやすい「活動の枠組み」を設定するように心掛ける。

自分の好きなものを紹介する際に、「なんでもいいよ」という言葉が、かえって混乱を生むこともある。そういった場合「ヒントカードの中から選びましょう」としたほうが子供にとってはよい。

もちろん、常に教師から枠組みを示していては子供の自主性は育たない。少しずつ枠組みづくりにも子供を参加させていくようにするといいだろう。

資料「どうぞ　よろしく」

1 第6・7時資料　平仮名五十音表 02-03

平仮名五十音表

あいうえお
かきくけこ　がぎぐげご
さしすせそ　ざじずぜぞ
たちつてと　だぢづでど
なにぬねの
はひふへほ　ばびぶべぼ
まみむめも　ぱぴぷぺぽ
や　ゆ　よ
らりるれろ
わ　　　を
ん

2 第6時資料　名前の練習シート 02-04

「どうぞ　よろしく」
○じぶんの　なまえを　れんしゅうして
みよう

3 第６時資料　自己紹介カード 02-05

「どうぞ　よろしく」
○ともだちと　じこしょうかいを　しよう

いちねん　　くみ

4 第７時資料　ヒントカード 02-06

じぶんの　すきな　いろ

じぶんの　すきな　のりもの

じぶんの　すきな　たべもの

じぶんの　すきな　えほん

じぶんの　たからもの

本時案

さあ はじめよう「なんて いおうかな」 8/13

本時の目標

・場面に合ったあいさつをしたり、言葉掛けをしたりすることができる。
・場面に合った声掛けが、よりよい学校生活を送る上で大切さであることが分かる。

本時の主な評価

❽場面に合った声掛け、よりよい学校生活を送る上で、大切であることを分かろうとしている。【態度】
・場面に合ったあいさつをしたり、言葉掛けをしたりしている。

資料等の準備

・教科書場面の挿絵を拡大したもの
・あいさつ・言葉掛けカード 02-07

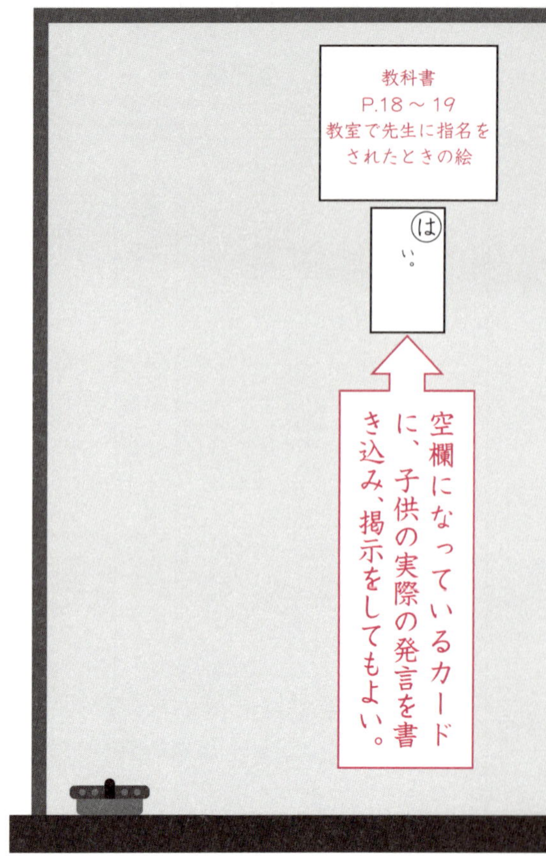

授業の流れ ▷▷▷

1 学校生活での場面について想起をする 〈10分〉

T みなさん、学校にはもう慣れましたか。この絵のような場面に出会ったことのある人もいるでしょう。それぞれ、何の場面ですか。
・場面を想定した発言。
・場面の想定とともに、自身の経験も合わせた発言。
○まだ出会ったことのない場面がある場合は、経験者に様子を語らせるなどして、できる限り場のイメージを共有させるとよい。

2 場面に合ったあいさつや言葉掛けについて考える 〈25分〉

T それぞれの場面に合った、あいさつや、掛けてあげたい言葉を考えましょう。
○絵の中のどの登場人物の立場になるかで、子供たちの発言は変わってくる。そうすると、意見がかみ合わなくなってしまう恐れがある。
本書では「バケツを持っている子を助けようとしている絵」「遊びに加わりたいときの絵」「ボールを借りたいときの絵」では、それぞれ一番右側の子供を想定しているが、どの立場の子供が発している言葉なのかを明確にする。
○言葉を発している子供や「あいさつ・言葉かけカード」はあくまでも想定の一部である。子供の実態に応じた想定をしてもかまわない。

なんて　いおうかな

ばめんに　あった　あいさつや、かけて　あげたい　ことばを　かんがえよう。

1 2

教科書 P.18 教室に入ってきたときの絵	教科書 P.19 職員室に用事があるときの絵	教科書 P.18 転んでいる友達を助けている絵	教科書 P.18 バケツを持っている子を助けようとしている絵
お　はよう　ございます。	し　つれい　します。	だ　いじょうぶ。	て　つだうよ。
教科書 P.19 保健室に友達を連れてきたときの絵	教科書 P.18 遊びに加わりたいときの絵	教科書 P.19 ボールを借りたいときの絵	教科書 P.19 下校をしているときの絵
す　みません。	い　れて。	か　して。	さ　ようなら。

3 実際に声に出してみる　〈10分〉

T　場面に合ったあいさつや掛けてあげたい言葉を確かめることができました。
　実際に言ったことがある言葉はどれですか。

・使ったことがあります。
・使ったことはないけれど、言ってもらったことがあります。

T　それでは、一度、みんなで声に出して読んでみましょう。

○低学年の子供は一斉に声を出すと、語尾にアクセントを付けてしまうなどの、不自然な言い方になってしまうことが多い。先に教師が自然な発音で言うことで、子供も自然とその言い方を真似することができる。

よりよい授業へのステップアップ

生活体験の想起

　1年生の学校生活と関連のある教材である。国語の学習時間に限らず、幅広く生活体験を想起させるとよい。

　生活体験の差異から、学級の子供それぞれの学校生活の過ごし方の差異に気付かせることもできる。

　また、まだ学校内で行ったことのない場所があることに気が付く子供もいるだろう。そういった気付きは、これからの学校生活の期待を高めたり、他教科の学習の原動力としたりすることができる。

本時案

さあ はじめよう「なんて いおうかな」 9/13

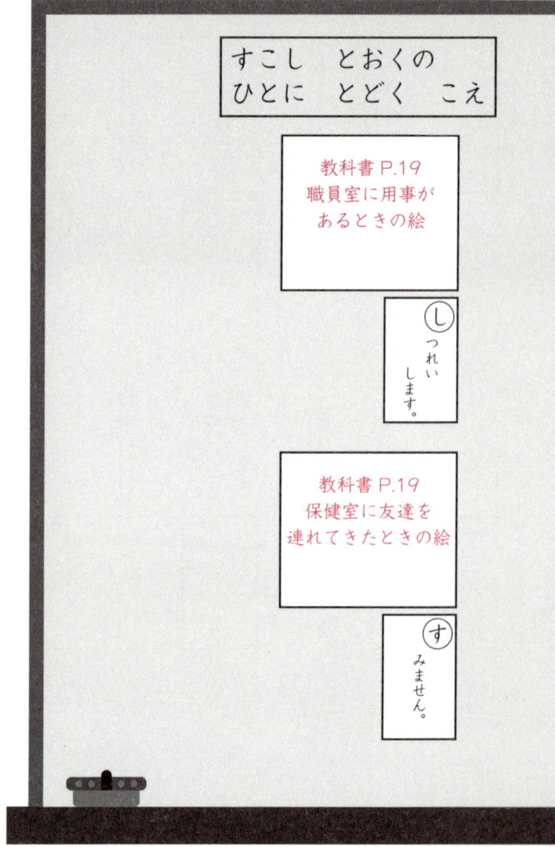

本時の目標

・相手に届くような声で、場面に合ったあいさつをしたり、言葉掛けをしたりすることができる。
・友達から掛けられた言葉に対して、適切な応答をすることができる。

本時の主な評価

❺相手に届くような声で、場面に合ったあいさつをしたり、言葉掛けをしたりしている。【思・表・判】
・友達から掛けられた言葉に対して、適切な応答をしている。

資料等の準備

・教科書場面の挿絵を拡大したもの
・あいさつ・言葉掛けカード 02-07

授業の流れ ▷▷▷

1 前時の学習内容を振り返る〈10分〉

T 前の時間に確かめたあいさつや言葉掛けを声に出して言ってみましょう。
○相手に届くような声を意識させるが、大きな声だけではなく、場面に合った声の大きさを考えさせながら読ませるとよい。
・元気な声で言ったほうがよいもの、「おはようございます」「はい」など。
・目の前の相手に届く声の大きさで言ったほうがよいもの、「だいじょうぶ」「てつだうよ」など。
・少し遠くの相手に届く声で言ったほうがよいもの、「しつれいします」「すみません」など。
○子供の意見に合わせて資料を動かし、分類・整理していく。

2 言われた言葉に対して、どんな言葉を返せばよいのかを考える〈20分〉

T 友達からあいさつをしてもらったり、言葉を掛けてもらったりしたときには、どのように応えれば友達がうれしくなるでしょうか。
・あいさつは自分も返すようにします。
・心配をされたときは、お礼を言います。
・頼まれたときは、「いいよ」と言います。
・理由があって、できないときは、「ごめんね」とやさしく言います。
○その言葉を返された相手が、どのような気持ちになるのかを想像させながら考えさせるようにするとよい。

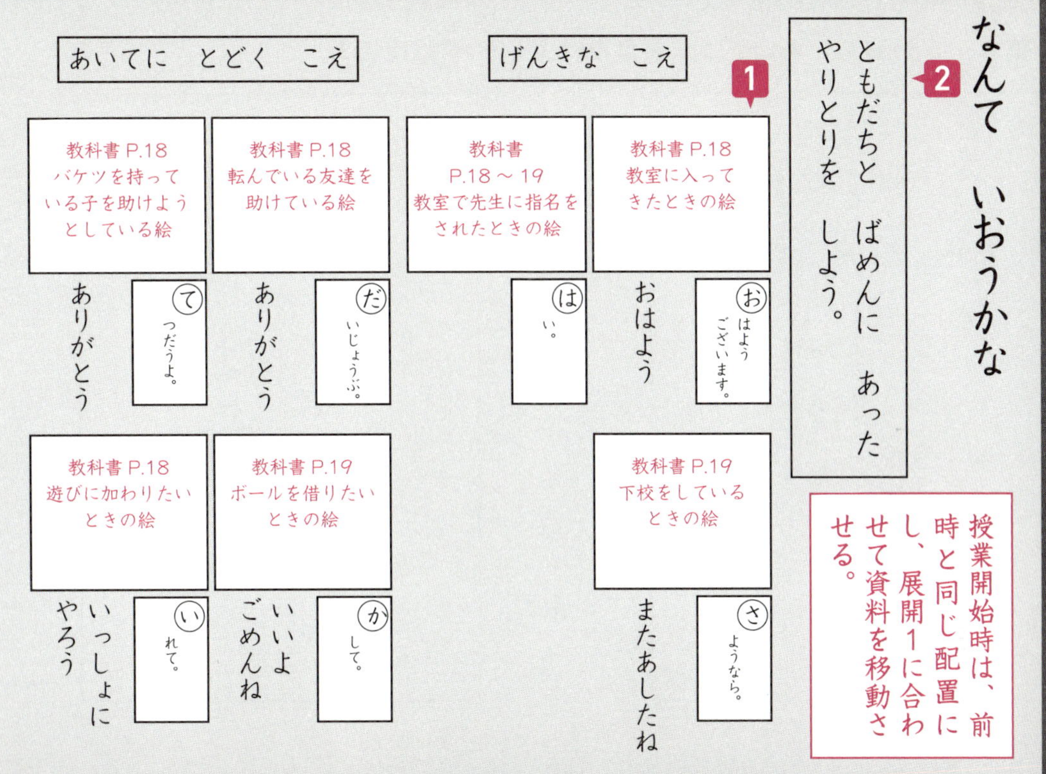

3 友達とやり取りをする　〈15分〉

T　それでは、実際に友達とあいさつをしたり、言葉を掛けたりしましょう。

○自分たちがどの場面のやり取りをしているのかを、適宜確かめながら取り組ませる。実際に、「教室に入ったとき」などと、声に出して確かめさせてから取り組ませることも考えられる。

○子供の活動の様子を観察し、学級全体で共有したいようなやり取りを適宜紹介する。

T　実際にやり取りをして、どんな感想をもちましたか。

・あいさつや言葉掛けには、それぞれに合う声の大きさがあること。

・うれしい返事をもらったこと。

よりよい授業へのステップアップ

分類と整理

板書の機能の１つに、子供の発言を分類・整理することで、子供の理解を促すというものがある。

子供の発言全てを列記していくだけではなく、同じような意見は近くに書き、反対の意見は対極に書くなどの板書技術が求められる。

本時では、最初は前時と同じ配置で授業を始め、子供の発言に合わせて、資料の位置を変えていく。そうすることで、子供が似ているものと、違うものを視覚的に理解することができる。

資料「なんて　いおうかな」

1 第８・９時資料　あいさつ・言葉掛けカード 02-07

し
つれい
します。

お
はよう
ございます。

さ
ようなら。

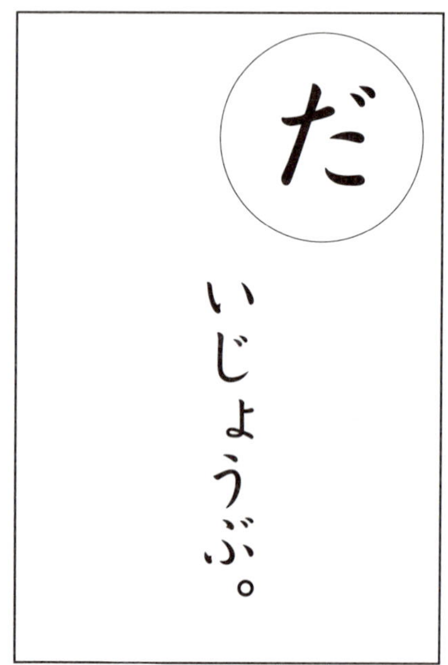
だ
いじょうぶ。

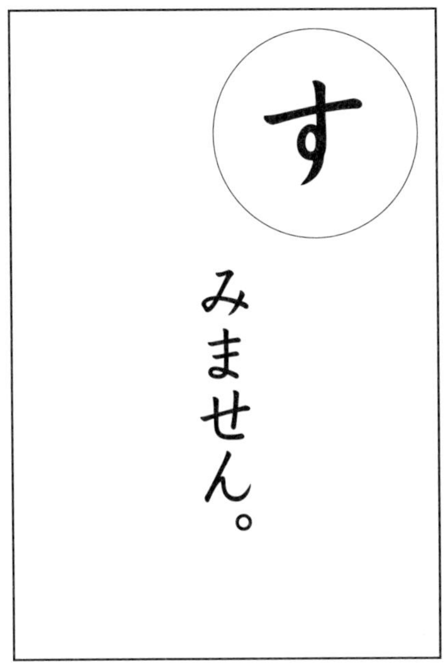

そのほか、

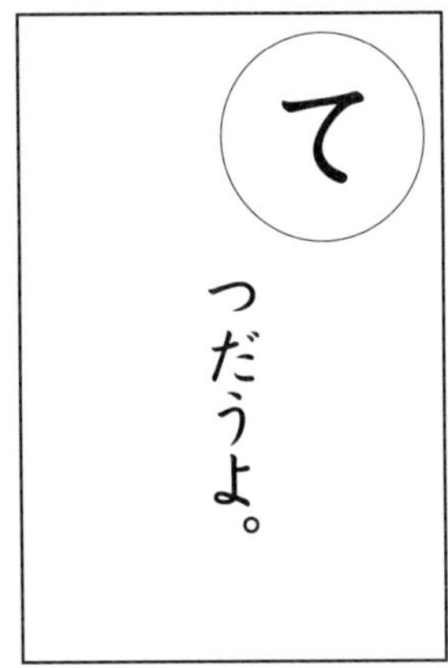

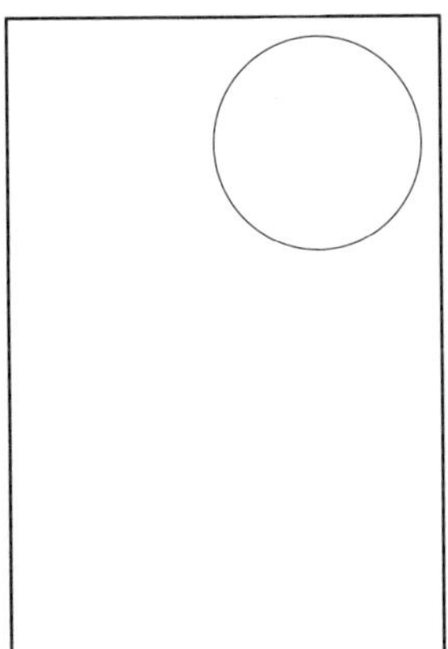

も収録しています。

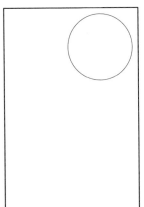

本時案

さあ はじめよう「こんな もの みつけたよ」

10/13

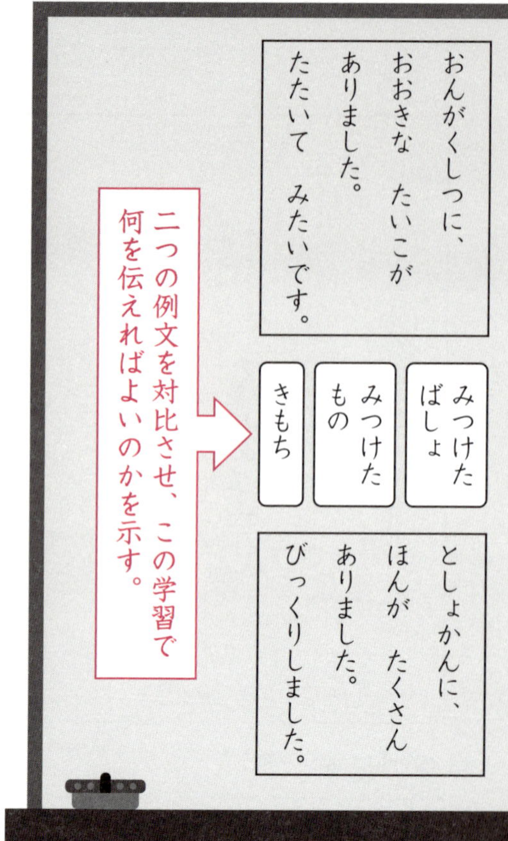

本時の目標

・学校探検をして、見つけたものの中から、友達に教えてあげたいものを選ぶことができる。

本時の主な評価

❺学校探検をして見つけたものの中から、友達に教えたいものという視点をもって、伝えたいことを選んでいる。【思・表・判】

資料等の準備

・教室や学校にあるものの写真
・拡大した発表例のコピー

授業の流れ ▷▷▷

1 学校にあるもので、特に印象に残っているものなどを想起する 〈10分〉

T 学校の中で見つけたもので、特に覚えているものはなんですか。
・教室の中にあるもの。
・特別教室。
・特別教室にあるもの。
・校庭などにあるもの。
○施設や物品に限らず、植物や飼育動物など、広く想起をさせるようにする。既に学校探検を経験している場合は、そのときに活用した資料などを用意するとよい。また、「なんていおうかな」で扱った場面を思い出させてもいいだろう。

2 学習の見通しをもって、学校探検をする 〈25分〉

T 学校で見つけたものを友達に教えてあげましょう。どのように伝えればよいかを確かめます。
○例文を教師が読み、何を伝えているのかを子供に気付かせる。子供に音読をさせてもよい。
・見つけた場所。
・何を見つけたのか。
・見つけたときの気持ち。
T それでは、学校探検に出かけましょう。
○発表する内容を意識して、探検に向かわせる。
○他教科の時間を活用してもよい。

こんな　もの　みつけたよ

2 がっこうの　なかで　みつけた　ものの　なかから、ともだちに　おしえたい　ものを　えらぼう。

1

3 友達に教えたいものの絵を描く〈10分〉

T　それでは、見つけたものの絵を描きましょう。

○絵を描くことが苦手な子供がいる場合、あらかじめ教師が写真を撮るなどして支援をする。

また、絵の代わりに写真を用意し、学校探検の時間を延ばしたり、発表練習に時間を使えるようにしたりすることも考えられる。

よりよい授業へのステップアップ

複数の文章の比較

本時は、二つの発表例を比較して、共通して伝えていることを見つける。この単元後に、同じ文型の繰り返しで構成されている説明的文章に触れていく。それを見据え、ここで複数の文章を比較する学習の土台をつくる。

教師の手立てとしては、子供の発見をなるべく平易で簡潔な言葉でまとめることが有効だろう。子供はこれらの文章を声に出して読むことを繰り返していく中で、その文型に親しみ、相手に伝わりやすい文章構成を体感的に学んでいくのである。

本時案

さあ はじめよう「こんな もの みつけたよ」

11/13

本時の目標

・見つけた場所、見つけたもの、そのときの気持ちを、友達に話すことができる。
・友達の話を聞いて、興味をもったことなどの感想を伝えることができる。

本時の主な評価

❺3つの観点を落とさずに、友達に自分が見つけたものについて話している。【思・表・判】
❻友達の話を聞いて、興味をもったことなど、簡単な感想を伝えている。【思・表・判】

資料等の準備

・拡大した発表例のコピー
・振り返りのワークシート 02-08～09

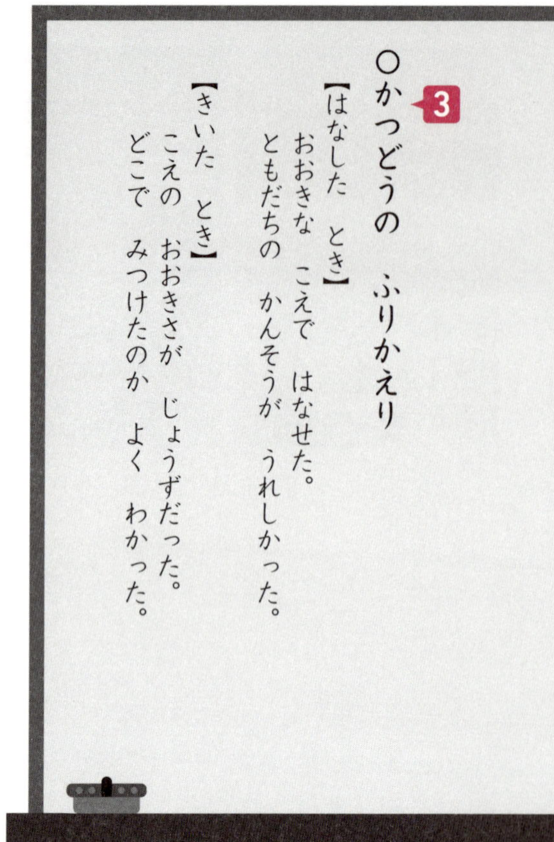

3
○かつどうの ふりかえり
【はなした とき】
おおきな こえで はなせた。
ともだちの かんそうが うれしかった。
【きいた とき】
こえの おおきさが じょうずだった。
どこで みつけたのか よく わかった。

授業の流れ ▷▷▷

1 本時の活動内容を確認する 〈15分〉

T 今日は、みなさんが学校の中で見つけたものについて、友達に教えてあげましょう。
最初に、何を伝えるとよいのかを確かめます。

○前時の学習内容を想起させ、「見つけた場所」「見つけたもの」「気持ち」という3つの観点を押さえる。その際に、掲示した例文の音読をさせるとよい。体感的に文型を学ばせるためである。

T 発表の前に練習しましょう。

○黒板の例文の言葉をどのように変えたら、自分が見つけたものを伝えることができるかを考えさせる声掛けをしていく。

2 友達と見つけたものについて話をする 〈20分〉

T 友達と自分が見つけたものについて話をしましょう。話を聞いたら、友達に感想を伝えます。

○学級の実態に応じて、ペアで行ってもよいし、4人程度のグループを作ってもよいだろう。
全員が友達の話に対して感想を言うことのできる機会を設けるようにする。

・同じものを見つけたことを伝えている。
・見つけられなかったので、もう一度探検に行きたくなったなどの感想を伝えている。
・同じ場所で見つけた、別のものについて伝えている。

こんな　もの　みつけたよ

1 じぶんが　みつけた　ものを　ともだちに
おしえよう。

みつけた ばしょ	みつけた もの	きもち

としょかんに、
ほんが　たくさん
ありました。
びっくりしました。

おんがくしつに、
おおきな　たいこが
ありました。
たたいて　みたいです。

2 おはなしの　ききかた
○さいごまで　おはなしを　きく。
○おはなしを　きいたら、かんそうを
つたえる。

3 活動の振り返りをする 〈10分〉

T　友達に、自分が見つけたものを教えてあげられましたね。活動の振り返りをしますよ。まずは、話をしたときのことを教えてください。

・声の大きさや速さなどについて。
・友達の感想について。
・またやりたいなど、活動への意欲。

T　では、次に友達の話を聞いたときのことを振り返ります。

・発表の仕方の上手だった部分などについて。
・発表内容について。

○「話し手」と「聞き手」という振り返りの視点を明確にする。

T　では　振り返りをワークシートに書きましょう。

よりよい授業へのステップアップ

メモに頼らない活動

本時のような発表の場合、事前にメモなどを書かせて、話すことを明確にさせる指導が一般的である。しかし、本時を迎える子供の実態を考えると、発表内容をメモする時間よりも、口頭による練習時間の確保を優先したほうがよいだろう。

文字を書く経験が少ない子供にとって、メモを書くことの負担は大人が考えている以上に大きいことを、指導者は念頭に置くべきである。

資料「こんな　もの　みつけたよ」

1 第11時資料　振り返りのワークシート① 02-08

さあ　はじめよう 「こんな　もの　みつけたよ」 ねん　くみ　なまえ（　　　　）	
かつどうの　ふりかえり	
「みつけた　ほしよ」 「みつけた　もの」「きもち」を ともだちに　おしえられた。	
げんきな　こえで　ともだちに おはなしが　できた。	
ともだちの　おはなしを　きいて かんそうを　いう　ことが できた。	

2 第11時資料　振り返りのワークシート② 02-09

さあ　はじめよう

「こんな　もの　みつけたよ」

ねん　くみ　なまえ（　　　　）

かつどうの　ふりかえり

「みつけた　ばしょ」「みつけた　もの」「きもち」を ともだちに　おしえられた。	
げんきな　こえで、ともだちに おはなしが　できた。	
ともだちの　おはなしを　きいて かんそうを　いう　ことが できた。	

◎　○　△

本時案

さあ はじめよう「うたに　あわせて　あいうえお」 12/13

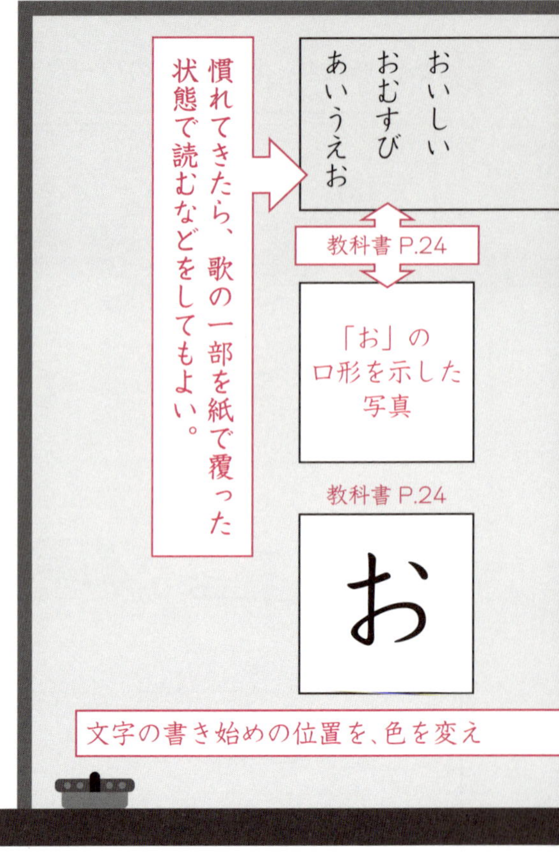

本時の目標

・歌や文字を、姿勢や口形、発声や発音に気を付けて読むことができる。
・「あいうえお」を、字形に気を付けて書くことができる。

本時の主な評価

❶歌や文字を、姿勢や口形、発声や発音に気を付けて、正しく声に出して読んでいる。【知・技】
・字形に気を付けて、文字を書いている。

資料等の準備

・「あいうえお」の歌の拡大コピー　・口形を示した写真・絵　・「あいうえお」のカード　・白い紙（歌の一部を隠すためのもの）

授業の流れ ▷▷▷

1 歌を声に出して読む 〈15分〉

T　「あいうえお」の歌を声に出して読みますよ。
　最初に先生が読むので、その後に続けて読んでみましょう。
○はっきりとした発声と発音を意識し、ゆっくりと読むようにする。慣れてきたら、少しリズムを付けたり、教科書の挿絵を参考に、様子を想像させながら読んだりしていくなどの変化を付ける。
○子供の姿勢を褒め、学級全体に波及させる。
T　それでは、歌の一部を隠しますよ。それでも読めるでしょうか。
○子供に歌の特徴を意識付けるためのものである。はじめは、文末の「あいうえお」の部分から隠して取り組むとよい。

2 「あいうえお」の口形を確かめながら、発音や発声に気を付けて読む〈10分〉

T　みなさん、「あ」のとき、口はどんな形をしていますか。
・口の形に着目をした意見。
・口の開き具合に着目をした意見。
・子供たちなりの感覚に基づいた意見。
（例）「あ」は、あくびをするときみたい。
○写真と自分たちの口の形を確かめさせながら、声に出して読ませる。近くの友達と口の形を確かめ合いながら取り組む。
※「い」～「お」も同様。
T　それでは、「あいうえお」に気を付けて、もう一度、「あいうえお」の歌を読んでみましょう。
○活動１からの変容を認めて評価をする。

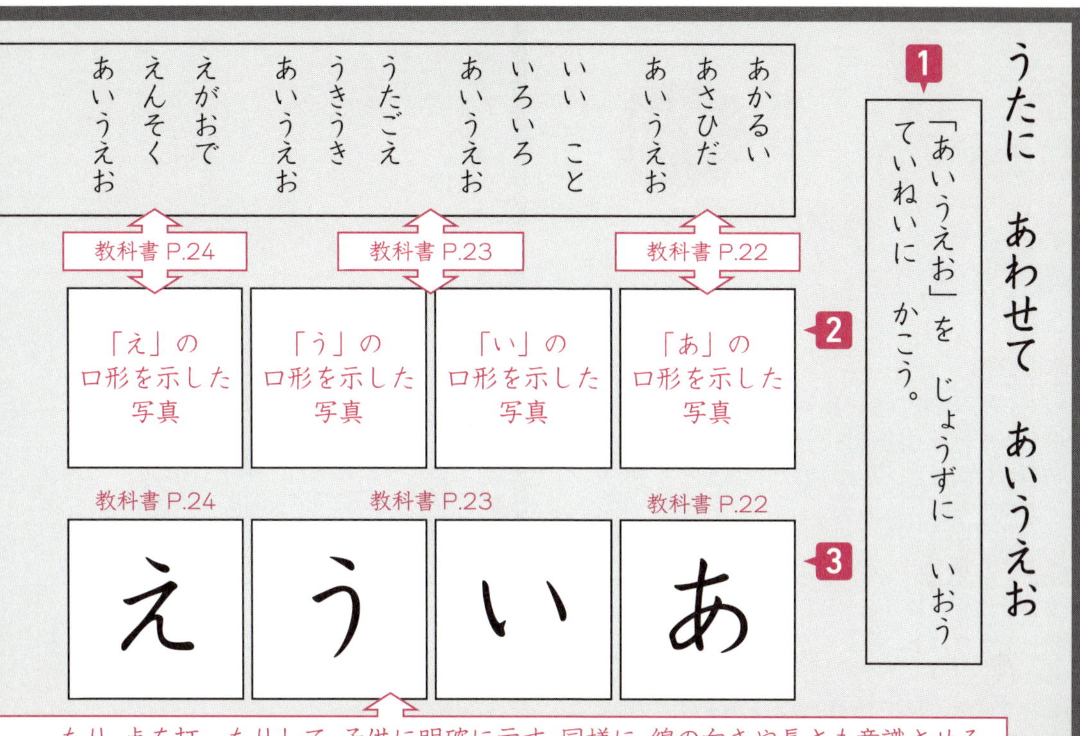

3 「あいうえお」の文字を、字形に気を付けて丁寧に書く　〈20分〉

T　「あいうえお」のひらがなを、形に気を付けて丁寧に書いてみましょう。「あ」を書くときに気を付けたほうがいいところはどこですか。

・筆順に関わる意見。

・書き始めの位置に関わる意見。

・線の向きや長さに関わる意見。

T　では、まず「あ」を丁寧になぞりましょう。

○まずは、指を使って、文字をなぞらせる。その後、はみ出さないようになぞらせる。自分の力で書くときには、書き始めの位置を意識させる。文字に対する固定観念ができてしまっている子供も多い。書き始めの位置は丁寧に指導をする。

※「い」～「お」も同様。

よりよい授業へのステップアップ

筆先を置く位置

人が「上手」「きれい」と感じる文字に共通しているのは、線のバランスのよさである。マスに合う大きさの文字を書くことができるように指導をしたい。

一画目を書く際に、マスのどこに筆先を置くかが非常に重要になってくる。十字リーダーのあるものであれば、どのマスのどの辺りかを意識付けるようにする。二画目は、一画目の線と比較をして、どこに筆先を置けばよいかを考えさせながら書かせる。線が通るところや止めるところも、意識させるとよい。

本時案

さあ はじめよう「うたに　あわせて　あいうえお」 13/13

本時の目標

・「あいうえおの歌」を、姿勢や口形、発声や発音に気を付けて読むことができる。
・歌の特徴に気付き、それに合う言葉を考えることができる。

本時の主な評価

❶「あいうえおの歌」を、姿勢や口形、発声や発音に気を付けて、正しく声に出して読んでいる。【知・技】
❷歌の特徴に気付き、それに合う言葉を考えている。【知・技】

資料等の準備

・「あいうえおの歌」の拡大コピー
・振り返りのワークシート　02-10〜11

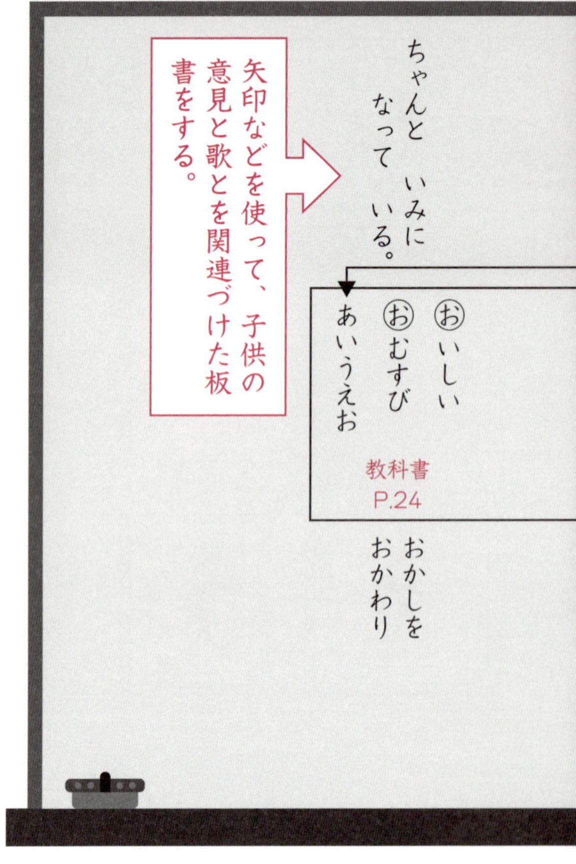

矢印などを使って、子供の意見と歌とを関連づけた板書をする。
ちゃんと　なって　いみに　いる。
㋔いしい
㋔むすび
あいうえお
教科書 P.24
おかしを　おかわり

授業の流れ ▷▷▷

1 「あいうえおの歌」の特徴に気が付く 〈15分〉

T　「あいうえおの歌」を読んでいて、何か気が付いたことがある人はいますか。
・歌の始まりの文字のきまり。
・「あいうえお」で終わっている。
・文字数のきまり。
・意味がつながっている。
○一度声に出して読ませてから取り組むようにする。
○子供の気付きが出た際には、一度声に出して読むなどして確かめさせる。

2 きまりに沿って、自分たちの「あいうえおの歌」を考える 〈20分〉

T　みんなで自分たちだけの「あいうえおの歌」を作ってみましょう。
○生活班などで取り組み、学級の子供全員が歌作りに参加できるような場をつくるようにする。
○机間指導では、きちんときまりに沿った思考をしているかを確かめていく。
○子供には「音数」についての概念がまだない。そのため、「拗音」が含まれている言葉を選択すると、声に出して読んだときにリズムが合わない場合が出てくる（例：いっしょ）。その際には、教師から「『いっしょに』のほうが読みやすいね」などのような声掛けをしてもよい。

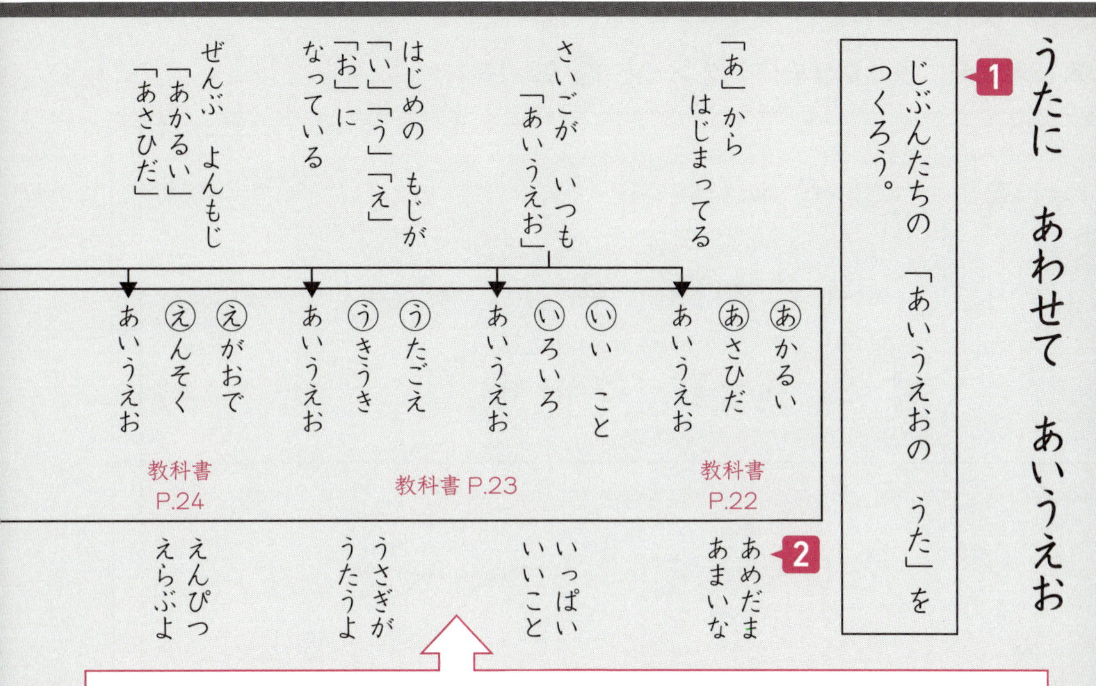

3 自分たちの「あいうえおの歌」を発表する 〈10分〉

T　みんなが作った「あいうえおの歌」の発表会をしましょう。

○発表の前に、練習の時間を取ってもよい。

T　今日の振り返りをしましょう。

○ワークシートで振り返りをさせる。

よりよい授業へのステップアップ

言葉探しを楽しませること

本時の活動の中心は、決まった文字から始まる４音の言葉を見つけ、それらを組み合わせて意味のある表現をつくることである。最初から意味のある表現とはならないだろう。実際に口に出してみたら、全く意味が通らないということも考えられる。ただ、それらを「間違い」として捉えさせるのではなく、「なんだか変な意味になっちゃったけど、おもしろいね」という雰囲気をつくる。

言葉と親しむことを楽しんでいる姿を積極的に認めていくようにする。

資料「うたに　あわせて　あいうえお」

1 第13時資料　振り返りのワークシート　02-10

さあ　はじめよう 「うたに　あわせて　あいうえお」 ねん　くみ　なまえ（　　　　）	
かつどうの　ふりかえり	
「あいうえおの　うた」を たのしみながら よむ　ことが　できた。	
「あいうえおの　うた」の きまりを　みつける ことが　できた。	
じぶんたちの 「あいうえおの　うた」を かんがえる　ことが　できた	
☺　😐　☹	

2 第13時資料　振り返りのワークシート 02-11

さあ　はじめよう 「うたに　あわせて　あいうえお」 ねん　くみ　なまえ（　　　　）	
かつどうの　ふりかえり	
「あいうえおの　うた」を たのしみながら よむ　ことが　できた。	
「あいうえおの　うた」の きまりを　みつける ことが　できた。	
じぶんたちの 「あいうえおの　うた」を かんがえる　ことが　できた	
◎　　○　　△	

つづけよう①

こえに　だして　よもう　（1時間扱い）

〔知識及び技能〕(1)ク　〔思考力、判断力、表現力等〕C読むことイ　関連する言語活動例C(2)イ

単元の目標

・場面の様子や登場人物の行動を捉えながら、音読することができる。

評価規準

知識・技能	❶語のまとまりや言葉の響きなどに気を付けて音読している。（〔知識及び技能〕(1)ク）
思考・判断・表現	❷「読むこと」において、場面の様子や登場人物の行動など、内容の大体を捉えている。（〔思考力、判断力、表現力等〕Cイ）
主体的に学習に取り組む態度	❸進んで場面の様子や登場人物の行動を想像し、学習したことを生かして、語のまとまりや言葉の響きに気を付けて音読しようとしている。

単元の流れ

時	主な学習活動	評価
1	学習の見通しをもつ 朝の太陽を見て、どんな気持ちになるかを話し合う。 「あさの　おひさま」の範読を聞く。 「あさの　おひさま」を全員で音読する。 一つ一つの言葉の意味を確認する。 「のっこり」「ざぶん」の様子を全員で演じ、その様子について話し合う。 学習を振り返る 「あさの　おひさま」を再度音読する。	 ❶ ❷ ❸

授業づくりのポイント

〈単元で育てたい資質・能力〉

本時のねらいは、「あさの　おひさま」という詩の場面の様子を想像し、内容の大体を捉えながら音読をすることで、語句を正しく理解するともに、声に出して読むことの楽しさを実感することである。

そのためには、子供から言葉をたくさん引き出しながら、言葉の一つ一つからどんな様子が感じられるかを豊かに想像させることが大切である。

具体例

○「あさの　おひさま」というタイトルから、場面を想像しやすいものになっている。
○二連構成の詩になっているので、前半と後半の様子の違いも考えることができる。

〈教材・題材の特徴〉

朝の太陽の様子を、情感豊かに表現した詩となっている。「あさの　おひさま」というタイトルから、気持ちのよい夜明けの様子が伝わってくる。一連目では、水平線から出てくる様子が「のっこり」という言葉で表現され、待ち遠しい中ようやく現れた「おひさま」を歓迎する気持ちが伝わってくる。二連目では、顔を出した「おひさま」の様子が「ざぶんと　うみで　あらったよ」という言葉で表現され、水平線から出てきたことに必然性があることが分かる。一連目も二連目も、「あさの　おひさま」という言葉から始まり、七五調にもなっているので、リズムよく読むことを楽しめる教材となっている。

具体例

○言葉の意味を正しく捉えるために、まず音読の際に分かち書きを意識し、単語を正しく理解できるようにする。
○「のっこり」「ざぶんと」など、この詩独特の表現については、想像をしたり、動作化したりしながら、具体的に言葉を理解する。

〈並行読書リスト〉

「あさの　おひさま」は、神沢利子著『大きなけやき』が出典である。様々な童謡詩が掲載されているので、他の詩も子供に読み聞かせをすると、より言葉への感性を磨くこともできるであろう。

他にも、一年生が読める詩の絵本の例として以下のものがある。

具体例

・金子みすゞ（2005）『わたしと小鳥とすずと』（金子みすゞ詩の絵本みすゞこれくしょん）金の星社
　金子みすゞの詩は、七五調になっているものも多いので、リズムを楽しむことにも向いている。
・安里有生／詩・長谷川義史／画（2014）『へいわってすてきだね』ブロンズ新社
　６歳の男の子が、沖縄県の慰霊の日に読んで話題となった詩。同年代の言葉の感性に触れるのに最適である。
・谷川俊太郎／詩・和田誠／絵（1987）『いちねんせい』小学館
・まどみちお、谷川俊太郎他（2002）『元気がでる詩　１年生』理論社

本時案

こえに　だして　よもう「あさの　おひさま」 1/1

本時の目標

・場面の様子や登場人物の行動を捉えながら、音読することができる。

本時の主な評価

❶語のまとまりや言葉の響きなどに気を付けて音読している。【知・技】
❷朝の様子や、「おひさま」の行動などの内容の大体を捉えている。【思・判・表】
❸場面の様子を想像し、想像したことを生かして音読しようとしている。【態度】

資料等の準備

・教科書の挿絵のコピー
・実際に水平線に日が昇る様子を撮影した写真

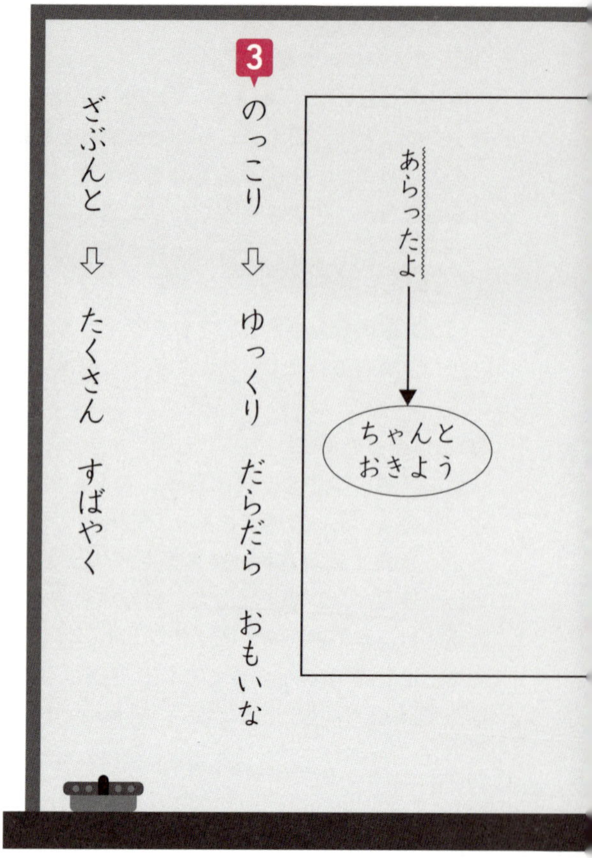

あらったよ → ちゃんと おきよう

3 のっこり ⇩ ゆっくり　だらだら　おもいな

ざぶんと ⇩ たくさん　すばやく

授業の流れ ▷▷▷

1 朝の太陽を見て、どんな気持ちになるかを話し合う 〈10分〉

○朝の太陽の写真を提示し、どんな気持ちになるかを話し合う。
T　これは朝の太陽です。朝の太陽を見ると、どんな気持ちになりますか。
・もっと寝たいなあと思います。
・わくわくしてきます。
・きれいだなって思います。
○子供の発言を板書し、朝の太陽へのイメージを膨らませ、「あさの　おひさま」の学習への意欲を高めていく。
T　考えたことを頭の中に浮かべながら、詩を読んでいきましょう。

2 「あさの　おひさま」を音読する 〈15分〉

○始めに教師が範読し、その後子供と一緒に音読する。その際、言葉のリズムを意識できるようにする（手拍子などを入れてもよい）。その後、一つ一つの言葉の意味を確認する。
T　「おひさま」は太陽のことですね。太陽と言っていないのは、なぜですか。
・やさしい感じがします。
・「おひさま」のほうが、生きものみたいです。
T　海ってどんな色かな。
・青。
・波があると、白っぽくも見えました。
T　「あらう」ってどうすることですか。
・きれいにすることです。
・洗うと、気持ちよくなります。

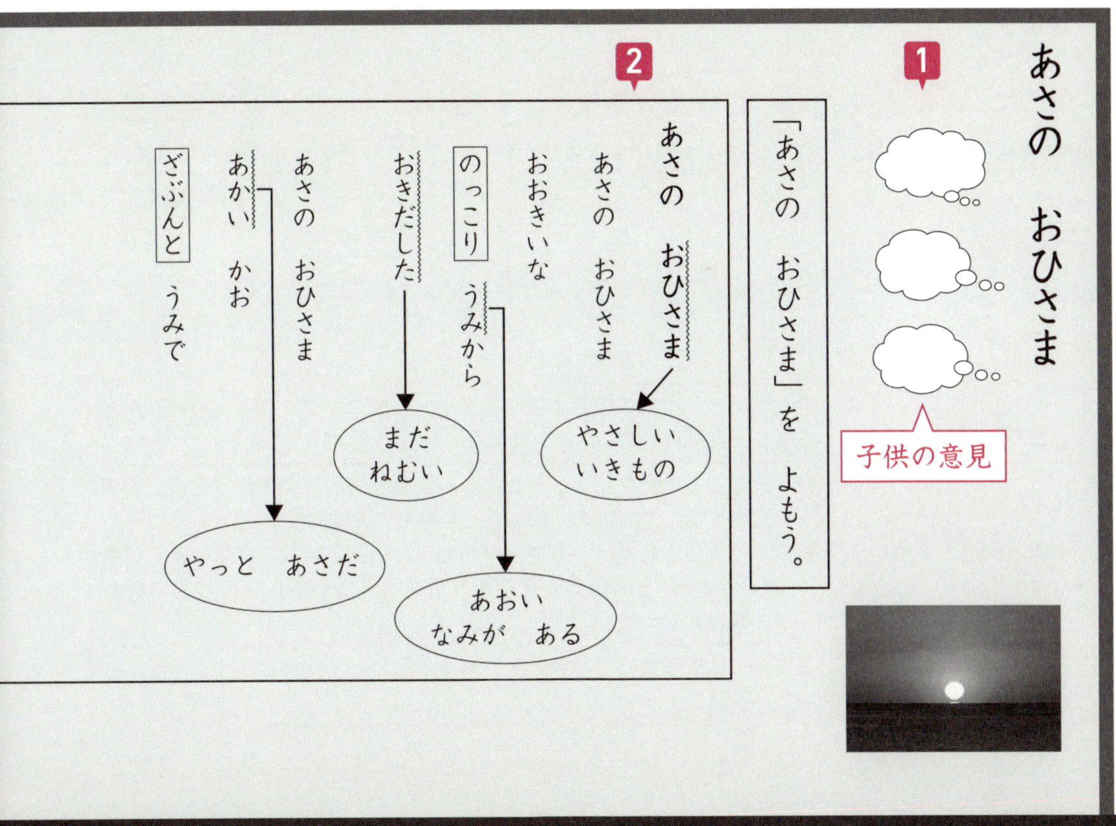

3 「のっこり」「ざぶん」の様子を演じて、話し合う 〈20分〉

○擬音語、擬態語へ目を向けさせ、さらに深く詩の様子を想像する。

T　他に気になった言葉はありますか（子供から出なければ、教師から提示してもよい）。

・「のっこり」ってゆっくりな感じがします。

・まだ眠いよ、って感じがします。

T　まだ眠いのに、起きたのですか。

・朝が来ないと困る人がいます。

・だから、「ざぶんと」顔を洗ったのです。

T　それじゃ、どんな様子かやってみましょう。

○動作化をし、様子を確認した後、再度音読をする。その際、声の出し方や体の動きを工夫する。

よりよい授業へのステップアップ

他作品の音読

リズムのある詩や擬音語、擬態語に親しむことで、言語感覚が豊かになる。『大きなけやき』所収の「そら豆」「つりばし」などは、それらの要素が含まれているので、言葉のおもしろさを味わうことができる。

「おきにいり」を伝えよう

学習の中で取り上げられた詩の中から、自分が好きな詩を一つ選ぶ。授業や学校公開などで、その詩を朗読したり、理由を発表したりするとよい。

つづけよう①

ききたいな、ともだちの　はなし

2時間扱い

〔知識及び技能〕(1)ア　〔思考力、判断力、表現力等〕A話すこと・聞くことア・エ　関連する言語活動例A(2)ア

単元の目標

・友達の好きな遊びを聞いて、分かったことや感想を学級全体に知らせることができる。

評価規準

知識・技能	❶言葉には、事物の内容を表す働きや、経験したことを伝える働きがあることに気付いている。(〔知識及び技能〕(1)ア)
思考・判断・表現	❷身近なことや経験したことなどから話題を決め、伝え合うために必要な事柄を選んでいる。(〔思考力、判断力、表現力等〕Aア) ❸話し手が知らせたいことや自分が聞きたいことを落とさないように集中して聞き、話の内容を捉えて感想をもっている。(〔思考力、判断力、表現力等〕Aエ)
主体的に学習に取り組む態度	❹進んで話題を決め、学習課題に沿って尋ねたり応答したりしようとしている。

単元の流れ

次	時	主な学習活動	評価
一	1	学習の見通しをもつ 教材文や教師の説明を基に活動を知る。 友達とペアになって好きな遊びを聞き、分かったことや感想を学級全体に知らせる。	❶❷
二	2	聞き手と話し手を交代して遊びを聞き合う。 学習を振り返る 分かったことや感想を学級全体に知らせる。	❸❹

授業づくりのポイント

〈単元で育てたい資質・能力〉

本単元のねらいは、話して楽しいという経験を重ねることで、今後の学習の基礎となる対話の素地を養うことである。

そのためには、相手が何の遊びが好きなのかを捉え、内容を理解することで、それについて自分の考えをもつことができる力が必要となる。

隣の席の子供とペアで行うことで、「誰の話を聞くのか」が明確になり、話の内容に集中しやすくなる。また、好きな遊びを聞いた後に自分の感想を伝えるという活動の見通しをもつことで、相手の話に耳を傾けようという意識がより働き、進んで聞こうとする姿勢が生まれる。

具体例

○教師のモデル提示や教材文の挿絵を提示した際、話し手の後に続く聞き手の反応について考えさせる。「黙っている」「うなずく」「相手の好きな遊びに対する自分の感想を伝える」の３つの中から、どれが望ましいのかを話し合うことで、聞き手の意識をより高められる。併せて、聞き手の体の向きなど態度についても考えさせたい。

〈教材・題材の特徴〉

子供の日常生活に密接に関わる遊びが話題となっている。どの子供も自分の好きな遊びがあり、一人一人が「伝えたい」という思いをもつことができる。話すことに苦手意識をもつ子供にも話しやすい話題である。さらに、その遊びを友達と伝えることで、共感を得るとともに一緒に遊ぶなど、話し手も、目的意識とともに「伝えてよかった」という思いをもつことができる。入学してひと月という時期の単元なので、互いの名前を覚え、今後の良好な関係を築いていく上で有効な話題でもある。

具体例

○単元の導入で、教師が子供に休み時間の遊びを問う。そのことによって、好きな遊びを具体的に想起させるとともに、学習への興味・関心を高める。

○ペアの場面では、聞き手が話し手の遊びに対して「わたしも　すきだよ。」と返したり、全体の場面で「こんど、いっしょに　おにごっこを　したいと　おもいます。」と発表したりと、一緒に遊ぶことを前提にしたやり取りが生まれやすい。

〈言語活動の工夫〉

ペアで遊びを聞き合う活動を行わせる際、モデル（話型）を提示する。その際、空欄になっている吹き出しを用意して、どんな言葉が入るのかを考えさせる。また、子供にどのようなやり取りが望ましいのか、ロールプレイを用いて考えさせるのもよい。聞き手の受け答えや態度によって、話し手は「聞いてくれている（安心感）」「話してよかった」という気持ちを抱く。話し手のそうした気持ちを明らかにできると、聞き手の意識はより高まると考える。

具体例

○ペア対話のモデルを見て考えることで、相手を見て話したり聞いたりする、声の大きさに気を付けるといった事柄にも気付きやすい。悪い例を示したい場合は、子供ではなく教師自身が演じるのがよい。

本時案

ききたいな、ともだちの はなし

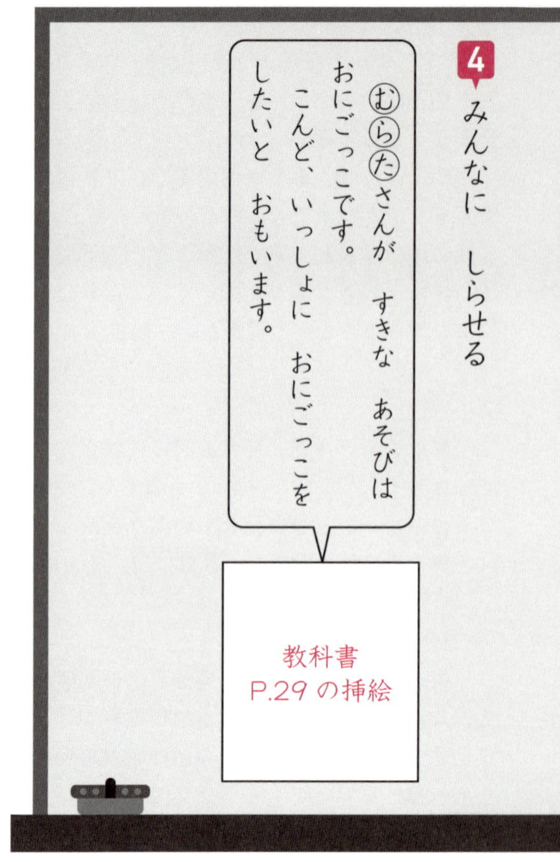

本時の目標

・活動の内容を知り、友達とペアになって、好きな遊びを聞いて分かったことや感想を、学級全体に知らせることができる。

本時の主な評価

❶言葉には、事物の内容を表す働きや、経験したことを伝える働きがあることに気付いている。【知・技】

❷身近なことや経験したことなどから話題を決め、伝え合うために必要な事柄を選んでいる。【思・判・表】

資料等の準備

・挿絵のコピー
（カラーコピーで拡大したもの）
・空欄になっている吹き出し（２色）

 04-01

授業の流れ ▷▷▷

1 休み時間の遊びを振り返る 〈５分〉

○中休みや昼休みなど、遊ぶ時間が設定された休み時間の後の授業が望ましい。

T　休み時間は、何の遊びをしましたか。

・鬼ごっこ、なわとび、ドッジボール、鉄棒、ジャングルジム、お絵かき、折り紙。

○導入として、授業前の休み時間で何の遊びをしたのかを問う。「最近、何をして遊ぶのか」という問いでもよい。休み時間の遊びを想起させるとともに、どんな遊びがあるのか、自由に発言させる。

○全員から聞き出すのではなく、ある程度の回答に留める。これは、次の学習展開で、遊びが思い付かない子供や好きな遊びを迷っている子供への支援となる。

2 好きな遊びの聞き方を考える 〈10分〉

T　隣の友達に好きな遊びを聞き、みんなに知らせてほしいです。吹き出しに入る言葉を考えましょう。

聞き手「１」

・好きな遊びは何ですか。

・好きな遊びを教えてください。

聞き手「２」

・黙っている（無反応）。

・うなずく。

・私も鬼ごっこが好きだよ。

○２の吹き出しは、３択で提示する。代表の子供に全体の前でロールプレイを試みてもよい。聞き手は感想を伝えることを押さえる。

○話し手を見て聞く態度も確認する。

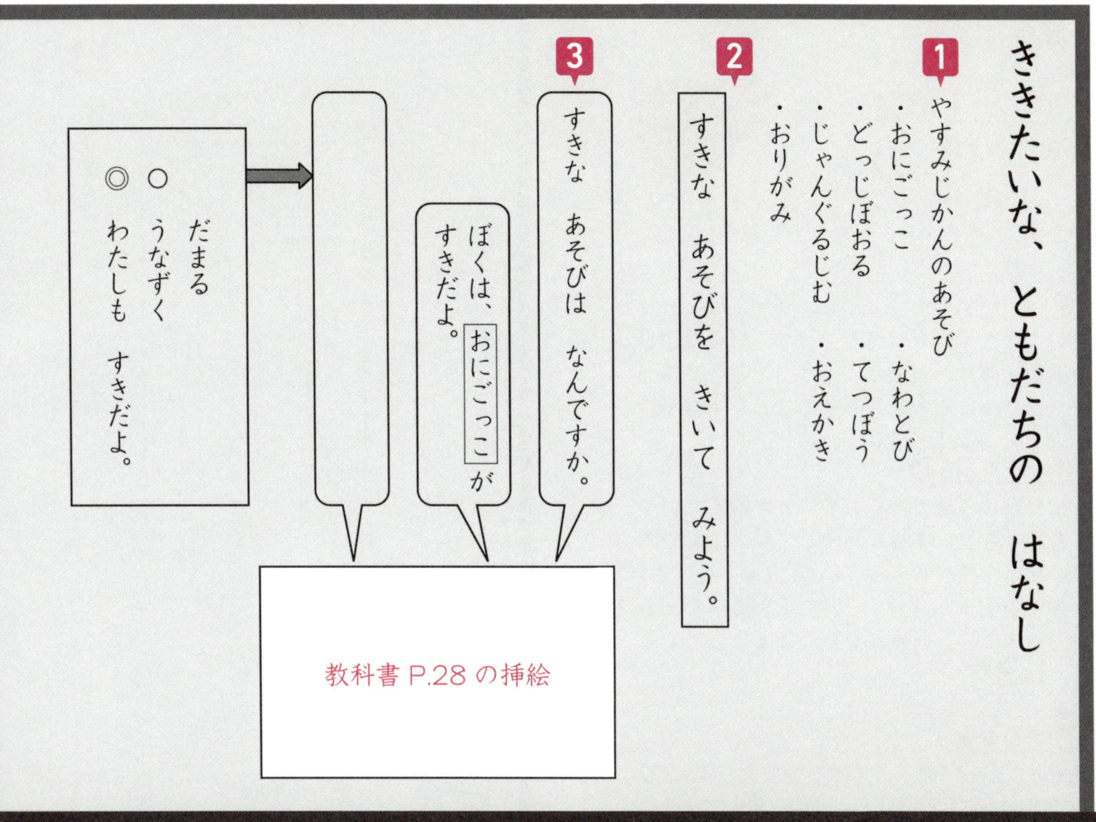

3 好きな遊びを友達に聞く 〈10分〉

T　右側の席の人は、隣に座っている左側の席の友達に好きな遊びを聞いてみましょう。

・ほぼ手本どおりに、遊びを聞いて感想を伝えている。
・声が小さくてやり取りが聞こえづらい。
・話し手が好きな遊びを選びきれず、回答が出てこない。時間がかかっている。

○好きな遊びを選びきれない場合は、交代して聞き手となる。次時までに決めさせる。
○適切な声の大きさについては、個別に指導を行う。4の展開で改めて、全体に適切な声の大きさや速さの指導を行う。
○聞き手と話し手を交代して再度行う。

4 友達から聞いた好きな遊びを、学級全体に知らせる 〈20分〉

T　友達に好きな遊びを聞いて、分かったことや感想を、みんなに知らせましょう。

・○○さんが好きな遊びは、鬼ごっこです。今度、一緒に鬼ごっこをしたいと思います。
・△△さんは、縄跳びが好きです。技を見せてもらいたいです。
・□□さんの好きな遊びは、鉄棒です。

○最初に教科書の挿絵と吹き出しによる話型を示し、それから発表させる。
○遊びに対する感想を述べさせたいが、実態に応じて、分かったことのみもよしとする。
○声の大きさや速さが適切な子供を取り上げて称賛する。
○最後に、聞いた感想を発表させる。

本時案

ききたいな、ともだちのはなし

本時の目標

・声の大きさや速さに気を付けて、好きな遊びを友達と聞き合ったり、分かったことや感想を学級全体に知らせたりすることができる。

本時の主な評価

❸話し手が知らせたいことや自分が聞きたいことを落とさないように集中して聞き、話の内容を捉えて感想をもっている。【思・判・表】
❹友達の話に興味をもって進んで聞くとともに、一緒にしたい遊びを見つけようとしている。【態度】

資料等の準備

・挿絵のコピー（カラーコピーで拡大したもの）
・前時で用いた吹き出し（２色）04-01
・振り返りシート（拡大したもの）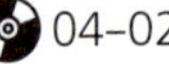 04-02

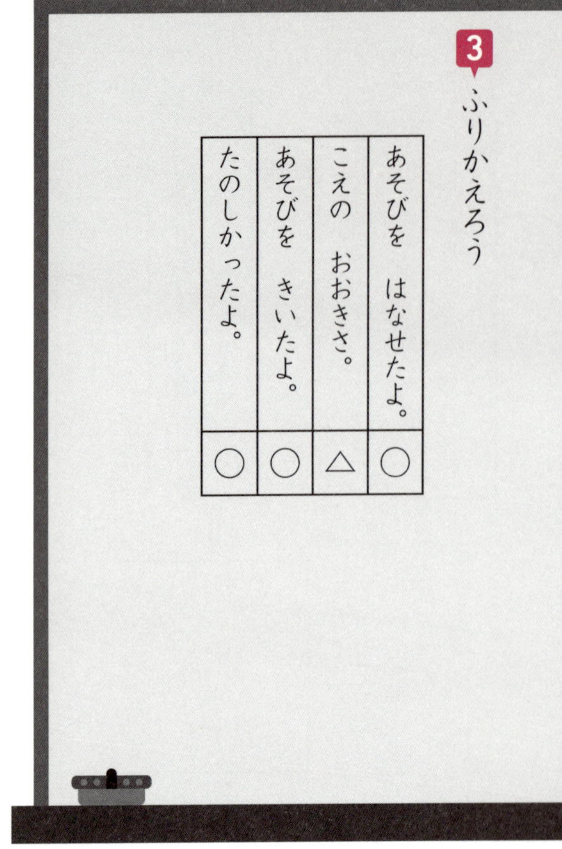

授業の流れ ▷▷▷

1 前時の学習を振り返る 〈10分〉

T　前の時間では、どんな学習をしましたか。
・隣の友達に好きな遊びを聞いた。
・友達の好きな遊びを聞いて、感想を話した。
・友達の好きな遊びを聞いて思ったことを、みんなに発表した。
・みんなに発表するときは、いつもより大きい声で話したほうがよい。
○黒板に挿絵のみを提示し、発言に合わせて前時で用いた吹き出しを提示すると、活動を具体的に想起しやすい。
○二人と全体とでは声の大きさが違うことを確認する。前時で押さえていなければ、ここで指導する。併せて、話すときの聞き手に伝わりやすい速さについても指導する。

2 ペアで好きな遊びを聞いて学級全体に知らせる 〈25分〉

T　好きな遊びを聞いてみんなに知らせましょう。
・聞き手：好きな遊びは何ですか。
・話し手：ぼくは、お絵描きが好きだよ。
・聞き手：私も好きだよ。次の休み時間は、一緒に描こうね。
・聞き手：○○さんが好きな遊びは、お絵描きです。次の休み時間に、一緒にお絵描きをしたいです。
○前時とペアを変えて行う。
○全体で話を聞くときの体の向きに留意させたい。

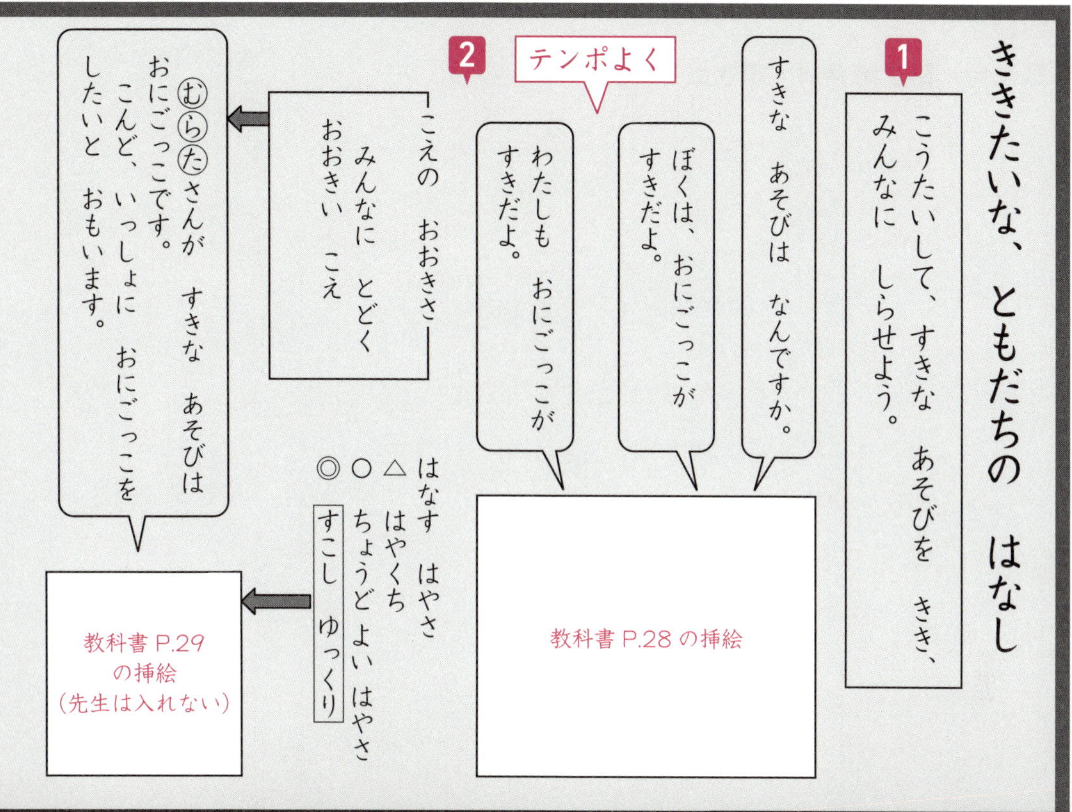

3　学習活動を振り返る　〈10分〉

T　友達と好きな遊びを聞き合う活動はどうでしたか。学習を振り返りましょう。

・楽しかった。
・友達と好きな遊びが同じだった。
・また、やりたい。他のことも聞いてみたい。
・みんなに知らせるのは緊張したけれど、大きい声で話すことができた。

○振り返りシートはノートに貼るサイズで用意し、項目ごとに学級全体で内容を確認しながら記入をさせる。

○2の活動で、感想の内容や相手に応じた声の大きさや速さを工夫していた子供は、取り上げて称賛する。

よりよい授業へのステップアップ

振り返りシートの工夫

平仮名を学習中という発達段階を踏まえ、自己評価は記号を用いた。「◎○△」や「☆」の数の色塗りなど、子供にとって負担が少なく取り組みやすいものが望ましい。

対話の経験を重ねる

対話への素地を養うためには、友達と話を聞き合うことの楽しさを多く味わわせることが大切である。その中で、聞いて返すことを習慣付けていく。ペアの相手や話題を変えて、楽しみながら友達と経験を重ねていけるようにするとよい。

1 第１時・第２時資料　吹き出し　04-01

2 第２時資料　振り返りシート 04-02

ききたいな、ともだちの　はなし

ねん　　くみ　なまえ（　　　　　　　　）

ともだちと すきな あそびを ききあって どうでしたか。

あそびを　はなせたよ。	
こえの　おおきさ。	
あそびを　きいたよ。	
たのしかったよ。	

教科書 P28 の
イラスト

つづけよう①

たのしいな、ことばあそび

（2時間扱い）

〔知識及び技能〕(1)オ、(3)イ

単元の目標

・同じ音で始まる言葉を様々に集めることができる。

評価規準

知識・技能	❶身近なことを表す語句の量を増し、話や文章の中で使うとともに、言葉には意味による語句のまとまりがあることに気付き、語彙を豊かにしている。(〔知識及び技能〕(1)オ) ❷長く親しまれている言葉遊びを通して、言葉の豊かさに気付いている。(〔知識及び技能〕(3)イ)
主体的に学習に取り組む態度	❸言葉集めを楽しみ、進んで多くの言葉を見付けようとしている。

単元の流れ

次	時	主な学習活動	評価
一	1	学習の見通しをもつ 言葉を集める学習を行うことを確認する。 「あ」で始まる言葉について、手を打ちながら1音節1文字の要領で、2文字・3文字・4文字で集める。	❶❷
二	2	既習の平仮名「い」「う」「か」で始まる言葉について、「あ」で始まる言葉同様、文字数を意識しながら様々に集める。 言葉の問題作りに取り組む。 学習を振り返る 作った問題を出し合い、学習の成果を共有する。	❶❸

授業づくりのポイント

〈単元で育てたい資質・能力〉

言葉遊びを通して、言葉への興味・関心を高めることをねらった単元である。

「言葉っておもしろいな」と感じることが、言葉に興味・関心をもって生活することにつながる。合わせて、身近なことを表す語句の量を増し、語彙を豊かにすることも意識したい。

学習している平仮名を手掛かりに、2文字から4文字までの文字数の言葉を集める。文字数を限定することで、「あ」で始まる言葉が同じ文字数であっても意味が異なること、そして様々な意味の言葉が同じ文字数で多くあることに気付き、言葉の豊かさを知ることになる。

具体例

○「あ」で始まる2文字の言葉：「あり」「あめ」「あし」「あお」
生き物や気象、体の部位、色の名前など、同じ音で始まる同数の文字の言葉でも、その意味は多様である。意味の異なる同じ文字数の言葉を集める活動を通して、身近な言葉の中にある多様性にあらためて気付くことができる。

〈教材・教具の特徴〉

「つづけてみよう」は、年間3回配置されている。「たのしいな、ことばあそび」は、我が国で長く親しまれている言葉遊びが例示されており、言葉遊びに取り組むことで、言葉のおもしろさを感じ、言葉への興味・関心を自然と高めていくことができるようになっている。様々な語句と出合ったり、音数やリズムを味わったり、言葉の種類に気付いたりと、言葉遊びは、子供の語感を耕し、語彙を豊かにするのに大変有効である。年間を通じて取り組むようにするとよい。

今回は、同じ音で始まり、1文字ずつ増えていく言葉で集める遊びを取り上げている。あいうえおで始まる言葉は、身近に多くあるが、音数を意識したことのある子供は少ない。言葉を出し合い、創作の楽しさを味わうようにする。

具体例

○板書するのを見るうちに、「階段になっている」と気付く子供が現れる。すぐに創らせるのではなく、穴埋めなどを通して、段階的に子供に創らせていくとよい。

〈言語活動の工夫〉

文字数に着目するため、文字に合わせ手を打つ。文字に合わせた音の響きによって1音節1文字であることに気付き、見付けた言葉が適切な文字数であるかを確かめることができる。見つけた言葉が適切かどうかを口にした際の音と手で打つ音の合致性で簡単に、そして確実に判断できる容易さがある。

また、普段は何気なく口にしている言葉の音数を意識し、文字数と対応させることで、「語句」としてのまとまりにもあらためて気付くことができる。「語句」は意味によるまとまりで形作られており、そうした言葉のまとまりが身近に多くあることで、言葉の豊かさに気付くであろう。

具体例

○音数を明確に意識できるよう、初めはややゆっくり打つ。手を使った活動や音の響きは子供にとって好ましいものであり、活動への集中を促すことにもつながる。
○集める言葉の文字数を指示する際に、まず4回手で打った音を聞かせて何文字なのかを考えさせる。「文字数＝音数」として意識させることと、音を手掛かりに集めさせることをねらっている。

本時案

たのしいな、ことばあそび

本時の目標

・「あ」で始まる言葉を、手を打ちながら１音節１文字の要領で４文字まで集めることができる。

本時の主な評価

❶身近なことを表す語句の量を増し、話や文章の中で使うとともに、言葉には意味による語句のまとまりがあることに気付き、語彙を豊かにしている。【知・技】

❷言葉遊びを通して、言葉の豊かさに気付いている。【知・技】

資料等の準備

・挿絵のコピー
（カラーコピーで拡大したもの）
・文字黒板または例示の言葉（掲示用）
・手を模した掲示図 05-01
・マス目ワークシート 05-02

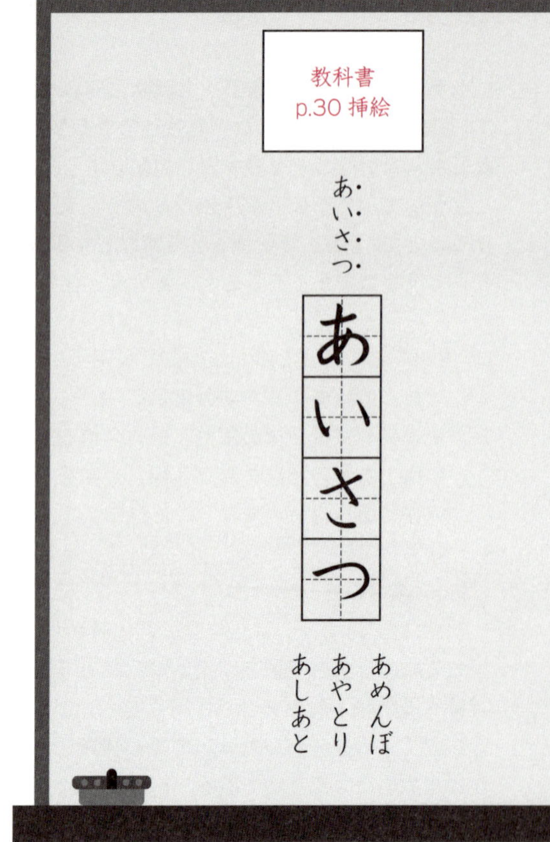

授業の流れ ▷▷▷

1 「あ」で始まる言葉を想起する〈10分〉

T　○には、どんな字が入るでしょうか。

○空欄に入る言葉を考えさせる。

○全て「あ」で始まる言葉で始まっていると気付いたところで、言葉の問題を作ってみようと投げかける。

T　どんな仕組みになっていますか。

・１文字ずつ増えている。

・全部「あ」で始まる言葉。

T　「あ」で始まる言葉には、どんなものがありますか。

○発言で取り上げた言葉は文字数によって分けて板書し、子供が2の活動で着目できるようにする。

2 １音節１文字の仕組みを理解する〈10分〉

T　いろいろな言葉を思い出しました。言葉のグループができていますね。

・字の数で分かれている。

・右は二つの字、真ん中は三つ、左は四つの字のグループになっている。

○文字の右隣に点を打つと分かりやすい。

T　一つの文字に手を１回打つと、何文字のグループか分かりやすくなります。

・「あ・り」「あ・め」（２回）

・「あ・し・か」「あ・た・ま」（３回）

○文字に合わせて両手を打ちながら、言葉を言う。初めはゆっくり、子供と一緒に言う。

○手をたたく絵カードを掲示すると、さらに１音節１文字の仕組みが分かりやすい。

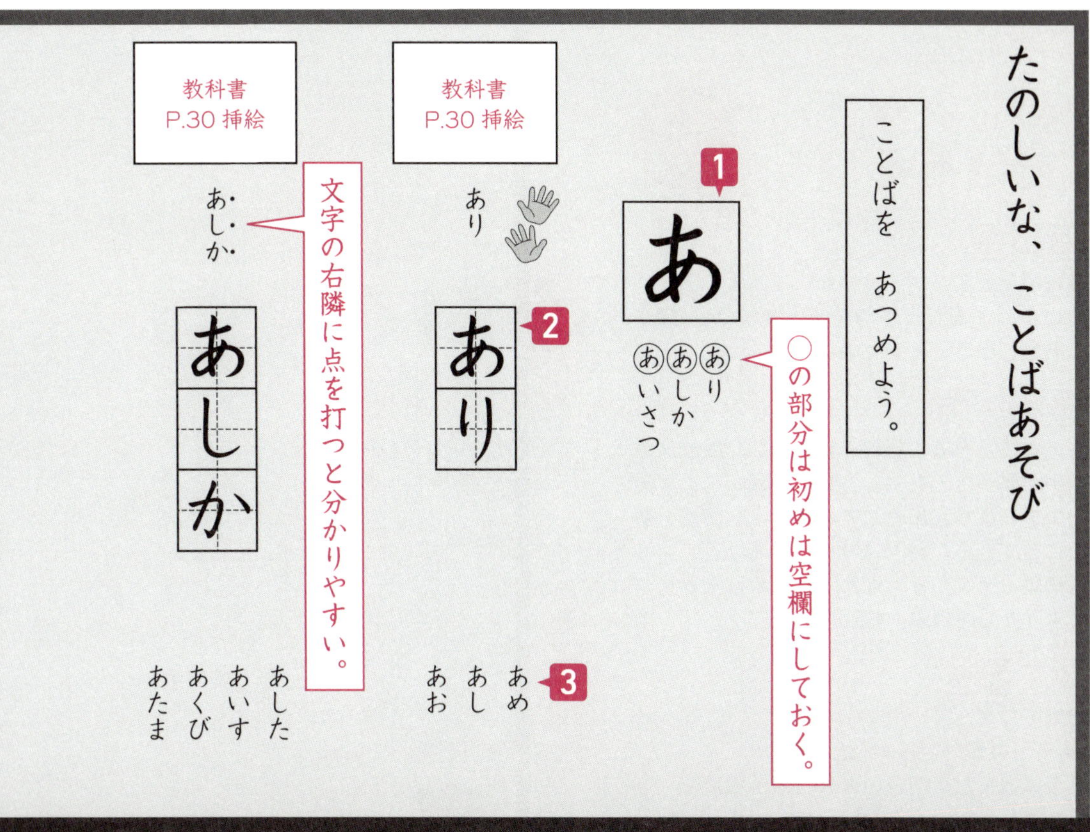

3 「あ」で始まる言葉を集める〈25分〉

T「あ」で始まる、2文字・3文字・4文字の言葉を集めましょう。

・2文字：あお・あか・あき・あせ・あな
・3文字：あした・あいす・あくび・あそび
・4文字：あめんぼ・あやとり・あしあと

○実態に応じて、2文字、3文字、4文字と、段階を踏ませるか、自由に集めさせるかを選択する。

○集めた「あ」の言葉には、動物や物の名前など様々な種類があることを確認する。

○穴埋めで問題を作り、できた子供から出し合わせる。

○1度出し合ったら、多作するか交流するかは子供に選ばせるとよい。

よりよい授業へのステップアップ

言葉の提示の工夫

導入で「あ」の言葉を例として提示する際、「○り」「○しか」「○いさつ」と、初めの一文字を空欄にしたものにする。○に全て共通する文字は何かを考えさせることで、子供の興味・関心をより高めるとともに、「あ」の始まりを意識することになる。

言葉集めの支援

2文字・3文字・4文字それぞれのマス目の囲みの欄になったワークシートを用意する。思い付いた言葉を忘れないように記入できる。評価にも有効である。

本時案

たのしいな、ことばあそび

本時の目標

・既習の平仮名「い・う・か」で始まる言葉について、1音節1文字を意識しながら様々に問題を作ることができる。

本時の主な評価

❶身近なことを表す語句の量を増し、話や文章の中で使うとともに、言葉には意味による語句のまとまりがあることに気付き、語彙を豊かにしている。【知・技】

❸言葉集めを楽しみ、進んで多くの言葉を見つけようとしている。【態度】

資料等の準備

・挿絵のコピー
（カラーコピーで拡大したもの）
・文字黒板または例示の言葉（掲示用）
・手を模した掲示図 05-01

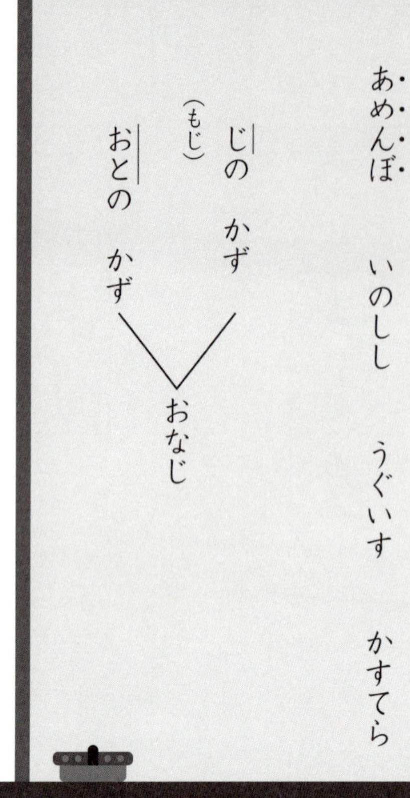

授業の流れ ▷▷▷

1 前時の学習を振り返る 〈10分〉

○前時で作成した子供の作品を紹介する。
T　前の時間では、どんな学習をしましたか。
・「あ」で始まる、2文字から4文字の言葉を集めて問題を作った。
・集まった言葉は、動物や色、体の名前など様々である。
・手を打ちながら言葉を集めた。
○いくつかの言葉を挙げさせるとともに、手を打って1音節1文字を確認する。
○「い」「う」「か」で問題を作ってみることを伝え、言葉集めへの意欲を高める。

2 既習の平仮名で始まる言葉を集める 〈10分〉

T　学習した平仮名の「い・う・か」で始まる言葉をたくさん集めて、ノートに書きましょう。
・教科書の挿絵…いるか・いす・うし・うきわ・かめ・からす・かたつむり
○ヒントとして教科書の挿絵を掲示してもよい。子供への支援として、個別に提示してもよい。
○集める言葉は前時同様、2文字・3文字・4文字の言葉とする。5文字を集めたら紹介するとよい。
○手を打ちながら文字数を確かめることを確認する。

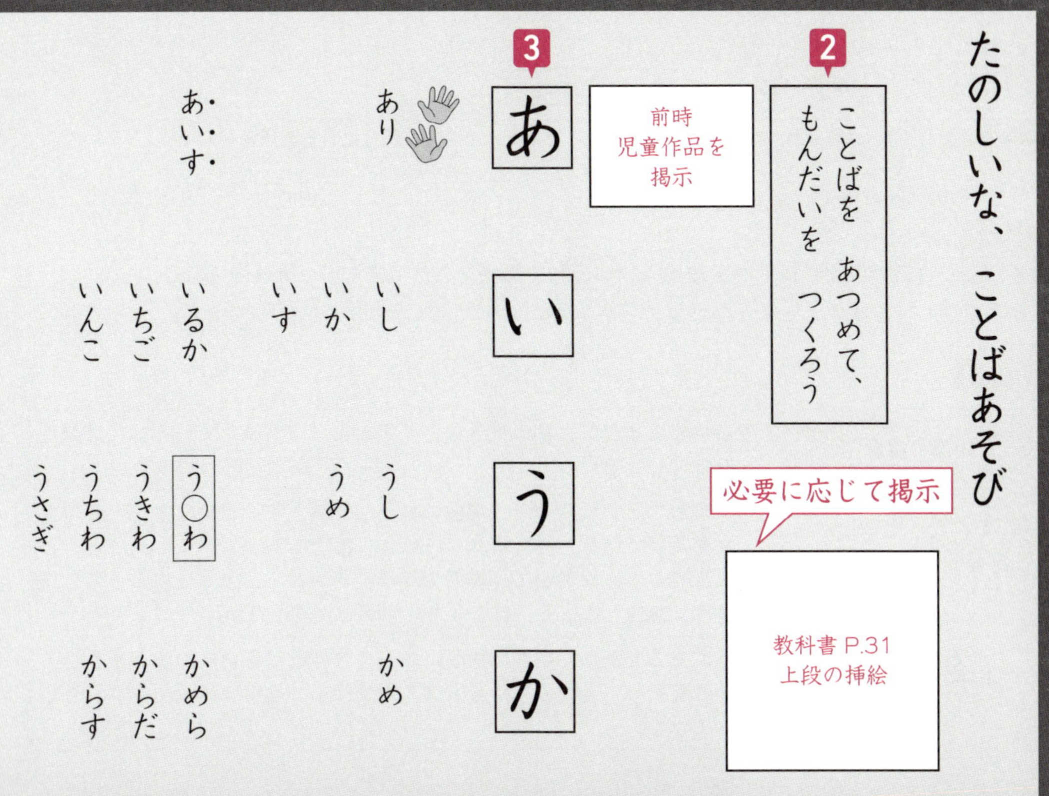

3 集めた言葉を発表し、言葉の問題を作って出し合う 〈25分〉

T　集めた言葉をみんなに紹介しましょう。「い」で始まる2文字の言葉には、どんな言葉がありましたか。

○2文字・3文字・4文字の順に取り上げる。

○文字数が誤っているときには、手を打たせて確認をさせる。

○「う○わ」を掲示し、「うきわ」と「うちわ」の違いに気付かせる。

T　「い」「う」「か」の問題を作ってみましょう。

○文字を書かないところを増やしたり、5文字の言葉を書いたりしている子供がいたら、大いに褒め、紹介するとよい。

よりよい授業へのステップアップ

言葉のつくりに気付かせる工夫

前時で拗音や促音が挙げられた場合は、1の振り返りで、音数と文字数の違いがあることに触れたい。また、2の活動では、一部の文字を空欄にした「う○わ」を掲示し、入る字によって全く意味が異なることを確認する。音節が同じであっても文字の組み合わせによって意味が異なる言葉の作りのおもしろさに気付かせたい。

様々な言葉を集める工夫

今後の平仮名の学習では、本単元のように「○文字」と指定した言葉集めを取り入れてもよい。

はなの　みち　（6時間扱い）

〔知識及び技能〕⑴ク　〔思考力、判断力、表現力等〕C書くことイ、エ　関連する言語活動例C⑵イ

単元の目標

・絵や叙述から話の場面の様子や、登場人物の行動を想像を広げて読むことができる。
・音読劇を通して、語のまとまりや言葉の響きなどに気を付けて音読することができる。

評価規準

知識・技能	❶語のまとまりや言葉の響きなどに気を付けて音読している。(〔知識及び技能〕⑴ク)
思考・判断・表現	❷「読むこと」において、場面の様子や登場人物の行動など、内容の大体を捉えている。(〔思考力、判断力、表現力等〕Cイ) ❸「読むこと」において、場面の様子に着目して、登場人物の行動を具体的に想像している。(〔思考力、判断力、表現力等〕Cエ)
主体的に学習に取り組む態度	❹絵や文章を基に、場面の様子について具体的に思い描くことを通してそれぞれの生き物の気持ちを進んで想像し、進んで音読劇をしようとしている。

単元の流れ

次	時	主な学習活動	評価
一	1	挿絵から、気付いたことを出し合い、物語を想像し、文章を読むことへの期待を膨らませる。 **学習の見通しをもつ** 全文を読み大体の内容を読み取り、これからの学習の見通しをもつ。	
二	2〜4	場面ごとに読みながら、場面の様子や登場人物の行動を考え、音読する。	❶❷ ❸ ❹
三	5	音読劇にしたい場面を決め、練習をする。	❹
	6	音読劇を聞き合う。 **学習を振り返る** 学習を振り返り、感想を発表する。	❹

授業づくりのポイント

〈単元で育てたい資質・能力〉

この教材は、1年生の子供にとって初めて出合う物語文である。今まで学習した平仮名を使って、物語を読めることの楽しさを感じさせたい。

本単元のねらいは、場面の様子や登場人物の行動について想像を広げて読む力を育てることである。そのためには、挿絵や文章をよく読むことが大切になる。絵と文章を対応させながら、大まかな話の内容を捉えたり、言葉や絵に立ち止まらせながら場面の移り変わりを意識させる。また、登場人物の行動やその理由を考えることで、場面の様子を想像できるようにする。

具体例

○例えば、「あたたかい　かぜが　ふきはじめました。」という叙述に着目する。そこから、春風が吹き始め、冬から春に季節が移り変わって、くまが落とした種が芽吹き花が咲いたことなどが考えられる。

〈教材・教具の特徴〉

くまが見つけた袋からこぼれ落ちたものが、春になって花の道ができることで種だったと知る物語である。くまの行動と言葉で書かれた簡潔な文章で、袋の中身がどこにいったのかも、中身が何だったのかも、文章に明確には書かれていない。くまやその他の生き物たちの気持ちも書かれていないが、色彩豊かな挿絵によって文章が補われている。文章と挿絵を関連付けることで謎を解き、それぞれの生き物の話していることを考えながら楽しんで読むことができる教材である。

具体例

○季節についても書かれていないが、2場面の絵では木々には葉がなく、草原も茶色一色である。くまの家の煙突から煙が出ているところなどからも冬と予想できる。また、4場面の挿絵を見ると木々も草原も青々と茂り、池にも生き物があふれ、おたまじゃくしや蝶が飛ぶ様子からも春へと季節が移り変わったことが分かる。

〈言語活動の工夫〉

ペアで音読劇にしたい場面を選び、本文を音読した後に生き物の気持ちになって台詞を考え、一言ずつ本文に足す。本文も挿絵から考えたことも大切にしながら学習ができる。また、班の友達に聞いてもらうことで、練習を通して本文に何度も触れ、耳に馴染むことができる。

具体例

○丸読みでペアで交互に本文を音読し、その後に一言ずつその場面に出てくる生き物になって考えていることを話す。それをつなげて1つの物語を作り発表をする。

○選んだ場面にばらつきがある場合は、1つの場面を2～3グループ続けて話し、繰り返してから次の場面に行ってもよい。同じ場面でも、人によって違う台詞を考えていることに気付く子供もいるだろう。

本時案

はなの　みち

本時の目標

・場面絵を見ながら話の内容を想像したり、範読を聞いて大体の内容を理解したりすることができる。

本時の主な評価

・絵や文章を基に、場面の様子を思い描こうとしている。
・場面の様子や、くまさんの行動の大体を捉えている。

資料等の準備

・場面ごとの挿絵のコピー
・名前マグネット
（カラーコピーで拡大したもの）

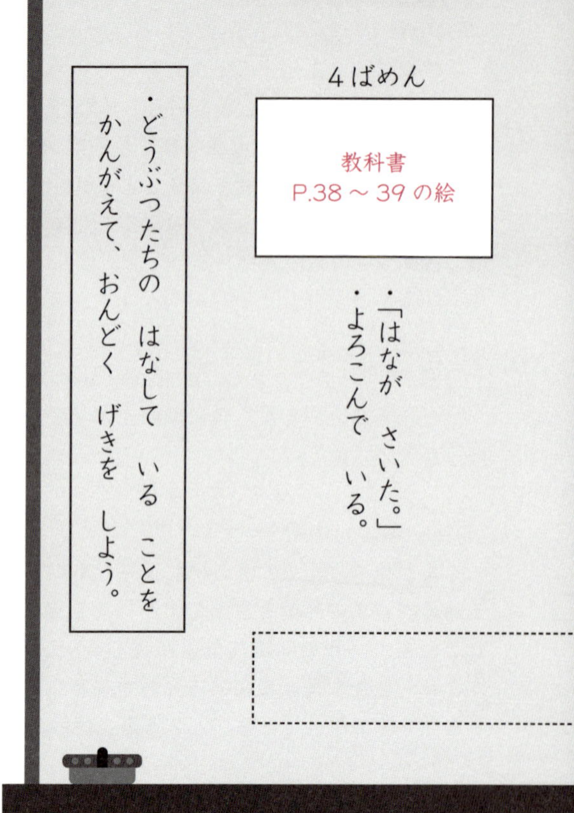

4ばめん
教科書
P.38 ～ 39 の絵
・「はなが　さいた。」
・よろこんで　いる。
・どうぶつたちの　はなして　いる　ことを
かんがえて、おんどく　げきを　しよう。

授業の流れ ▷▷▷

1 挿絵を見ながら、話の内容を想像する〈10分〉

T　誰が出てきましたか。「はなの　みち」の絵を見て、どんな話か考えてみましょう。
・くまさんとりすさんの話。
・くまさんは、袋を持ってお出かけした。
・穴が開いているのを見つけた。
・みんなで喜んでいる。
・本当の話は、どんな話だろう。
○挿絵から想像させ、いろいろな気付きをもたせることで、物語を読むことへの期待感を感じさせたい。意見をどんどん出させて、テンポよく進める。

2 本文の範読を聞き、話の大体の内容を読み取る〈20分〉

○子供が内容を理解しやすいように、ゆっくり抑揚を付けて範読する。
T　話を読むので、どんな話だったか、よく聞いてください。
○物語の内容に関するつぶやきは許容する。
・みんなは、花が咲いて喜んでいたんだな。
・袋の中身は、種じゃないかな。
T　絵を見て考えたときと同じでしたか。どんな話でしたか。
○挿絵とともに、くまさんの行動をもとにして話の流れを確認し、黒板にまとめる。

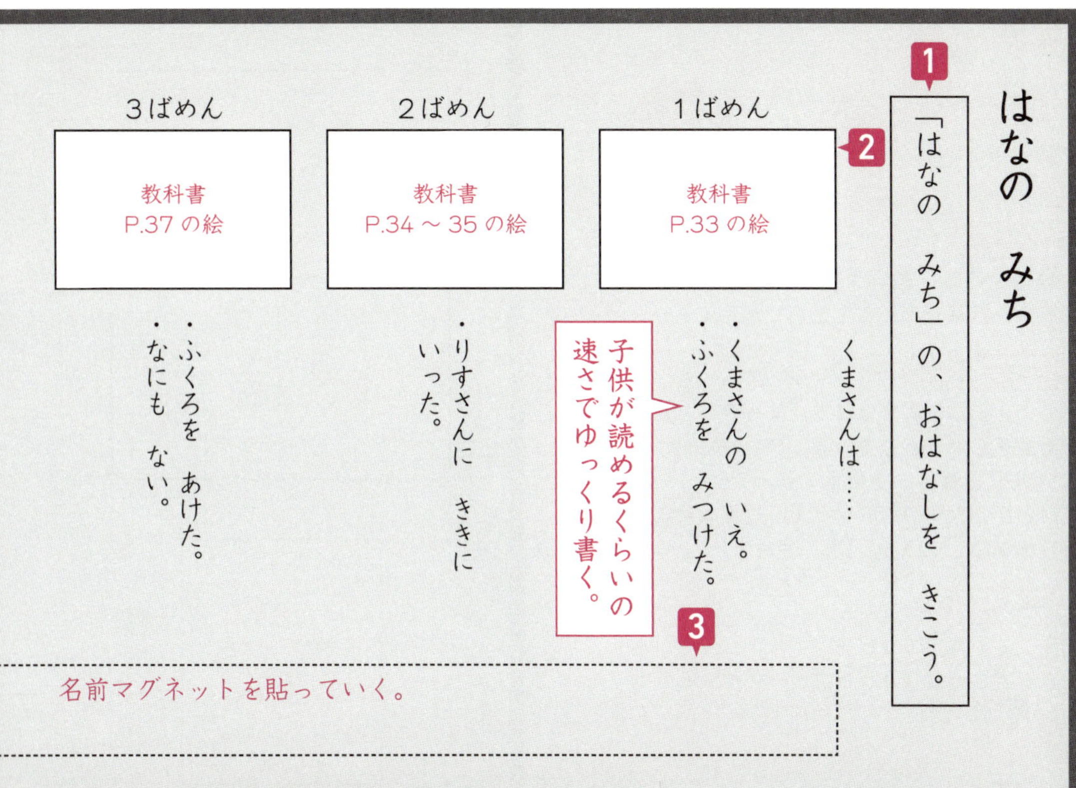

3 「はなの　みち」の話を聞いた感想を交流し、今後の学習の見通しをもつ 〈15分〉

○気に入った場面に名前マグネットを貼っていく。

T 「はなの　みち」の話で、気に入ったところや好きなところ、不思議に思ったところを教えてください。

・袋の穴に気付かないところが気に入りました。

・花が咲いてみんな喜んでいるところが好きです。

・袋の中身はなんだったのか気になります。

○「感想」と言っても子供たちには伝わらないので、「好きなところ」「不思議に思ったこと」など、具体的に聞くようにするとよい。

○次時では、登場人物たちの気持ちを考えて音読し、劇にしていくことを伝え、学習の見通しをもたせる。

よりよい授業へのステップアップ

挿絵から場面を読み取らせる工夫

まだ、平仮名を習い始めたばかりの子供たちにとっては挿絵からの読み取りも大切である。挿絵から読み取る時間を十分に与えたい。また、物語文の学習の最初の単元なので、どんな意見も受け止めて発見や気付きを大切にする気持ちを育てたい。

範読の工夫

教師の範読では、言葉の区切れ目や句読点に気を付け、オーバーなくらい強弱や抑揚をつけて読んだり、会話文は声を変えたりするなど、工夫をして物語に引き込みたい。

本時案

はなの　みち

2/6

本時の目標

・１場面を読み、登場人物の行動を想像し、気持ちや言葉を考えることができる。

本時の主な評価

❶語のまとまりに気を付けて、はっきりした声で音読をしようとしている。【知・技】

❷絵や文章を基に、１場面の様子やくまの行動など話の大体の内容を捉え、登場人物の気持ちを想像している。【思・判・表】

資料等の準備

・場面ごとの挿絵のコピー

・大きな吹き出し（カラーコピーで拡大したもの）　19–03

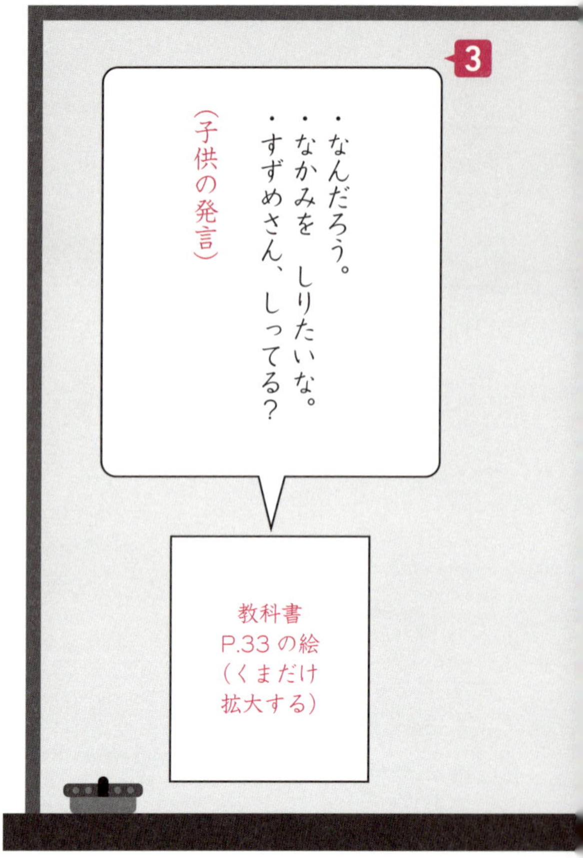

3

（子供の発言）

・なんだろう。

・なかみを　しりたいな。

・すずめさん、しってる？

教科書
P.33 の絵
（くまだけ
拡大する）

授業の流れ ▷▷▷

1 挿絵から、物語の舞台や、登場人物について考える〈10分〉

○話を思い出させるため、１場面の挿絵がどれかを選ばせ、何をやっているところだったかを振り返る。

T　絵を見て気付いたことを教えてください。

・くまさんの部屋の中にいます。いろいろなものがあります。

・袋を持っています。何か入っているみたいです。

・じっと見ています。何を見ているのかな。

・すずめさんが見ています。

2 いろいろな読み方で本文を読み、「くまさんらしい読み方」を工夫する〈15分〉

○教師が読む速さを変えたり、声の大きさや高さを変えたりして読むのを真似させ、「くまらしい読み方」を工夫させるとよい。

T　くまさんらしく読むには、どんな読み方がぴったりかな。ぴったりな読み方を探して、くまさんになってみましょう。

・くまは大きいから、大きい声がいいな。

・ゆっくり読んでみよう。

○何度も読ませることで本文に慣れさせる。

○くまに同化することで、行動やその理由を想像しやすくする。

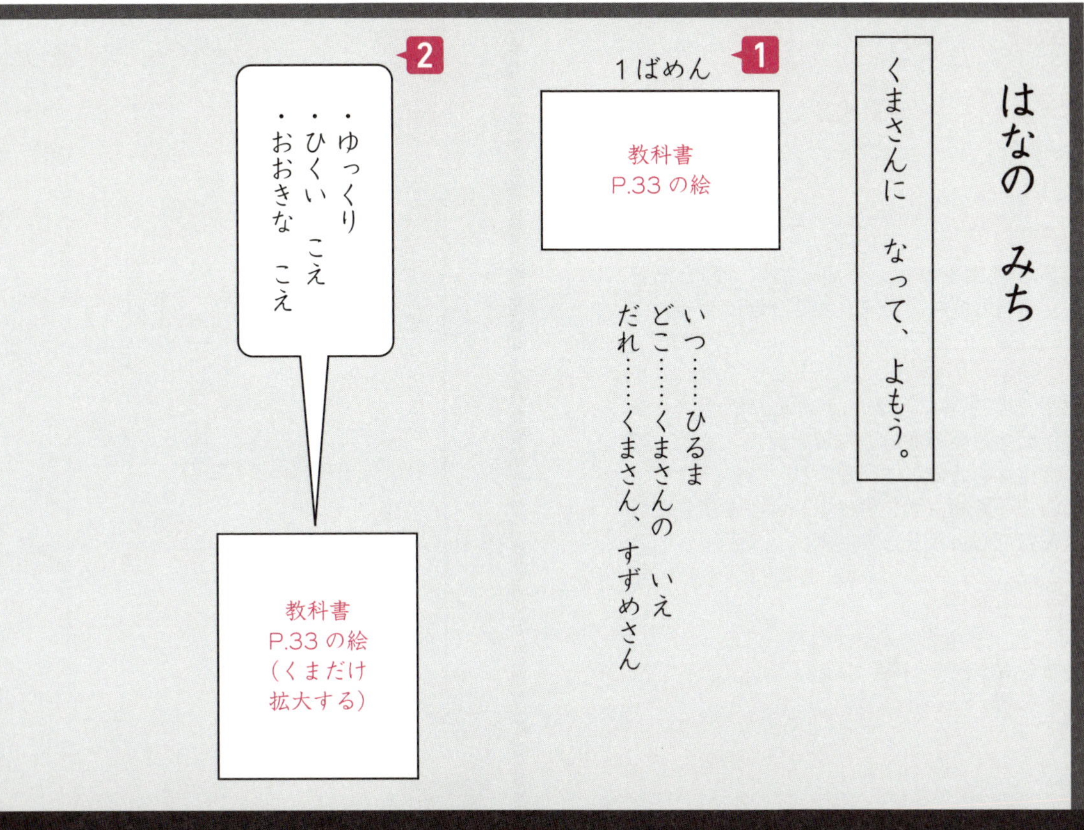

3 くまさんの気持ちを考え、工夫して音読する〈20分〉

T　すっかりくまさんになることができました。では、くまさんは、どこから袋を見つけましたか。

・棚から見つけた。　・箱から見つけた。

・引き出しの中。

T　袋を見つけてくまさんは、どんなことを思っていますか。

・なんだろう。

・中身が知りたい。

・すずめさん、何か知っている？

○教師は、出た意見を短くまとめて、吹き出しに書いていく。

○残りの時間で、上記のように考えているくまさんになったつもりで、音読の練習をさせ、何人かに発表してもらう。

よりよい授業へのステップアップ

音読の工夫の仕方の提示

教師のほうからいろいろな読み方をして繰り返して読ませることで、変化の付け方を学ばせる。その中から選んだり新しく考えたりして子供が工夫した読みをつくっていけるようにしたい。

学習の流れの工夫～音読から気持ちへ～

音読の時間を２回に分けた。１回目の音読でくまらしい読み方を明確にし、くまになりきる。２回目の音読練習では、声の調子だけでなく、気持ちもくまになりきらせたい。

本時案

はなの　みち

本時の目標

・2、3場面を読み、登場人物の行動を想像し、気持ちや言葉を考えることができる。

本時の主な評価

❸絵や文章を基に、2、3場面の様子やくまの行動など話の大体の内容を捉え、登場人物の気持ちを想像している。【思・判・表】

・語のまとまりに気を付けて、はっきりした声で音読をしようとしている。

資料等の準備

・1、2、3場面の挿絵のコピー

・大きな吹き出し　19–03

ふくろの　なかみが　なくなっちゃった。

・あなが　あいてるよ。
・おちちゃって、ざんねんだったね。
・みたかったな。

3ばめん

教科書
P.37 の絵

授業の流れ ▷▷▷

1　2場面を読み、挿絵と本文から物語の様子や登場人物について考える〈10分〉

○1場面の振り返り後、範読し、音読をする。

T　くまさんは何をしましたか。絵を見て気付いたことはありますか。

・りすさんの家に聞きに行きました。

・いろいろな動物がいます。木に葉がありません。

・くまさんは、木のおうちに住んでいます。

T　季節はいつでしょう。

・冬。木に葉っぱがなくて、地面も茶色だから。

・くまさんの部屋にストーブがありました。

・秋。熊は冬は冬眠します。生き物もいろいろいるから、まだ、冬じゃありません。

・寒そうな色をしています。

○秋の終わりもしくは冬の始まりの季節をイメージさせ、前時の「いつ」に付け足す。

2　3場面を読み、挿絵と本文から登場人物の気持ちについて考える〈15分〉

○挿絵をよく見させ、気付いたことを発表させる。

T　くまさんとりすさんは、どんなことを思っているのでしょうか。絵をよく見てみましょう。

・穴が開いてるよ。

・気付かなかったよ。

○3場面を音読し、くまの思っていることを確かめる。

T　袋の中身は、どこに行ってしまったのでしょう。

・袋の近くに、何か落ちています。

・2場面の絵にもありました。ずっと落ちています。

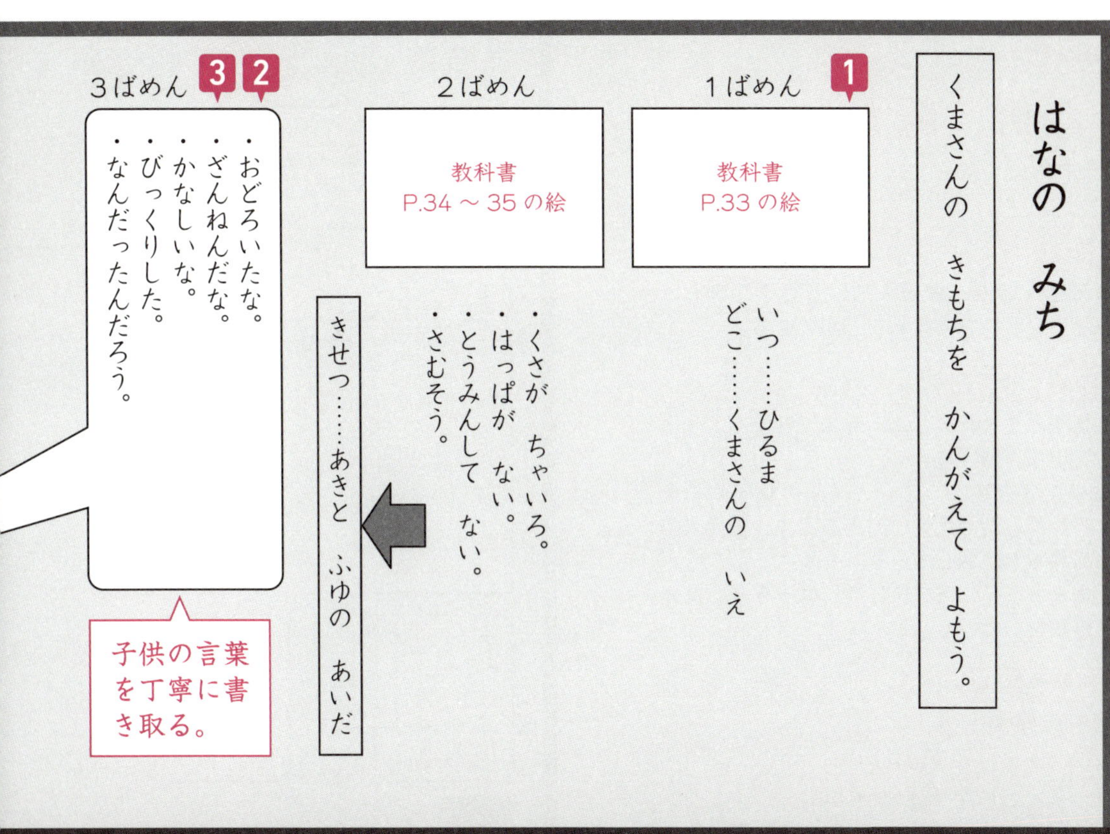

3 くまさんが思っていることを考え、工夫して音読する 〈20分〉

T くまさんは、どんなことを思っていますか。

・驚いたな。

・残念だな。

・悲しいな。

T 先生がくまさんをやってみます。どの気持ちか当ててください。

○教師が、それぞれの特徴が分かりやすいように強調して音読をし、当てさせた後で真似させることで、工夫の仕方を学ばせる。

○ペアで音読練習をし、どの気持ちのくまさんかを当ててもらう。何組かに発表させ、音読の工夫に気付かせる。

よりよい授業へのステップアップ

挿絵による比較の工夫

この教材は、挿絵の物語る部分が大きいので、挿絵からの読み取りも大切にしたい。1場面、2場面の絵を並べて掲示することで、外の寒々しい感じと、部屋の中の暖かそうな感じに目を向けさせられる。2、3場面では、袋の中身の行方につながるので常に前の場面絵に戻る意識で進めたい。

音読練習の工夫

練習などの単調な繰り返しは飽きやすいので、途中で区切ったり、練習相手を変えるなどして何度も練習に取り組ませたい。

本時案

はなの　みち

4/6

本時の目標

・4場面を読み、登場人物の行動を想像し、気持ちや台詞を考えることができる。

本時の主な評価

❹想像することを楽しみ、進んで音読しようとしている。【態度】
・絵や文章を基に、2、3場面の様子やくまの行動など話の大体の内容を捉え、登場人物の気持ちを想像している。
・語のまとまりに気を付けて、はっきりした声で音読をしている。

資料等の準備

・挿絵のコピー
・ワークシート① 06-01
・ワークシート② 06-02
・ペープサート（カラーコピーで拡大したもの） 06-03〜11

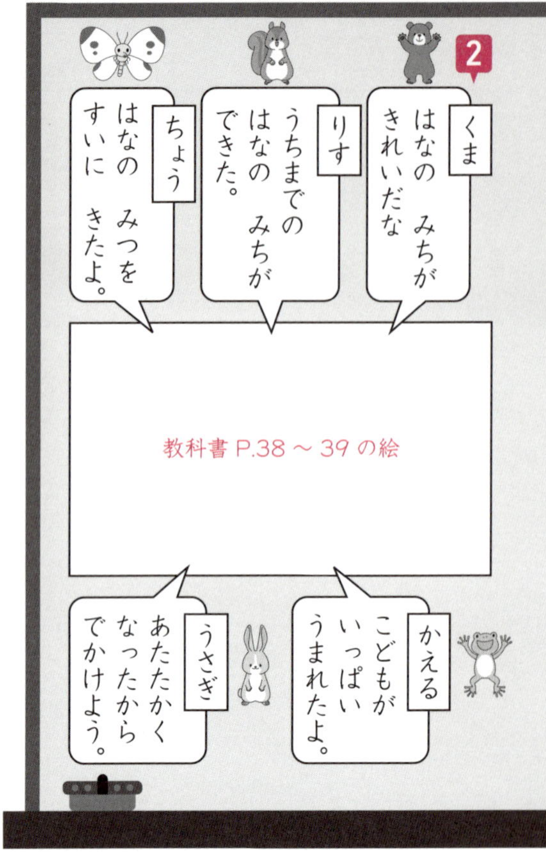

授業の流れ ▷▷▷

1 4場面を読み、挿絵と本文から物語の様子の変化について考える〈15分〉

○前時の学習の振り返り後、音読をする。
T　2枚の絵を見て気付くことはありますか。
○2枚の挿絵を並べて比べながら考える。
・草が緑色になりました。お花も咲いています。季節が違います。
・生き物たちがみんなうれしそうにしています。
・花の道ができています。
T　どうして「はなの　いっぽんみち」ができたのでしょう。
・春になったからです。
・くまさんの家とりすさんの家をつないでいます。
・袋から落ちたのは、種だったのですね。
○「あたたかい　かぜ」が吹いたのは春になったということにも気付かせる。

2 生き物たちの思っていることを考える〈15分〉

○挿絵をよく見させ、気付いたことを発表させる。
T　くまさんや生き物たちは、春になってどんなことを思っているでしょう。
・花の道がきれいだな。
・そうか。袋の中身は花の種だったのか。
・おうちが花の道でつながってうれしいな。
・温かいなあ。外で遊ぼう。
・赤ちゃんが生まれてうれしい。
○子供たちの発言を吹き出しの形でまとめていくことで、それぞれの動物がいろいろな思いをもっていることに気付かせる。

はなの　みち

2 いきものたちの　きもちを　かんがえて　よもう。

1 2ばめん

教科書
P.34 ～ 35 の絵

4ばめん

教科書
P.38 ～ 39 の絵

・みどりいろ
・はなが　さいた
・いきものが　いっぱい

あたたかい　かぜが　ふいた。
←
・はるに　なったから。
・たねが　おちた。
←
ふくろの　なかは　たねだった。

3 生き物の思いが伝わる台詞を入れて音読をする〈15分〉

T　いろいろな生き物の思っていることを付け足しながら読みましょう。

○全員で本文を音読し、その後に、教師がペープサートをもって選んだ生き物の台詞を一言付け足す。ペアでの練習でも、本文と台詞を交代したり、台詞を言う生き物を変えたりしながら練習をする。

T　友達の発表を聞いた感想を教えてください。

・いろいろな気持ちが分かりました。
・くまさんの台詞は、私の考えたのと似ていました。

○次回から音読劇をすることを確認する。

よりよい授業へのステップアップ

謎解きのまとめ

いろいろな伏線を含んだ物語なので、子供たちも「袋の中身はなんだろう」「どうして花の道ができたんだろう」と考えている。答えは、明記されていないので、子供によっては理解しきれていない場合があるため、考えを出し合いながら話をさかのぼり、状況を確認することが大切である。

視覚化の工夫

ペープサートを使うことで、イメージを共有しやすくなる。役になりきるためにも有効である。うちわに絵を貼るなどしても作ることができる。

本時案

はなの　みち

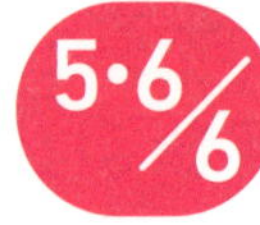

本時の目標

・場面を具体的に想像して、進んで音読劇に取り組むことができる。

本時の主な評価

❹想像することを楽しみ、進んで音読劇をしようとしている。【態度】
・絵や文章を基に、登場人物の行動や気持ちを想像している。

資料等の準備

・ペープサート　06-03～11

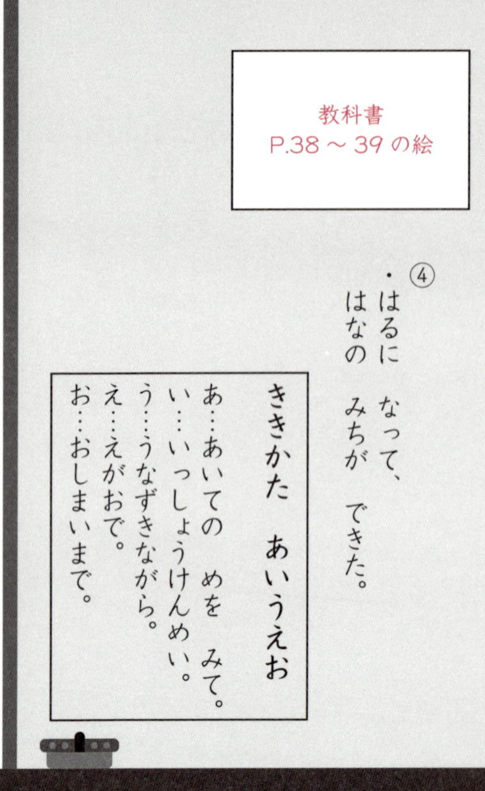

教科書
P.38 ～ 39 の絵
④
・はるに　なって、
はなの　みちが　できた。
ききかた　あいうえお
あ…あいての　めを　みて。
い…いっしょうけんめい。
う…うなずきながら。
え…えがおで。
お…おしまいまで。

授業の流れ ▷▷▷

1 音読劇をしたい場面を決め、練習する 〈15分〉

○全員で音読し、話や読み方を思い出す。

T　どの場面が好きですか。理由も教えてください。

・４場面が好きです。みんなうれしそうだからです。
・１場面の何か考えているところがおもしろいです。

T　音読劇をしましょう。隣の人と話し合って、やりたい場面を決めましょう。

○丸読みをして、その後に登場人物の台詞を一言ずつ付け足すやり方を見せる。２場面は、２人で一緒に読むよう声をかける。

T　よく聞こえるように、大きな声で練習しましょう。台詞のところは、その動物らしくなるよう工夫して練習しましょう。

2 音読劇を発表する 〈20分〉

T　みんなの音読劇を聞きましょう。「ききかた　あいうえお」が全部できるといいですね。

○選んだ場面に偏りがあることが考えられるので、１場面を３グループがやってから２場面にいくなど、工夫して劇をさせる。

○１場面から４場面まで発表する人を前に並べて、終わった人から座らせていくようにすると、子供にも誰が話すのかが分かりやすい。

○ペープサートを持たせて音読させる場合は、机か譜面台を用意し、両手を空けて音読劇をしやすくする。

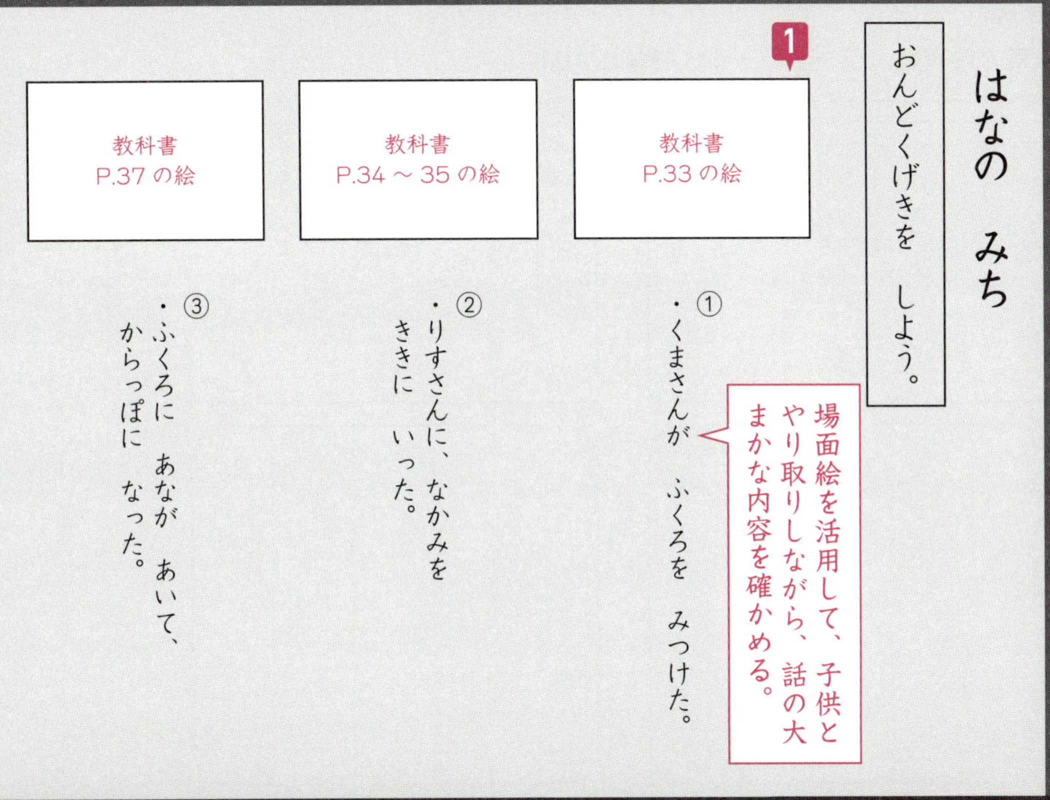

3 学習を振り返り、感想を共有する〈10分〉

T　音読劇をして、どうでしたか。感想を教えてください。

・くまさんの声がそっくりでした。
・みんなで読むと、おもしろかったです。
・いろいろな生き物たちの気持ちが分かりました。
・音読劇を、またやりたいです。

T　「はなの　みち」の学習をして、よかったことや、できるようになったことを教えてください。

・いろいろな読み方ができるようになりました。
・動物の気持ちが分かりました。
・音読劇がおもしろかったです。

よりよい授業へのステップアップ

なりきるための工夫

子供たちはちょっとしたことで、登場人物になりきることができるため、それぞれの生き物のペープサートなど、手に持って役割になりきれるものを用意するとよい。

教科書と共にペープサートを手に持てないため、譜面台を1台用意する。お面にするなど、方法はいろいろあるが、自分でも何の生き物になっているかを見られる点、入れ替えがスムーズに行える点を考えると、ペープサートがよいだろう。その動物のお面をかぶって音読する方法もある。

資料

1 第４時資料　ワークシート① 06-01

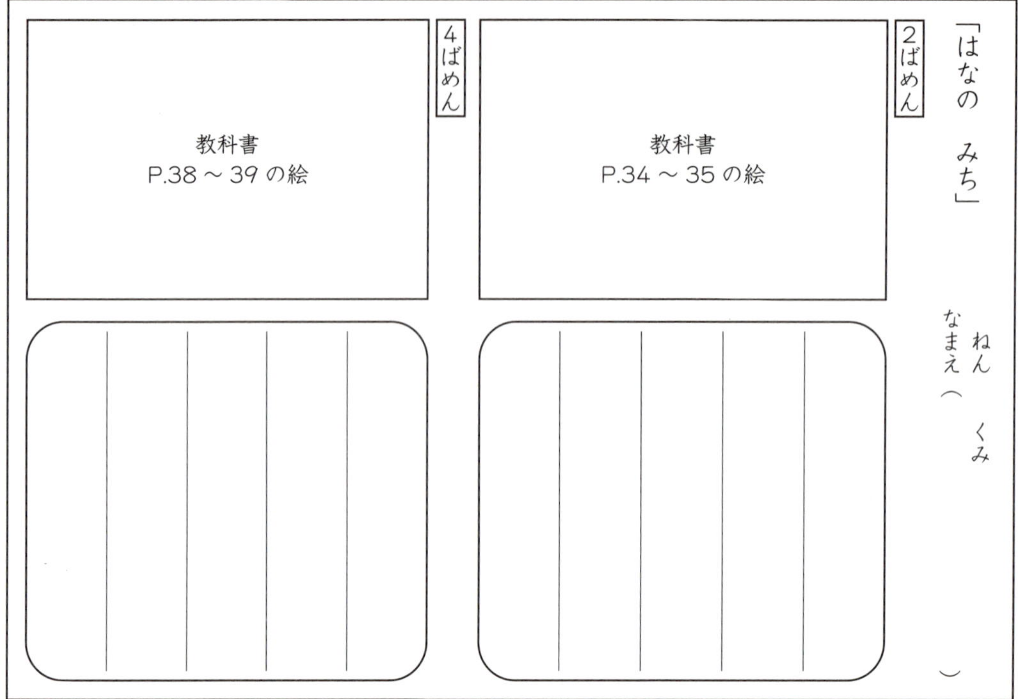

2 第４時資料　ワークシート② 06-02

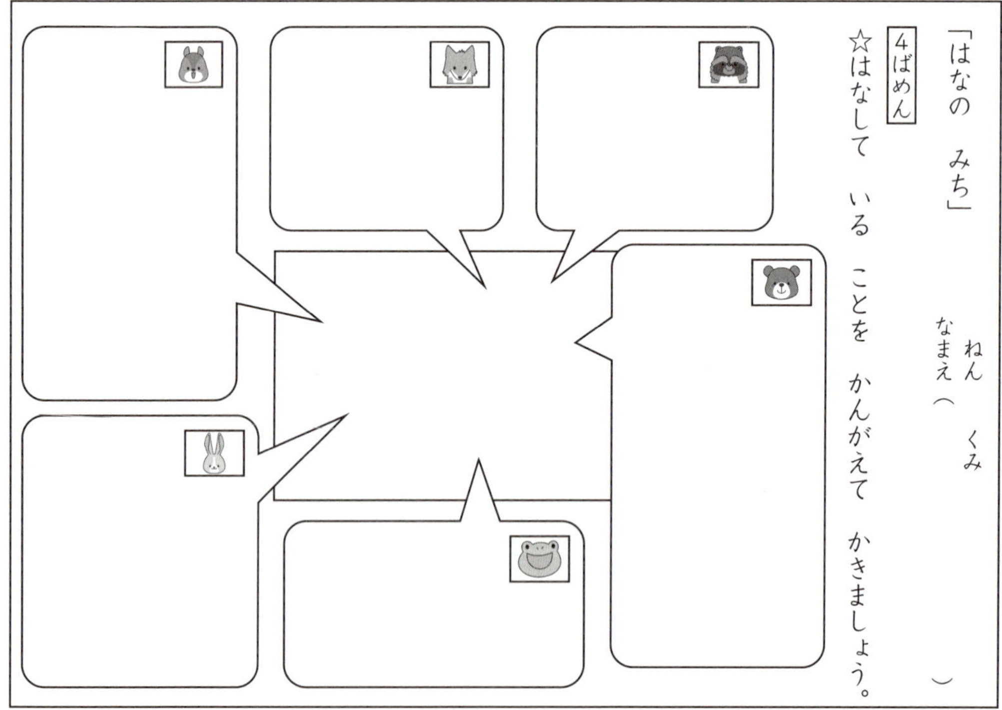

3 第４、５、６時資料　ペープサート用イラスト 06-03～06-11

としょかんへ　いこう　2時間扱い

〔知識及び技能〕(3)エ

単元の目標

・様々な種類の本があることを知り、興味のある本を選んで読むことができる。
・図書館の基本的な利用方法を知ることができる。

評価規準

知識・技能	❶読書に親しみ、いろいろな本があることを知る。(〔知識及び技能〕(3)エ)
主体的に学習に取り組む態度	❷進んで本の紹介を聞き、今までの学習を生かして自分で読んでみたい本を選ぼうとしている。

単元の流れ

次	時	主な学習活動	評価
一	1	学習の見通しをもつ 読み聞かせを聞く。 図書館の本棚の配置や本の借り方を知る。 読みたい本を選び、借りて読む。	 ❶
二	2	本の好きなところを選んで、友達に紹介する。 学習を振り返る 読みたい本を選び、借りて読む。	❷

授業づくりのポイント

〈単元で育てたい資質・能力〉

読書を通して、様々な知識や情報を得たり、自分の考えを広げたりすることができる力の育成を目指して、日常的に読書に親しむことができるようにすることがねらいである。

そのために、本単元では、図書室にはどのような種類の本があるのかを知り、絵本や図鑑など様々な本に親しむことができるようにする。また、早い段階で図書館での過ごし方や本の借り方も覚えられるようにすることで、本に親しむ機会を増やしたい。

具体例

○自校の図書館の配置図などを活用し、本の種類と本棚の位置を確認できるようにする。図書館の配置図を拡大したものに、本の種類の写真やイラストを貼るなどして、楽しく覚えられるようにする。
作成した配置図は、子供が常に見て確認できる場所に掲示しておく。

○本の借り方は、実際に作業しながら覚えていくことになる。初めは時間を要するため、十分な時間を確保しておくようにする。

〈図書館司書との連携及び他教材との関連〉

低学年の時期に、本の世界の楽しさを十分に味わわせたい。そのために、司書と連携して子供の発達段階や興味・関心にあった本を事前に選んでおいてもらうなど、準備をしておくようにする。また、読み聞かせを通して、様々な話のストーリーのおもしろさを感じたり、リズムのある言葉を楽しんだりできるようにする。

具体例

○本単元の前に「はなの　みち」を学習している。それと関連させて、「くまが主人公の本」、「動物が出てくるお話」などテーマを決めて、絵本を楽しむことができる。

〈本を身近なものにする環境づくり〉

読書をする目的は、大きく分けると2つある。1つは、絵本や物語などの文学作品を読み、その想像の世界に浸る楽しさを味わうために読むこと。もう1つは、新聞や図鑑など目的に合った資料を読み、必要な事柄を調べたり情報を得たりするために読むことである。読書が、自分の知識や人生を豊かにすることを知り、自ら進んで読書に親しむ態度を養いたい。そのためには、「本を読むことが楽しい、おもしろい」と感じる経験をたくさんすることである。

低学年期にはたくさん読み聞かせをしたり、子供自らが絵本や図鑑などを手に取り読書量を増やしていける機会を作ったりすることが望ましい。子供の興味・関心を満たすことができるよう様々な本が身近にあり、いつでも手に取ることができるように環境を整えるとよい。

具体例

○春の本、梅雨の本といった季節に合った本や、アサガオの本、生きものの本等の生活科の学習と関連した本を選書し、図書館や教室に展示するとよい。

本時案

としょかんへいこう

本時の目標

・図書館の利用方法を知り、本を借りることができる。
・好きな本を選んで、借りることができる。

本時の主な評価

❶図書館の利用方法を知り、いろいろな本があることを知っている。【知・技】

資料等の準備

・図書館の配置図の拡大コピー（学校にある実際のもの）
・ワークシート 07-01
・ホワイトボードまたは移動式黒板

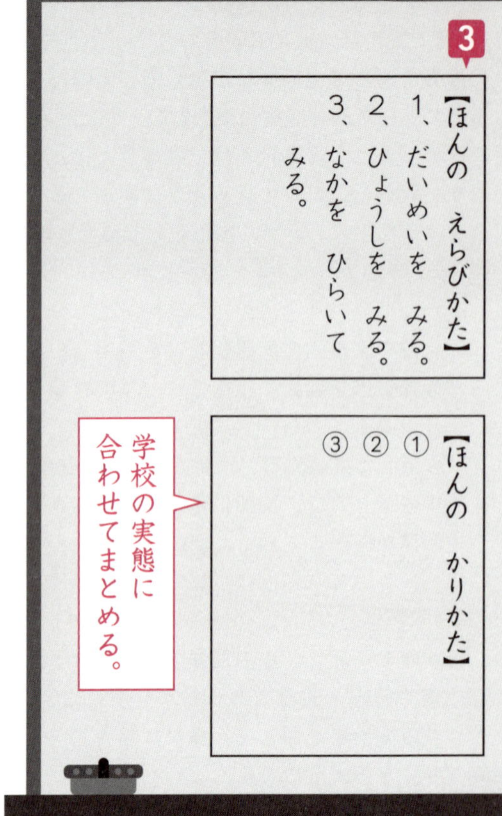

授業の流れ ▷▷▷

1 読み聞かせを聞く 〈10分〉

〇本単元では、図書室で活動するため、ホワイトボードや移動式黒板をあらかじめ用意しておく。
〇子供の発達段階や興味のある本を事前に選んでおくようにする。
T　今日は「〇〇〇〇」の絵本の読み聞かせをします。どんなことが起こるか、楽しみに聞いてください。
〇読み聞かせの後に、話の登場人物やストーリー、おもしろかったところなど感想を聞くことで、単元後に、本の紹介活動などに取り組む際に生かすことができる。
T　どんな出来事が起こりましたか。
T　おもしろかったところは、どんなところですか。

2 図書室の本の種類や本棚の配置について知る 〈10分〉

T　この本は絵本（の仲間）です。絵本は、この棚に置いてあります。
〇実際に本を見せながら、図書館にある本の種類を紹介する。
T　この本は図鑑です。乗り物図鑑や動物図鑑、植物図鑑など、いろいろな種類があります。この棚に置いてあります。
〇図書館の棚の配置図と対応させて、本の写真などを貼ると覚えやすい。
〇図書館の配置図を掲示したり、ワークシートで示したりすることで、いつでも確認できるようにする。

としょかんへ　いこう

としょかんの　つかいかたを　おぼえよう。

【としょかんでの　やくそく】
○ほんを　たいせつに　する。
○しずかに　ほんを　よむ。
○もとの　たなに　もどす。

2

〈としょかんの　ほんだな〉
〜この　ほんは　どこに　あるのかな？〜

本棚の配置図の拡大コピー

3 好きな本を選んで読む　〈25分〉

○本を選ぶことができたら、借りる作業まで進めるように声掛けをする。

T　どんな本がどの棚にあるのか分かりましたか。読みたい本を選んで借りましょう。

○本を借りたら、読みながら待つようにする。（各校の実態に合わせて対応する）

よりよい授業へのステップアップ

本の選択

自分で読みたい本を選ぶことができるようになることが大切である。悩んでいる子供には、題名や表紙、作者名など、手掛かりになる事柄を示し助言する必要がある。

本を探す時間の確保

1年生の初めの時期は、特に、本を選んだり借りたりするのに時間を要する子供が多い。十分な時間を確保し、全員が本を選んだり借りたりできるように配慮したい。

本時案

としょかんへ いこう 2/2

本時の目標

・読んだ本の好きなところを紹介することができる。

本時の主な評価

❷いろいろな本に興味をもち、進んで自分の読みたい本を選んで読もうとしている。【態度】

資料等の準備

・紹介の仕方の話型（掲示）
・教師のモデリング用の本
・ワークシート 07-02
・ホワイトボードまたは移動式黒板

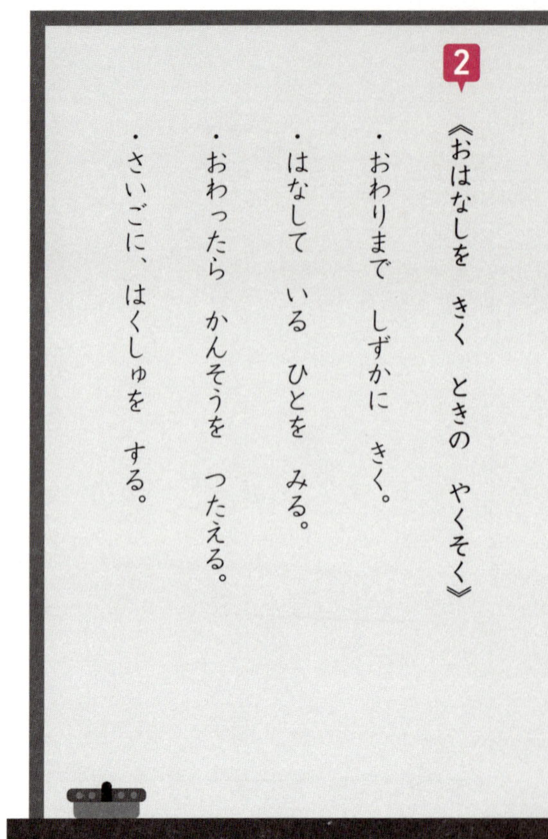

2
《おはなしを きく ときの やくそく》
・おわりまで しずかに きく。
・はなして いる ひとを みる。
・おわったら かんそうを つたえる。
・さいごに、はくしゅを する。

授業の流れ ▷▷▷

1 紹介の仕方を知り、紹介の準備をする 〈15分〉

○実際に教師が本を紹介し、本の見せ方や話す事柄を確認する。

T 本を紹介するときに大事なことは何だと思いますか。

・本の題名を最初に言うことです。
・好きなところのページを見せることです。
・質問や感想を聞くことです。

T 紹介する本を決めて、どうやって紹介するかを考えましょう。

○ワークシートを活用して、考えさせる。

○好きなページは、話の内容や叙述にこだわらず選ばせてよいことにする。

2 本の好きなところを友達に紹介する 〈15分〉

T それでは、本の好きなところの紹介タイムを始めます。全員が紹介し終わったら待っていてください。次の班に移る合図をします。

○話す機会を多くとるために、班の中で紹介する。全員が紹介し終わったら、班を変えて繰り返すようにする。

とじょかんへ　いこう

1

ほんの　すきな　ところを　ともだちに
しょうかいしよう。

① だいめい
② すきな　ページ（ことば・え）
③ しつもん　や　かんそう

2

【しょうかいの　しかた】

① わたしが　よんだ　ほんは、〇〇〇〇です。
② すきな　ところを　よみます。
「〜〜〜〜〜〜〜〜〜〜〜〜。」
（すきな　ところは、
〇〇が、〜した　ところです。）
③ これで、おわります。
④ なにか　ききたい　ことや
おもった　ことは　ありますか。

3 読みたい本を進んで読む〈15分〉

T　友達の本の紹介を聞いて、読んでみたくなった本はありましたか。

・動物が出てくるので、〇〇さんの本を読んでみたいです。
・おもしろそうな絵だったので、〇〇さんの本を読みたいです。
・〇〇さんが教えてくれたので、読んでみたいです。

T　読みたいなと思った本を探して読んでみましょう。

〇子供が選んだ本をブックトラック等に入れておき、この時間が終わっても自由に手に取れるようにしておくとよい。

よりよい授業へのステップアップ

話型の掲示

低学年は話すことが大好きだが、人前で話すことに抵抗を感じる子供もいる。話型を示し、練習するときや発表するときに確認できるようにすることで、抵抗感を軽減できるようにしたい。

教師のモデリング

教師がモデルを示すことは、とても重要である。どのようにすればいいのか見通しをもって、練習することができる。本の見せ方や話す事柄は、教師が一方的に指導するのではなく、子供の気付きを取り上げて全体で共有するようにしたい。

資料

1 第1時資料 07-01

としょかんへ　いこう

ねん　くみ　なまえ（　　　　　　　　　）

❖どこに　どんな　ほんが　あるか　しらべましょう。

図書館の実際の配置図を入れる。

2 第 2 時資料 07-02

としょかんに いこう

ねん くみ なまえ（　　　　　　　　）

❖ほんを えらんで しょうかいしよう。

わたしが よんだ ほんは、

[　　　　　　　　　　] です。

すきな ところを よみます。

[　　　　　　　　　　]

これで おわります。

なにか ききたい ことや おもった

ことは ありますか。

かきと　かぎ　2時間扱い

〔知識及び技能〕(1)ウ

単元の目標

・濁音の表記や読み方について理解し、それを使った文や文章作りをすることができる。

評価規準

知識・技能	❶濁音の表記の仕方を理解して、文や文章の中で使っている。また、平仮名を読み、書くとともに、文や文章の中で使っている。（〔知識及び技能〕(1)ウ）
主体的に学習に取り組む態度	❷進んで、濁点の付く言葉を集め、学習課題に沿って読んだり書いたりしようとしている。

単元の流れ

次	時	主な学習活動	評価
一	1	教科書の文を声に出して読む。 平仮名や、平仮名で書かれた言葉を読んだり書いたりする。 **学習の見通しをもつ** 濁点の書き方や濁音の読み方を確かめる。	❶
二	2	濁点の付いた言葉を集め、濁音の入った言葉を声に出して読んだり書いたり、クイズを出し合ったりする。 **学習を振り返る** いくつかの例を全体で共有する。	❷

授業づくりのポイント

〈単元で育てたい資質・能力〉

本単元のねらいは、濁音の表記の仕方や読み方を理解することである。濁点の付け方、濁点が付いた際の読み方の変化の仕方などを本単元で学び、文や文章を読み書きする日々の活動を積み重ねる中で、確実に定着させるようにする。

具体例

○濁点は平仮名の筆順の最後に右上に付けること、濁点が付くと読み方が濁ることを押さえる。冒頭の文で、濁点が付いている言葉を濁点が付かない場合と読み比べ、どのように音が変化したかを感じ取らせたり、文に出てきていない濁音についても読み方を推測させたりして、その規則性に気付かせる。

〈教材・題材の特徴〉

冒頭の文は濁音が多く入っており、リズムがよく、楽しみながら音読できるようになっている。文を何度も声に出して読むことにより、濁点の読み方に慣れていく。また、例示されている言葉は、濁点が付くと全く意味の変わる言葉が取り上げられている。濁点が付くだけで、読み方だけでなく、言葉の意味が変化する楽しさを味わいながら濁音の学習ができるとともに、他にも濁音の入った言葉を探してみたいという意欲をもつことができる教材である。

具体例

○教師の音読を聞いた後に、冒頭の文を声に出して読む。全員で読んだり、少人数で読んだり、１行ずつ交代で読んだりするなど、様々な読み方で繰り返し音読する。その中の、濁点の付いている言葉を取り上げて、意味や濁点の表記の仕方・読み方を確認する。その後、「さる」「かき」「こま」「ふた」の４つの言葉について、濁点が付いたら、意味や読み方がどのように変わるかを絵で示すなど、楽しめる工夫をしながら提示する。

〈言語活動の工夫〉

濁点が付くことで、違う言葉になる楽しさを味わわせる。４つの例示された言葉以外にも、濁点が付くと変身する言葉はないかと問いかけ、カードに集めさせる。そのカードをもとに、クイズを出させることで、濁点のある言葉の語句の量を増やし、学級で共有することができる。

具体例

○濁点が付くと別の言葉になるものを見つけ、絵や言葉をカードにかく。「『すいとう』に　てんてんが　つくと、なにに　へんしんするでしょう。」というようにクイズにして、友達同士で出し合う。言葉だけでクイズにしてもよいし、先に絵だけを示して、何という言葉が何に変身するのかを推測したりするような活動も考えられる。出た言葉は必ず取り上げ、語彙を増やしていきたい。

本時案

かきと　かぎ

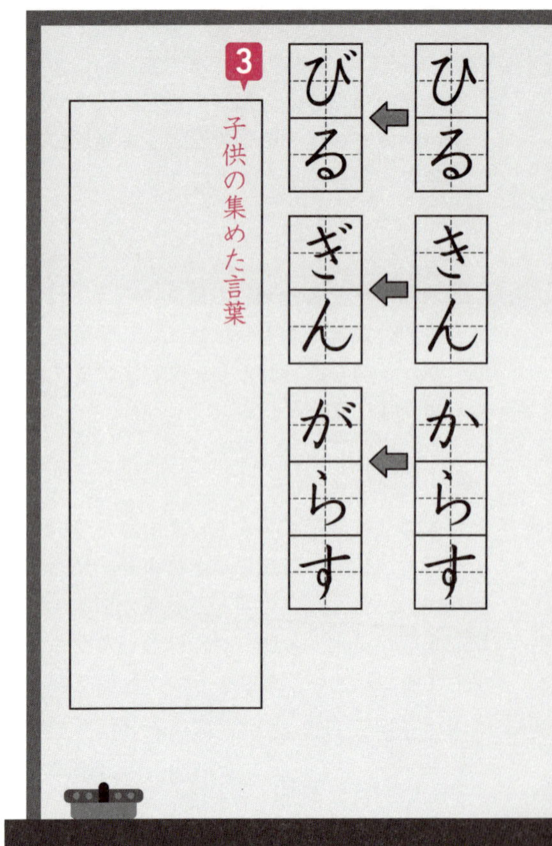

本時の目標

・濁音の表記や読み方を理解して、濁音の付く平仮名や言葉を、読んだり書いたりすることができる。

本時の主な評価

❶濁音の表記や読み方を理解して、濁音の付く平仮名や言葉を、読んだり書いたりしている。【知・技】

資料等の準備

・教科書の挿絵を拡大したもの
・文字黒板
・平仮名五十音表　02–03

授業の流れ ▷▷▷

1　挿絵や本文から、内容を理解し、本文を音読する　〈10分〉

T　絵を見て、どんな話か、話しましょう。
・さるが、かぎをたくさん持っています。
・家に入ろうとして、玄関の鍵を探しています。
○子供の言葉をつなげながら内容を確認し、文中の言葉を押さえた後、本文を音読する。全員で読んだり、少人数で読んだり、交代で読んだりするなど、様々な読み方で繰り返し音読する。その中で、濁点が付く場合と付かない場合の読み方を比べ、どのように変わるのかを確かめさせる。
○五十音表で、本文に出ていない濁音の読み方も確認する。

2　濁音の表記や読み方を理解し、声に出して読んだり書いたりする　〈20分〉

○濁点は平仮名の最後に、右上に打つことを知らせ、例示された言葉をノートに書かせる。
T　点々を付けて、言葉を変身させましょう。
・さる→ざる、かき→かぎ、こま→ごま、ふた→ぶた。
○教科書の例だけでなく、他にも濁点を付けると別の意味になる言葉を用意しておく。
・昼→ビル、金→銀、カラス→ガラス、タイヤ→ダイヤ、的→窓など。
○まずは濁音の入っていない言葉の挿絵や写真を見せ、どのように変身するかを予想させてから声に出して発音したり書いたりさせる。

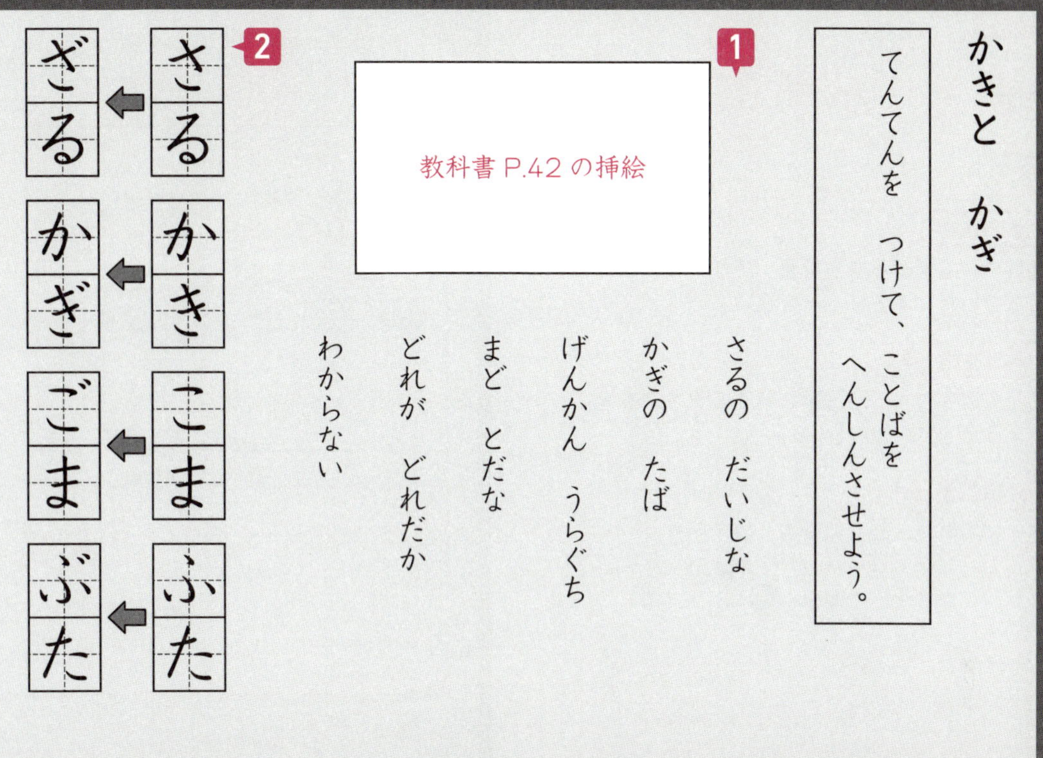

3 濁音の入った言葉を考え、ノートに書く〈15分〉

T　点々のついた言葉を集めましょう。
・うさぎ。
・黒板。
・消しゴム。
・ボール。
○集めた言葉を子供に発言させ、全体で声に出して読んだり、ノートに書いたりして、語彙を増やすようにする。

よりよい授業へのステップアップ

挿絵の提示の工夫

清音の言葉を濁音の入った言葉に変身させる過程を楽しませる。そのため、挿絵の提示の仕方を工夫する。例えば、まずは、濁音の入っていない言葉に関する挿絵や写真の一部分だけをテレビや実物投影機で映したり、一瞬だけ見せて隠したりして言葉を推測させるなど、楽しみながら考えさせたい。

本時案

かきと　かぎ　2/2

本時の目標

・濁音の付く平仮名や言葉を、声に出して読んだり書いたりすることができる。

本時の主な評価

❷進んで濁音の入った言葉を集め、クイズを考えようとしている。【態度】

資料等の準備

・クイズ用のカード（児童用、掲示用）　08-01〜02
・タンバリンと水筒の挿絵　08-03〜04

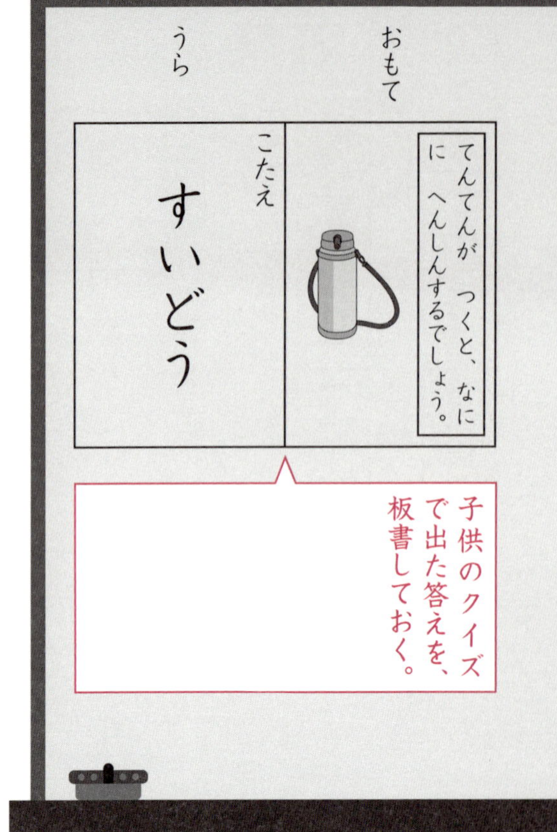

授業の流れ ▷▷▷

1 クイズに出したい、濁音の入った言葉を考える〈10分〉

T　クイズに出したい、点々の付いた言葉を考えましょう。
・タンバリン。
・ぞう。
・みどり。
○考えたら、クイズ用のカード（画用紙が望ましい）の答えを書く面に、大きく言葉を書かせる。１人で複数のクイズを作ることができるよう、カードは多めに用意しておく。

2 クイズ用のカードに、濁音の入った言葉を表す絵を描き、クイズを作る〈15分〉

○絵だけでは何を表しているかが推測しにくいこともあるので、簡単なヒントを考えさせておく。
・ヒント。動物園にいます。答えはぞう。
・ヒント。ノートに挟んで使います。答えは下敷き。

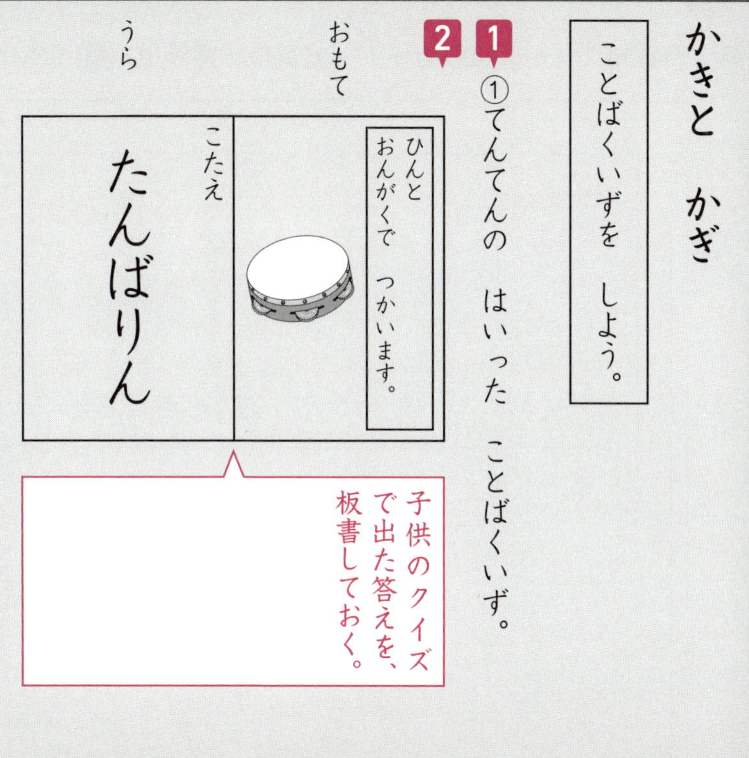

3 ペアで、クイズを出し合ったり、クラス全体にクイズを出したりする　〈20分〉

T　隣の人と、クイズを出し合いましょう。

○クイズの出し方を実演して見せ、練習をさせてから、隣や前後など、近くの子供同士でクイズを出し合わせる。

・ヒント。音楽室で使うものです。何という言葉でしょう。

・ヒント。色の名前です。何という言葉でしょう。

○数人の子供に、全員の前でクイズを出させる。絵が小さくて見にくい場合は、実物投影機で映す。

よりよい授業へのステップアップ

クイズを応用する工夫

濁音の入った言葉クイズに慣れたら、点々が付くと変身する言葉クイズを作らせてもよい。濁音の入っていない言葉の絵を見せ、「点々が付くと、何に変身するでしょう」と問いかける。そして、紙の裏に、濁音の入った言葉や絵をかいておき、答えを言う。全員に考えさせるのは難しい場合もあるので、どちらのクイズを作るか選ばせたり、やりたい子供のみ、変身クイズを考えさせたりするとよい。

資料

1 第２時資料　クイズ用のカード（児童用、掲示用）08-01

ひんとは

なんと　いう　ことばでしょう。

こたえ

ねん　くみ　なまえ（　　　　　）

2 第2時資料　クイズ用のカード（児童用、掲示用）08-02

てんてんが　つくと、なにに
へんしんするでしょう。

こたえ

ねん　くみ　なまえ（　　　　　　　）

ぶんを　つくろう　（4時間扱い）

〔知識及び技能〕⑴ウ、カ　〔思考力、判断力、表現力等〕B書くことウ　関連する言語活動例C⑵ウ

単元の目標

・主語と述語の関係に注意して「―が―。」という文型の文を書くことができる。

評価規準

知識・技能	❶句点の打ち方を理解して、文や文章の中で使っている。(〔知識及び技能〕⑴ウ) ❷文の中における主語と述語との関係に気付いている。(〔知識及び技能〕⑴カ)
思考・判断・表現	❸「書くこと」において、語と語の続き方に注意しながら、内容のまとまりが分かるように書き表し方を工夫している。(〔思考力、判断力、表現力等〕Bウ)
主体的に学習に取り組む態度	❹進んで絵や日常生活の中から「―が―。」の文になることを見付け、学習課題に沿って、文に書こうとしている。

単元の流れ

次	時	主な学習活動	評価
一	1	学習の見通しをもつ 教科書の挿絵を見て、子供たちが何をしているかを話す。 句点の書き方を理解し、主語を「わたし」「みんな」にした文をノートに書く。	❶
	2	教科書の挿絵を見て、公園の子供たちが何をしているのかを話す。 主語を「こども」「せんせい」にして、「―が―。」の文をノートに書く。	❷
二	3	教科書の挿絵を見て、昆虫や動物が何をしているのかを話す。 句点の書き方に注意して、主語を「ちょう」「かまきり」「ねこ」にした文をノートに書く。 「はなの　みち」の挿絵を見ながら、動物の主語にした文を作る。	❸
	4	教師が作った主語と述語をつなげるゲームをする。 「―が―。」の文を作って、カードゲームをする。 学習を振り返る 文を作る場面を振り返る。	❸ ❹

授業づくりのポイント

〈単元で育てたい資質・能力〉

本単元のねらいは、主語と述語の関係に注意しながら、整った文を書く力を育むことである。

そのためには、日常生活の会話の中で既に使っている「—が—。」の文を想起しながら、そこには主語と述語の関係があること、句点を打って文が完成することを理解することが大切である。

文を書くはじめての単元だからこそ、文の形式を正しく理解し、文を書くことを学習するとともに、文を書く楽しさについても存分に味わわせたい。

具体例

○教師が教科書の絵を提示して、まず「何がいますか」と子供に問い、主語を意識させる。次に「何をしているかな」と問い、述語を意識させる。その後、「何が何をしていますか」と問い、文の形にしていく。

○句点はマス黒板で書く場所を確認するだけでなく、文の中でどこに書くのか理解できるよう、文全体も板書する。

〈言語活動の工夫〉

主語と述語がある文型を正しく理解し、それを生かしてカードゲームをする。主語と述語の構成があることを理解することをねらいとするため、述語になる言葉は一つに絞るのではなく、意味が通じれば許容するようにし、できるだけ多くの言葉や文に触れられるようにする。知っている言葉を多く出させることで、生活の中に多く存在していることを自覚させていく。

具体例

○同じ主語でも、様々な述語が出るような挿絵を教師が作成し、子供に考えさせる。

○子供にジェスチャーをさせ、「—が—する。」の形を他の子供に説明させる。

〈他教科との関連〉

「—が—する。」の文型に多く接することができるよう、他教科でも「—が—する。」の文を書く機会を多く作るようにする。他教科と関連させることで、主語となる言葉、述語となる言葉も広がることが期待される。また、身近にあることを自覚することで、生活の中で意識して使う力も育てることができる。

具体例

○各教科に関わる主語や述語のみを教師が提示し、もう一方を子供が答える活動をする。

・生活科の場面→「あさがおの　めが　でる。」「さくらが　さく。」等。

・体育科の場面→「みんなが　ならぶ。」「みんなが　はしる。」「おとこのこが　おどる。」等。

・日常生活の場面→「みんなが　かえる。」「きゅうしょくが　なく　なる。」等。

本時案

ぶんを つくろう

1/4

本時の目標

・文の中における主語と述語の関係を理解するとともに、句点の使い方について正しく理解することができる。

本時の主な評価

❶文の中で句点の機能や打つところを正しく理解し、使っている。【知・技】
・挿絵に応じた場面を想像し、そこから主語と述語の関係を見つけている。

資料等の準備

・教科書の挿絵
・マス黒板
・主語・述語を書く短冊（赤と青）

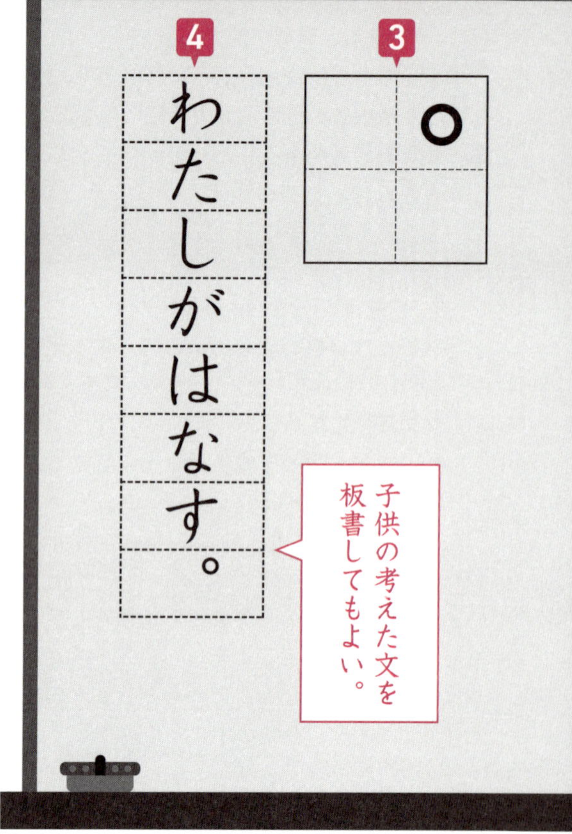

4
わたしがはなす。
3
。
子供の考えた文を板書してもよい。

授業の流れ ▷▷▷

1 教科書の挿絵を見て、どんな場面かを話し合う 〈5分〉

○教科書の挿絵を見て、どんな場面かを自由に発表する。
T 教科書の絵を見ましょう。何をしているでしょうか。
・みんな、笑っています。
・楽しそうにおしゃべりしています。
T 今日は、この絵から分かることを、文という形で書きます。
○挿絵の様子に興味をもたせ、そこから文を書く動機を引き出す。

2 「―が―。」の文の形について理解する 〈10分〉

○挿絵に応じた「―が―。」の文を考える。
T この「わたしがはなす。」というのを文と言います。文は、言葉がつながって、まとまっているものです。みんなで読んでみましょう。
○声に出して読むことで、音声としても文の形を理解させる。
T それでは、「みんなが」が上にあったら、下はどんな言葉を入れると文ができますか。
・「わらう。」がいいと思います。
・「はなす。」でもいいと思います。
○出た意見を板書したり、カード（「―が」は赤、「―。」は青）に書いたりした後、全体で音読する。

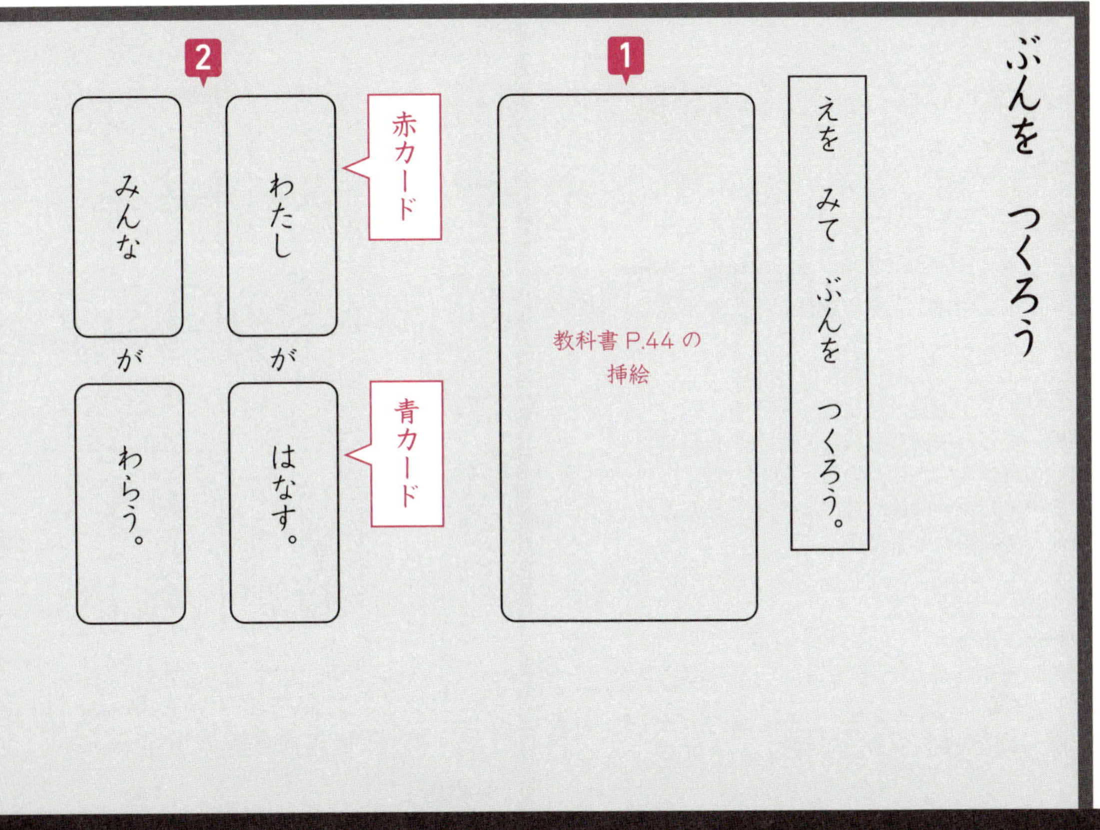

3 句点の機能や書き方について理解する〈10分〉

○どの文にも句点があることを見つけ、機能や書き方を正しく理解する。

T　たくさん文が考えられましたね。どんな文の最後にもあるものがついています。何か分かる人はいますか。

・丸が付いています。

T　そうですね。文の終わりには、いつも丸を書きます。丸は文の終わりの印です。丸を書いて文が完成します。

○分からない場合は、教師から「言葉ではないよ」などヒントを与えてもよい。

○句点の書く場所や書き方を確認し、ノートに練習する。

4 主語と述語、句点を、気を付けて文を書く〈20分〉

○「わたしが」「みんなが」を主語にして、「―が―。」の文をノートに書いていく。

T　それでは、自分で文を書いてみましょう。平仮名を書くときには、字の書き順や形にも気を付けましょう。書き終わったら、声に出しましょう。

○まずは、教科書の挿絵を参考に、全員で同じ文を書く。その次に、自分が考えた文を書く。

○文を書く際には、正しい書き順で、字形も意識しながら書くよう、教師が声掛けをする。

○書いた文をペアで交流したり、発表したりする。

本時案

ぶんを つくろう

2/4

本時の目標

・教科書の挿絵から、主語と述語との関係になる場面を見つけ、人を主語にした文を書くことができる。

本時の主な評価

❷挿絵に応じた場面を想像し、そこから主語と述語の関係を見つけている。【知・技】
・文の中で句点の機能や打つところを正しく理解し、文の書くときに使っている。

資料等の準備

・教科書の挿絵
・前時に子供が書いた作品（ノートの拡大コピー）
・主語・述語を書く短冊（赤と青）

せんせい が わらう。
おんなのこ が うたう。
3
○きょうの がくしゅうの かんそう
4
子供の発言を板書する。

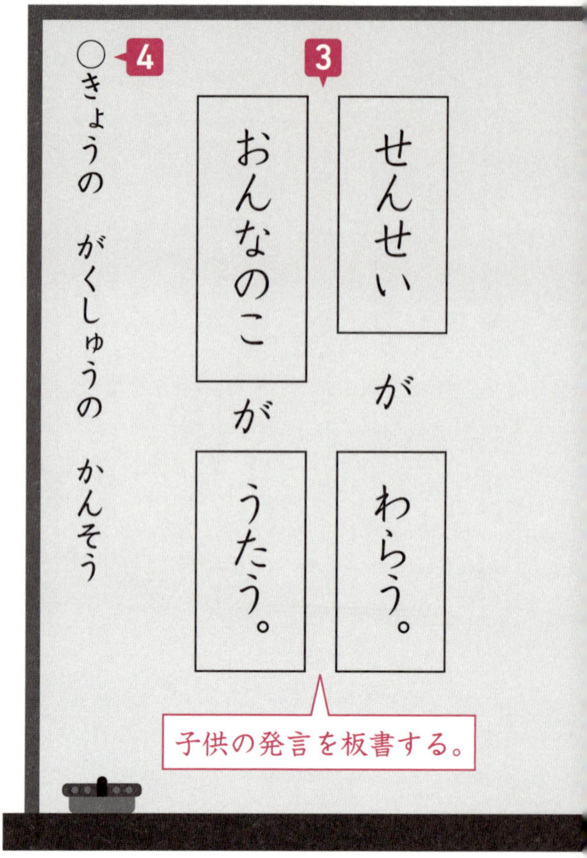

授業の流れ ▷▷▷

1 前時を振り返り、文の書き方について理解を深める 〈5分〉

○前時に書いた文を振り返りながら、主語・述語の関係や句点の使い方について理解を深める。
T 前の時間にたくさん文を書きました。例えば、○○さんのこれです。
○子供の書いたものの中から例を紹介することで、子供の書く意欲や自信につなげていく。
T 文を書くときに気を付けたことは、どんなことでしたか。
・「—が」「—。」と書くことです。
・「。」を文の最後にしっかり書きます。
○気を付けることを、子供から発言させる。

2 教科書の挿絵を見て、どんな場面かを話し合う 〈5分〉

○教科書の挿絵を見て、どんな場面かを自由に発表する。
T 教科書の絵を見ましょう。何をしているでしょうか。
・昨日の絵よりも、たくさん人や動物が出てきています。
・昆虫もいます。
T そうですね。この絵に合った文がたくさん書けそうですね。
○絵全体をよく見て、文を書く意欲へとつなげていく。

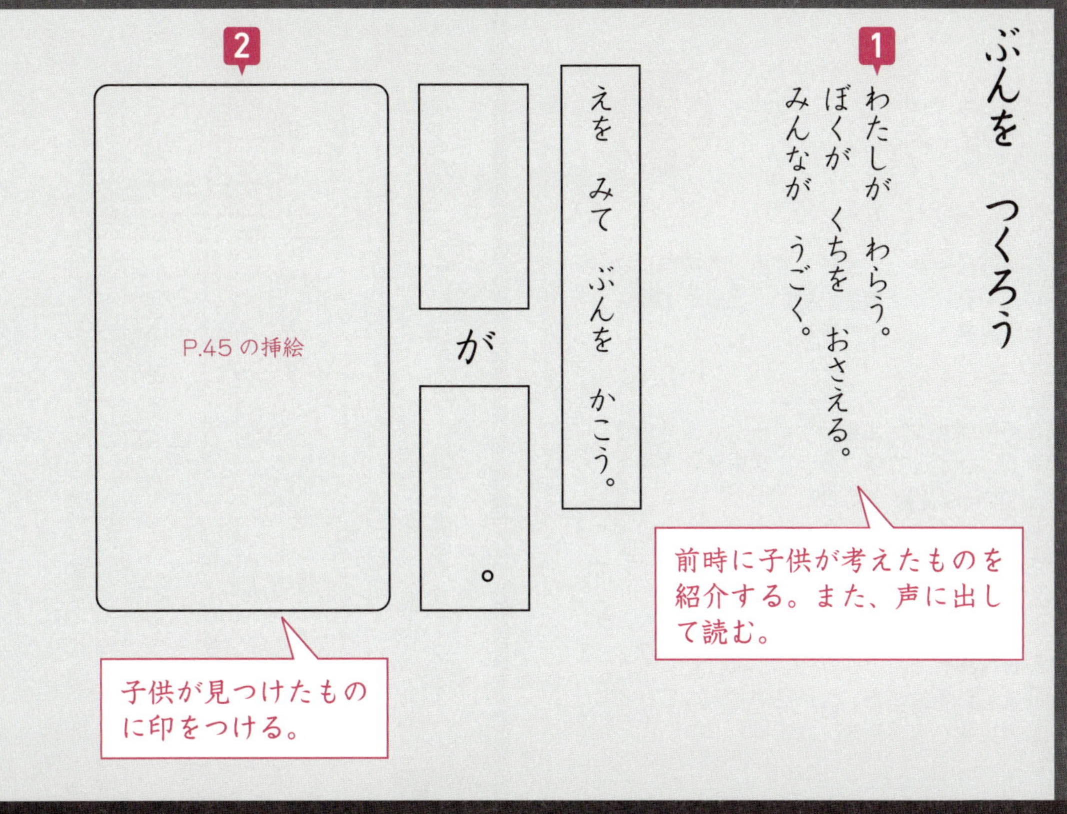

3 挿絵に合った文を考え、ノートに書き、交流する 〈35分〉

○主語と述語を考え、挿絵に合った文の書き方を知る。

T 今日は、絵の中の人についての文を書きます。上の「—が」には、どんな言葉が入りますか。

・「せんせいが」がいいと思います。

・「おんなのこが」でもいいと思います。

T それでは、下の「—。」には、どんな言葉が入りますか。

○見本として主語を1つ決め、子供がどんな述語があるか考え、発表する。

○挿絵に合った文を自分で考え、ノートに書く。

○書いた文章をペアやクラス全体で交流する。

よりよい授業へのステップアップ

交流の工夫

交流は自分の考えに自信をもったり、自分が気付かなかった新たな考えを見つけたりすることが目的である。

そのため、教師も積極的に交流に関わり、「お友達はどんなことを言っていたかな」「新しい発見があったかな」などと声かけをすることが大切である。それが子供たちのよりよい学び合いや話す力、聞く力を伸ばすことにもつながる。

本時案

ぶんを つくろう

本時の目標

・教科書の挿絵から、主語と述語との関係になる場面を見つけ、動物や植物、昆虫を主語にした文を書くことができる。

本時の主な評価

❸語と語の続き方に注意しながら、人以外の主語を見つけて、内容の分かる文の書き方を工夫している。【思・判・表】
・文の中における主語と述語の関係に気付いている。

資料等の準備

・教科書の挿絵
・前時までに子供が書いた作品の拡大コピー
・主語・述語を書く短冊（赤と青）

2

「はなの　みち」P.38〜P.39 の挿絵

くま が おどる。

りす が わらう。

3

○きょうの　がくしゅうの　かんそう

授業の流れ ▷▷▷

1 教科書の挿絵を見て、どんな場面かを話し合う 〈5分〉

○人を主語にした文を読みながら、文の書き方について確認する。
○教師が前時の子供の作文を紹介する。
○挿絵を見て、人以外を主語にしても文を書けることを理解する。
T　前の時間は人を「―が」に入れたので、今日は変えます。他に何が入れられそうですか。
・ネコがいます。木も生えています。
○挿絵を見ながら主語になりそうなものを探し、発表させることで文作りへの意欲を高める。
T　それでは、みんなで考えてみましょう。「きが」。
・ゆれる。　・うごく。　・たっている。

2 挿絵に合った文を考え、ノートに書き、発表する 〈15分〉

○見本を基に、人以外を主語にした文をノートに書いていく。
T　それでは、見本を見ながら、「ねこが」「ちょうが」などを使って、文を書きましょう。
○教師は机間指導しながら、子供が書いた文に赤丸をつけていく。認められると子供は、より多くの文を書きたくなるであろう。
○書き終わったら、小さく声に出して読ませ、間違いがないか、意味が通じるかを自分で確認させる。
○全体で書いた文を発表する。

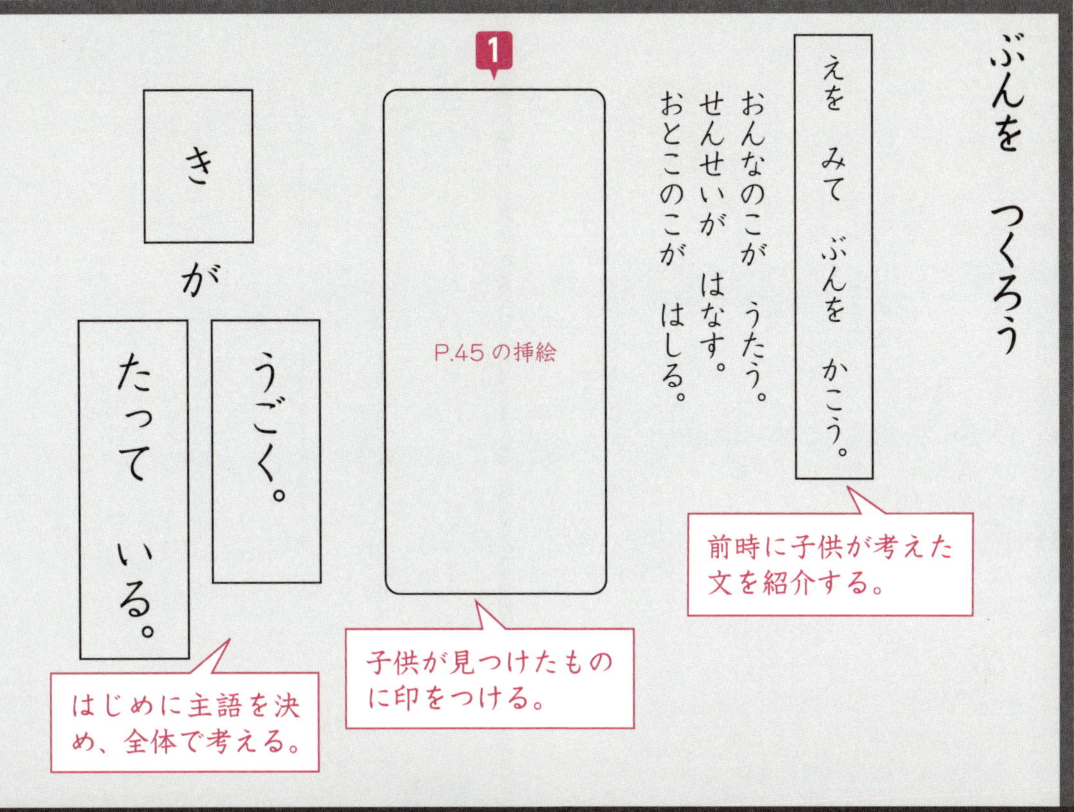

3 ノートに書いた文章を使って、クラスの中で交流する 〈25分〉

○「はなの　みち」の挿絵に合った文を考え、ノートに書く。書き終わったら、クラスの中で交流する。

○ペアでの交流

隣の子供と書いた文を見せ合ったり、声に出して読み合ったりする。

○クラス全体での交流

自分が読みたい文を発表したり、ペアでの発表で「いいな」と思ったものを紹介したりする。

よりよい授業へのステップアップ

身近にある言葉へ興味をもたせる工夫

身の回りから文を探すこともできる。まずは情報が目に入りやすい教室内、次に校内、そして地域など、子供が視点を少しずつ広げていくと考えやすい。

1つの主語で様々な熟語を考えさせる工夫

主語は1つでも、述語はいくつも考えられる場合がある。文の例示をする際には、教師作成の挿絵を用いたり、ジェスチャーをしたりながら、様々な述語を考えさせると、文作りの幅も広がるであろう。

本時案

ぶんを つくろう

本時の目標

・主語と述語をつなげ、文を作るゲームをする活動を通して、主語と述語の関係を正しく理解することができる。

本時の主な評価

❸語と語と続き方に注意しながら、内容のまとまりが分かるように書き表し方を工夫している。【思・表・判】

❹絵や日常の生活の中から「—が—。」の文になることを見つけて、文に書こうとしている。【態度】

資料等の準備

・教科書の挿絵
・これまでに作った「—が—。」の文
・主語、主語を書く短冊（赤と青）

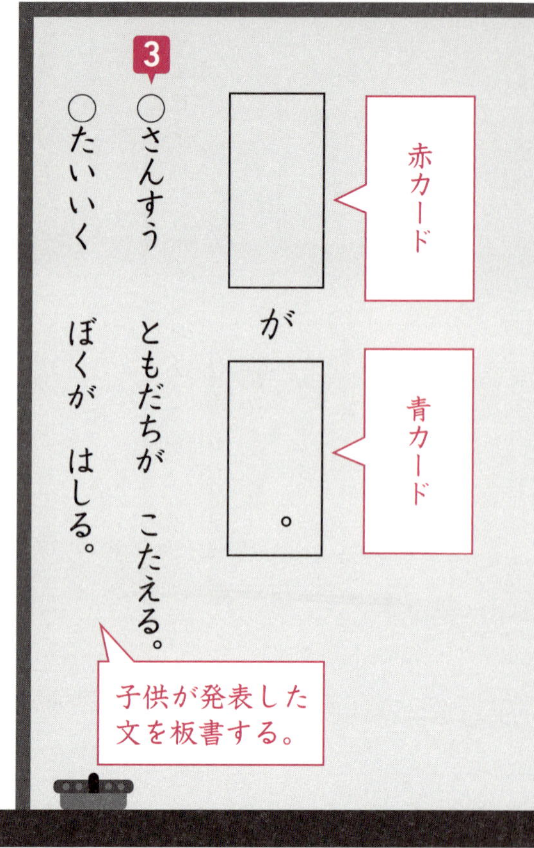

授業の流れ ▷▷▷

1 これまでの学習を振り返り、文型について確認する 〈10分〉

○これまで作ってきた文の短冊を使って文を作る。その後、全員で読む。

T ここに「—が」の短冊と「—。」の短冊があります。絵に合った文になるように組み合わせてください。

○正解を確認した後、全員で読む。

T 「—が—。」の文を作るとき、どんなことに気を付けましたか。

・絵に合った文にしました。
・「—が」と「—。」が逆にならないようにしました。

T 今日はこれまで学習したことを使って、文を作るゲームをします。

2 教科書の挿絵を見ながら、短冊に書く 〈10分〉

○挿絵を見ながら、それに合った文を考え、主語短冊、述語短冊に書く。

T それでは、ゲーム用の短冊にするために、「—が」は赤、「—。」は青の短冊に書きましょう。

○なかなか文を書けない子供がいる場合には、前時までのものを写したり、なぞり書きができるプリントを用意しておいたりし、全員が文を書けるよう工夫する。

○難しい問題を作ることが目的ではなく、意味が通じる「—が—。」の文に多く触れることがねらいなので、その点に留意しながら、机間指導をする。

○たくさん短冊を書ける子供がいれば、追加で短冊を渡す。

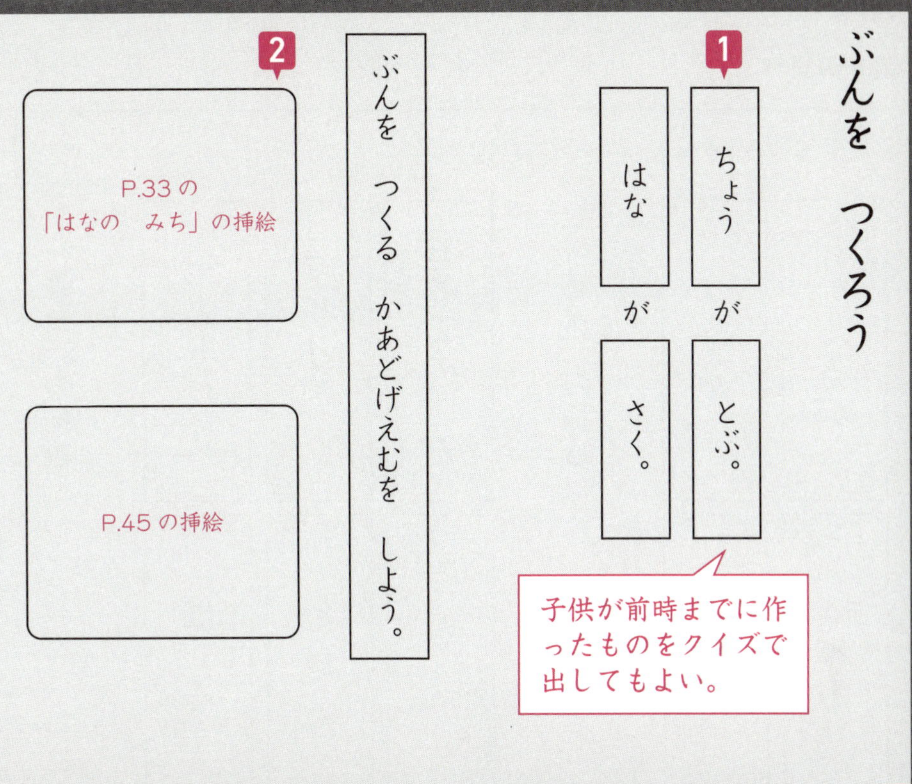

3 主語短冊、述語短冊を使って、文作りゲームをする〈25分〉

○ペア学習の形態にし、相手の前に短冊をランダムに並べ、挿絵を示しながら、文を作らせる。

・この絵の様子を文にしました。絵を見ながら、文を作ってください。

・くまさんが歩いているから、「くまが」「あるく。」です。

・正解です。

○早く終わったグループは、他にどんな文ができるか、ペアで考えさせる。

T　文を作る勉強をしました。国語の他にどんなときに文を書きますか。

○教科横断的な視点につなげる。

よりよい授業へのステップアップ

多くの文に触れさせる工夫

これまでの学習で子供が書いた文を教室内に掲示したり、教師作成の文作りクイズコーナーを設置したりしておくことで、主語・述語のある文により親しむことができる。

教科横断的な視点をもたせる工夫

「ぶんをつくろうカード」を教室内に置き、他教科や生活の中でも主語・述語がある文を見つけたら、カードに書かせるようにする。本単元の学習がより深まるであろう。

資料

1 第4時資料

【教師作成のゲームのカード例】

○教科書P45の挿絵

赤カード

せんせいが

とりが

おとこのこが

青カード

はしる。

わらう。

なく。

○教科書P33の挿絵

赤カード

くまが

かえるが

青カード

おどる。

はねる。

【子供が書くと想定される文（「はなのみち」）】

・くまが　おどる。
・くまが　わらう。
・とりが　とぶ。
・とりが　なく。
・きつねが　わらう。
・きつねが　はなす。
・ちょうが　とぶ。
・かえるが　うごく。
・りすが　はしる。
・とびらが　あく。
・はなが　さく。
・みずが　ながれる。
・うさぎが　はねる。
・かたつむりが　やすむ。
・かたつむりが　あるく。
・くさが　はえる。
・くさが　ゆれる。

例示して、文作りのヒントにさせてもよい。

2 第４時資料

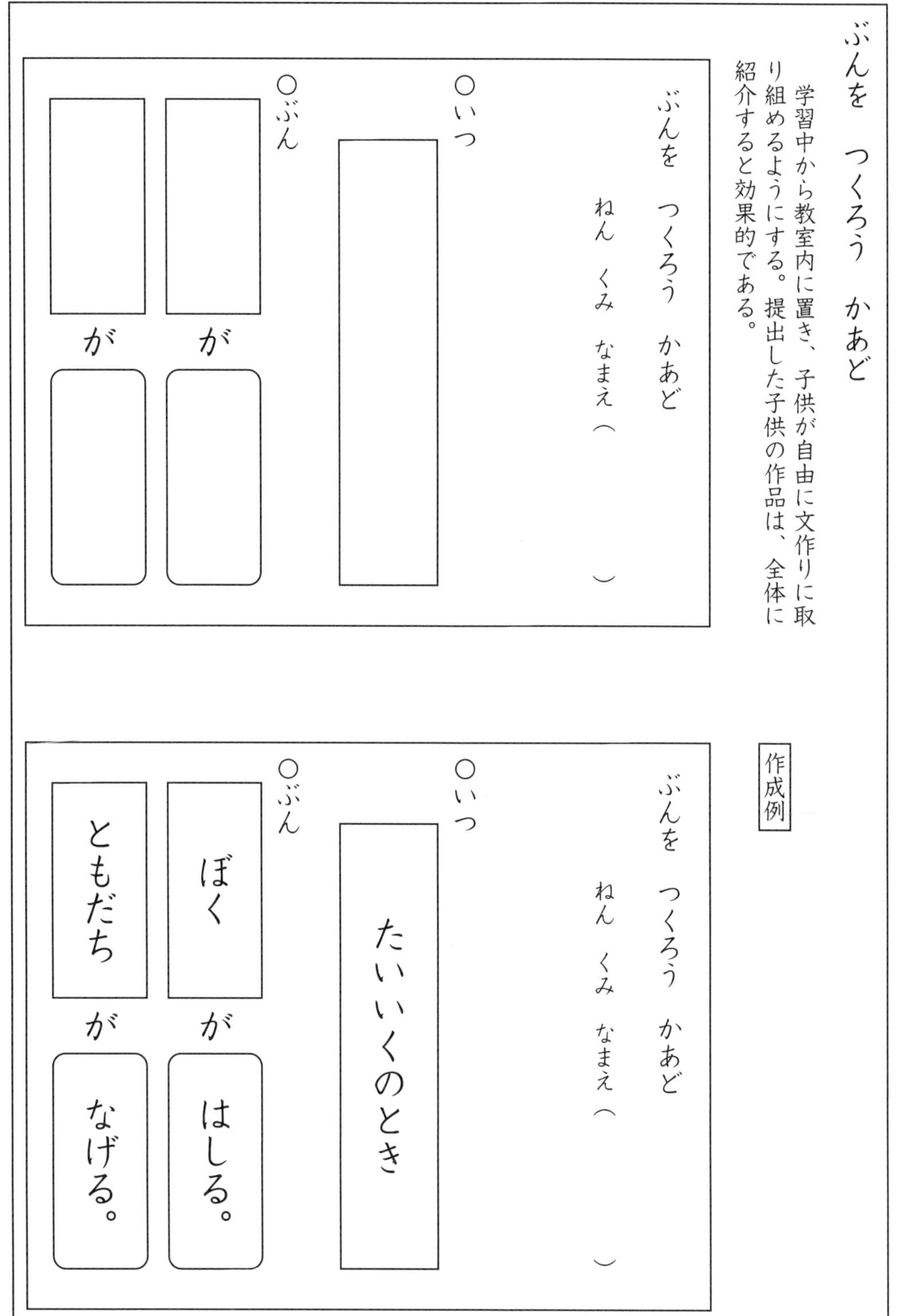
ぶんを　つくろう　かあど
学習中から教室内に置き、子供が自由に文作りに取り組めるようにする。提出した子供の作品は、全体に紹介すると効果的である。
ぶんを　つくろう　かあど
ねん　くみ　なまえ（　）
○いつ
○ぶん
が
が
作成例
ぶんを　つくろう　かあど
ねん　くみ　なまえ（　）
○いつ
たいいくのとき
○ぶん
ぼく
が
はしる。
ともだち
が
なげる。

ねことねっこ（2時間扱い）

〔知識及び技能〕(1)ウ

単元の目標

・促音の表記の仕方や読み方を理解して、文や文章の中で使うことができる。

評価規準

知識・技能	❶促音や濁音、半濁音の表記の仕方や読み方、句読点の打ち方を理解して文や文章の中で使っている。また、平仮名を読み、書くとともに、文や文章の中で使っている。(〔知識及び技能〕(1)ウ)
主体的に学習に取り組む態度	❷積極的に、促音の使い方を理解し、学習課題に沿って、促音の入った言葉を読んだり書いたり、集めようとしたりしている。

単元の流れ

次	時	主な学習活動	評価
一	1	学習の見通しをもつ 主な学習活動教科書の挿絵を見て、どのような場面かを話し合う。その中で出てきた「ねっこ」や「ばった」などの言葉の、促音の表記や読み方を理解し、冒頭の文や促音の入った言葉を声に出して読む。 濁音、半濁音の入った平仮名や言葉を読んだり書いたりする。 句読点の打ち方を理解する。	❷
二	2	促音の入った言葉集めをして、集めた言葉を読んだり書いたりする。 学習を振り返る 促音、濁音、半濁音の入った言葉や、句読点を使って文作りをする。	❶

授業づくりのポイント

〈単元で育てたい資質・能力〉

本単元のねらいは、促音の表記の仕方や読み方を理解することである。１年生の子供にとって、促音の表記と音節を対応させることは難しい。「はらっぱ」と書く際に、「はっらぱ」のように異なる位置に促音を入れてしまったり、「はらぱ」のように促音が抜けてしまったりする誤りが多い。そのため、本単元では、促音も一音節であるという意識をもたせたい。そして、日々の学習や生活の中で、正しく表記したり読んだりできるようにしていく。

具体例

○冒頭の文を声に出して読む。何度も読んで、文のリズムに慣れてきたら、手拍子をしながら読む。一文字を一拍として、リズムが崩れない程度にゆっくりと読む。教師がタンバリンなどを使うと合わせやすくなる。その際、促音を一拍として入れた場合と抜いた場合とを比べさせ、促音も一拍分だということに気付かせる。

○さらに慣れてきたら、促音の部分は手をグーにして、手をたたかず一拍空ける。グループやペアなど少人数で、２行ずつ音読させたり、促音の入った言葉を発音しながら手拍子させたりする。

〈言語活動の工夫〉

促音をどの文字とどの文字の間に入れるかということを、楽しみながら考えさせる。文字のカードを組み合わせて、促音の入った言葉を作る活動をペアやグループで行う。実際に文字を動かし、組み合わせてみることで、言葉が想起しやすくなったり、意外な言葉を発見できたりする。また、言葉ができたら子供同士で声に出して確かめることで、正しく促音を理解しているかを相互評価することもできる。

具体例

○五十音のカードを用意する。手元でカードの文字を並べて、促音の入った言葉を考えさせる。枚数が多いので、ペアやグループで活動させる。促音の入った言葉が思い付かない場合、あらかじめ言葉をピックアップしておき、その言葉のイラストを見せたりすることでヒントを与えてもよい。また、教師やペアの子供が音声で伝えた言葉を、カードを使って文字化する活動も考えられる。

○「ね」「こ」のように、促音を抜いてカードを示し、促音カードを正しく入れて並べさせる。特に、「はらっぱ」や「いっぴき」など、４文字以上で構成されている言葉について考えさせたい。その際は手拍子をしながら読み上げ、どこに促音が入るかを音声と表記を合わせて確かめたい。

本時案

ねこと　ねっこ

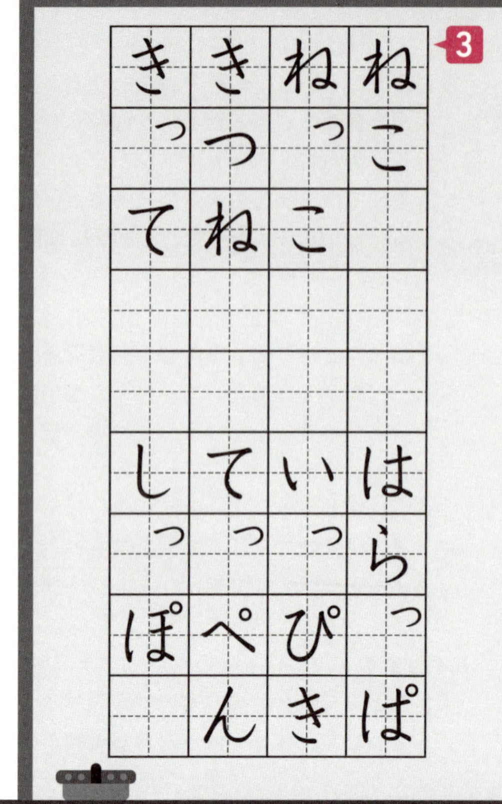

本時の目標

・促音の表記や読み方を理解し、文や文章の中で使ったり、声に出して正確に発音したりすることができる。

本時の主な評価

❷積極的に促音の入った言葉を読んだり書いたりしようとしている。【態度】

資料等の準備

・教科書の挿絵を拡大したもの
・ます目黒板

授業の流れ ▷▷▷

1　挿絵や本文から、内容を理解し、本文を音読する　〈10分〉

T　絵を見て、どんな話か、話しましょう。
・ねこが、バッタを追いかけている。
・ねこの下にあるのは、ねっこ。
◯子供の発言をつなげながら、内容を確認し、文中の言葉を押さえた後、本文をゆっくり音読する。

2　促音の表記や読み方を理解する　〈25分〉

T　ねことねっこの違いはどこでしょう。
・「ね」と「こ」の間に「っ」が入っている。
・読むとき、間を空けて読むよ。
◯促音の表記の仕方を、ます目黒板で押さえ、本文を音読する。ゆっくり読んだり、手拍子をしながら読んだりする。その後、教科書に出ている言葉も音読する。
◯手拍子に慣れてきたら、促音のときは手をグーにして、音を鳴らさないようにする。そうすることで、促音のときには音声が出ないことがより実感でき、教師は、つまずいている子供を特定しやすくなる。

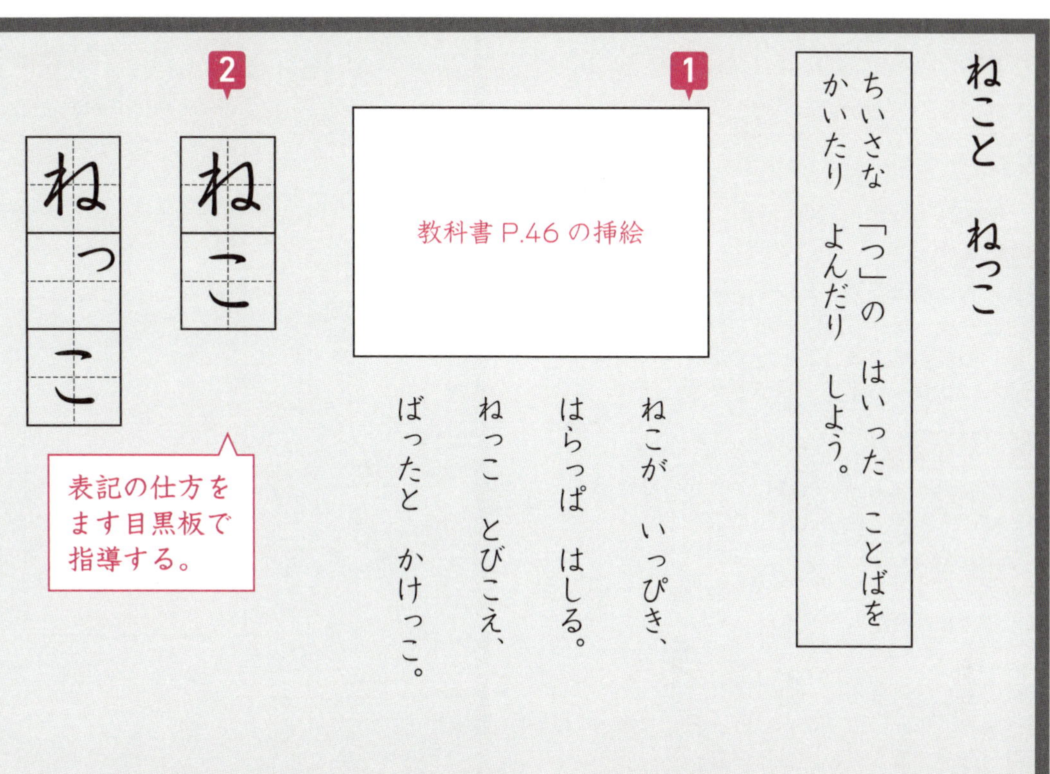

3 促音、濁音、半濁音の入った平仮名や言葉を、読んだり書いたりする〈10分〉

T　小さい「つ」の入った言葉や、点々や丸のついた言葉を、ノートに書いてみましょう。

○特に、４文字以上で構成されている、促音の入った言葉を丁寧に指導する。うまく表記できていない子供には、声に出して読ませたり、読みながら手拍子をさせたりして、「つ」の位置とつまる音の位置を確実に一致させる。

○既習の濁音、半濁音の指導も併せて行う。書き方・読み方を確認し、言葉をノートに書かせる。

よりよい授業へのステップアップ

表記と音を一致させる工夫

音読させる際、ゆっくりと読ませ、一文字を一拍として手拍子させる。うまくそろわない子供がいる場合、１人ずつ、またはペアで手拍子をさせるなどして慣れさせる。表記の仕方が分からない場合、自ら言葉を声に出しながら手拍子をし、促音の位置を見つけられるようにさせたい。

本時案

ねこと　ねっこ　2/2

本時の目標

・促音の入った言葉集めをして、集めた言葉を書いたり読んだりすることができる。
・促音、濁音、半濁音の入った言葉や、句読点を使って文作りをすることができる。

本時の主な評価

❶促音の表記や読み方を理解して、文や文章の中で使っている。【知・技】

資料等の準備

・五十音の書かれたカード、「゛」「゜」のカード　10-01
・促音の入った言葉の絵　10-02〜07
・掲示用の「ね」「っ」「こ」のカード
・子供が自分で書き込む、白紙のカード

3 子供の考えた言葉

ぶんを　つくりましょう。
らっぱを　ふく。
がっこうへ　いく。
こっぷの　みずを、いっぱい　のんだ。

授業の流れ ▷▷▷

1 どこに促音を入れるか考え、カードを正しく並べる　〈10分〉

○「ね」、「こ」のカードを黒板に貼り、その下に根っこの絵を貼る。
T　ねこを、下の絵に変身させてみましょう。
・「ね」と「こ」の間に、「っ」を入れる。
・「ねっこ」になるよ。
○正しくカードを並べたら、全員で声に出して読ませる。

2 カードを並べて、小さな「っ」の入った言葉をつくる　〈20分〉

T　カードを並べて、小さな「っ」の入った言葉を作ってみましょう。
○ペアに、五十音カードを渡し、カードを並べて、促音の入った言葉作りをさせる。言葉を見つけることができない子供のために、黒板に、促音の入った言葉の挿絵を貼っておく。濁音、半濁音の入った言葉や、４文字で構成されている言葉も意図的に入れる。
○できた言葉は、ペアで必ず声に出して読ませ、ノートに書き留める。その後、全体で出た言葉を交流する。

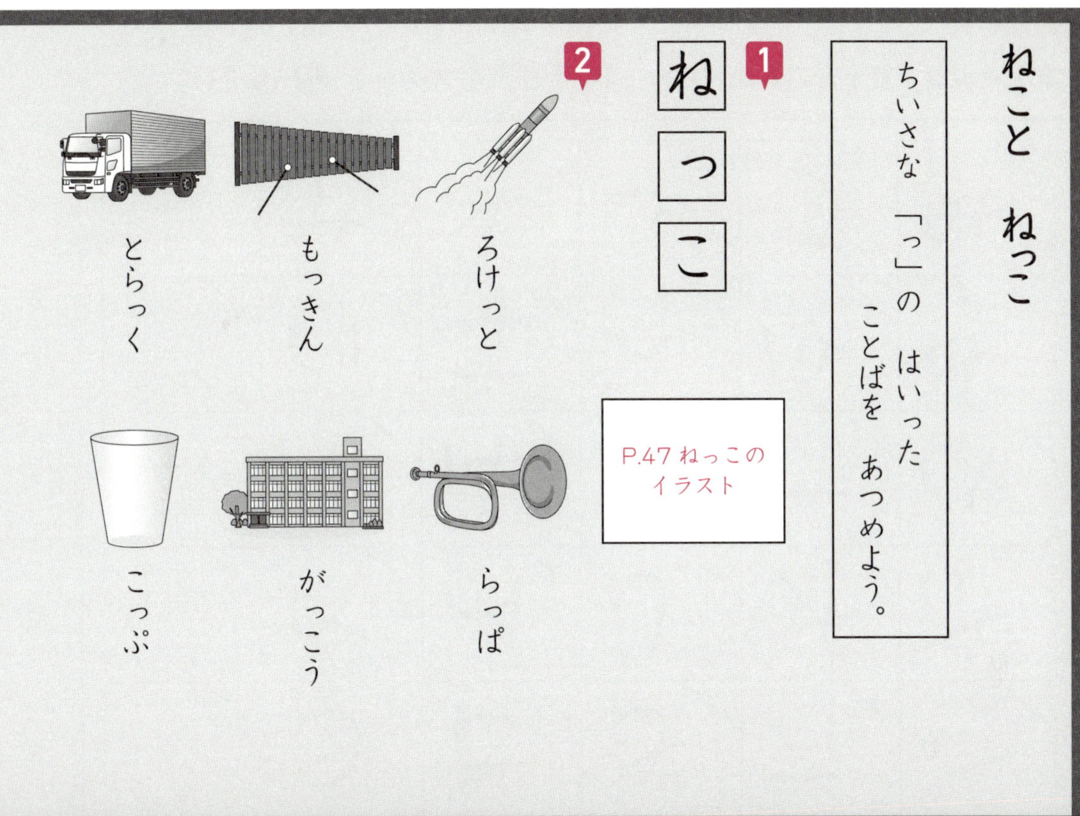

3 促音、濁音、半濁音の入った文を考え、ノートに書く　〈15分〉

T　小さい「っ」が入った言葉や、点々や丸のついた言葉を使って、文を作りましょう。

・らっぱを　ふく。
・がっこうへ　いく。
・こっぷの　みずを、いっぱい　のんだ。

○文の場合、句点を必ず打つことを押さえる。
○言葉や文が思いつかない子供には、黒板に書いてある言葉を使ってよいことを知らせる。

よりよい授業へのステップアップ

カードの工夫

五十音カード全てを子供の机に並べるのは難しい。挿絵に使われている五十音だけをピックアップして、渡しておいてもよい。自分で言葉を考える子供には、白紙のカードを何枚も用意しておき、自分で平仮名を書き込ませたり、教師のところに必要なカードを取りに行くようにしてもよい。「゛」「゜」を入れる場合もあるので、右上をカットし、カットした部分を、「゛」「゜」カードとして用意しておく。

資料

1 第２時資料　五十音の書かれたカード、「゛」「゜」のカード 10-01

あ	い	う	え	お	
か	き	く	け	こ	
さ	し	す	せ	そ	
た	ち	つ	て	と	
な	に	ぬ	ね	の	
は	ひ	ふ	へ	ほ	
ま	み	む	め	も	
や	い	ゆ	え	よ	
ら	り	る	れ	ろ	
わ	い	う	え	を	
ん	゛	゛	゜	゜	

2 第2時資料　促音の入った言葉の絵　10-02～10-07

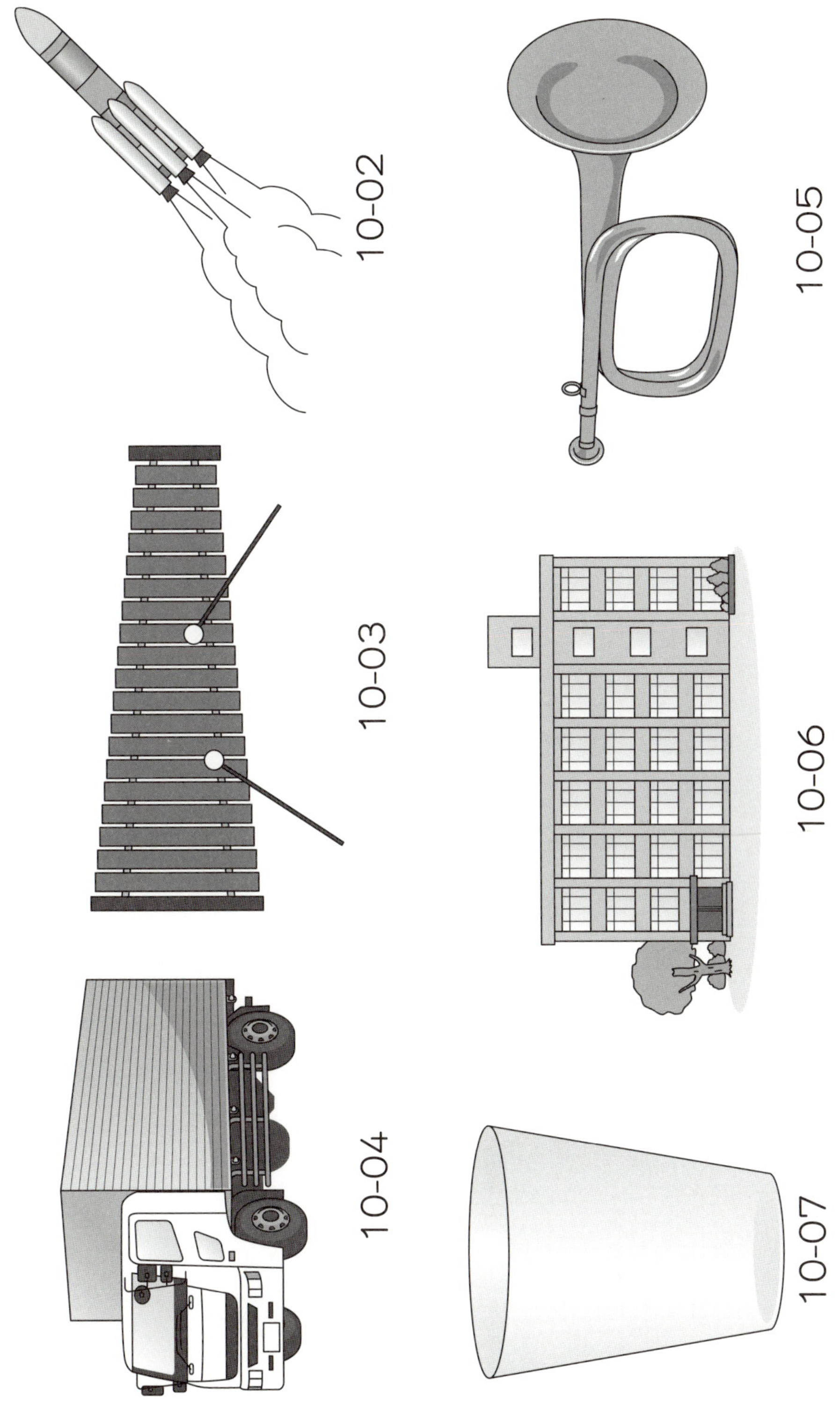

わけを　はなそう　（2時間扱い）

〔知識及び技能〕(1)ア　〔思考力、判断力、表現力等〕A 話すこと・聞くことイ　関連する言語活動例 A(2)ア

単元の目標

・行動したことや経験したことを、相手に伝わるように話すことができる。
・伝えたい事柄や相手に応じて声の大きさや速さを工夫して話すことができる。

評価規準

知識・技能	❶言葉には、事柄の内容を表す働きや、経験したことを伝える働きがあることに気付いている。(〔知識及び技能〕(1)ア)
思考・判断・表現	❷「話すこと・聞くこと」において、相手に伝わるように、行動したことや経験したことに基づいて、話す事柄の順序を考えている。(〔思考力、判断力、表現力等〕A イ)
主体的に学習に取り組む態度	❸進んで挿絵から人物の気持ちやその理由を考え、学習課題に沿って考えたことを話そうとしている。

単元の流れ

次	時	主な学習活動	評価
一	1	学習の見通しをもつ 教科書 P.48、49の挿絵を見て、それぞれの表情から気持ちを読み取り発表する。 P.48の挿絵の □ に「わけ」を入れ、つながりを考えながら「どうしてか」の続きも考えてワークシートに書く。 ワークシートをもとに発表する。	❶
二	2	教科書 P.49の挿絵を見て、自らの経験を思い出しながら気持ちを読み取る。 挿絵のそれぞれに合う「わけ」と「どうしてか」をワークシートに書く。 学習を振り返る ワークシートを基に発表する。	❷ ❸

授業づくりのポイント

〈単元で育てたい資質・能力〉

本単元のねらいは、挿絵を頼りにして日常体験している思いを、「わけ」あるいは「どうしてか」と理由をつけて話すことである。この単元を通して自分の身近なことや経験したことを振り返ったり、相手と伝え合ったりできるようにすることを目指したい。まずは具体的な表情を頼りに経験を想起させるところから始める。発展的には日記や作文などの体験を書くことにもつなげていきたい。

具体例

○表情ポスター「今日の気分は？」などを参考にして様々な思いを出させたい。子供の中にはポジティブな気持ちしか思いつかない場合が多いと思われるが、具体的な事象を示して、「こういうときはどんな気持ち？」と尋ねて、ネガティブな場合も含め、様々な場面を想起させたい。

○本文では「どうしてかというと」の話型で理由を述べる形になっているが、「なぜなら」「そのわけは」など、子供が日常的に話している言葉も使わせることによって、話すことへの抵抗感をなくしていく。

〈教材・題材の特徴〉

最初のページで基本的な話し方を例示し、次のページで２つの表情とその表情になった「わけ」を挿絵で示している。まずこれを使ってワークシートに書き込んで発表し、その後、子供それぞれの様々な体験を基に話せるようにしたい。

具体例

○１年生の子供は話したがりやである。黒板いっぱいに子供それぞれの様々な体験を板書する。

○例えば、学校の教科学習や行事で活躍したことや、逆に失敗して悔しかったことを想起させる。ただし後者の失敗については慎重に扱い、「発表しても大丈夫」という子供を指名するとよい。

〈言語活動の工夫〉

それぞれの表情に対してその理由との因果関係がはっきり理解できたらそれに相応しい話し方があるはずである。うれしい表情にはうれしそうな声で、悲しい表情にはやや低い声でなど表現できるようにさせたい。

具体例

○教師がうれしい表情のわけについて暗い調子で話して発表し、「この話し方はどうですか？」と発問することも有効かと思われる。そのことによってどのような話し方が相応しいのかが明確になるであろう。

○発表するに当たってまずは隣同士、３・４人の班の中で発表し、次に全体の前で発表する、というように段階を踏むことによって、子供の多くが自信をもって発表できることを目指したい。

本時案

わけを はなそう

1/2

本時の目標

・挿絵を見て、表情に合う自分の体験を思い出し、「どうしてかと いうと、」を使って相手に伝える。

本時の主な評価

❶言葉には、事柄の内容を表す働きや、経験したことを伝える働きがあることに気付いている。【知・技】
・相手に伝わるように、行動したことや経験したことに基づいて、話す事柄の順番を考えている。

資料等の準備

・教科書挿絵のコピー
・ワークシート 11-01

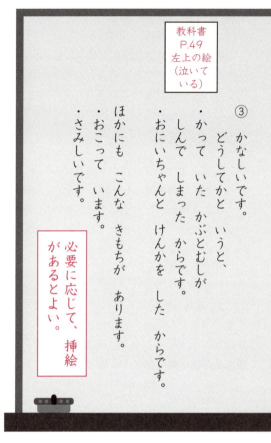

教科書 P.49 左上の絵（泣いている）

③ かなしいです。
どうしてかと いうと、
・かって いた かぶとむしが
しんで しまった からです。
・おにいちゃんと けんかを した からです。
ほかにも こんな きもちが あります。
・おこって います。
・さみしいです。

必要に応じて、挿絵があるとよい。

授業の流れ ▷▷▷

1 女の子はどんな表情をしているか考える 〈10分〉

T 右上の女の子はどんな顔をしていますか。
・うれしそうです。
・楽しそうです。
T 左上の女の子はどうでしょう。
・悲しそうです。
・いやな気持ちだと思います。
○挿絵を見て子供が考える状況は千差万別だと考えられる。想像力を高めるために許容範囲を広く考えを出させたい。

2 左右別々に表情と気持ちを確認する 〈15分〉

T 右側の女の子はどうしてうれしそうな顔、楽しそうな顔をしているのでしょう。
・アサガオの芽が出たからうれしい。
・絵が褒められたからうれしい。
T では、そのような顔をしているわけを話す話し方を勉強しましょう。
○子供たちの経験を尋ねて、「どのようにわけを話しますか」という発問もいいであろう。

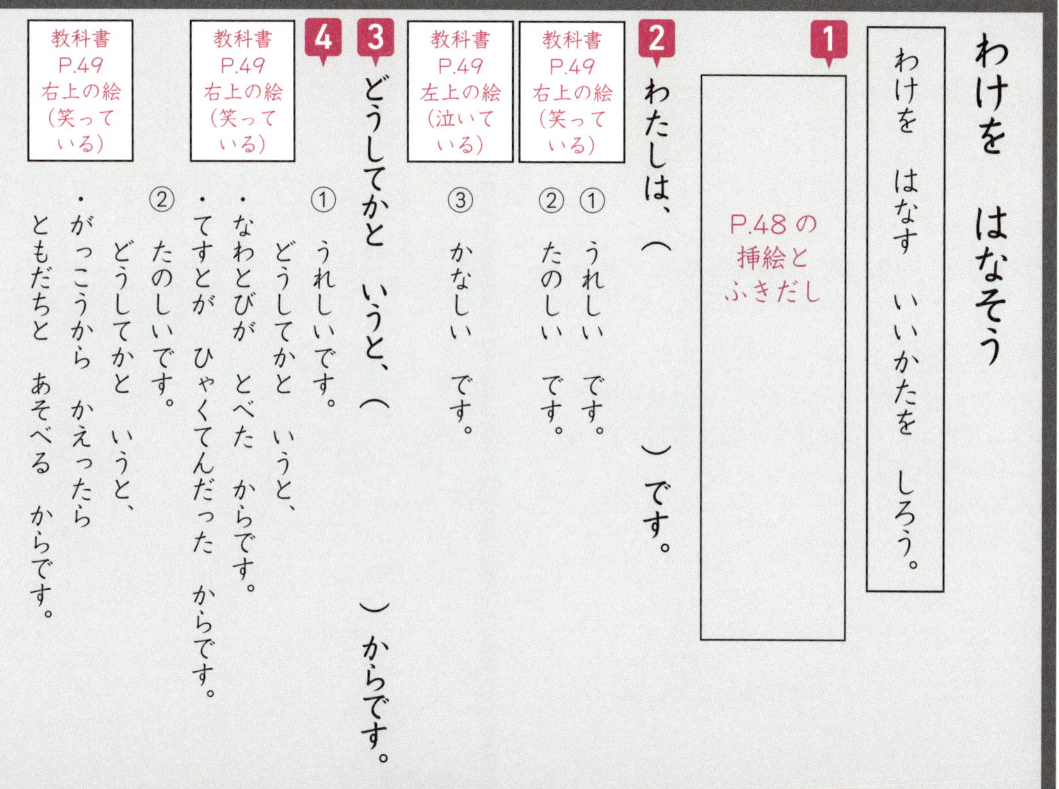

わけを　はなそう
わけを　はなす　いいかたを　しろう。
1
P.48の
挿絵と
ふきだし
2
わたしは、（　　　）です。
教科書
P.49
右上の絵
（笑っている）
① うれしい　です。
② たのしい　です。
教科書
P.49
左上の絵
（泣いている）
③ かなしい　です。
3
どうしてかと　いうと、（　　　）からです。
① うれしいです。
どうしてかと　いうと、
・なわとびが　とべた　からです。
・てすとが　ひゃくてんだった　からです。
4
教科書
P.49
右上の絵
（笑っている）
② たのしいです。
どうしてかと　いうと、
・がっこうから　かえったら
ともだちと　あそべる　からです。
教科書
P.49
右上の絵
（笑っている）

3 わけを伝えるにはどのような言い方があるか考える〈10分〉

T　「どうしてかと、いうと、○○です。」という言い方で、わけを伝えることができます。他に何かわけを伝える言い方を知っていますか。

・なぜなら○○です。

・なぜかというと、○○です。

○話形の指導として、「どうしてかと　いうと、」だけでなく「なぜなら」「わけは」などの言葉も使わせたい。

4 「うれしいです。」などの例に続けて、自分が体験したことから理由を考える〈10分〉

T　ワークシートを配ります。まず①から③まで書いてみましょう。

○隣の友達と発表し合う。

○その後、全体に発表。

T　では、ワークシートの④を見てください。ここは自分で気持ちを考えて、わけも書いてみましょう。

○同様に、隣の友達と発表し合い、その後全体発表をする。

本時案

わけを はなそう 2/2

本時の目標

・挿絵を見て、表情に合った体験を考え、「どうしてかと いうと、」を使って伝える。

本時の主な評価

❷身近なことや経験したことなどから話題を決め、伝え合うために必要な事柄を選んでいる。【思・判・表】
❸進んで姿勢や口形、発声や発音に注意して話そうとしている。【態度】

資料等の準備

・それぞれの表情を印刷したワークシート 11-02
・「どうしてかと いうと、」と書かれた短冊

教科書 P.49 左側中央の絵

教科書 P.49 左側下の絵

・おんなのこは かなしい かおを して います。
「どうしてかと いうと、」
・ころんで しまった からです。

・おんなのこは かなしい かおを して います。
「どうしてかと いうと、」
・いぬに ほえられた からです。

授業の流れ ▷▷▷

1 前時の振り返りをする 〈10分〉

T 前の時間では自分の気持ちと、その「わけ」を、「どうしてかというと、（ ）からです。」という言い方で話すやり方を勉強しました。今日は、教科書の絵を見て話を考えましょう。

2 左右別々に表情と気持ちを確認する 〈25分〉

T 右側の女の子はどんな顔をしていますか。
・笑っています。
T どうしてでしょう。
・楽しいことがあったから。
・いいことがあったから。
・うれしいことがあったから。
○子供の日常生活の中で、このような表情になった場面を想起させると、発表しやすいだろう。

わけを　はなそう

わけを　はなす　いいかたを　つかおう。

1

教科書
P.49
右上の絵
（笑っている）

教科書
P.49
左上の絵
（泣いている）

（わらって　いる）
・たのしい　ことが　あった。
・いい　ことが　あった。
・うれしい　ことが　あった。

（かなしい）
・いやな　ことが　あった。
・かなしい　ことが　あった。
・しんぱいな　ことが　ある。

2

「どうしてかと　いうと、」を　つかって
わけを　つたえましょう。

教科書
P.49
右側中央の絵

教科書
P.49
右側下の絵

・おんなのこは　わらって　います。
「どうしてかと　いうと、」
・あさがおが　めを　だして
うれしいからです。

・おんなのこは　わらって　います。
「どうしてかと　いうと、」
・えを　ほめられた　からです。

3 それぞれの絵を見てそのわけをワークシートに書き、発表する〈10分〉

T　それぞれの絵を見て、気持ちとそのわけを書きましょう。

○まず右の顔から始める。

○左の顔についても同様に振り返りをしてワークシートに書き込む。

○机間巡視をしながら、思い浮かばない子供には具体的な場面を想起させ、支援する。

T　まず隣の人に書いたことを発表して確かめましょう。

○隣同士で発表し合うことで全体発表への意欲付けをし、自信をもたせる。

T　では、聞き合ったところで全体に向かって発表してください。

○子供同士で、他者の発表のよかった点を確認させたい。

よりよい授業へのステップアップ

様々な言い方を許容して

表情のわけ（理由）を表す言葉はたくさんある。教科書では「どうしてかというと」を取り上げているが、子供たちが日常的に使っているたくさんの表現を出させ、語彙を増やすこともしていきたい。

わけを話す言い方は、文頭と文末の表現はセットである。話し言葉ではあまりないが、書き言葉では「〜から」が落ちることが多いので、意識づくりをしておきたい。

資料

1 第1時資料　ワークシート 11-01

「わけを　はなそう」1

ねん　くみ　なまえ（　　　　　　）

P.49の泣いているイラスト

P.49の笑っているイラスト

わたしは、（　　　　　）です。

P.49の笑っているイラスト

① うれしいです。

② たのしいです。

P.49の泣いているイラスト

③ かなしいです。

どうしてかと　いうと、（　　　　　）からです。

P.49の笑っているイラスト

① わたしは、うれしい　です。
どうしてかと　いうと、

・
・
・

P.49の笑っているイラスト

② わたしは、たのしいです。
どうしてかと　いうと、

・
・

P.49の泣いているイラスト

③ わたしは、かなしいです。
どうしてかと　いうと、

・
・
・

④ ほかにも　こんな　きもちが。

・
・

2 第２時資料　ワークシート 11-02

「わけを　はなそう」２

ねん　くみ　なまえ（　　　　　　　　）

P.49 右上の絵

（わらって　いる）

・（　　　　　　　　）
・（　　　　　　　　）
・（　　　　　　　　）

P.49 左上の絵

（かなしい）

・（　　　　　　　　）
・（　　　　　　　　）
・（　　　　　　　　）

「どうしてかと　いうと、」を　つかって
わけを　つたえましょう。

P.49 右側中央の絵

・おんなのこは　わらって　います。
「どうしてかと　いうと、」
・（　　　　　　　　）

P.49 右側下の絵

・おんなのこは　わらって　います。
「どうしてかと　いうと、」
・（　　　　　　　　）

P.49 左側中央の絵

・おんなのこは　かなしい　かおを　して　います。
「どうしてかと　いうと、」
・（　　　　　　　　）

P.49 左側下の絵

・おんなのこは　かなしい　かおを　して　います。
「どうしてかと　いうと、」
・（　　　　　　　　）

おばさんと　おばあさん　（2時間扱い）

〔知識及び技能〕(1)ウ

単元の目標

・長音の表記、使い方を理解し、文や文章の中で使うことができる。

・助詞「を」を文中で適切に使うことができる。

評価規準

知識・技能	❶長音の表記、助詞「を」の使い方を理解し、文の中で使っている。（〔知識及び技能〕(1)ウ）
主体的に学習に取り組む態度	❷進んで長音の表記の仕方を理解し、学習課題に沿って会話や文の中で使おうとしている。

単元の流れ

次	時	主な学習活動	評価
一	1	学習の見通しをもつ 教科書 P.50の教師の範読を聞く。 最初の文と次の文を比較し、似ている言葉に注意しながら音読する。 「おばさん」と「おばあさん」を比較し、長音を見つける。 教科書 P.51の長音を比較しながら音読する。	❶
二	2	教科書 P.51の言葉を板書に（ノートに書き写し）音読しながら確認する。 知っている長音を集め、発表する。 学習を振り返る 助詞「を」を練習し、「を」を使った文作りをし発表する。	❷

授業づくりのポイント

〈単元で育てたい資質・能力〉

本単元のねらいは、「おばさんと　おばあさん」の唱え歌を、楽しく音読することによって、長音に親しみながら、自然に長音とそうでない音との違いを理解することである。１人であるいはグループで役割分担をするなど様々な工夫をしながら繰り返し音読させたい。また文章をノートに写し書きすることによって、表記にも慣れさせ、文章を読んだり書いたりする際に、正確に表現できるようにしていく。また、長音を用いた文作りをする中で助詞「を」の使い方にも慣れさせたい。

具体例

○身の回りにある言葉「ふうせん」「おとうさん」「おかあさん」などの長音のある言葉を集め、「のばす音」としての響きを意識させる。
○長音以外の言葉も使い「○○を△△する。」のような文作りを繰り返し行い、助詞「を」を間違いなく使えるようにしていく。

〈教材・題材の特徴〉

本文では「あ」の音でのばす場合を取り上げているが、言葉の例示では、「おにいさん」「すうじ」「おねえさん」「おとうさん」と、「あ」「い」「う」「え」「お」の音が長音として表記される場合が挙げられている。表記においても正しく書けることを目指す。

具体例

○本文と関連付けて、「と」＝「戸」や「とう」＝「塔」、「ふくろ」＝「袋」や「ふくろう」＝「梟」など、長音にすることによって言葉が変わる場合を提示し、長音の大切さと表記の仕方への関心を高めたい。
○「お」音でのばす場合の特殊例「とおくの　おおきな　こおりの……」については、教室に常時掲示し、使用に慣れさせたい。

〈言語活動の工夫〉

長音のある言葉を集めたり、それらを使って文章を作ったりする活動を通して、子供が長音について興味をもてるようにしたい。

具体例

○「あ」段から「お」段に分けて模造紙を掲示し、子供が集めた長音を書き加えていくと長音への関心が高まるとともに、よい資料となる。
○子供が集めた長音を基に、本文を参考にして唱え歌を作る活動も取り上げたい。

本時案

おばさんと おばあさん

1/2

本時の目標

・長音のある言葉に気付き、短音との違いを意識して音読することができる。
・長音の発音の仕方と書き方を理解し使うことができる。

本時の主な評価

❶長音の表記を理解し、音読している。【知・技】

資料等の準備

・本文の拡大コピー
・教科書の挿絵のコピー
・ワークシート 12-01

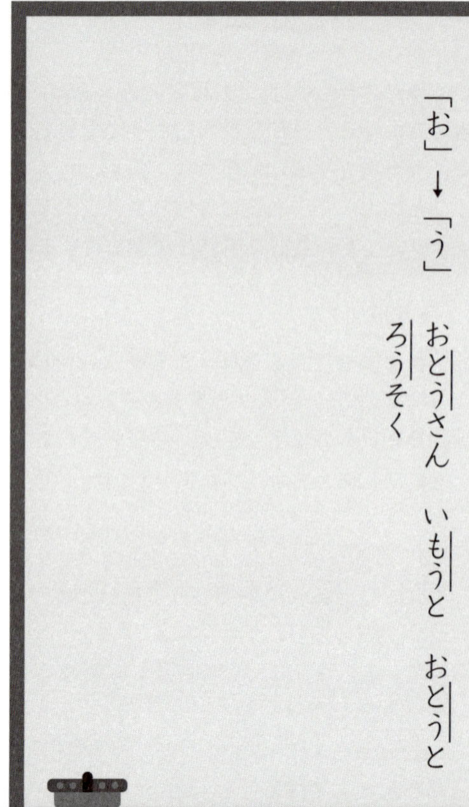

「お」→「う」
おとうさん
ろうそく
いもうと
おとうと

授業の流れ ▷▷▷

1 のばす音の学習をする 〈10分〉

T 「おばさんと おばあさん」を読みます。よく聞いてください。
T 次は先生に続けて読んでみましょう。
T 似ている言葉がありましたか。
・「おばさん」と「おばあさん」です。
T 違いは何ですか。
・「おばあさん」には、「あ」があります。
T 「おばあさん」の「あ」は、読むときにのばす音です。
○教師の範読では、手拍子をつけて短い音とのばす音の区別をすると効果的である。

2 のばす音に気を付けて音読をする 〈15分〉

T のばす音に気を付けて読んでみましょう。
○まず教師の後に続けて読む。文節ごと、1行ずつ、文ごと等、少しずつ読むところを長くしていくとよい。
T 隣の人と一緒に読んでみましょう。
・一行ずつ交代で2回くらい音読する。
T 他にどんな読み方がしたいですか。
・2行目と4行目は一緒に読む。
・「まほう」と「ほうき」を交代読みする。
○伸ばす音がよく理解できない場合は、手拍子を打ちながら音読すると、「う」で伸ばすことを理解しやすい。

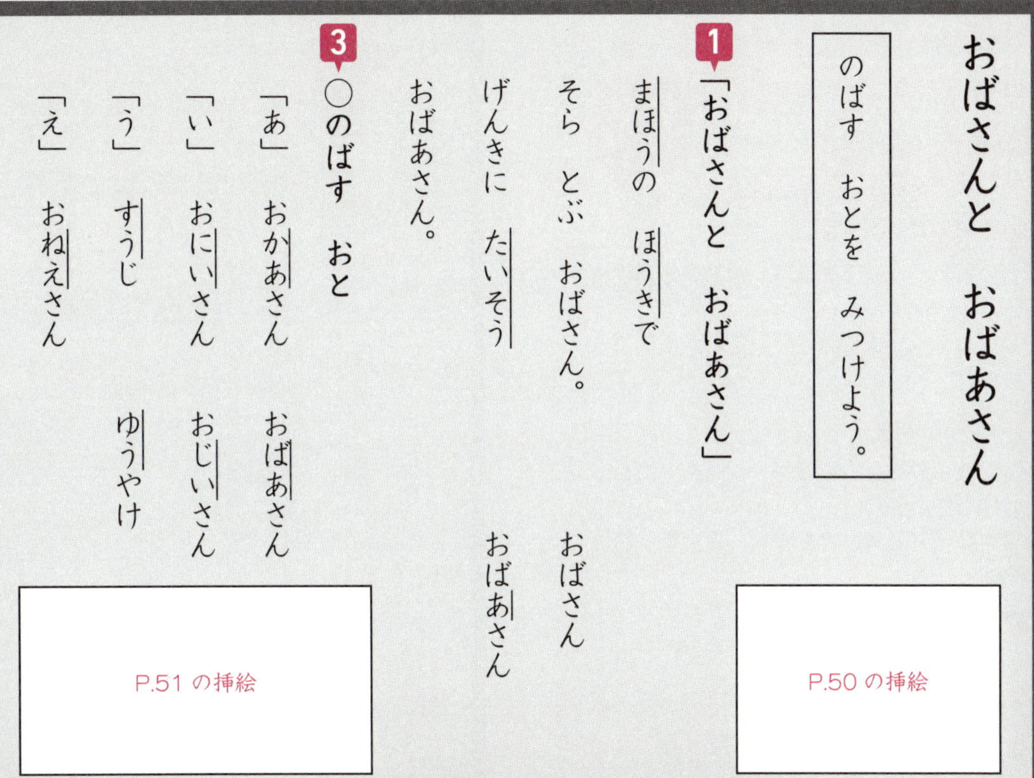

3 のばす音の入った言葉を見つける〈20分〉

○ワークシートを配付する。

T　おばさんとおばあさん。どうですか。

・「あ」が付いて、のびています。

T　「まほう」と「ほうき」はどうですか。

・「う」が付いてのびています。

T　「お」の音でのびているように聞こえますが、書き方は「う」を付けて伸ばします。

○「お」段ののばす音の表記がこの単元での一番の課題である。次時で特殊例を取り上げる。

T　51ページの言葉も読みましょう。あいうえおを付けて、のばす言葉をまとめます。

○板書して、書き写させる。

T　写し終わったら、みんなで読んで確かめましょう。次の時間では、のばす音の言葉集めをします。

よりよい授業へのステップアップ

確かな定着を図る

長音の使い方は一朝一夕にどの子供にも定着するものではない。他教科を含めた日々の授業の中で、長音が出てくるたびに意識させたい。また日記指導などでも適時修正を行い、定着を図りたい。

本時案

おばさんと おばあさん

2/2

本時の目標

・長音の表記、使い方を理解し、文や文章の中で使うことができる。
・助詞「を」を文中で適切に使うことができる。

本時の主な評価

❷助詞「を」の使い方を理解し、進んで使おうとしている。【態度】
・長音の書き方、使い方を知り、書いたり話したりすること。

資料等の準備

・教科書の挿絵のコピー
・ワークシート 12-02

「う」ゆうびん が とどいた。
たいふう が くる。
「え」とけい を あわせる。
ゆうれい は こわい。
「お」→「う」ようふく を きる。
そうじ を する。
「お」で のばすおん
おおきな かぶ。
こおり は つめたい。

授業の流れ ▷▷▷

1 のばす音のある言葉集めをする 〈10分〉

T 「おばさんと おばあさん」のようにのばす言葉を集めましょう。

○ワークシートを配付する。
・にいさん。
・ゆうびん。
・とけい。

○子供は「あ」段「う」段などにかかわらず発表するので、教師が段ごとに整理して板書するとよい。

2 「お」段ののばす音と特別な書き方を学習する 〈10分〉

T 発表してくれた中に「とおい」があったけれど、これは「とうい」とは書きません。このように「お」の音でのばすとき、「う」ではなく、「お」と書く言葉が幾つかあります。歌のようになっているので覚えられるといいですね。

○「お」でのばす言葉の特殊例については、子供ともに何回か音読する。模造紙に書いて教室に掲示しておくのもよい。

おばさんと　おばあさん

のばす　おとの　ある　ことばを　さがそう。

1
（のばす　おんを　みつけよう）
「あ」　はあもにか　らあめん　かれんだあ
「い」　にいさん　しいたけ　ぴいまん
「う」　ゆうびん　たいふう　ふうりん
「え」　せいと　とけい　せんべい
「お」→「う」　ようふく　すもう　そうじ

2
とくべつ　のばす　おとを　「お」と　かく　ことば
（「お」で　のばす　ことば）
とおくの　おおきな　こおりの　うえを
ほおずき　くわえた　こおろぎと
おおくの　おおかみが　とおずつ　とおった

3
（のばす　おんの　ぶんづくり）
「〇〇を　〇〇する。」

4
「あ」らあめん　を　たべる。
でぱあと　に　いく。
「い」しいたけ　を　たべる。
にいさん　と　あそぶ。

「あ」段から順にまとめる。

3　のばす音のある言葉を使って文作りをする　〈15分〉

T　のばす音のある言葉を使って文を作りましょう。

○1で集めた言葉から１つ選んで、全体で１つ文を作ってみる。

T　気をつけるのは「〜を〜する。」のような文では「を」を使います。

・らあめんをたべる。

○接続詞「を」の使い方はすぐに定着するものではないので、今後様々な場面で確認するようにしたい。

○片仮名では「ラーメン」とのばす音は「ー」を使うが、平仮名では「あ」を使って表記することに注意する。

4　作った文を発表する　〈10分〉

T　では、作った文を発表してください。

・らあめん　を　たべる。
・にいさん　と　あそぶ。
・ゆうびん　が　とどいた。
・ゆうれい　は　こわい。

○子供が発表した文は、ここでも「あ」段から「お」段に分けて板書していくと、この単元の「のばす音」全体の理解につながる。

○特に、「とおくのおおかみ〜」に当たる特殊例については、子供の印象に残るよう確かめながら板書する。

○集まった文を全体で音読することも大切である。

資料

1 第1時資料　ワークシート 12-01

「おばさんと　おばあさん」1
ねん　くみ　なまえ（　　　　　　）

のばす　おとを　みつけよう

P.50のイラスト

「おばさんと　おばあさん」

まほうの　ほうきで　　　まほお　ほおき

そらとぶ　おばさん

げんきに　たいそう　　　たいそお

おばあさん

「あ」（　　　　）（　　　　）

「い」（　　　　）（　　　　）

「う」（　　　　）（　　　　）

「え」（　　　　）

「お」→「う」（　　　　）（　　　　）
（　　　　）（　　　　）

2 第2時資料　ワークシート 12-02

「おばさんと　おばあさん」2
ねん　くみ　なまえ（　　　　　　　）

> のばす　おとの　ある　ことばを　さがそう

○のばす　おとの　ある　ことばを　あつめよう。

「あ」	（　　　）	（　　　）	（　　　）
「い」	（　　　）	（　　　）	（　　　）
「う」	（　　　）	（　　　）	（　　　）
「え」→「い」	（　　　）	（　　　）	（　　　）
「お」→「う」	（　　　）	（　　　）	（　　　）

とくべつな　つかいかた（「お」で　のばす　ことば）

とおくの　おおきな　こおりの　うえを
ほおずき　くわえた　こおろぎと
おおくの　おおかみが　とおずつ　とおった

○ぶんを　つくろう。

> 　を　する。

くちばし　8時間扱い

〔知識及び技能〕(1)カ、ク　〔思考力、判断力、表現力等〕C読むことア、ウ　関連する言語活動例(2)ア

単元の目標

・説明の順序や内容を考えながら読むことができる。
・文の中における語のまとまりや、主語と述語の関係について理解を深めることができる。

評価規準

知識・技能	❶文の中における主語と述語との関係に気付いている。(〔知識及び技能〕(1)カ) ❷語のまとまりや言葉の響きなどに気を付けて音読している。(〔知識及び技能〕(1)ク)
思考・判断・表現	❸「読むこと」において、事柄の順序などを考えながら、内容の大体を捉えている。(〔思考力、判断力、表現力等〕Cア) ❹「読むこと」において、文章中の重要な語や文を考えて選び出している。(〔思考力、判断力、表現力等〕Cウ)
主体的に学習に取り組む態度	❺進んで事柄の順序などを考えながら、内容の大体を捉え、学習の見通しをもって分かったことを話そうとしている。

単元の流れ

次	時	主な学習活動	評価
一	1	鳥やくちばしについて知っていることを出し合う。 学習の見通しをもつ 学習課題を設定し、学習計画を立てる。 全文の範読を聞く。	
	2	全文を音読し、全文の内容の大体を確認する。感想を共有する。	❸
二	3	全文を繰り返し読み、「問い」と「答え」の構成を知る。	❸
	4～6	3羽の鳥について、それぞれのくちばしの形と食べ方を読み、大事な言葉を学習カードに書き抜きながら、内容を捉える。	❷ ❹
三	7	「くちばし」を読んだ感想を出し合う。一番驚いたくちばしと、そのわけを話す。	❺
	8	学習を振り返る 学習の振り返りをする。	❶

授業づくりのポイント

〈単元で育てたい資質・能力〉

子供が初めて出合う説明的文章である。本単元のねらいは、説明の順序を考えながら内容の大体を捉える力を育むことである。繰り返し読む過程で、「問い」に対する「答え」が説明される基本的な説明的文章の構成に慣れ、答えの部分で説明されている事柄を正しく読み取ることができるようにしたい。その際、言葉や文を、絵や写真とつなげて読むことで理解を深められるようにする。くちばしの形がそれぞれの鳥の食べ方と関連していることに気付かせ、論理的な思考を養うことにつなげたい。

具体例

○言葉や文を絵や写真と照らし合わせながら内容を理解できるように、ゆっくり読むようにする。例えば、「するどく　とがった」をきつつきのくちばしの絵と対応させる。「とがった　くちばしで　きに　あなを　あけ」たり、「きの　なかに　いる　むしを　たべ」たりする様子を、きつつきの写真と対応させ、様子を想像できるようにする。

〈教材・題材の特徴〉

鳥のくちばしの働きについて説明している文章である。鳥のくちばしを見たことのある子供は多い。教材の初めに提示される３つのくちばしの挿し絵を見比べて違いを見つけることもでき、興味・関心をもって学習に入ることができる。

「これは、なんの　くちばしでしょう。」「これは、〜の　くちばしです。」という「問い」と「答え」が繰り返され、子供はクイズに答えているかのように読み進めることができる。繰り返し音読することで、問いと答え、くちばしがそのような形になっているわけが説明されていることに気付くことができる。

具体例

○３羽の鳥のくちばしについて、①くちばしの形、②問い「これは、なんの　くちばしでしょう。」、③答え「これは、〜の　くちばしです。」、④食べ方・くちばしがその形になっているわけの順で繰り返し説明されている。たくさん音読した後で、繰り返し出てくる文章や言葉に着目させると、文型に気付くことができる。

〈言語活動の工夫〉

教師がゆっくり範読したり、教師の範読の後に続いて一斉に音読したり、子供同士で「問い」の部分と「答え」の部分に分かれて音読し合ったりして、自然な速さで読めるように繰り返す。

「くちばし」の文章を繰り返し音読したり、重要な語や文を選び抜いて書いたりする活動を通して、敬体の文章や助詞「は」の使い方にも慣れるようにする。

単元後、自分で生き物のクイズ（問い）を作り、友達と出し合うこともできる。生き物について説明している科学読み物や図鑑を読む活動、生活科で出合う身近な生き物に関わる単元につなげることもできる。

具体例

○隣の席の友達と「問い」の部分と「答え」の部分に分けて役割読みをすることで、「問い」と「答え」の文型を意識させたり、自然な速さでの音読ができたり、読めないところを教え合ったりすることができる。

本時案

くちばし

1/8

本時の目標

・「くちばし」の内容を予想し、鳥のくちばしに興味をもつことができる。

本時の主な評価

・鳥のくちばしに関心をもち、話し合いを通して今後の学習の見通しをもっている。

資料等の準備

・様々な鳥の挿絵または写真 13-01〜06
・教科書の鳥のくちばしの挿絵

3
がくしゅうの　かだい　しらべたい　こと
・どの　とりの　くちばしか。
・どうして　この　かたちなのか。
・なにを　たべるのか。

授業の流れ ▷▷▷

1 鳥やくちばしについて、知っていることを出し合う 〈10分〉

T　鳥についての文章を学習します。みなさんは、どんな鳥を知っていますか。
・はと、すずめ、からす、いんこ……。
・かもめ、きつつき、うぐいす、おうむ、たか、わし、白鳥、つる、にわとり……。
T　その鳥を見たことがありますか。
・すずめとはとを〇〇公園で見ました。
・いんこを飼っています。
・かもめが海の魚を食べるのをテレビで見ました。
〇子供にとって身近な鳥の写真または挿絵を準備し、提示する。その鳥を見たことがあるか、くちばしはどんな形をしているか等を問い、これからの学習に意欲をもたせる。

2 鳥のくちばしの挿絵を見て、どんな鳥のくちばしなのか予想する 〈15分〉

T　これは、何でしょう（くちばしの挿絵を示す）。
・鳥の口だ。くちばしだね。
T　「いろいろな鳥のくちばしの形を見てみましょう。」「これは、何のくちばしでしょう。」
　くちばしを見て、気が付いたことはありますか。
・長いです。／短いです。
・細いです。／太いです。
・とがっています。／とがっていません。
〇くちばしの挿絵を一枚ずつ見せる。「どうして長いのかな」「どうしてとがっているのかな」「どうして形が違うのかな」等を問い、くちばしの形やそのような形になっているわけに興味をもたせる。

3 学習課題を設定し、学習計画を立てる〈15分〉

T　次の時間から、この3つの鳥のくちばしについて、文章を読みます。どんなことを知りたいですか。どんなことが書かれていると思いますか。

・このくちばしは、どの鳥かです。
・どうしてこんな形をしているのかです。
・このくちばしで何を食べるのかです。

〇子供の知りたいことを基に、例えば「くちばしについて調べよう」という課題を一緒に立てる。初めての説明文の学習なので、子供の考えを聞きながら、教師が計画を提案する。学習計画は、目的意識を持続できるように別紙に書き、掲示するか、毎時間板書の端に提示できるようにしておく。

4 教師の範読を聞き、学習の振り返りをする〈5分〉

〇教師が範読を行う。

T　この時間は、鳥のくちばしの絵を見て、これから勉強したいことを出し合いました。どんなことを考えましたか。

・鳥によってくちばしが違うので、びっくりしました。
・鳥によって食べているものが違うことが分かりました。
・これから文章を詳しく読むのが楽しみです。

本時案

くちばし

2/8

本時の目標

・「くちばし」の内容に興味をもって読み、内容の大体を捉えることができる。

本時の主な評価

❸事柄の順序などを考えながら、内容の大体を捉えている。【思・判・表】

・文の中における主語と述語との関係に気付いている。

資料等の準備

・教科書の挿絵と写真
・本文を拡大したもの

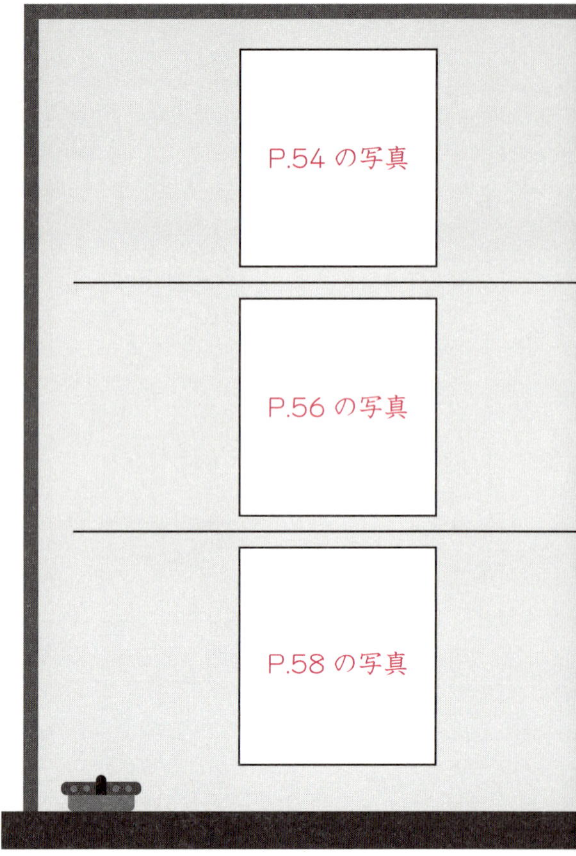

授業の流れ ▷▷▷

1 「くちばし」の範読を聞く〈5分〉

T 前の時間に、3つの鳥のくちばしについて、知りたいことが出てきました。

○前時に出てきた子供たちの知りたいことを振り返り、課題をもって範読を聞けるようにする。

○教師が読んでいるところを指でなぞらせる。子供がついてきているか、確かめながらゆっくり読む。絵と文章、写真と文章を照らし合わせながら、読むようにする。問いと答えの間は、子供が考えられるよう、少し間を空けるようにする。

2 「くちばし」を音読する〈15分〉

T 先生の後に続いて「くちばし」を読んでみましょう。

○教師が読んだ後に読んだり、教師と一緒に読んだり、友達と一緒に読んだりして、内容を確かめる。教師も一緒に読むことで、自然な速さで読んだり、句点や読点で間を取って読んだりする習慣を付けさせる。

○「するどくとがった」、「太くて先が曲がった」「細くて長く伸びた」等の言葉は、くちばしの挿絵と対応させて理解させる。

○「これは」の「は」は、「ワ」と読むことを確認する。主語と述語を意識させるために、大きめの間を取って読むようにする。

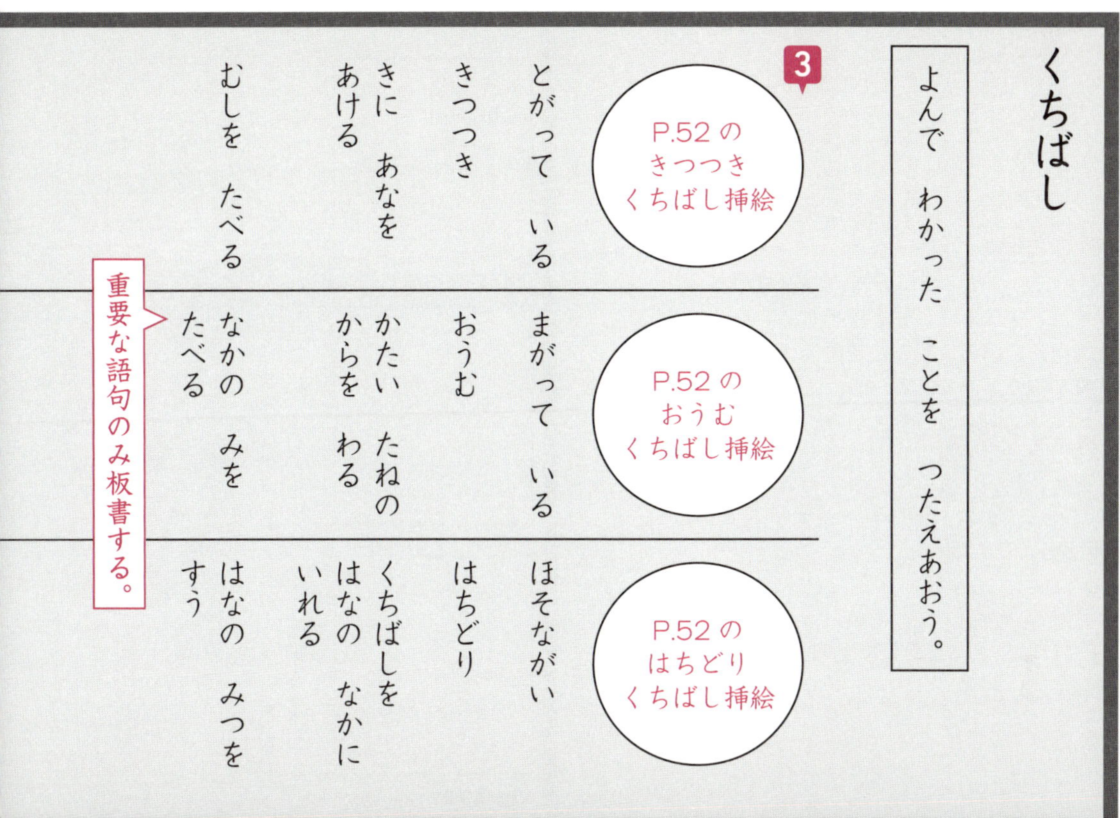

3 内容の大体を確認し、感想を伝え合う〈20分〉

T　どんなくちばしでしたか。
・とがっています。
・細くて長いです。
T　どの鳥のくちばしでしたか。
・きつつきです。
・おうむです。
・最後は、はちどりです。
T　見たことのある鳥はいましたか。
・はちどりを知りませんでした。
T　くちばしの形が違うわけは、分かりましたか。
・３つの鳥は食べるものが違いました。
・きつつきは、とがったくちばしで木に穴をあけていることが分かりました。
○子供の考えたことに沿って、重要な語句のみ板書し、次時の学習につながるようにする。

4 学習の振り返りをする〈５分〉

T　この時間は、「くちばし」を初めて読みました。どんなことを考えましたか。
・知っている鳥が出てきました。くちばしのかたちがよく分かりました。
・くちばしは、とがっているものや、曲がっているもの、伸びているものがありました。
・３つの鳥が出てきました。くちばしの形も食べ方もそれぞれ違っていました。
・はちどりを知りませんでした。何を食べるのか、分かりました。

本時案

くちばし

本時の目標

・「くちばし」が、問いと答えの構成になっていることを理解することができる。
・文の中における主語と述語の関係について、理解することができる。

本時の主な評価

❸「読むこと」において、事柄の順序などを考えながら、内容の大体を捉えている。【思・判・表】

資料等の準備

・「くちばし」全文を書いたもの
・挿絵または写真

P.54 の写真

きつつきは、とがった くちばしで、きに あなを あけます。
そして、きの なかに いる むしを たべます。

P.56 の写真

おうむは、まがった くちばしの さきで、かたい たねの からを わります。
そして、なかの みを たべます。

P.58 の写真

はちどりは、ほそながい くちばしを、はなの なかに いれます。
そして、はなの みつを すいます。

授業の流れ ▷▷▷

1 全文を音読し、書かれている内容を確認する 〈15分〉

T　前の時間は、「くちばし」を初めて読んで、感想を伝え合いました。この時間は、３つのくちばしがどんな順番で説明されているのかを考えましょう。
○みんなで一斉に音読したり、役割読みをしたりする。問いの部分と答えの部分で役割を決めて読ませることで、問いと答えの構成に気付かせたい。また、読めないところを教え合ったりさせる。
○「くちばし」の全文を短冊等に書き写しておき、黒板に貼って書かれていることを確認する。

2 問いと答えを探し、文章の構成を捉える 〈15分〉

T　何回か繰り返し出てくる問題の文（問い）があります。どの文でしょう。
・「これは、なんの　くちばしでしょう。」です。
T　問題の答えはどの文章ですか。
・「これは　～の　くちばしです。」と書いてあります。
T　問題の前や、答えの後には、どんなことが書かれていますか。
・問題の前は、くちばしの形です。
・答えの後は、どうしてそのくちばしなのか、食べ方が書かれています。
○音読を繰り返して、①くちばしの形、②問い、③答え、④食べ方・くちばしがその形になっているわけの文章構成を意識させる。
○音読や板書で、繰り返しや構成に気付かせる。

くちばし

せつめいされて いる ことを たしかめよう。

いろいろな とりの くちばしの
かたちを みて みましょう。

3

P.52の
きつつき
くちばし挿絵

かたち

さきが
するどく とがった
くちばしです。

とい

これは、なんの
くちばしでしょう。

こたえ

これは、きつつきの
くちばしです。

P.52の
おうむ
くちばし挿絵

ふとくて、
さきが まがった
くちばしです。

これは、なんの
くちばしでしょう。

これは、おうむの
くちばしです。

P.52の
はちどり
くちばし挿絵

ほそくて、
ながく のびた
くちばしです。

これは、なんの
くちばしでしょう。

これは、はちどりの
くちばしです。

たべかた その かたちに なって いる わけ

3 問いと答えを視写して、学習を振り返る 〈15分〉

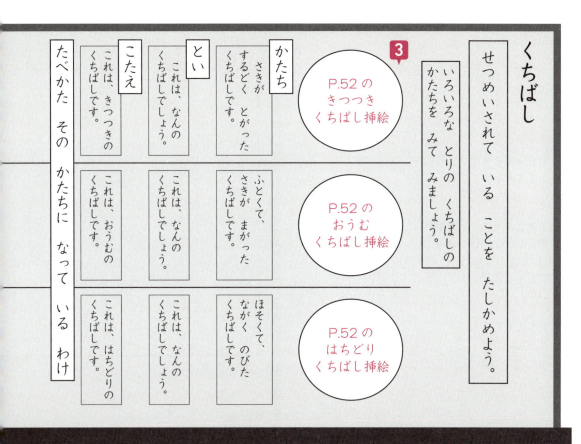

T この時間は、「問い」と「答え」、どんな順番で説明されているのかを学習しました。問いの文と答えの文をノートに書きましょう。

T この時間を振り返って、どんなことが分かりましたか。

・「問い」と「答え」が分かりました。

・「問い」と「答え」は、3つずつありました。

・3つのくちばしが同じ順番で説明されていました。

よりよい授業へのステップアップ

文章の構成を理解させるための工夫

①板書

本文を上段をきつつき、中段をおうむ、下段をはちどりにして、3段で提示する。全文を3段で示すことで、繰り返しの言葉や説明の順番が同じであることについて、気付くことができるようにしたい。

②本文を内容ごとに色で分けて囲ませる

①「くちばしの形」を黒、②「問い」を青、③「答え」を赤、④食べ方・くちばしがその形になっているわけを緑等で色別に囲むことで、本文の内容を捉えられるようにする。

本時案

くちばし

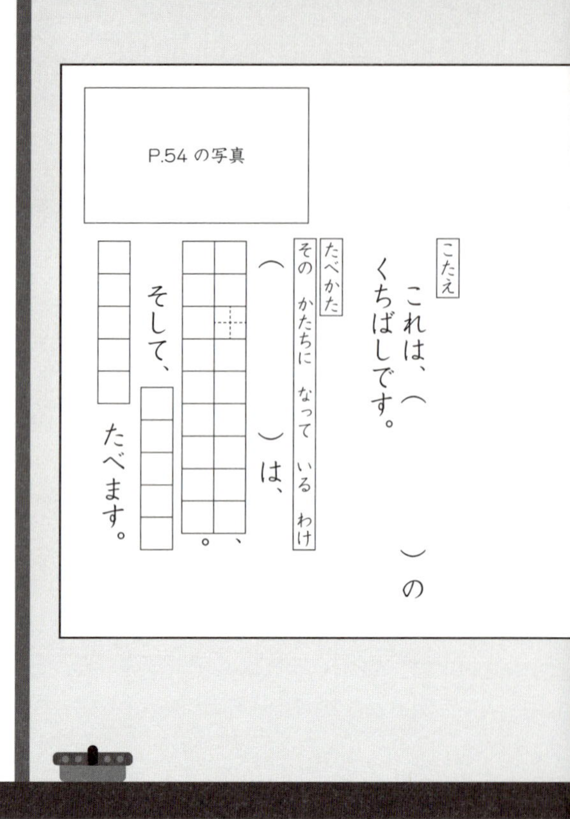

本時の目標

・説明の順序を考えながら読み、内容を捉えることができる。

本時の主な評価

❷語のまとまりや言葉の響きなどに気を付けて音読している。【知・技】

・「読むこと」において、文章中の重要な語や文を考えて選び出している。

資料等の準備

・本文を拡大したもの
・挿絵または写真
・学習カード 13-07

授業の流れ ▷▷▷

1 きつつきのくちばしについて、問いと答え、説明を音読する〈5分〉

T 前の時間は、問いと答え、説明の順番について学習しました。この時間は、きつつきのくちばしについて、詳しく読みます。きつつきのくちばしのところを音読しましょう。

○初めは教師の後に続いて読み、次に全員で一斉に読み、最後に役割読みをする。自然な速さや句読点の間の取り方を意識できるようにする。

○隣の席の友達との2人で行う役割読みは、例えば①くちばしの形・②問いの部分と、③答え・④食べ方とその形になっているわけの部分に分けて行う。

2 文章構成を確かめる〈10分〉

T くちばしは、どんな順番で説明されていましたか。

・「これは、なんの　くちばしでしょう。」は、「問い」です。

・「これは、きつつきの　くちばしです。」は、「答え」です。

・「問い」の前に、「くちばしの形」の説明があります。

・「答え」の後に「食べ方・くちばしがその形になっているわけ」が書かれています。

○きつつきのくちばしについての本文を提示し、前時に学習した文章構成①くちばしの形、②問い、③答え、④食べ方・くちばしがその形になっているわけを思い出させる。

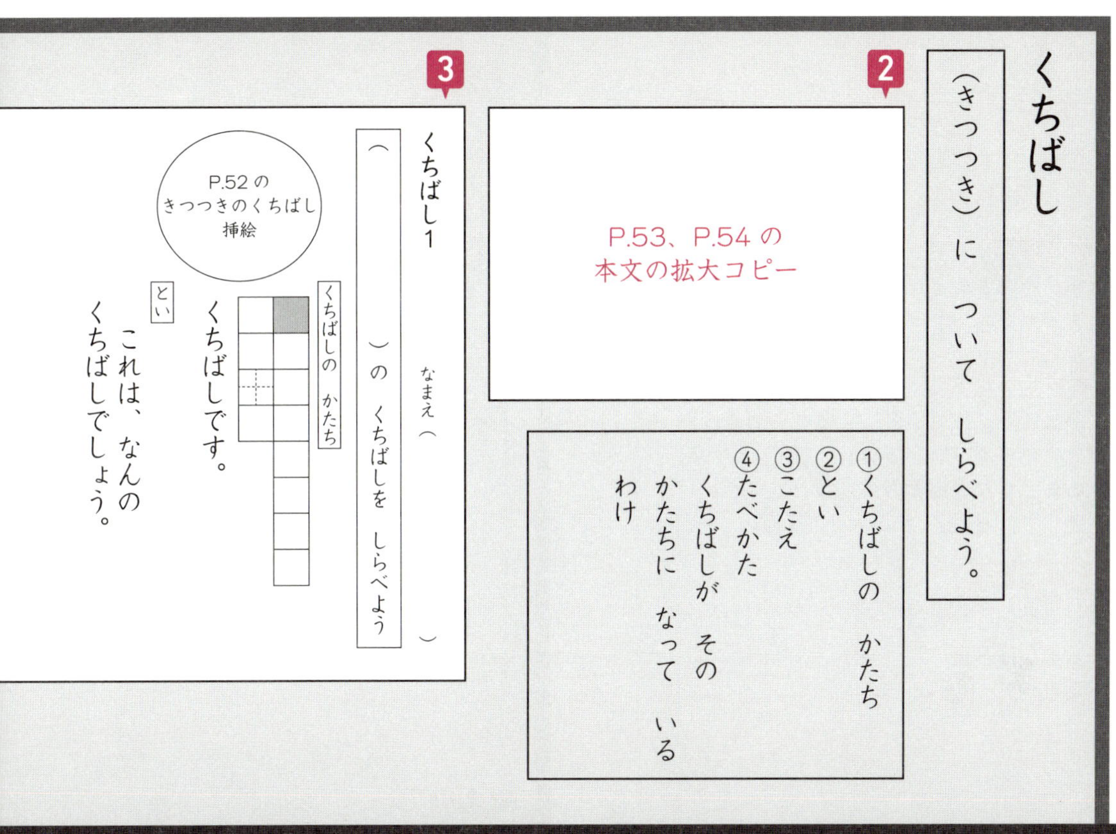

3 学習カードに重要な語や文を書き抜く〈25分〉

T きつつきのくちばしについての問いと答え、説明の中から、学習カードに大事な言葉を書きましょう。

○学習カードは、自分で脱字等の間違いに気付いたり、マス目の数を数えることで自分で答えを確かめたりすることができるように、マスにキーワードを書き抜くものを用意する。

○まだ平仮名全てを学習していないため、もし、書けない文字があったら空けておいてよいことにしたり、教員が代わりに書いたりする。

4 学習を振り返る〈5分〉

T この時間は、きつつきのくちばしについて、詳しく読んで、大事な言葉を学習カードに書きましょう。

・大事な言葉を自分で見つけることができました。

・きつつきのくちばしのことがよく分かりました。

・くちばしの先がするどくとがっているのは、木に穴を開けて、木の中にいる虫を食べるからです。

本時案

くちばし

本時の目標

・説明の順序を考えながら読み、内容を捉えることができる。

本時の主な評価

❹「読むこと」において、文章中の重要な語や文を考えて選び出している。【思・判・表】
・語のまとまりや言葉の響きなどに気を付けて音読している。

資料等の準備

・本文を拡大したもの
・挿絵または写真
・学習カード 13-08

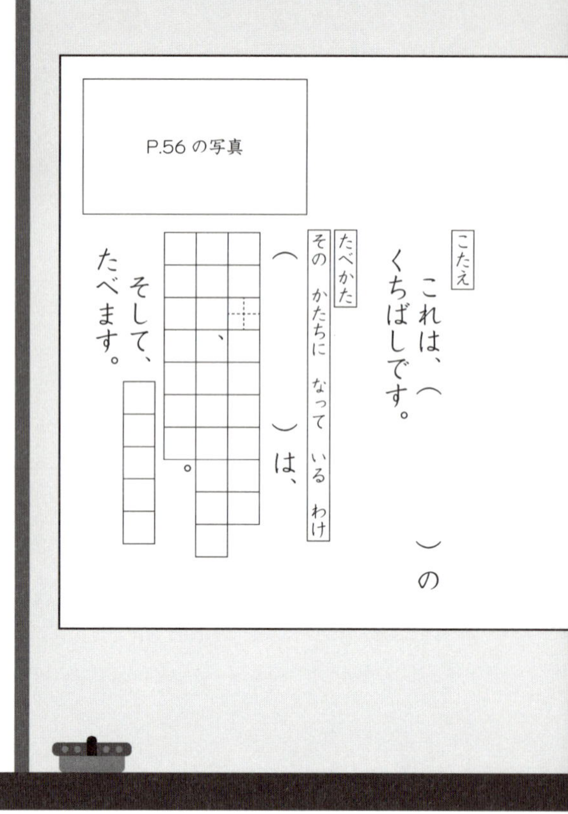

授業の流れ ▷▷▷

1 おうむのくちばしについて、問いと答え、説明を音読する 〈5分〉

T　前の時間は、きつつきのくちばしについて詳しく読んで、学習カードに大事な言葉を書き抜きました。この時間は、おうむのくちばしについて学習します。おうむのくちばしのところを音読しましょう。

○初めは教師の後に続いて読み、次に全員で一斉に読み、最後に役割読みをする。自然な速さや句読点の間の取り方を意識できるようにする。

○隣の席の友達との２人で行う役割読みは、例えば①くちばしの形・②問いの部分と、③答え・④食べ方とその形になっているわけの部分に分けて行う。

2 文章構成を確かめる 〈10分〉

T　くちばしは、どんな順番で説明されていましたか。

・はじめに、「くちばしの形」の説明があります。
・次に、「これは、なんの　くちばしでしょう。」という「問い」があります。
・その次は、「これは、おうむの　くちばしです。」は、「答え」です。
・最後に、「食べ方・くちばしがその形になっているわけ」が書かれています。

○おうむのくちばしについての本文を提示し、文章構成①くちばしの形、②問い、③答え、④食べ方・くちばしがその形になっているわけを確認する。

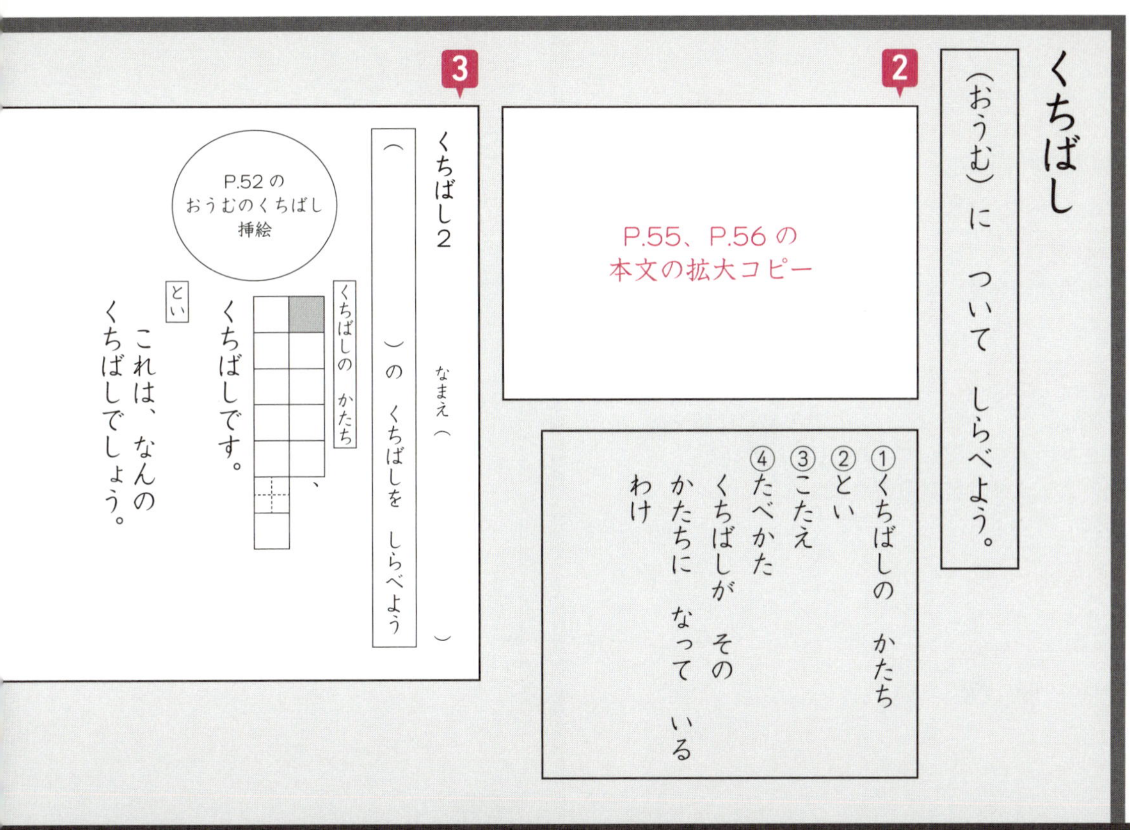

3 学習カードに重要な語や文を書き抜く〈25分〉

T　おうむのくちばしについての問いと答え、説明の中から、学習カードに大事な言葉を書きましょう。

○学習カードは、自分で脱字等の間違いに気付いたり、マス目の数を数えることで自分で答えを確かめたりすることができるように、マスにキーワードを書き抜くものを用意する。

○まだ平仮名全てを学習していないため、もし、書けない文字があったら空けておいてよいことにしたり、教員が代わりに書いたりする。

4 学習を振り返る〈5分〉

T　この時間は、おうむのくちばしについて、詳しく読んで、大事な言葉を学習カードに書きましょう。

・きつつきのときより、自分で言葉を見つけて書くことができました。

・おうむのくちばしのことがよく分かりました。

・おうむのくちばしは、固い種のからを割るために、太くて曲がったくちばしなのだと分かりました。

本時案

くちばし

本時の目標

・説明の順序を考えながら読み、内容を捉えることができる。

本時の主な評価

❹「読むこと」において、文章中の重要な語や文を考えて選び出している。【思・判・表】
・語のまとまりや言葉の響きなどに気を付けて音読している。

資料等の準備

・本文を拡大したもの
・挿絵または写真
・学習カード 13-09

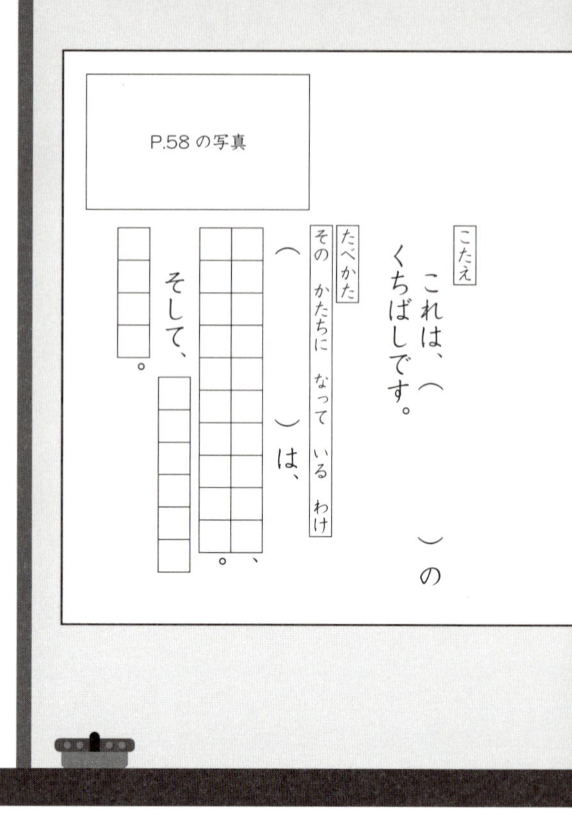

授業の流れ ▷▷▷

1 はちどりのくちばしについて、問いと答え、説明を音読する〈5分〉

T 前の時間は、おうむのくちばしについて詳しく読んで、学習カードに大事な言葉を書き抜きました。この時間は、はちどりのくちばしについて学習します。はちどりのくちばしのところを音読しましょう。

○初めは教師の後に続いて読み、次に全員で一斉に読み、最後に役割読みをする。自然な速さや句読点の間の取り方を意識できるようにする。

○隣の席の友達との2人で行う役割読みは、例えば①くちばしの形・②問いの部分と、③答え・④食べ方とその形になっているわけの部分に分けて行う。

2 文章構成を確かめる〈10分〉

T 鳥のくちばしは、どんな順番で説明されていましたか。

・はじめに、「くちばしの形」の説明があります。
・次に、「これは、なんの　くちばしでしょう。」という「問い」があります。
・その次は、「これは、はちどりの　くちばしです。」は、「答え」です。
・最後に、「食べ方・くちばしがその形になっているわけ」が書かれています。

○はちどりのくちばしについての本文を提示し、文章構成①くちばしの形、②問い、③答え、④食べ方・くちばしがその形になっているわけを確認する。

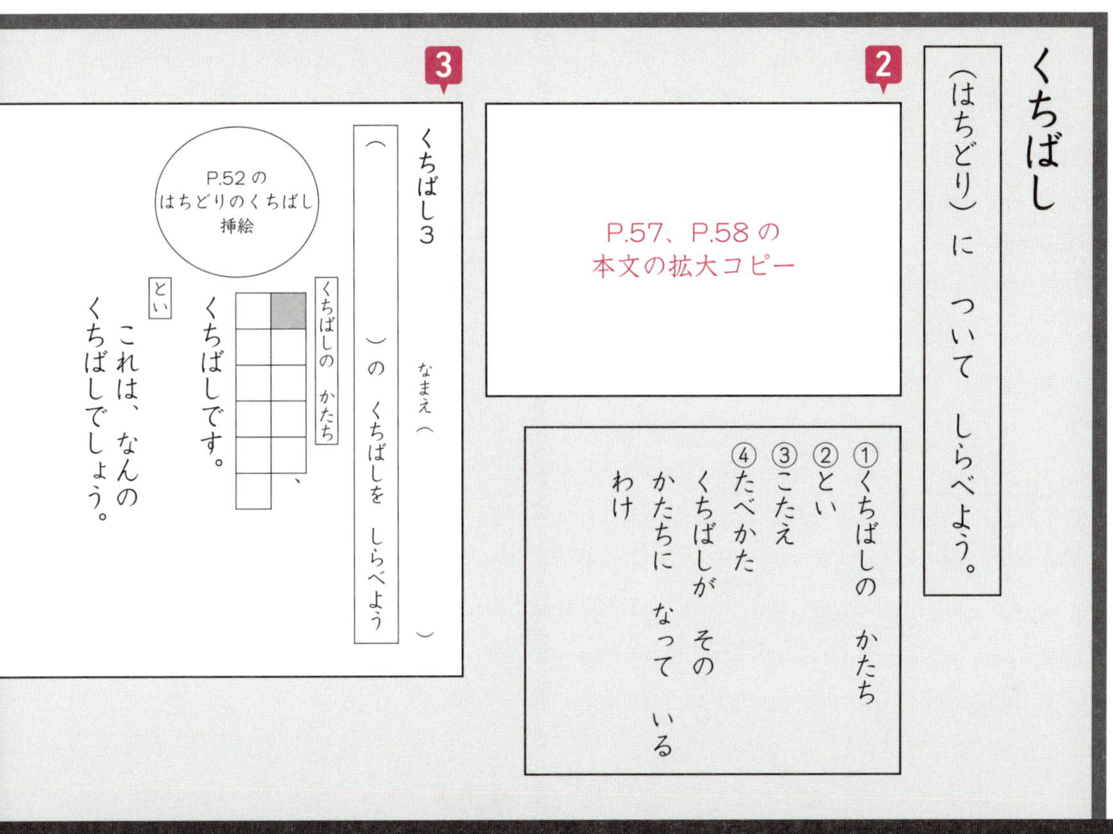

3 学習カードに重要な語や文を書き抜く〈25分〉

T はちどりのくちばしについての問いと答え、説明の中から、学習カードに大事な言葉を書きましょう。

〇学習カードは、自分で脱字等の間違いに気付いたり、マス目の数を数えることで自分で答えを確かめたりすることができるように、マスにキーワードを書き抜くものを用意する。

〇まだ平仮名全てを学習していないため、もし、書けない文字があったら空けておいてよいことにしたり、教員が代わりに書いたりする。

4 学習を振り返る〈５分〉

T この時間は、はちどりのくちばしについて、詳しく読んで、大事な言葉を学習カードに書きましょう。

・自分で言葉を見つけて書けるようになりました。

・はちどりのくちばしは、花の蜜をすうために長いと分かりました。

・きつつきのくちばしは長くするどくて、はちどりのくちばしは細くて長いと分かりました。食べるものが違うからだと思いました。

本時案

くちばし

7・8/8

本時の目標

・くちばしを読んで分かったことや考えたことを伝え合い、互いの考えを理解することができる。
・文の中における主語と述語の関係について、理解することができる。

本時の主な評価

❶文の中における主語と述語との関係に気付いている。【知・技】
❺進んで時間的な順序や事柄などを考えながら、内容の大体を捉え、学習の見通しをもって分かったことを話そうとしている。【態度】

資料等の準備

・挿絵または写真

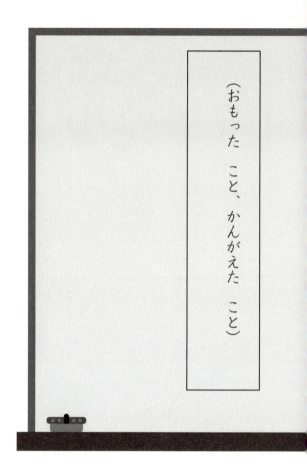

（おもった　こと、かんがえた　こと）

授業の流れ ▷▷▷

1 全文を音読し、主語と述語の関係について確認する 〈第 7 時〉

T　これまで、「くちばし」の文章に書かれている内容の順番や説明されていることを学習してきました。この学習の最後に、「くちばし」を読んだ感想を書きましょう。
T　「くちばし」を読んで、一番驚いたくちばしは、どれですか。「これ[は]、～のくちばしです」のように、「いちばんおどろいたくちばし[は]、～のくちばしです」という言い方をしましょう。
〇主語と述語がはっきりするように、話型を示す。

2 「くちばし」を読んだ感想を書く 〈第 7 時〉

T　一番驚いたくちばしと、そのわけも書きましょう。
・いちばんおどろいたのは、きつつきのくちばしです。どうしてかというと、きにあなをあけるくらいするどいくちばしをしているからです。
・いちばんおどろいたのは、おうむのくちばしです。どうしてかというと、かたいたねのからをわることができるからです。
〇わけを説明するとき、「どうしてかというと、～からです」という言葉を使って説明できるようにする。話型「一番驚いたのは、～のくちばしです。どうしてかというと、～からです」を示す。
〇句点や読点も付けて、文章を書くように促す。

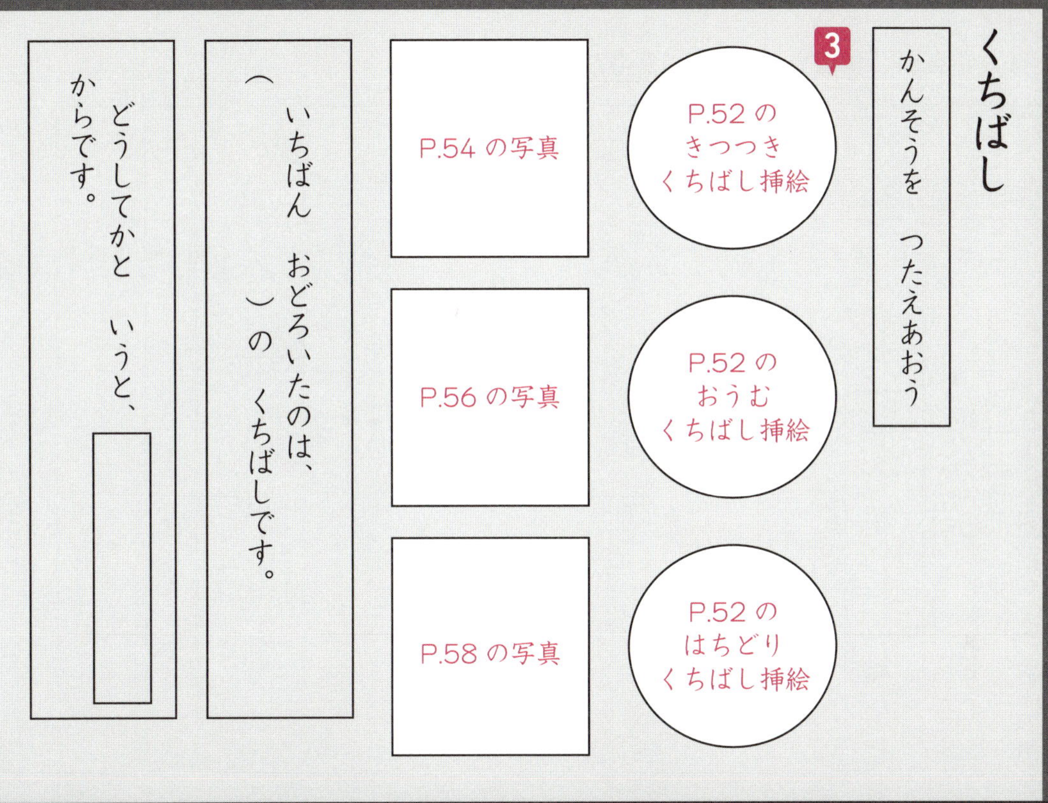

3 感想を伝え合う　〈第8時〉

T　「くちばし」を読んで、一番驚いたくちばしは、どれですか。わけも伝え合いましょう。

○前時に書いたことを伝え合うことができるようにする。また、友達の考えを聞いて、よい考えだと思ったら、「いいと思います」、似ていたら、「似ています」、友達の伝えたいこと理解できたら、「○○さんの考えが分かりました」等を返すようにさせる。

○話型「一番驚いたくちばしは、どれですか」「一番驚いたのは、～のくちばしです。どうしてかというと、～からです」を示し、感想を互いに伝え合えるようにする。

○「すごいと思いました」「見てみたいです」等、自分の感想も続けて話すように促す。

よりよい授業へのステップアップ

本単元で学習したことを生かす工夫

①生き物について書かれた本を読書する

生き物について説明している科学読み物や図鑑を紹介し、読書する。学校図書館のどこにこれらの本や図鑑があるか、子供と確認したい。

②クイズを作って出し合う

「これは、何の～でしょう」と本で調べた生き物の耳、鼻、首、羽等の写真や絵を示し、「これは～の～です」と説明して、クイズにすることができる。友達と一緒に作ってもよい。説明の言葉が足りなければ、教師が補うようにする。

資 料

1 第４時資料　学習カード 13-07

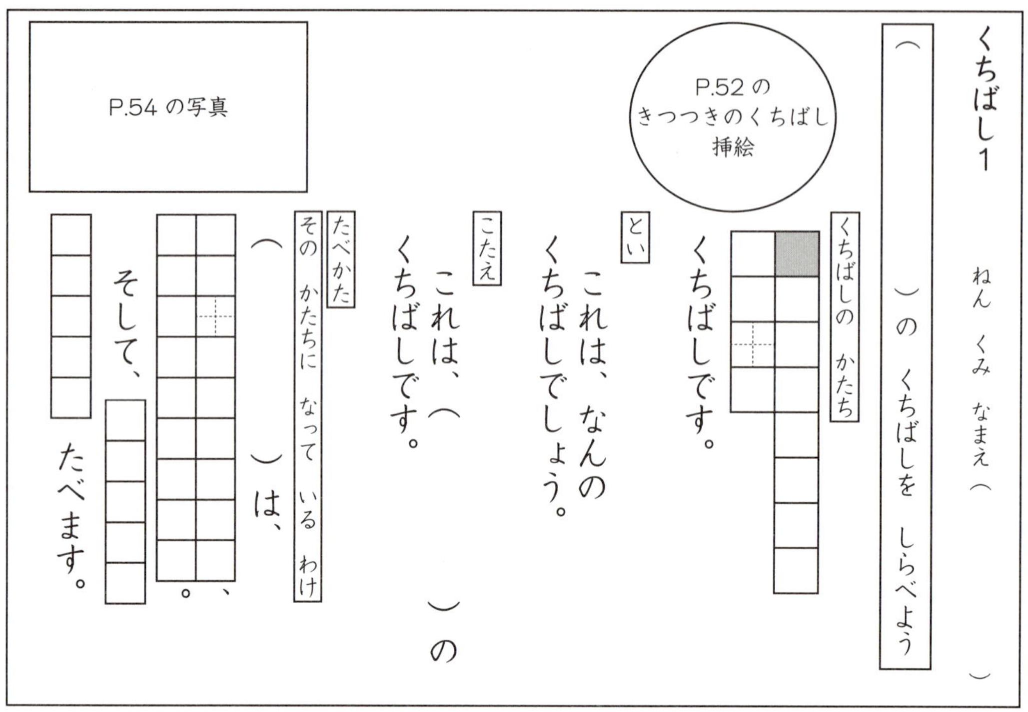

2 第５時資料　学習カード 13-08

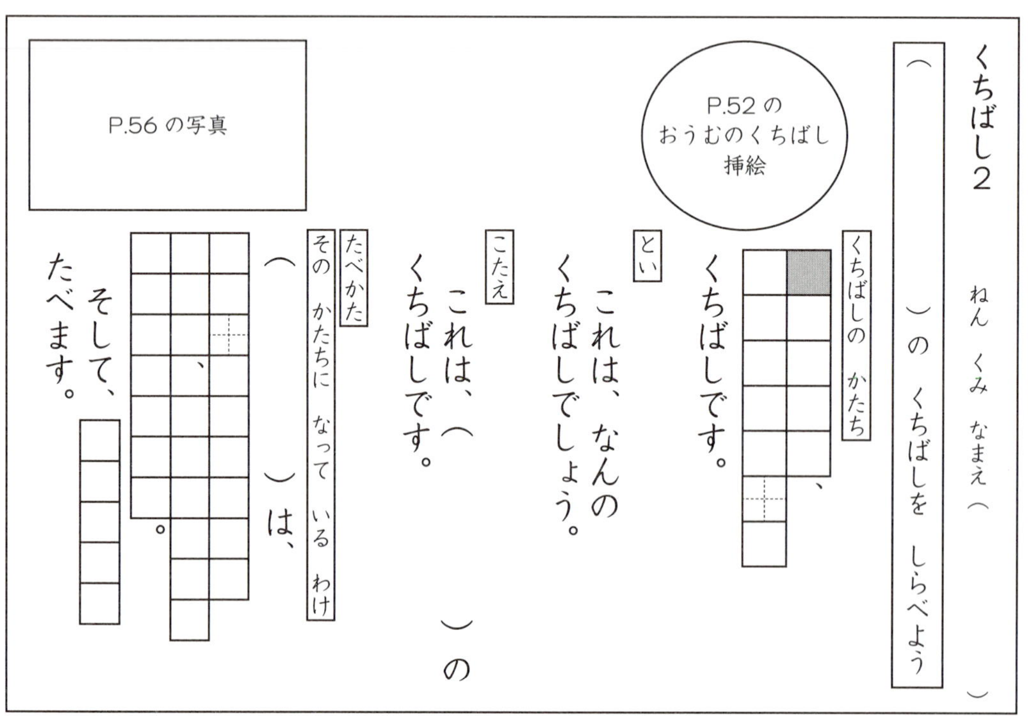

3 第６時資料　学習カード 13-09

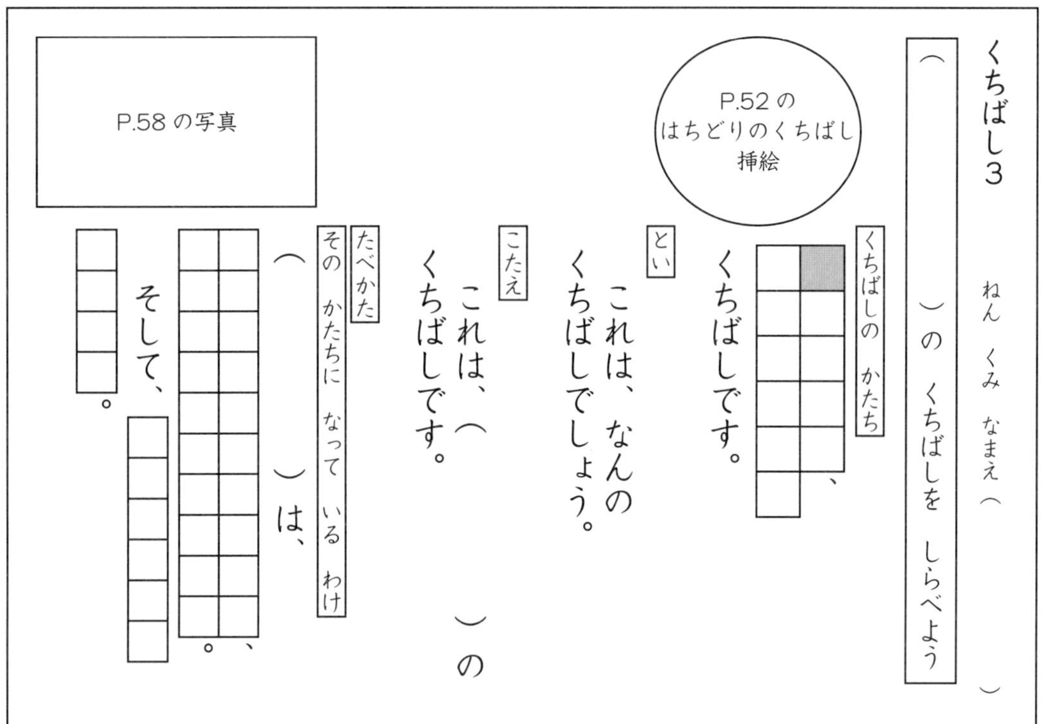
くちばし３

ねん　くみ　なまえ（　　　）

（　　　）の　くちばしを　しらべよう

P.52の
はちどりのくちばし
挿絵

くちばしの　かたち

□□□□□□、□□□□□□□

くちばしです。

とい

これは、なんの
くちばしでしょう。

こたえ

これは、（　　　）の
くちばしです。

たべかた

その　かたちに　なって　いる　わけ

（　　　）は、

□□□□□□□□□□、□□□□□□□□□□。

そして、

□□□□□□、□□□□。

P.58の写真

おもちやと　おもちゃ　(2時間扱い)

〔知識及び技能〕(1)ウ　〔思考力、判断力、表現力等〕B書くことウ

単元の目標

・拗音の使い方や表記の仕方を理解して、文や文章の中で使うことができる。

評価規準

知識・技能	❶拗音の使い方を理解している。(〔知識及び技能〕(1)ウ)
思考・判断・表現	❷「書くこと」において、拗音の表記を文の中で書いている。(〔思考力、判断力、表現力等〕Bウ)
主体的に学習に取り組む態度	❸進んで身の回りから進んで拗音の付く言葉を探し、今までの学習を生かして正しい表記で書こうとしている。

単元の流れ

次	時	主な学習活動	評価
一	1	**学習の見通しをもつ** 「おもちや」と「おもちゃ」の違いを見つける。 P.60を教師の範読に続けて音読する。 拗音の書き方を練習する。	❶
二	2	五十音表を見ながら、拗音が付く文字のきまりを見つける。 **学習を振り返る** 身の回りから拗音が付く言葉を探し、文にして書く。	❷ ❸

授業づくりのポイント

〈単元で育てたい資質・能力〉

本単元のねらいは、拗音の表記の仕方を理解して、正しく発音したり、文中で適切に使って書いたりできるようにすることである。そのためには、拗音の表記と発音を合わせて正しく理解することが大切である。子供の身の回りにあるものから拗音が使われている言葉を見つけて、発音を聞いて何度も繰り返し読むことで慣れ親しんでいく。

具体例

○教室や学校にあるものの中から、拗音が使われているものを見つける。例えば、「きょうしつ」「きゅうしょく」「きょうかしょ」「としょかん」「しょしゃ」など、身近なものを友達と一緒に見つけることで、自然に拗音の表記に着目することができる。見つけた拗音の言葉を、「きょうしつ　へ　いく」など助詞を使って文を書くようにする。

〈言語活動の工夫〉

子供の身の回りにあるものから拗音が使われている言葉を見つけ、たくさん発音することで拗音表記に慣れ親しむことができるようにする。手拍子をして音読することで、拗音も入れて一拍であることを捉えられるようにする。また、正しく書くことができるように、拗音表記の間違いを例示して正したり、拗音を正しい場所に付けたりするなど楽しみながら活動することを大切にしたい。

具体例

○子供の身の回りにあるものから拗音を見つける際に、頭の中で思いつかない子供への手立てとして、絵本や「くだもの」「うんどう」「オリンピック競技」などテーマに沿った一覧を用意して、本の中から抜き出せるようにする。

○「しょっき」の拍数を☆や●などの記号で表し（☆☆☆／●●●）板書し、手拍子をしながら発音して拍の感覚をつかむ。

○例えば、「ぎうにう」の中で「ゃ」「ゅ」「ょ」が隠れているところはどこかを当てたり、挿絵と照らし合わせて「しょき」という言葉の間違いを正したり、クイズ形式で楽しみながら定着を図れるようにする。

本時案

おもちやと おもちゃ

本時の目標

・「おもちやと　おもちゃ」を読み、拗音や助詞「へ」の正しい使い方を理解して書くことができる。

本時の主な評価

❶「おもちやと　おもちゃ」を読み、拗音の使い方や助詞の使い方を正しく理解している。【知・技】

資料等の準備

・教科書 P.60の拡大
・挿絵
・ワークシート　14-01

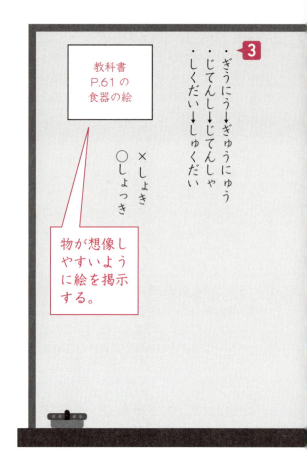

3
・ぎうにう→ぎゅうにゅう
・じてんし→じてんしゃ
・しくだい→しゅくだい

×しょき
○しょっき

教科書
P.61 の
食器の絵

物が想像しやすいように絵を掲示する。

授業の流れ ▷▷▷

1 おもちや」と「おもちゃ」の違いを見つけ、教科書 P.60を音読する　〈15分〉

T　同じひらがなの「お」と「も」と「ち」と「や」を使った言葉を２つ書きます。違うところを見つけましょう。
・「や」が小さくなっています。
・「や」が小さい字になっただけで、意味が違います。
T　教科書60ページを見て、小さい字が付く言葉はどれですか。
・おきゃく、ぎょうれつ、しょうてんがい、おもちゃ、いっぱいの５つです。
T　先生の後に続いて読んでみましょう。
○拗音が付く言葉は子供が読み、他を教師が読んだり、ペアで行ごとに読んだりしながら様々な読み方で何度も読むとよい。

2 拗音の書き方を練習する〈15分〉

T　小さい字をどのように書いているか見ていてくださいね。
・右上のマスに書いています。
T　今読んだ「おもちやと　おもちゃ」に出てくる言葉をワークシートに書いてみましょう。
○他にも様々な拗音が付く言葉を教師が発音して、板書したものをワークシートに書く。

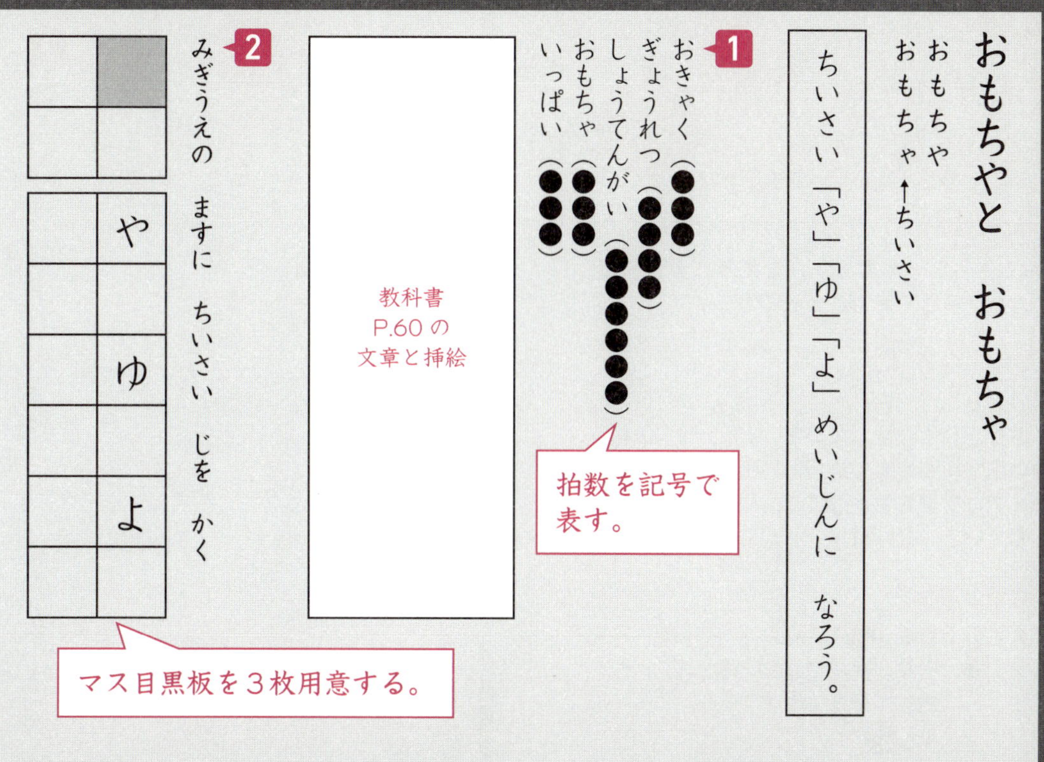

3 小さい字が隠れているところはどこかを考える〈15分〉

T　「ぎうにう」、この言葉に小さい字が隠れているところはどこですか。

・「ぎ」と「う」の間です。

T　（食器の絵を見せて）これを表している言葉の書き方で正しいほうはどちらでしょう。

・「しょっき」です。

T　正しく書いてみましょう。

〇文章を書くときに正しく拗音を使えるように、使い方が間違えているものをクイズ形式で複数出すなどして、楽しみながら拗音の使い方を習得できるようにする。

よりよい授業へのステップアップ

導入時の音読の工夫

言葉の拍数を●などの記号で表し、板書する。拍の数に合わせて手拍子をしながら言葉を発音することで、言葉の拍数を理解できるように配慮する。

拗音の書き方を習得する工夫

拗音の書き方が慣れてきたら、実態に応じて教師が発音した言葉を聞いて、自分でノートに書いてみることを取り入れてもよい。

本時案

おもちやと　おもちゃ　2/2

本時の目標

・「おもちやと　おもちゃ」を読み、拗音の使い方を理解して書くことができる。

本時の主な評価

❷「おもちやと　おもちゃ」を読み、拗音の使い方を正しく理解している。【思・判・表】

❸身の回りから進んで拗音の付く言葉を探し、今までの学習を生かして正しい表記で書こうとしている。【態度】

資料等の準備

・平仮名五十音表　02–03
・参考図書（言葉の絵本や季節の食べ物などが載っている本など）
・ワークシート　14–02

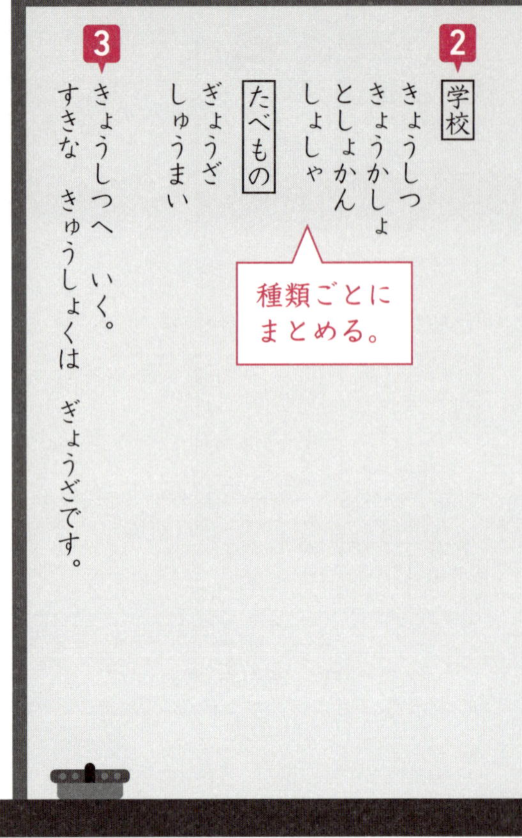

2
学校
きょうしつ
きょうかしょ
としょかん
しょしゃ
たべもの
ぎょうざ
しゅうまい
種類ごとにまとめる。
3
きょうしつへ　いく。
すきな　きゅうしょくは　ぎょうざです。

授業の流れ ▷▷▷

1　五十音表を見ながら、小さい「や」「ゆ」「よ」が付く文字の決まりを見つける〈5分〉

T　小さい「や」「ゆ」「よ」が付く文字はどれか、ひらがな五十音表から見つけてみましょう。
・「き」に小さい「や」が付くと「きゃ」。
・「し」にも小さい「ゆ」が付くと「しゅ」。
・「ち」「に」「ひ」「み」にも付きます。
・「き」の横一列につくのかな。
○拗音が付くのは、イ段のみであることを五十音表を見ながら視覚的に気付かせる。
○「きゃ」「しゃ」「ちゃ」などを教師の後に続けて発音する。

2　身の回りの中から小さい「や」「ゆ」「よ」が付く言葉を見つける〈20分〉

T　身の回りに小さい「や」「ゆ」「よ」が付く言葉を見つけましょう。
・「きょうしつ」「としょかん」「しょしゃ」など、学校の中にもあります。
T　本の中からも、小さい「や」「ゆ」「よ」が付く言葉があるか探してみましょう。
T　見つけた言葉はワークシートに書きましょう。
○見つけた言葉を「学校」「食べ物」など種類で分けて板書する。
○ペアで見つけるようにしてもよい。

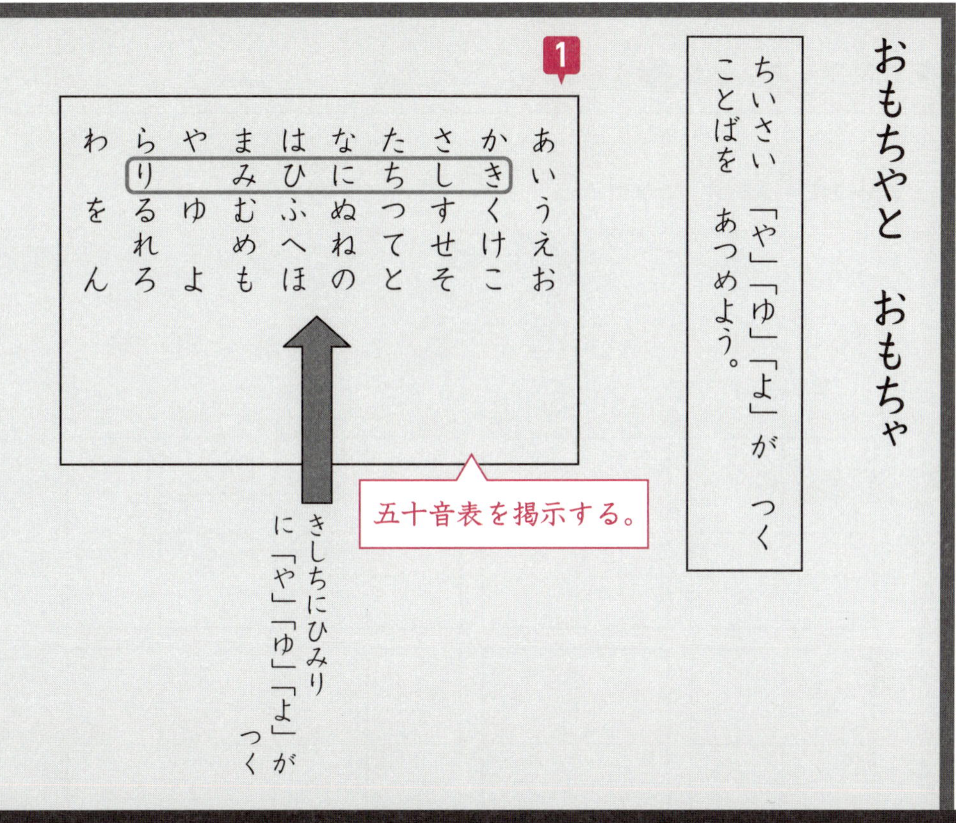

3 集めた言葉を文にして書く〈20分〉

T　身の回りにたくさん小さい「や」「ゆ「よ」が付く言葉がありました。集めた言葉を使って文を作りましょう。

・きょうしつ　へ　いく。

・きょうかしょ　を　よむ。

○ペアで考えながら、ノートに書くとよい。

T　作った文を発表してください。

・すきな　きゅうしょくは　ぎょうざです。

○教師が板書したり、子供が書いたものを実物投影機等で写したりして、正しく書けているかを全体で確認する。

よりよい授業へのステップアップ

様々な言葉を見つけるための工夫

身の回りにあるものを想起して、言葉を集めるだけではなく、本の中から見つけることで様々な言葉に触れる機会にもなる。また、見つけられない子供にとっての手立てにもなる。

集めた言葉を文にして書くための工夫

集めた言葉を使って、楽しみながらたくさんの文を作ることが大切である。

思い付いた文を発表させ板書する。子供は書き写すことで精一杯にならないように、教師が板書した文をノートに書く際には、いくつか選ばせるとよい。

資料

1 第１時ワークシート 14-01

「おもちゃと おもちゃ」ワークシート①

れん くみ なまえ（　　　　　　　　）

☆ちいさい「や」「ゆ」「よ」の かきかた を れんしゅう しよう

や

ゆ

よ

☆ちいさい じが かくれて いる ところは どこかを みつけよう。

ぎ	う	に	う
じ	て	ん	し
し	く	だ	い

「おもちゃと　おもちゃ」ワークシート②

ねん　くみ　なまえ（　　　　　　　　　　　）

☆ちいさい　「ゃ」「ゅ」「ょ」が　つく　ことば　を　みつけよう

①ゃ

ゃ	

②ゅ

ゅ	

③ょ

ょ	

☆ぶんを　つくろう。

あいうえおで　あそぼう　3時間扱い

〔知識及び技能〕(1)ウ、(3)イ

単元の目標

・平仮名の五十音表の仕組みを理解し、言葉を集めたり言葉遊びをしたりしながら、語彙を豊かにすることができる。

評価規準

知識・技能	❶平仮名に興味をもち、平仮名を読んだり、平仮名を書いたりしている。(〔知識及び技能〕(1)ウ) ❷長く親しまれているしりとりや、カードを使った言葉集めを通して、言葉の豊かさに気付いている。(〔知識及び技能〕(3)イ)
主体的に学習に取り組む態度	❸進んで音読したり五十音表の仕組みを考えたりし、学習課題に沿って、言葉を集めたり言葉遊びをしたりして語彙を豊かにしようとしている。

単元の流れ

次	時	主な学習活動	評価
一	1	**学習の見通しをもつ** いろいろな読み方で何度か音読し、「あいうえおで　あそぼう」の歌に慣れる。 五十音の文字が1つずつ書かれたカードを切り取り、並べることを通して、五十音表の特徴等に気付く。	❶
二	2	しりとりをする。 五十音のカードを使って言葉作りゲームをする（52枚のカードから文字を取って言葉を作り、並べていく。より多くのカードを使えたチームの勝ち）。班で協力して、そこにある文字から作ることができる様々な言葉を考える。	❷
三	3	「1年○組あいうえおのうた」作りをする。「らりるれろ」等、作りにくい列を例として、クラス全体で作り方を確かめる。 2人組で担当した列を作る。 **学習を振り返る** 歌が完成したら、クラスで音読する。	❸

授業づくりのポイント

〈単元で育てたい資質・能力〉

五十音表を紹介する本単元では、音読や言葉遊びを楽しんでいるうちに、五十音表のきまりに気付いたり、はっきりと発音することの大切さを理解したりできるようにしていきたい。

口形に気を付けて口を開いて発音することは、話すことの基本である。しかし、1年生以外では取り上げて指導することがほとんどない。「きちんと発音することで相手に伝わる」という基本を確認し、表の中の同じ色の文字は同じ口形で発音し、伸ばすと同じ音になる文字なのだと全員が分かるようにしたい。以後それが自分でも使えるようにするとともに、度々五十音表に立ち返って音読を重ねて、1年生のうちに「はっきりと発音して話すこと」を身に付けさせたい。

具体例

○文字カードを五十音順に自分たちで並べることや「あかさたなはまやらわ」と横に音読することを通して、縦列だけでなく横列も意識できるようにする。

○自分たちで作った「1年○組あいうえおのうた」を拡大して教室に掲示する。他に音読するもののない国語の授業では、1年間通してこれを初めに音読する流れをつくると、発音を意識することができる。

〈教材・題材の特徴〉

「あいうえおで　あそぼう」は、リズム感があり、声に出すと楽しくなる詩である。声に出して何度も読むことで、あいうえおの口形に慣れるようにしたい。また、3字や4字の言葉の並びが詩を心地よいリズムにしている。この心地よさを体感することが、後の詩や俳句の学習で、文字数を意識することにもつながっていく。

あいうえおに興味を向ける本や、昔から親しまれている言葉遊び「しりとり」も紹介されており、言葉への関心を高めたり、広げたりすることができる。単元後にも、少し時間があるときにしりとりをする、言葉集めをする、あいうえおの出てくる絵本を読み聞かせする等継続するとよい。

具体例

○「1年○組あいうえおのうた」で例文を考える際に、集めた中から言葉を選ぶにはどうしたらよいか問いかけると、文字数の多過ぎるものや少ないものは言いづらいという考えが出てくる。3字や4字のリズムのよさを確認し、選ぶ基準とさせる。他にも、「関係ないものが並んでいるよりも、似たものが並んでいると想像できるね」等、基準となる言葉掛けをしておくのもよい。

〈言語活動の工夫〉

本単元では、活動しているうちに自然としていることや考えていることを、意味のある気付きとして価値付けるようにする。楽しく活動できて、「必要があるから考える」学習を仕組んでいきたい。

具体例

○五十音の文字カードを並べる。教科書と同じ色の付いた文字カードを使うことで、色分けの理由に気付かせる。また、並べようとすることで、五十音の仕組みに目を向けることができる。

○言葉作りゲームでは、残っている文字の組み合わせで考えられる言葉を作っていく。「1年○組あいうえおのうた」作りでは、自分の担当の列の文字から始まる言葉をたくさん集める。同じ文字から始まる言葉がたくさんあることに気付かせることができる。活動を通して友達の集めた言葉にも触れ、語彙を増やすこともできる。

本時案

あいうえおで あそぼう

本時の目標

・五十音表の平仮名を順に並べることで、身近なことを表す語句の量を増し、五十音表の平仮名の並び方に気付くことができる。

本時の主な評価

❶五十音表や平仮名に親しみをもち、五十音表の平仮名を並べたり読んだりしている。【知・技】

資料等の準備

・平仮名カードを印刷したもの 15-01（教科書と同じ色の画用紙に印刷する）
・教科書 P.64～P.65の五十音表の拡大

・いきしちに、ひみいりい
・うくすつぬ、ふむゆるう
・えけせてね、へめえれえ
・おこそとの、ほもよろを

「い」 教科書P.64の写真
「う」 教科書P.64の写真
「え」 教科書P.64の写真
「お」 教科書P.64の写真

授業の流れ ▷▷▷

1 「あいうえおのうた」を音読し、五十音順に慣れる 〈10分〉

○はっきりと声に出して音読ができるよう、全体で音読練習をする。楽しく何度も音読ができるように、少しずつ読み方を変える。

T あやとり～ C あやとり～
T かきのみ～ C かきのみ～

○１行ずつ同じことを繰り返しながら読んでいく。大体の子が読めるようになるまで、２～３回繰り返す。

T あやとり～ C かきのみ～

○交代で１行ずつ読む。座席、出席番号など分け方を変えながら交代で読む。自分が読む順番がきたら、その場で立って読ませてもよい。教科書の持ち方も確認する。

○何度も音読することで、五十音順に慣れていく。2の活動でも役立つ。

2 班で五十音のカードを作り、五十音順にカードを並べる 〈25分〉

○平仮名カードを印刷した５色の用紙と「ん」のカードを各班に配る。

T 線のところをはさみで切って、平仮名カードを作りましょう。班のみんなで協力して８分で全部切れるといいですね。

○全部の班のカードが切り終わったら、五十音順に並べる活動を始める。

T 並べ終わった班は、裏返したカードを当てるゲームをしましょう。裏返す人は順番に交替するといいですよ。

○1の音読が終わったら、教科書をしまわせておく。五十音表を見なくても並べられるようなら、何も見ないで活動させたい。順番が間違っていて並べ終わらない場合等には、確認させてもよい。

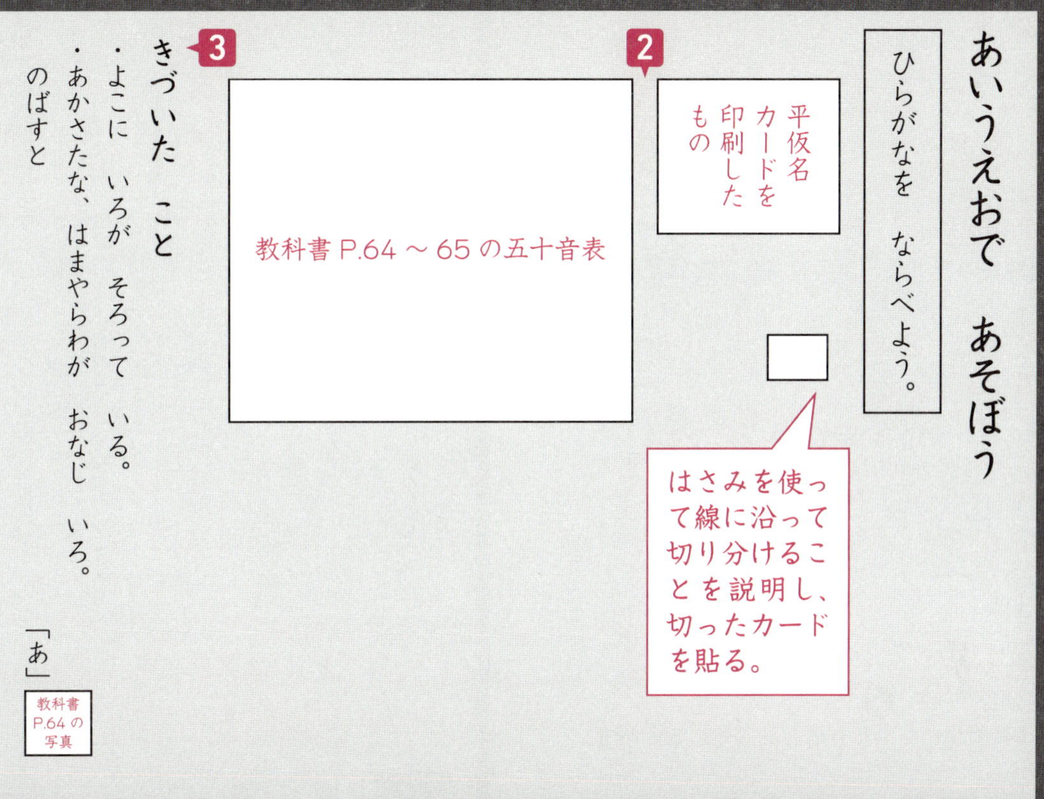

3 気付いたことを発表し、五十音表のきまりを知る〈10分〉

○五十音表を並べてみて気付いたことを発表させる。横列の色が揃っていることは必ず確認する。

T　気付いたことはありますか。

・あいうえお、かきくけこ、と並んでいます。

・あかさたな、はまやらわは同じ色です。

・横に色が揃っています。

T　「あかさたな、はまやらわ」を伸ばして読んでみましょう。

○五十音表を音読する。縦に読む、横に読む、伸ばしながら読む、など繰り返し音読する。教科書の写真を参考に、口の形を意識させて音読する。

よりよい授業へのステップアップ

平仮名に興味をもたせる工夫

カードを持って並べる活動を行うことで、平仮名を書くことに苦手意識を感じている子も、平仮名に親しむことができる。

並べながら自然と、その文字の付いている言葉を思い浮かべる子もこの時期は多く、2時間目にある言葉集めの活動につながっていく。いろいろな言葉を思い浮かべながら文字を探している子も褒め、どの子も楽しく活動できるようにしたい。

本時案

あいうえおで あそぼう

本時の目標

・平仮名カードを使って言葉作りを行うことで、様々な言葉があることに気付くことができる。

本時の主な評価

❷長く親しまれているしりとりや、カードを使った言葉集めを楽しみ、様々な言葉があると気付いている。【知・技】

・平仮名に親しみをもち、身近な言葉を思い浮かべて、平仮名カードを並べたり読んだりしている。

資料等の準備

・平仮名カード 15–01～02
（1時間目に作ったものを班ごとにまとめておく）

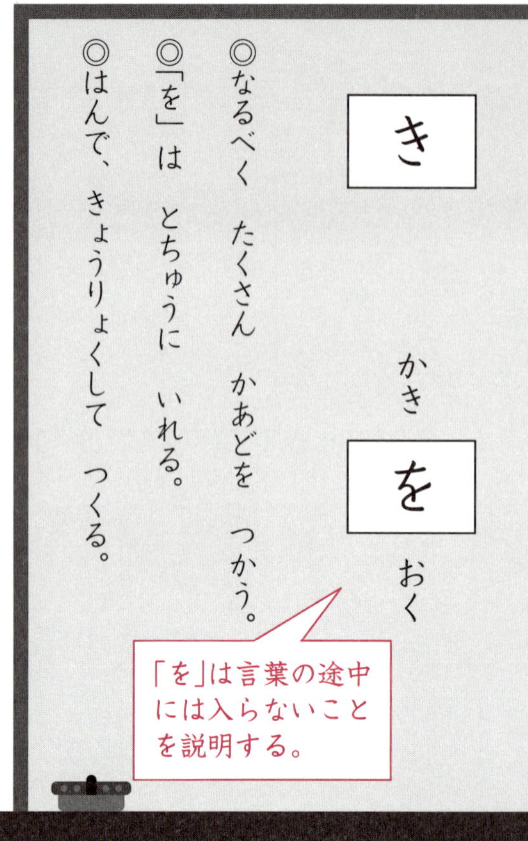

き
かき
を
おく
◎なるべく たくさん かあどを つかう。
◎「を」は とちゅうに いれる。
◎はんで、きょうりょくして つくる。
「を」は言葉の途中には入らないことを説明する。

授業の流れ ▷▷▷

1 しりとり遊びのやり方を確認してしりとりをする 〈10分〉

○教科書のしりとりを音読する。

○クラス全体でしりとりのルールを確認する。教科書の終わりの「すみれ」の続きを考えさせて、いくつか言葉を出させながら、前の言葉の終わりの文字から言葉を始めること、「ん」で終わってしまうことなどを確かめる。

T しりとりのルールは分かりますか。

・「ん」がついたら終わりです。

T そうですね。すみれ→れもん、と「ん」がついたら終わりです。他にもルールはありますか。

・一字だけの言葉でもよい。

・文章にはしない。など

2 五十音のカードを使い、班で言葉作りゲームをする 〈20分〉

○黒板で平仮名カードの一部を使い、言葉作りを行う。なるべく残る文字数が少なくなるようにカードを入れ替えながら言葉を作っていく。作業を実際にやってみせ、方法を確認する。

○「を」のカードは文にしないと使えないことを、例を示して確認する。

○1時間目に切った余りの無記入カードに文字を書き、使ってもよい。

○めあての1つとして話し、班の全員で協力すること（それぞれが作った言葉を大切にし、理由なく作り替えないこと）を意識させる。

○早く終わった班には、班でしりとりをしながら待たせる。

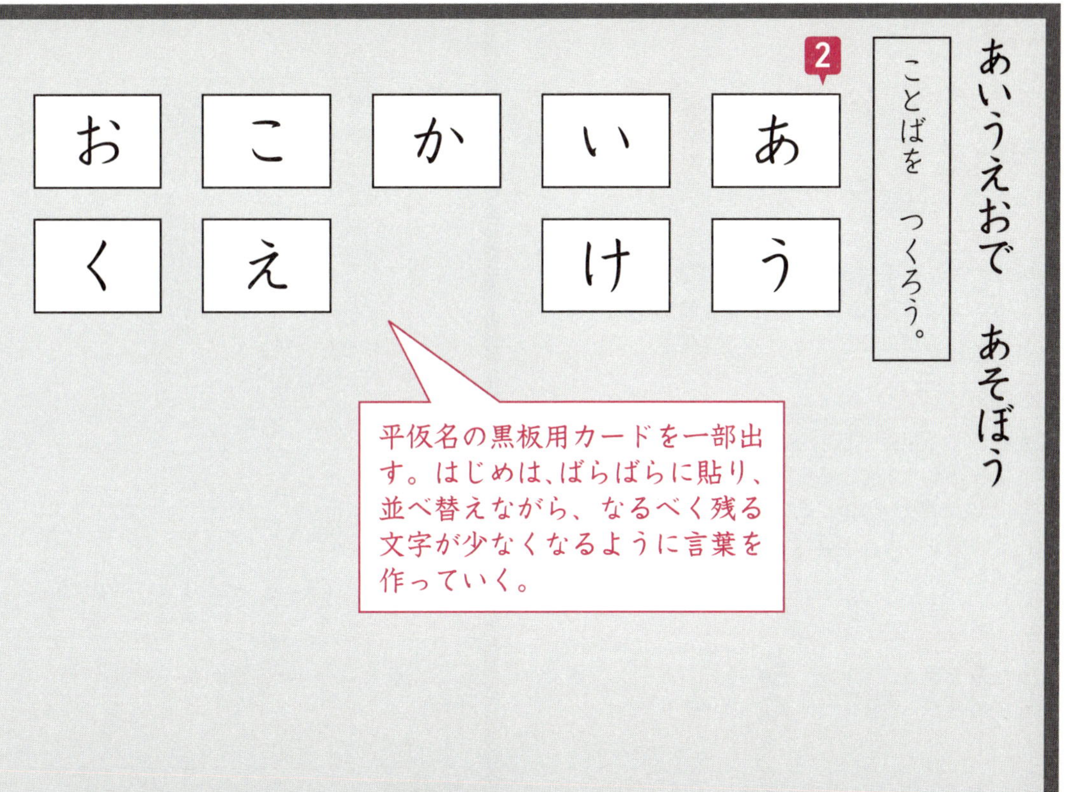

3 他の班で作った言葉を見て回り、様々な言葉に触れる 〈15分〉

○班に残る子と見て回る子を分けて交替で見に行かせると、どんな言葉を集めようと思って作ったのかを説明させたり、どんな言葉を集めたのかを読んで教えたり、見に来た子と話をして関わらせることができる。

○様々な言葉に触れることで、自分がよく使う言葉以外の言葉にも興味をもつことができる。班によって、どんな言葉を集めるかに少しずつ違いが出るので、見て回る時間をしっかり確保したい。

○時間があれば、もう一度言葉作りゲームを行う。

よりよい授業へのステップアップ

平仮名に興味をもたせる工夫

どの子にも興味のある言葉はあり、カードを持つと並べたくなる。楽しく取り組める活動である。様々な言葉を知っている子たちであれば、テーマを決めて似た言葉を集めさせてもよいし、平仮名を覚え切れていない子が何人かいるなら自分の名前を並べる言葉に含めてもよい。全員が参加できて、言葉の広がりがあることを大切にしたい。しりとりも、どの子も親しみやすく楽しく語彙を増やすことのできる遊びである。本学習以外の時間にも取り組ませていきたい。

本時案

あいうえおで あそぼう

本時の目標

・身近なことを表す言葉を集めてリズムよく並べようとすること、互いに紹介し合うことで、様々な言葉に気付くことができる。

本時の主な評価

❸考えたことが相手に伝わるように、進んで紹介しようとしている。【態度】
・同じ行の文字から始まる言葉を協力して集め、その中からリズムよく読める言葉を選び並べている。

資料等の準備

・作った歌を書きこむ用紙 15-02
・言葉集め用ワークシート 15-03

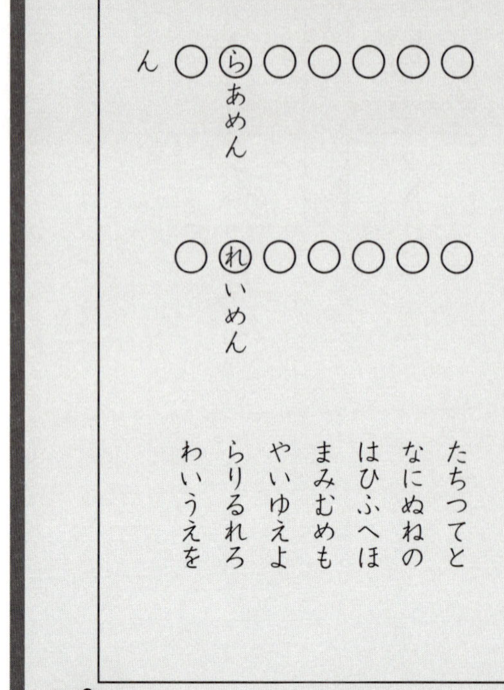

授業の流れ ▷▷▷

1 「あいうえおのうた」に出てくる言葉の決まりを知る 〈10分〉

○はっきりと声に出して音読ができるよう、口の形を意識させる。知らない言葉を確認する。
○自分たちで新しい「あいうえおのうた」を作ることを伝え、「あいうえお」の上にはどんな言葉が並んでいるかを問いかけ、作るときのきまりを確かめる。
・あいうえおから始まる言葉が並んでいます。
・4文字の言葉か3文字の言葉です。
○例として1行取り上げてクラスで作り、手順が分かるようにする。
①「らりるれろ」から始まる言葉を集める。
②2つ選んで読み、読みやすいか確かめる。
③いいなと思う2つの言葉の組み合わせを考える。
④手を挙げて投票で決める。

2 言葉集めをして、「1年○組のあいうえおのうた」を考える 〈25分〉

○隣の席の子と2人組で作っていく。行をこちらから1つ指定し、言葉集めをさせる。ワークシート（資料4）を使って考える。実態に合わせて、交替で書いても1人が書いてもよい。
○言葉がある程度集まったら、2つの言葉の組み合わせを考えさせる。その中から、紹介するために特にいいなと思うものを選ばせておく。
○早く終わった組は、他の行の言葉についても考えてよいこととする。
○なかなか言葉が集められていない組や、言葉の組み合わせに悩んでいる組を見て回り、アドバイスする。

あいうえおで　あそぼう

1ねん　1くみの「あいうえおの　うた」を　つくろう。

1
・その　れつの　もじから　はじまる　ことば
・4もじか　3もじの　ことば

①ことばを　あつめる「らりるれろ」
らあめん　らっぱ　ろうそく
らいおん　ろんどん　りんご
るびい　れもん　りんす

②2つ　えらんで　よむ
らいおん　ろんどん　りっぱな　らあめん
○らあめん　れいめん　りんご　れもん
らいおん　るんるん　らんどせる　るんるん

3　2

1ねん　1くみ「あいうえおの　うた」
○○○　○○○
あいうえお
かきくけこ
さしすせそ

3　言葉を決めて、作った歌を音読する〈10分〉

○あ行から順に、クラスの「あいうえお」に入れるものを決めていく。その始まっていないものや文字数の違うものは外して決めていく。

T　「あ」の行を作った人、作った歌を教えてください。

・あさがお　あかいな　あいうえお。
・いす　いちご　あいうえお。
・うきうき　えんそく　あいうえお。

T　いろいろ考えられましたね。どれがいいでしょう。

・４文字のほうがいいと思います。
・遠足に行ったからいいと思います。

○最後に通して音読する。全員で考えて素敵なものが作れたことを褒め、愛着をもたせたい。

よりよい授業へのステップアップ

言葉をたくさん集める

教科書の「この　ほん、よもう」に掲載されている本など、あいうえおを題材にしている絵本は多く出ている。紹介し、教室に置いておくとよい。

第２時でも各班で協力して言葉を集める活動をしているので、参考になるように、作った言葉を写真に撮って印刷しておいてもよい。

１人では集めるのに時間のかかる子、平仮名を書くのが難しい子もいるので、２人組の学習とした。

資料

1 第１時・第２時　平仮名カード 15-01

※い段、う段、え段、お段のカードも DVD に収録してあります。

わ	ま	た	あ
	や	な	か
	ら	は	さ

2 第１時・第２時資料

資料1を教科書の色にそろえて、色画用紙に印刷する。

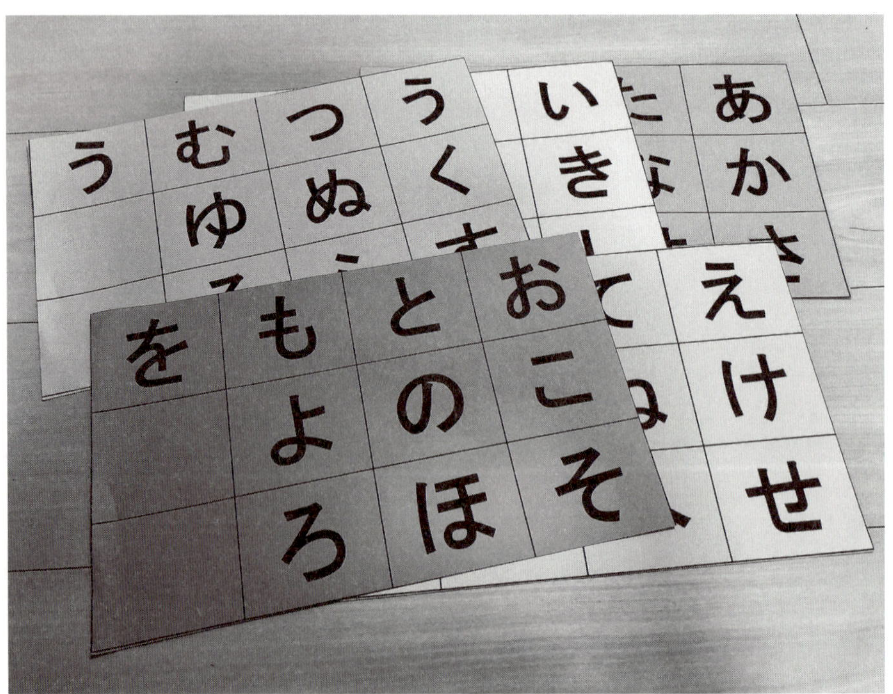

3 第３時　板書掲示用 15-02

1ねん　1くみ「あいうえおで　あそぼう」

○　あいうえお
○　かきくけこ
○　さしすせそ
○　たちつてと
○　なにぬねの
○　はひふへほ
○　まみむめも
○　やいゆえよ
○　らりるれろ
○　わいうえを
ん

4 第３時　言葉集め用ワークシート（あ行の歌を作る子供用）15-03

ねん　くみ　なまえ（　　）

「あいうえおで　あそぼう」を　つくろう

「あいうえお」から　はじまる　ことば

○　○　あいうえお
○　○　あいうえお
○　○　あいうえお
○　○　あいうえお
○　○　あいうえお
○　○　あいうえお

右側に集めた言葉を書かせ、左側に２つを選んで書かせる。

おおきく　なった　（4時間扱い）

〔知識及び技能〕(1)オ　〔思考力、判断力、表現力等〕B書くことア　主な言語活動例B(2)ア

単元の目標

・書こうとする題材に必要な事柄を集め、観察したことを記録する簡単な文章を書くことができる。

評価規準

知識・技能	❶身近なことを表す語句の量を増し、話や文章の中で使うとともに、言葉には意味による語句のまとまりがあることに気付き、語彙を豊かにしている。(〔知識及び技能〕(1)オ)
思考・判断・表現	❷「書くこと」において、経験したことや想像したことなどから書くことを見つけ、必要な事柄を集めたり確かめたりして、伝えたいことを明確にしている。(〔思考力、判断力、表現力等〕Bア)
主体的に学習に取り組む態度	❸進んで内容のまとまりが分かるように書き表し方を工夫し、学習の見通しをもって記録する文章を書こうとしている。

単元の流れ

次	時	主な学習活動	評価
一	1	学習の見通しをもつ 生活科で育てている植物（アサガオ）を観察し、「よくみて、くわしくかこう」という学習課題を確認する。学習の見通しをもつ。 どんな観点で植物を観察したいかを出し合い、クラス全体で共有する。	
二	2	教科書の二つのモデル文を読み、書かれている観点と書き方の共通点・相違点を見つけ、観察記録の書き方を知る。	❶
	3	生活科で育てている植物を観察し、気付いたことをメモしたり、絵を描いたりする。 観察して気付いたことを文にし、観察記録を書く。	❷
三	4	観察の観点や書き方について助言し合い、書いたものを友達と交流する。 学習を振り返る いろいろな観点から観察することで、様子を詳しく記録できることを確かめ、学習を振り返る。	❸

授業づくりのポイント

〈単元で育てたい資質・能力〉

本単元のねらいは、対象を丁寧に観察し、観察したことを表すための観点を見つける力を育むことである。それは、書くために題材の設定、情報の収集、内容の検討をしていくということである。対象の「色」「形」「大きさ」「高さ」等、観察の観点を全体で話し合い、子供が知っている語彙を共有する場を設定する。そして、子供はその観点を意識して観察するようになると考える。詳しく観察することや、観察したことを記録するとはどういうことかを考え、記録する簡単な文章を書くことができるようにする。

具体例

○教科書には、「色」「形」「大きさ」「高さ」「太さ」「数」「におい」「さわった感じ」「重さ」の観点が挙げられている。観点をただ示すのではなく、子供の諸感覚とつなげて各観点を提示していくことを大切にする。

〈教材・題材の特徴〉

教科書には、２つのモデル文が掲載されている。２つのモデル文を比較することで、書かれている観点と書き方の共通点・相違点について考えることができる。２つのモデル文を比較し、共通点・相違点について考えることを通して、観察記録の書き方を知る。観点と書き方を自分で選択することが主体的な学習活動へとつながる。

具体例

○観点と書き方の違う２つのモデル文である。「はっぱがおおきくなった」ときの記録文は、「おおきさ」と「さわったかんじ」の観点がそれぞれ文で書かれている。「つぼみができた」ときの記録文は、「かず」「かたち」「いろ」の観点が箇条書きで書かれている。

〈他教材や他教科との関連〉

生活科で育てている植物（アサガオ）や学校で飼育している生き物など動植物を題材にして書くことができる。できるだけ子供の身近に、そして継続的に観察できるもののほうが、観点の変化にも気付きやすい。また子供の学習意欲も高まる。１回だけの学習活動ではなく、継続的に記録をしていけるとよい。語彙を増やし、表現の仕方を習得し、今後の生活でも活用できるようになる。

具体例

○他教科との関連で、生活科の学習カード等に学習を広げていくことができる。観察の観点を学ぶことで、観点に沿った観察をすることができるようになる。

本時案

おおきく なった

本時の目標

・対象を丁寧に観察し、気付いたことを伝え合い、学習計画を立て、見通しをもつことができる。

本時の主な評価

・対象を丁寧に観察して気付いたことを伝え合い、観察の観点を知り、学習の見通しをもとうとしている。

資料等の準備

・生活科の学習など学校で育てている植物（アサガオ）
・全体のアサガオの写真
・観点に沿って焦点化されたアサガオの写真
・探偵の挿絵 16-01
・観察の観点の短冊カード 16-02

★たかさ
★ふとさ
★おもさ

3 がくしゅうの なまえ

あさがおたんていに なって、かんさつかあどを
かこう。

ふりかえり

・これから たんていに なって、かんさつかあどを
かくのが たのしみです。
・はっぱの おおきさに ついて、くわしく
かきたいです。

授業の流れ ▷▷▷

1 学校で育てているアサガオを観察して、アサガオへの興味をもつ〈5分〉

T 学校で育てているアサガオが大きくなってきましたね。みなさんは、アサガオ探偵です。見て、どんなことに気付きましたか。
・葉っぱがたくさんあります。
・花はまだ咲いていません。
・つぼみがあります。
・つるが伸びていて、からまっています。
・前よりも背が高くなりました。
・大きくなってうれしいです。
〇生活科の学習など学校で育てている植物（アサガオ）に目を向けさせる。以前と比べてどのような成長をしているのかを自由に発表させ、子供の発言を板書する。そこから、観点へとつなげていく。

2 アサガオをさらに詳しく観察して、観察カードの観点を話し合う〈35分〉

T 今度は、アサガオの葉っぱをもっとよく見て、調べてみましょう。
・葉っぱの色は、緑のところと黄緑色のところがあります。（色）
・葉っぱは15枚あります。（数）
・葉っぱをよく見ると、しわがあります。（形）
・触るとザラザラします。（触った感じ）
・葉っぱの大きさはぼくの手と同じくらいです。（大きさ）
・ミントみたいなにおいがします。（におい）
・形はハートの形に似ています。（形）
〇葉に注目し、よく見させ、気付いたことを発表させる。子供の発言を観点ごとに整理して板書する。子供の諸感覚とつなげていく。

おおきく　なった
あさがおたんていに　なって、
あさがおを　よく　みよう。
アサガオの全体の写真を掲示する。
1
アサガオの葉を大きくした写真を掲示する。（焦点化）
2
・はっぱ
・はな
・つぼみ
・つる
・せの　たかさ
・つる
・おおきく　なった
★いろ
・みどりと　きみどり
★かず
・１５まい
★かたち
・しわが　ある。
・はあとの　かたち
★さわった　かんじ
・ざらざらする。
★おおきさ
・てと　おなじくらい。
★におい
・みんとみたいな　におい
観察の観点が分かるようにする。観点は、短冊カードに書く。

3 学習の最後に記録カードを書くという単元の見通しをもつ〈5分〉

T　みなさんが調べたように、「色」「形」「触った感じ」「大きさ」「数」などに注目するとアサガオ探偵になれますね。

・調べたことをみんなに教えたいです。

・分かりやすく伝えたいです。

○アサガオを観察する観点「色」「高さ」「におい」「形」「太さ」「触った感じ」「大きさ」「数」「重さ」を確認する。

T　アサガオ探偵になって、アサガオについて調べたことを報告する観察カードを書きましょう。振り返りを書きましょう。

○できるようになったこと、知ったこと、次の時間にやりたいことなどを振り返らせる。

○子供と話し合いながら学習課題を作り、単元の見通しをもたせる。

よりよい授業へのステップアップ

焦点化

最初は、観察対象を大きく見て、そこから詳細に見るようにする。葉、つる、つぼみ、茎、花など対象物の中で焦点化しやすいものを取り上げるとよい。

観察の観点

子供の発言を大切にして観察の観点をまとめていく。板書をするときに、子供の発言を整理して書くことで、観点に気付きやすくするようにしていく。

本時案

おおきく　なった

本時の目標

・教科書の二つのモデル文を読み、書かれている観点と書き方の共通点・相違点を見つけ、観察記録の書き方を知ることができる。

本時の主な評価

❶観察の観点を表す語句の量を増し、語彙を豊かにしている。【知・技】

資料等の準備

・教科書の観察カード2例の拡大コピー
・観察の観点の短冊カード　16-02
・書くときのポイント短冊カード　16-03

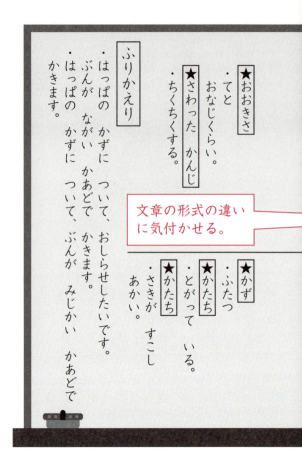

★おおきさ
・てと　おなじくらい。
★さわった　かんじ
・ちくちくする。

文章の形式の違いに気付かせる。

★かず
・ふたつ
★かたち
・とがって　いる。
★かたち
・さきが　すこし　あかい。

ふりかえり
・はっぱの　かずに　ついて、おしらせしたいです。ぶんが　ながい　かあどで　かきます。
・はっぱの　かずに　ついて、ぶんが　みじかい　かあどで　かきます。

授業の流れ ▷▷▷

1　前時の観察カードの観点を確認する　〈5分〉

T　アサガオ探偵になったみなさんは、何に注目して観察カードを書きますか。
・色です。
・高さです。
・においです。
・形です。
・太さです。
・触った感じです。
・大きさです。
・数と重さです。
T　それでは、今日は、この2枚のカードを使って考えていきましょう。
○前時の板書で使用した短冊カードを使いながら進め、諸感覚を使って観察することを確認する。

2　2枚の観察カードを比べ、観察カードの書き方を知る　〈30分〉

T　1枚目のカードと2枚目のカードの観察カードには、どんなことが書いてありますか。
・葉っぱが大きくなったこととつぼみができたことが書いてあります。(題名)
・自分の名前が書いてあります。(名前)
・日にちです。(日にち)
・絵です。(絵)
・大きさです。(観点に沿った気付き)
・触った感じです。(観点に沿った気付き)
・色です。(観点に沿った気付き)
○観察カードを見て気付いたことを発表させ、書き方を確認する。

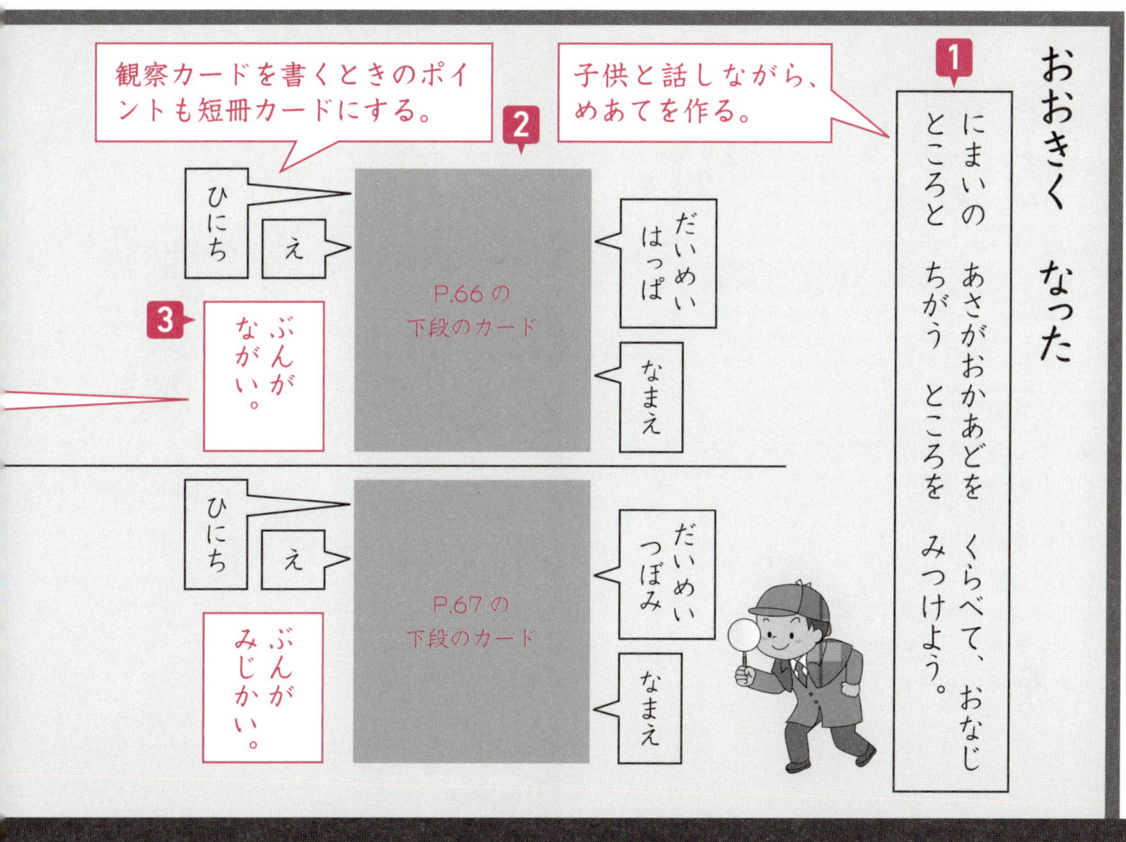

3　2枚の観察カードを比べ、観察カードの文章形式を知る〈10分〉

T　2枚の観察カードを比べて違うところは何ですか。

・観察したものが違います。
・調べたことが違います。
・2枚目は、短冊カードの言葉が書いてあります。文が短いです。

○自分で決めた観察の観点に沿って記録していることを確認する。1枚目は文章、2枚目は箇条書きで書かれているという文章の形式にも気付かせていく。

T　アサガオの何について書くか、どちらのカードの書き方で書くかを決めましょう。振り返りを書きましょう。

○次時の見通しをもたせる。

よりよい授業へのステップアップ

2枚の観察カードの比較

2枚の観察カードを比較することで、共通点と相違点を見いだすことができる。2枚のカードを比較し、子供の発言を丁寧に取り上げ、書き方を確認する。

観察カードの文章形式の比較

2枚の観察カードの文章形式が異なっている。1枚目は文章で書かれ、2枚目は観点をはっきりと出し、箇条書きで書かれている。それぞれのよさを取り上げるようにする。

本時案

おおきく なった

本時の目標

・生活科で育てている植物を観察して気付いたことを文にし、観察記録を書くことができる。

本時の主な評価

❷観察したことから観察の観点を決め、書いている。【思・判・表】

資料等の準備

・教科書の観察カード2例の拡大コピー
・観察の観点の短冊カード 16-02
・書くときのポイント短冊カード 16-03
・自分の育てている植物（アサガオ）

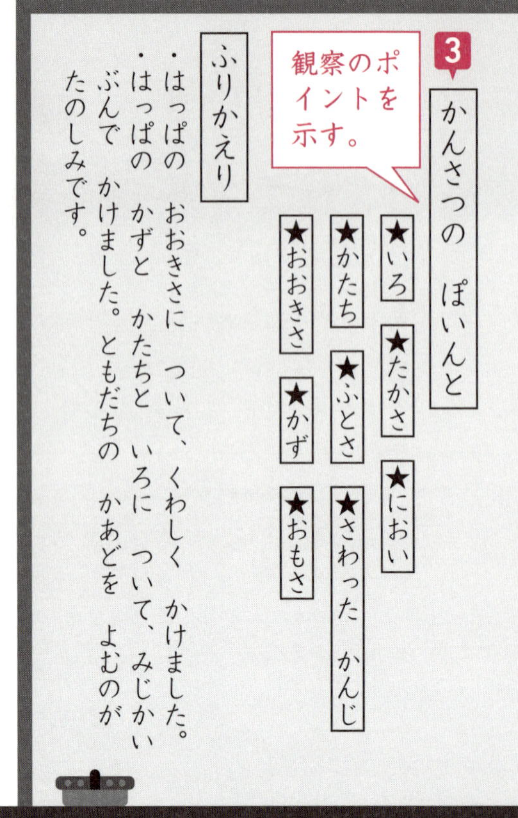

授業の流れ ▷▷▷

1 前時の観察カードの観点と文章形式を確認する 〈5分〉

T アサガオ探偵になったみなさんは、どちらの観察カードの文で書きますか。
・1枚目みたいな長い文です。
・2枚目みたいな短い文です。
T 何に注目して観察カードを書きますか。
・色です。
・においです。
・形です。
・触った感じです。
・数です。
○どちらの文章形式を選ぶかを確認し、前時の板書で使用した観察の観点の短冊カードも使いながら進める。

2 自分のアサガオの様子を観察カードに書く 〈35分〉

T ポイントを決めて、観察カードを書きましょう。
・葉の数について書こう。
・つるについて書きたいな。
・まずは、題名と名前と日にちを書こう。
・どの観察のポイントにしようかな。
・数と形と色の3つのポイントを書きたいな。
○自分で決めた観察の観点に沿って書かせる。文→絵の順序で観察カードを書かせる。
○机間指導をし、観察の観点に迷う子供は、個別指導する。
○新しい観察の観点を書くときには、1マス下げさせる。また、句読点をしっかり書かせる。

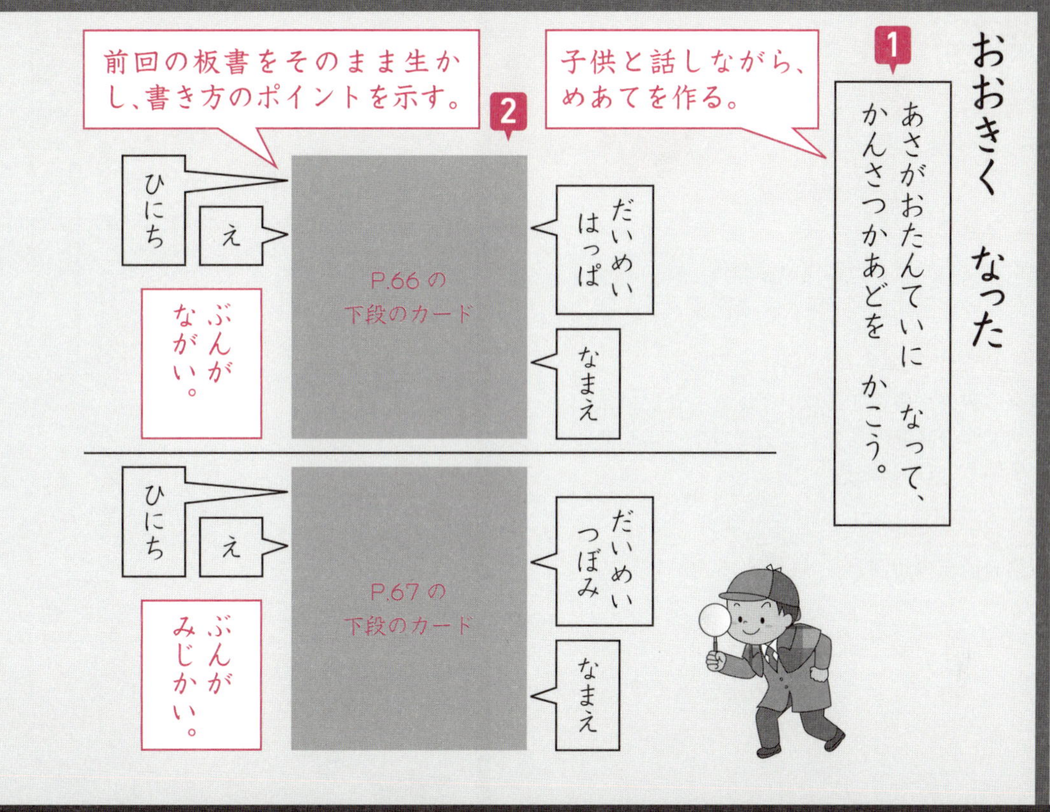

3 書き終えたカードを読み直す〈5分〉

T　書き終わったカードを読み直しましょう。

・字の間違いがないか見直そう。

・1マス下げているか、「、」や「。」がきちんと書いてあるか確認しよう。

・観察のポイントをきちんと書いているか確認しよう。

○自分で決めた観察の観点に沿って記録しているか、書いた文章の内容を確認する。また、誤字脱字もないかを確認し、推敲の習慣を身に付けさせていく。

T　アサガオ探偵になって、観察カードを書くことができました。次回は友達と読み合いましょう。振り返りを書きましょう。

○次時の見通しをもたせる。

よりよい授業へのステップアップ

観察のポイント

　第1・2時で、学習してきた観察のポイントを使って、書く時間である。観察のポイントを掲示しておくなどして、普段から意識させるようにしておく。

推敲の習慣

　本単元だけでなく、これから文章を書く機会が増えてくる。文章を書いたら、読み直し、読み直すことでよりよい文章になることに気付かせ、推敲する習慣を付けさせていく。

本時案

おおきく なった

本時の目標

・観察の観点や書き方について助言し合い、書いたものを友達と交流することができる。

本時の主な評価

❸観察の観点や書き方について助言し合い、自分や友達の文章のよいところを見つけようとしている。【態度】

資料等の準備

・観察の観点の短冊カード 16-02

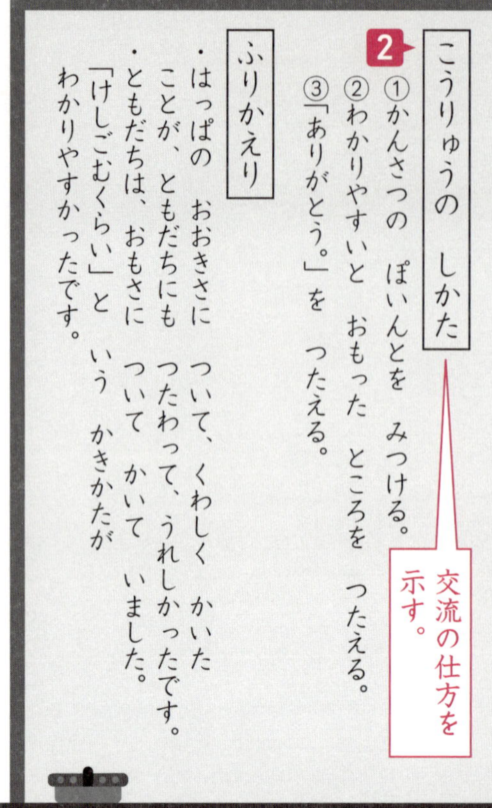

こうりゅうの しかた
2
①かんさつの ぽいんとを みつける。
②わかりやすいと おもった ところを つたえる。
③「ありがとう。」を つたえる。
交流の仕方を示す。
ふりかえり
・はっぱの おおきさに ついて、くわしく かいた ことが、ともだちにも つたわって、うれしかったです。
・ともだちは、おもさに ついて かいて いました。「けしごむくらい」と いう かきかたが わかりやすかったです。

授業の流れ ▷▷▷

1 友達の観察カードを読んで、よいところを伝え合う交流の仕方を知る 〈5分〉

T 何に注目して観察カードを書きましたか。

・色です。
・においです。
・形です。
・触った感じです。
・数です。

〇前時の板書で使用した観察の観点の短冊カードも使いながら進める。

T 友達の観察カードの分かりやすいところと観察のポイントを読みます。

〇交流の仕方を伝える。①観察のポイントが何であるか。②分かりやすいと思うところはどこか。この2点を伝える。

2 友達の観察カードを読んで、よいところを伝え合う 〈25分〉

T 友達の観察カードを読んで、分かりやすいところを伝え合いましょう。

・葉っぱの大きさが、手と同じくらいと書いてあって、とても分かりやすかったよ。
・葉っぱを触ってみると、ざらざらしたんだね。ぼくのアサガオでも確かめてみたいな。葉っぱについてよく分かったよ。
・文や書いてあることが、絵を見るとよく分かるよ。

〇交流のポイントに沿って、交流ができているかを机間指導しながら確認する。

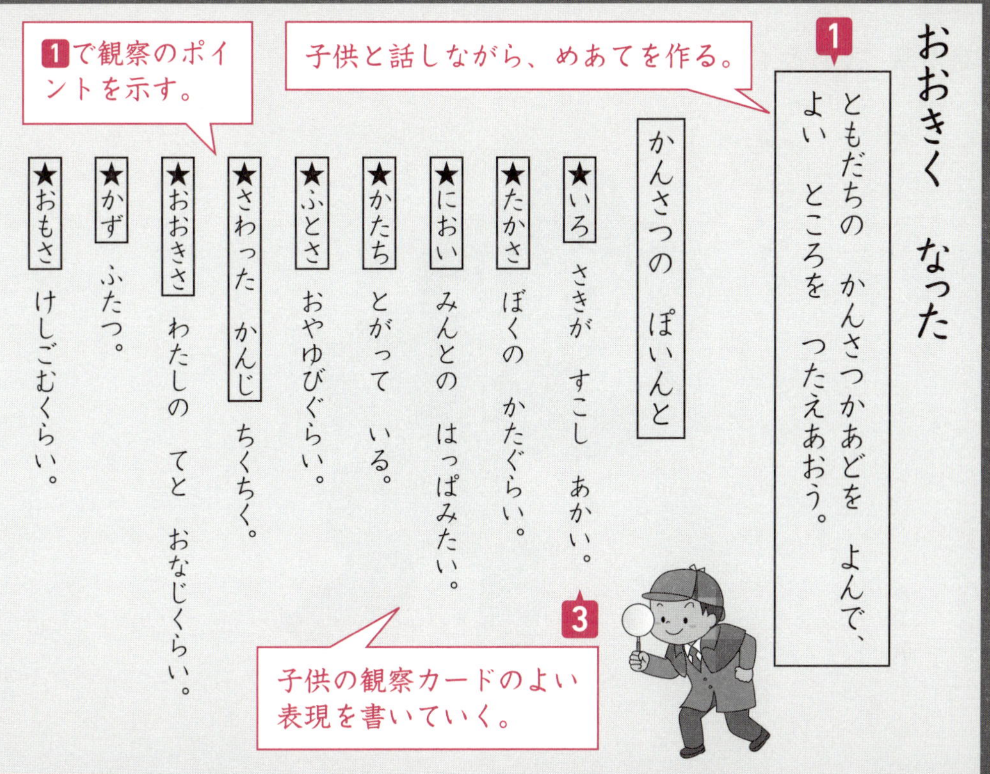

3 交流したことを振り返って、カードを書き直し、単元の振り返りをする〈15分〉

T　友達との伝え合いを通して、いいなと思ったことやカードに付け足したいこと、書き直したいことはありますか。

・「さきが　すこし　あかい。」と書いてあったのがよかったです。
・はっぱが「とがって　いる」というのを読んで、形をもう少しよく見て書こうと思いました。
・字の間違いがあったから直したいです。
・観察のポイントをもう一度確認しましょう。

○交流したことを生かして、よりよいカードになるように書き直す時間を取る。

T　アサガオ探偵になって、観察カードを書くことができました。振り返りを書きましょう。

○単元全体の振り返りをする。

よりよい授業へのステップアップ

交流の仕方

ただ、読み合うのではなく、目的をもって読み合うために交流の仕方を丁寧に指導する。

①観察のポイントが何であるか。
②分かりやすいと思うところはどこか。

交流を通しての推敲

交流を通して、読み直し、書き直す。よりよい文章にしたいという子供の意欲を大切にし、よりよい表現は取り上げ、書いた達成感を味わわせたい。

資料

1 第１時　写真とイラスト　16-01

2 第１時〜第４時　観察の観点の短冊カード　16-02

★いろ
★かたち
★おおきさ
★たかさ
★ふとさ
★かず
★におい
★さわった かんじ
★おもさ

3 第２時・第３時　書くときのポイント短冊カード 16-03

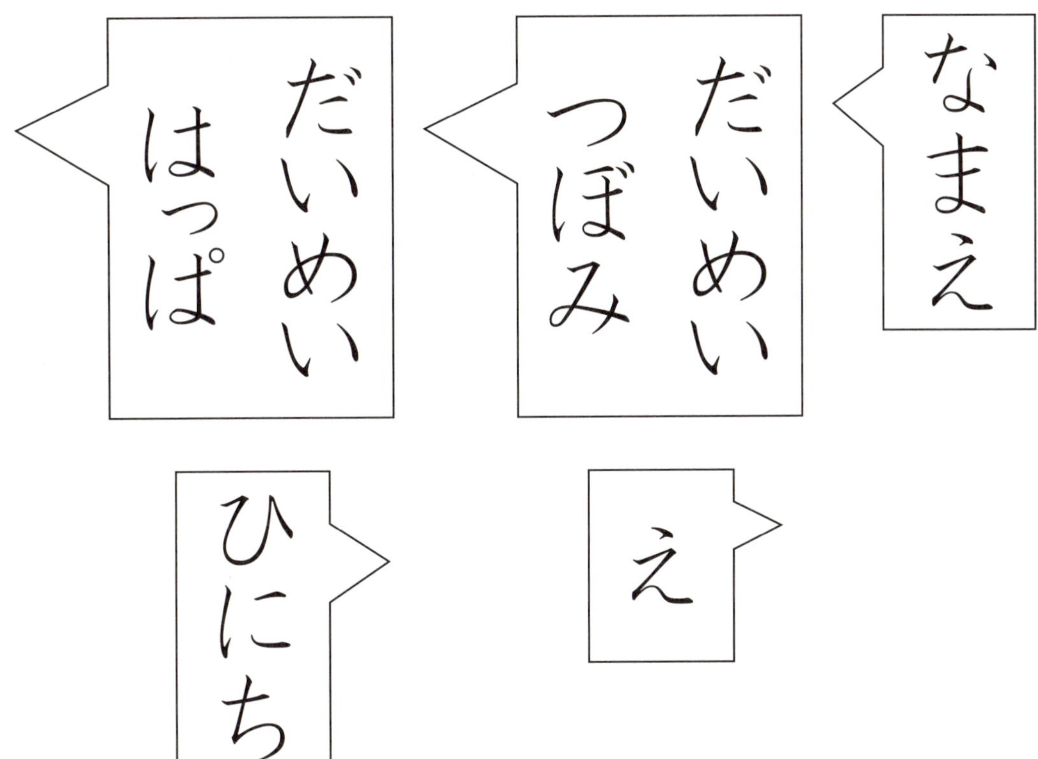

おおきな　かぶ　（6時間扱い）

〔知識及び技能〕(1)ク　〔思考力、判断力、表現力等〕C 読むことイ、エ　関連する言語活動例 C(2)イ

単元の目標

・場面の様子について、登場人物の行動を中心に想像を広げながら読むことができる。
・繰り返しの言葉やリズムを考えながら、声に出して読むことができる。

評価規準

知識・技能	❶語のまとまりや言葉の響きなどに気を付けて音読している。(〔知識及び技能〕(1)ク)
思考・判断・表現	❷「読むこと」において場面の様子や登場人物の行動など、話の内容の大体を捉えている。(〔思考力・判断力・表現力〕C イ) ❸「読むこと」において場面の様子に着目して、登場人物の行動を具体的に想像している。(〔思考力・判断力・表現力〕C エ)
主体的に学習に取り組む態度	❹進んで場面の様子から登場人物の行動を具体的に想像し、学習の見通しをもって、想像したことや考えたことを音読で表現しようとしている。

単元の流れ

次	時	主な学習活動	評価
一	1	教師の範読後、全文を読み、物語の場面や登場人物や出てくる順番を確かめる。 初発の感想を書く。	
二	2	**学習の見通しをもつ** 初発の感想から、話の特徴やおもしろいところを共有し、学習課題を考える。 繰り返しの言葉を見つけ、その効果を考える。	❷
	3	かぶを抜こうとするときや助けを呼ぼうとするときの、登場人物の行動や気持ちを想像する。 繰り返し出てくる言葉の意味の違いを考え、音読の仕方を工夫する。	❶
	4	かぶが抜けないときやかぶを抜こうとするときの、登場人物の行動や気持ちを想像する。 つなぎ言葉の意味の違いを考え、音読の仕方を工夫する。 かぶが抜けた理由について話し合う。	❸
三	5・6	役割を決めて、音読の練習をする。 音読発表会をする。 **学習を振り返る** 学習の振り返りをする。	❹

授業づくりのポイント

〈単元で育てたい資質・能力〉

本単元のねらいは、場面の様子から想像したことを音読で表現する力を育むことである。

そのために、登場人物の行動や会話に着目し、具体的に登場人物の様子や気持ちを想像できるようにする。想像したことを音読で表現することで、繰り返し出てくる言葉の意味やリズムのよさなどに気付くことができるようにする。

具体例

○おじいさんはかぶの種をまくときに、「あまい　あまい　かぶに　なれ。おおきな　おおきな　かぶに　なれ。」と言っている。「あまい　かぶに　なれ。」ではなく「あまい　あまい」や「おおきな　おおきな」と2回同じ言葉を繰り返している。このことから、このときのおじいさんの気持ちを考えさせたい。

〈教材・題材の特徴〉

「おおきな　かぶ」は、反復表現と登場人物が現れる順序が特徴的な話であり、その繰り返しの効果がおもしろさを引き出している教材である。

登場人物が次の登場人物を呼んでくる同じ展開の繰り返し、「うんとこしょ、どっこいしょ。」という同じ掛け声の繰り返し、「〇〇が□□をひっぱって」という行動描写の繰り返し、「それでも～ぬけません」「まだまだ～ぬけません」等の接続詞や副詞を使った同じ状況の繰り返しがある。言葉の繰り返しは、イメージと意味を強調する効果がある。

登場人物が現れる順序は、自分よりも力が弱いものを呼んでくる設定が繰り返される。大きなかぶを抜こうとしているのに対して、どんどん力が小さい登場人物が登場することで、かぶが抜けてほしいという思いと果たしてかぶは抜けるのかという緊張感があいまって、読み手は作品に引き込まれていく。最後に小さな力のねずみの参加でかぶが抜ける意外性とともに、みんなで協力することの大切さや小さな存在の大きな役割という価値も見いだすことができる。

具体例

○「うんとこしょ、どっこいしょ。」は6回繰り返される。1回ごとにかぶを引っ張る人数が増えるとともに、かぶを抜きたいという気持ちが強くなっていく。このことを踏まえ、どのように音読することがふさわしいのかと、表現方法を考えさせていく。

○「〇〇が□□をひっぱって」という表現が繰り返されることで、文章にリズムのよさが生まれる。登場人物の動作と会話のタイミングなどを具体的に想像させていく。

〈言語活動の工夫〉

話の繰り返される展開や繰り返し出てくる言葉に着目し、その効果のおもしろさを味わえるように言語活動を設定する。そのために、場面ごとに区切って読むのではなく、話全体を何度も通読することで、繰り返される言葉の意味の違いや効果を読み取り、音読の表現に生かせるようにする。また、繰り返される言葉が生み出す心地よいリズムによって、読み手は、自然と身体も動きだすであろう。動作化も取り入れながら、場面の様子を具体的に想像できるようにするとよい。

具体例

○話の世界を具体的に想像できるように、気持ちや会話を書き込めるようなワークシートを用意する。また、具体的に動作化できるように立体的なかぶを用意するなど工夫する。

○どのような音読表現がよいかについて、友達同士がアドバイスできる学習環境も整えたい。

本時案

おおきな　かぶ

本時の目標

・話の流れや登場人物を読み取ることができる。
・話を読んで、感想をもつことができる。

本時の主な評価

・話の流れを理解し、登場人物が出てくる順番を読み取っている。
・話のおもしろいところに気付き、感想を書くことができている。

資料等の準備

・挿絵
・登場人物のお面とかぶの絵　17-01～07

P.76 ～ 77 の挿絵

6

かぶは　ぬけました。

3

かんそうを　かこう
・おもしろいと　おもった　こと
・ふしぎだなと　おもった　こと

授業の流れ

1 「おおきな　かぶ」という題名から、どんな話か想起させ、教師の範読を聞く〈10分〉

○題名「おおきな　かぶ」や挿絵から話の内容を想像させ、話の内容に興味や期待感をもたせるようにする。

T 「おおきな　かぶ」はどんな話だと思いますか。

・大きなかぶの話。
・おじいさんがかぶを抜く話。

○範読を聞かせる際には、意識させたい観点を提示してから聞かせるようにする。

T どんな話か、登場人物は何人でてくるのかを考えながら聞きましょう。

2 物語の場面や登場人物を出てきた順番に確認する〈25分〉

○教師の後に続いて全文を音読する。

○音読する際には、地の文と会話文（「　」）があることを確認し、会話文を意識して音読できるようにする。

T 話の場面はどこですか。

・おじいさんの畑。

T どんな話でしたか。

・おじいさんが大きなかぶを育てた話。
・みんなで力を合わせてかぶを抜く話。

T 登場人物は何人いましたか。それは誰ですか。出てきた順番に言いましょう。

・６人。
・おじいさん、おばあさん、まご、いぬ、ねこ、ねずみ。

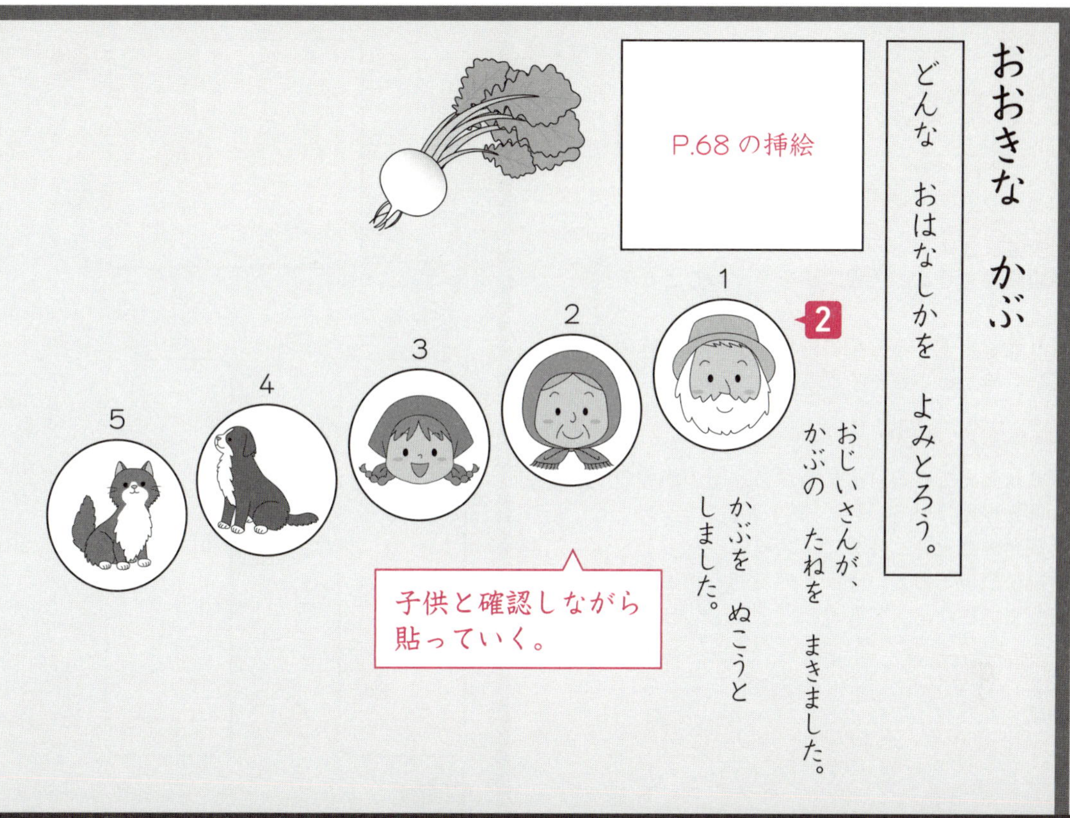

3 物語を読んだ感想を書く〈10分〉

○観点（おもしろいと思ったこと・不思議だなと思ったことなど）を示して感想を書かせるようにする。

・何回も「うんとこしょ、どっこいしょ。」と言っていておもしろい。

・なかなかかぶが抜けなくて、どきどきした。

・みんなでかぶを引っ張って、かぶが抜けてよかった。

・どうして、ねずみが引っ張ってかぶが抜けたのだろう。

よりよい授業へのステップアップ

範読の工夫

低学年の子供への教師の範読は、子供が話を理解したり、話の世界に浸ったりする手助けとなるため重要である。地の文と会話文の表現の違いが分かるように音読し、「誰が何をしたのか」「だれが何と言ったのか」など、登場人物の行動や話の展開を理解できるように工夫する。

掲示物の工夫

話の流れや登場人物の順番を理解できるように挿絵などの掲示物を効果的に使うようにしたい。

本時案

おおきな　かぶ　2/6

本時の目標

・学習感想を基に、学習課題を考えることができる。
・繰り返し出てくる言葉に気付き、その意味の違いを考えることができる。

本時の主な評価

❷繰り返し出てくる言葉に着目し、話の内容の大体を捉えている。【思・判・表】
・音読発表会を開くために、読み取ったことを音読で表現するという学習の目的と見通しをもっている。

資料等の準備

・挿絵

3

P.68の挿絵

「あまい　あまい　かぶに　なれ。

おおきな　おおきな　かぶに　なれ。」

授業の流れ ▷▷▷

1 初発の感想を発表し、学習課題を立てる〈15分〉

T　話を読んで、おもしろいと思ったことや不思議だと思ったことは何ですか。

○子供が関心を示したことや疑問に思ったことを大切にし、学習課題を立てるようにする。
・「うんとこしょ、どっこいしょ。」の掛け声がおもしろい。→「うんとこしょ、どっこいしょ。」の音読の仕方を考える。
・何回も「かぶはぬけません」と言っていて、早く抜けてほしいと思った。→繰り返し出てくる言葉や文の読み方を工夫する。

単元の目標

場面の様子から想像したことを音読で表そう。

2 繰り返し出てくる言葉を見つける〈15分〉

○繰り返しの言葉に着目させることで、リズミカルな表現のおもしろさを楽しんだり、表現の違いに気付いたりできるようにする。

T　何度も繰り返し出てくる言葉は、どんな言葉ですか。

・「あまい　あまい」。
・「おおきな　おおきな」。
・「○○は□□をよんできました」。
・「○○を□□がひっぱって」。
・「うんとこしょ、どっこいしょ」。
・「かぶはぬけません」。

おおきな　かぶ

1

おはなしを　よんだ　かんそうを　はっぴょうしあおう。

おもしろいと　おもった　こと

・みんなで　どんどん　ひっぱって　いく　ところ
・「うんとこしょ、どっこいしょ」と　いう　ところ
　→◎おんどくの　しかたを　くふうする
・なんかいも　くりかえして　いる　ところ
　→◎くりかえし　でて　くる　ことばの　おんどくの　しかたを　かんがえる

ノートには◎で書いた疑問だけを写させるようにする。

ふしぎだなと　おもった　こと

・どれくらい　おおきい　かぶなのか
・どうして、ねずみが　ひっぱって　ぬけたのか
　→◎どうして、ちいさい　ねずみが　ひっぱった　ときに　かぶが　ぬけたのか

ばめんの　ようすから　そうぞうした　ことを　おんどくで　あらわそう。

2

【くりかえし　でて　くる　ことば】

・あまい　あまい
・おおきな　おおきな
・〇〇は、□□を　よんで　きました。
・〇〇を　□□が　ひっぱって
・「うんとこしょ、どっこいしょ。」
・かぶは　ぬけません。

3 繰り返しの言葉の表現の違いを考え、音読で表現する　〈15分〉

〇言葉を繰り返した場合とそうでない場合の感じ方の違いを踏まえて、音読で表現する。

〇「あまい　かぶ」と「あまい　あまい　かぶ」の違いや、「おおきな　かぶ」と「おおきな　おおきな　かぶ」の違いを考える。

・「あまい　あまい」のほうが、あまい感じがする。

・「おおきな　おおきな　かぶ」だと、すごく大きなかぶになってほしいという気持ちが強いと思う。

よりよい授業へのステップアップ

子供の感想を大切にする

子供が感じた話の展開のおもしろさや表現のおもしろさ、不思議に思ったことなどを取り上げながら、子供と共に学習課題をつくるようにしたい。子供自身が学習の目的と見通しをもてるようにすることが大切である。

音読で表現することのよさ

低学年の時期は、音読することで内容の理解につながる。登場人物の様子を具体的に想像させることで、繰り返しの言葉がどのような意味をもつのか、気持ちを踏まえて考えさせたい。

本時案

おおきな　かぶ

本時の目標

・かぶを抜こうとするときや助けを呼ぶときの登場人物の様子などを想像することができる。
・繰り返し出てくる言葉の意味の違いを考え、音読の仕方を工夫することができる。

本時の主な評価

❶繰り返し出てくる言葉の意味の違いを考え、工夫して音読している。【知・技】
・かぶを抜こうとするときや助けを呼ぶときの登場人物の気持ちを想像し、ワークシートに書いている。

資料等の準備

・挿絵
・登場人物のお面とかぶの絵　17-01～07
・ワークシート　17-08

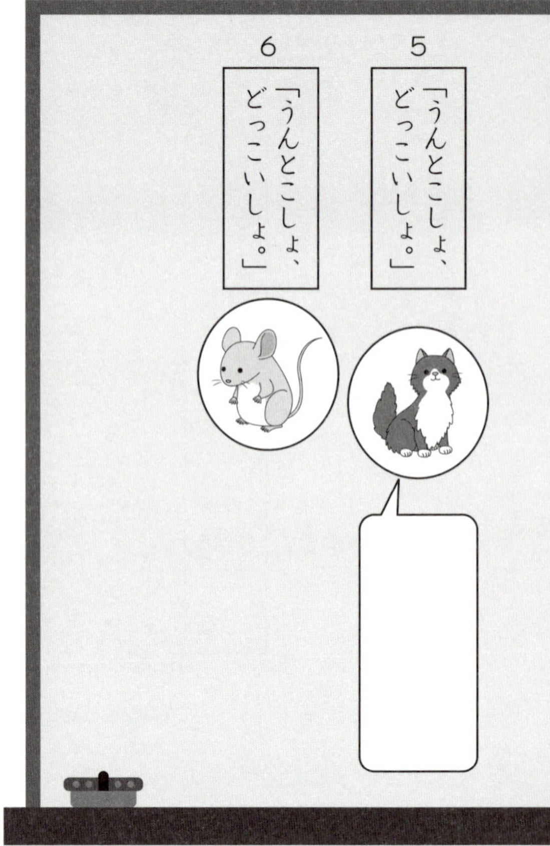

授業の流れ ▷▷▷

1 助けを呼ぶときの気持ちや会話を想像する〈20分〉

○登場人物が１人ずつ増えていく様子やかぶを引っ張る様子を、お面のイラストを動かしたり動作化したりすることで、主語と述語の関係や話の展開を理解しやすくする。
T　おじいさんが呼んできたのは誰ですか。
・おばあさん。
T　おじいさんはどんな気持ちでおばあさんを呼んだのでしょうか。
・かぶが抜けなくて困ったなあ。そうだ、おばあさんにも手伝ってもらおう。
○登場人物の気持ちは、一人一人自分の考えをもたせた上で共有するようにする。

2 繰り返し出てくる「うんとこしょ、どっこいしょ。」の違いを音読で表現する〈15分〉

T　「うんとこしょ、どっこいしょ。」という会話文は、何回出てきますか。
・６回。
T　それぞれの「うんとこしょ、どっこいしょ。」の音読の仕方は違うのでしょうか。
・違うと思います。
・かぶを引っ張る人数が増えています。
・かぶを抜きたいという気持ちが強くなっています。
・人数も増えるし、抜きたい気持ちも強くなるから声も大きくなっていきます。

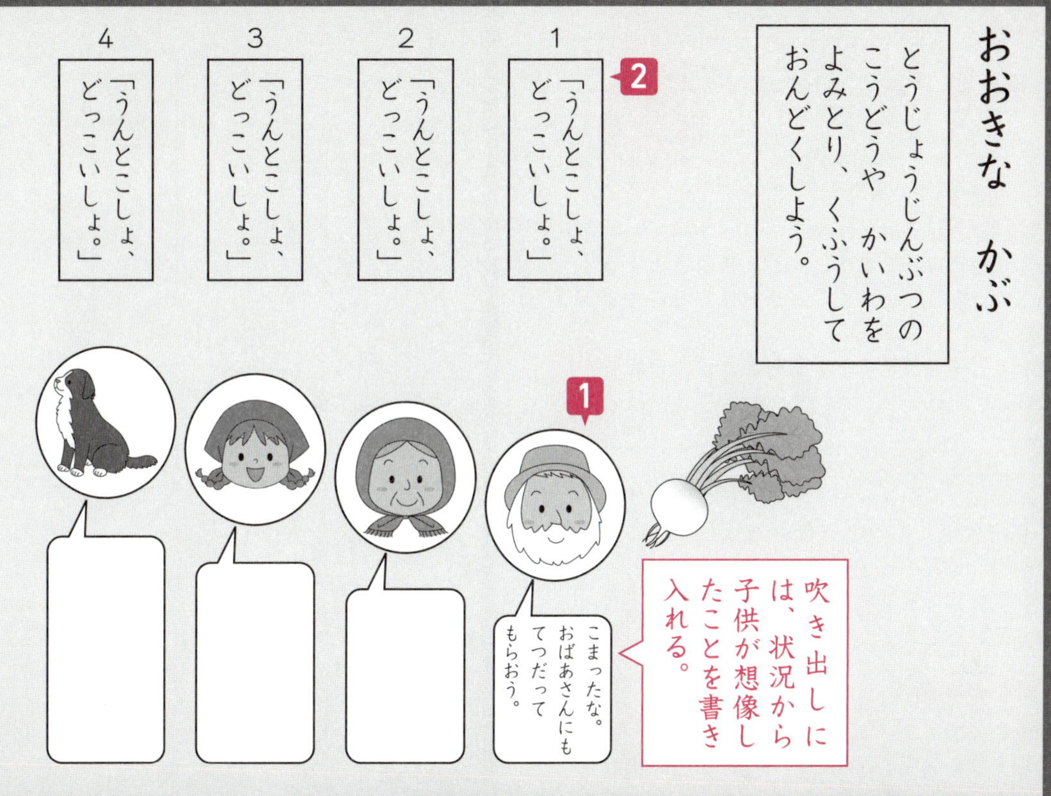

3 読み取ったことを基に、場面の様子や会話文を音読する〈10分〉

T 考えた音読の仕方で、「おおきな　かぶ」を読んでみましょう。

○登場人物の様子や気持ちと関連させて、音読の表現を工夫するようにする。

○友達と聞き合いながらいいところを伝えたり、アドバイスしたりできるようにする。

○音読の工夫を記号や言葉で書き込ませるようにする。

よりよい授業へのステップアップ

登場人物になりきるしかけ

子供たちは音読しながら話を読み進めていくうちに登場人物に同化し、会話文などに合わせて自然と体が動き出すであろう。登場人物のお面や実際に引っ張ることのできる立体的なかぶがあると、場面の様子の想像を広げる手助けとなる。低学年では動作化（劇化）も大切にしたい。

学習のまとめとして最後に音読する

第三次で、音読発表会をするというゴールに向けて、毎時、読み取ったことを音読で表現させていきたい。二次での学びが三次に生かせるようにする。

本時案

おおきな　かぶ

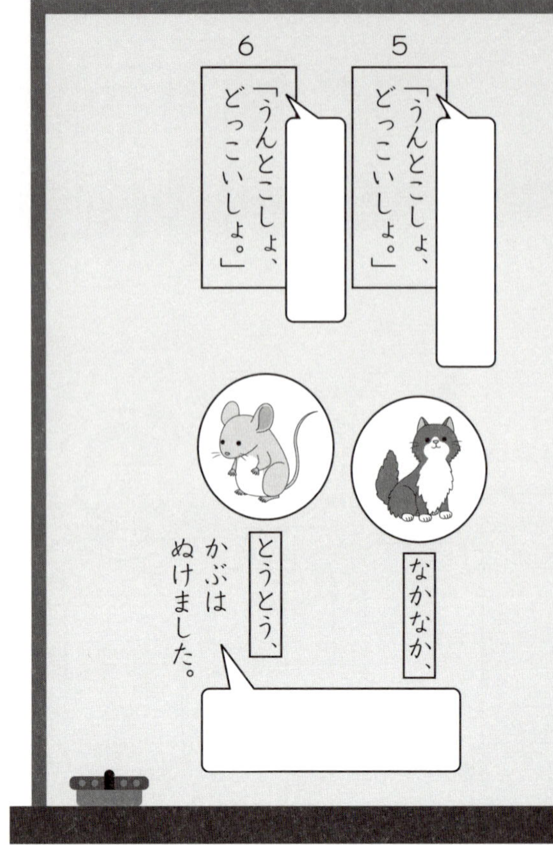

本時の目標

・かぶが抜けないときや、かぶを抜こうとするときの登場人物の様子などを想像することができる。
・つなぎ言葉の意味の違いを考え、音読の表現の仕方を工夫している。

本時の主な評価

❸かぶが抜けないときや、かぶを抜こうとするときの登場人物の気持ちを想像している。【思・判・表】
・つなぎ言葉の意味の違いを考え、工夫して音読している。

資料等の準備

・場面の挿絵
・登場人物のお面とかぶの絵　17-01〜07
・ワークシート　17-09

授業の流れ ▷▷▷

1 つなぎ言葉から場面の様子を読み取る〈10分〉

○つなぎ言葉（接続語や副詞）の意味を考えさせることで、場面の様子や登場人物の気持ちを想像できるようにする。

T 「かぶは　ぬけません。」の前にどんな言葉がついていますか。

・「けれども」。　・「それでも」。
・「やっぱり」。　・「まだまだ」。
・「なかなか」。
・「とうとう」かぶは　ぬけました。

2 かぶが抜けないときの登場人物の様子や気持ちを想像する〈20分〉

○場面ごとの「かぶは　ぬけません。」のときの様子や気持ちを考えるようにする。
・こんなに力を入れても抜けないくらい大きいのか。
・もっと声と力を合わせて抜こう。
○最後にねずみが引っ張ったときに、どうしてかぶが抜けたのかを考える。
・みんなで力を合わせたから抜けた。
・掛け声と動きを合わせたから強い力が出た。
・１人の小さな力も大事なんだな。

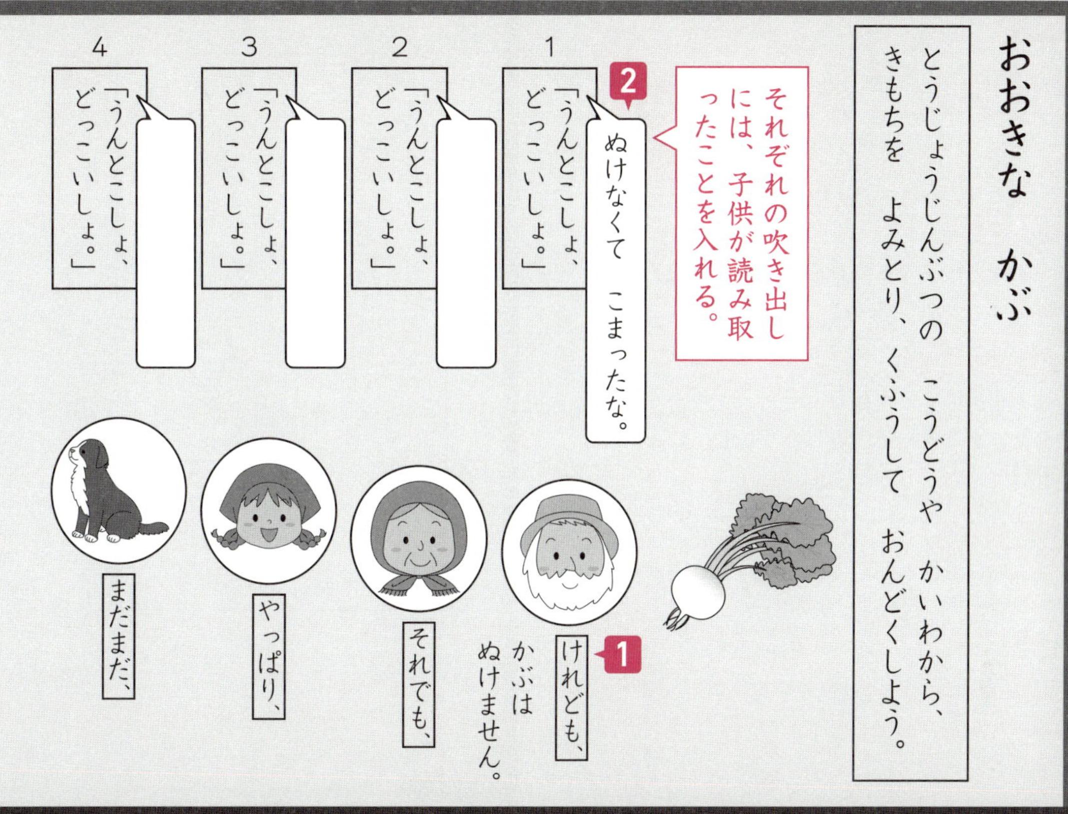

3 読み取ったことを基に、登場人物の様子や気持ちを音読で表現する　〈15分〉

T　登場人物の気持ちになって、音読してみましょう。

○登場人物の様子や気持ちと関連させて、つなぎ言葉の意味の違いを音読で表現できるようにする。

○音読の工夫を、記号や言葉で書き込ませるようにする。

○友達と聞き合いながら、いいところを伝えたり、アドバイスしたりできるようにする。

よりよい授業へのステップアップ

全体を読む

「全体を読む力」「全体から読む力」は、日常生活での読みに必要な力であると考える。

「全体を読む」とは、物語の展開を理解し、場面ごとの登場人物の様子や気持ちを相互に関連させながら読むことである。

発達段階や学習歴にもよるが、話を場面ごとに区切るのではなく、全体を通して繰り返し読むことで、登場人物の様子や気持ちの変化に気付けるようにしたい。

本時案

おおきな　かぶ　5・6/6

本時の目標

・登場人物の様子や気持ちを、音読を工夫して表現することができる。

本時の主な評価

❹登場人物の様子や気持ちが伝わるように、音読の仕方を工夫して表現しようとしている。【態度】

資料等の準備

・登場人物のお面とかぶの絵　17-01～07
・ワークシート　17-10
・参考資料

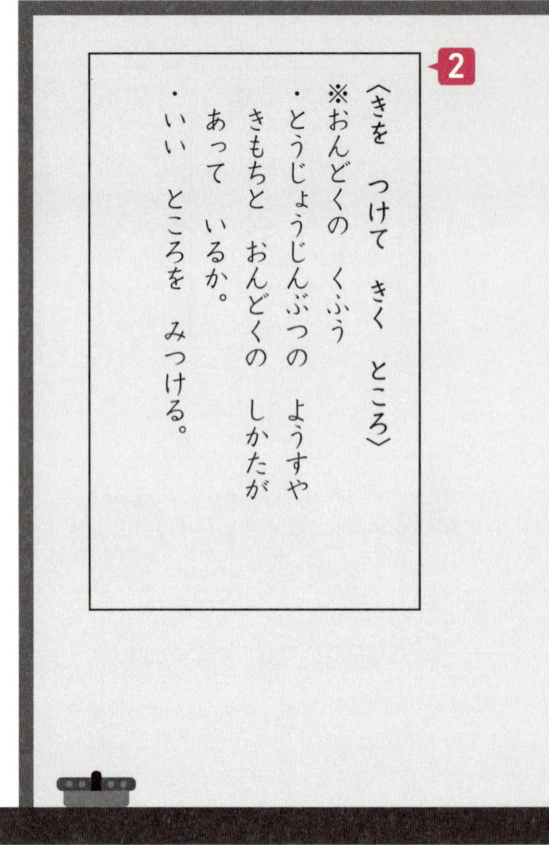

授業の流れ ▷▷▷

1 登場人物の様子や気持ちが伝わるように音読の練習をする〈第５時〉

○登場人物や地の文を読む役割を決めて、音読練習をする。

○音読の工夫を記号や言葉で書き込ませるようにする。

○友達と聞き合いながらいいところを伝えたり、アドバイスしたりできるようにする。

T　どのような工夫をしますか。

・かぶを抜きたいという気持ちが強くなるので、会話文はどんどん大きな声で音読します。

・かぶが抜けなかったときは、残念な気持ちで読みます。

2 音読発表会を開く〈第５・６時〉

○音読するときには、どこをどのように工夫したのかを伝えてから発表するようにする。

○聞き手には聞く観点をもたせて聴くようにさせたい。

○友達の音読の工夫でよかったところにも気付かせるようにする。

・「うんとこしょ、どっこいしょ。」が声がそろっていて、一生懸命に抜こうとする様子が伝わってくる。

・残念な気持ちが分かる。

おおきな　かぶ

とうじょうじんぶつの　ようすや　きもちが
つたわるように、くふうして　おんどくしよう。

1
○やくわりを　きめる。
・じの　ぶん　（　　　）
・おじいさん　（　　　）
・おばあさん　（　　　）
・まご　（　　　）
・いぬ　（　　　）
・ねこ　（　　　）
・ねずみ　（　　　）

〈おんどくの　くふう〉
・どんな　きもちで
・こえの　おおきさ
・つよく　よむ　ところ
・まを　あける　ところ
・リズムよく　よむ　ところ
・（　　　）など

3 音読発表会の感想を書く〈第６時〉

○内容を読み取れたか、考えた音読表現ができたかどうかなど、自分の学習の理解や工夫についても振り返らせるようにさせたい。
・「おおきなかぶ」をよんで、おじいさんやおばあさんたちがかぶをぬこうといっしょうけんめいなきもちがわかりました。
・みんなでちからをあわせたらぬけたので、ちからをあわせることがだいじだなあとおもいました。
・かぶがぬけないときは、「□～ぬけません。」のところをざんねんなきもちでよみました。
・「うんとこしょ、どっこいしょ。」は、みんなでこえをあわせて、ちからづよくよめたとおもいます。

よりよい授業へのステップアップ

自分の学びを振り返る

　学習活動についての楽しかったという感想に留まらないように、学習したことに対して理解できたか、考えたことを表現できたかなど、自分の学びを振り返るようにしたい。単元を通して自分の学びが深まったか、考えがどのように変化したかなど、発達段階や学習内容に応じて、自分の学びをメタ認知できるように意識付けていきたい。

資料

1 第３時資料　ワークシート 17-08

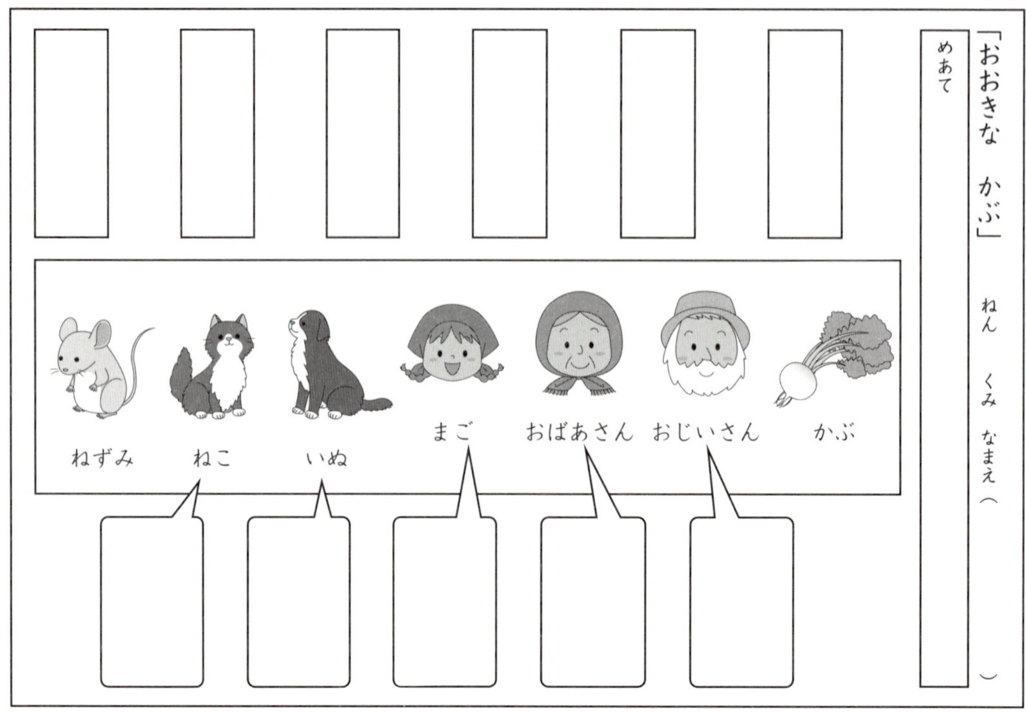

2 第４時資料　ワークシート 17-09

3 第５時・第６時資料　ワークシート 17-10

「おおきな かぶ」おんどく はっぴょうかい

ねん　くみ　なまえ（　　　　　　　　）

【　】はん　とてもよかった ◎　よかった ○　もうすこし △

やくわり	なまえ	おおきさ・つよさ	はっきり	ゆっくり・ま	リズム	きもちをこめて
じのぶん（ナレーター）						
おじいさん						
おばあさん						
まご						
いぬ						
ねこ						
ねずみ						

〈よかった ところ〉

4 第５時・第６時　参考資料

〈音読発表会の工夫〉

○読み手の工夫を明確にして音読する。
→音読の工夫（観点）を掲示する。（板書計画参照）
→音読するときの姿勢、立ち方を指導する。

○聞き手の観点を明確にしながら聞く。
→聞き手の観点を明確にして掲示する。（板書計画参照）
→「音読発表会リスニングシート」の活用　（資料参照）

○場の設定
→ナレーター（地の文）やそれぞれの登場人物の立ち位置を工夫する。

（参考）

本単元では言語活動のゴールを「音読発表会」と設定しているが、本教材を読み進める中で児童は自然と登場人物に同化し動作化しながら音読を楽しむものと想定される。動作化を取り入れた「音読劇」を言語活動として設定することも一つである。１年間の学習の見通しをもち、学習のねらいや児童の実態に応じて、言語活動や場の作り方を工夫することが望ましい。

下記の写真は、「音読劇」として実践した様子である。黒板には、音読劇を盛り上げるために、どのくらい大きいかイメージしたかぶの絵が描かれているが、背景におじいさんの畑の挿絵（拡大）があってもよい。

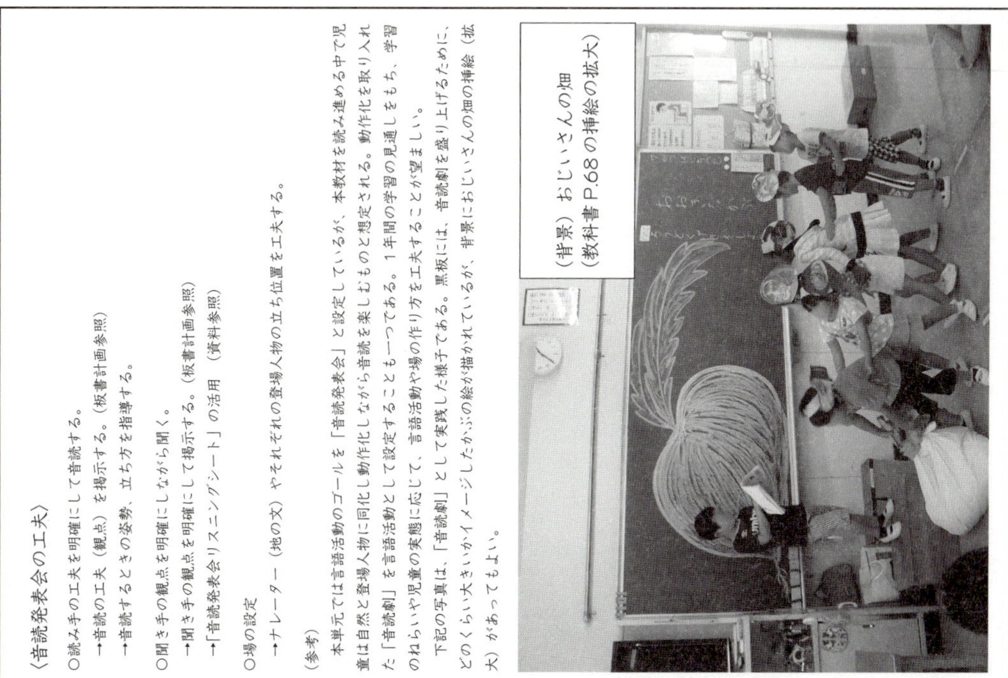

（背景）おじいさんの畑
（教科書P.68の挿絵の拡大）

ⓗⓞⓗを　つかおう

（3時間扱い）

〔知識及び技能〕(1)ウ　〔思考力、判断力、表現力等〕B書くことウ

単元の目標

・助詞の「は」「へ」及び「を」の使い方について理解を深めることができる。

評価規準

知識・技能	❶助詞の「は」「へ」及び「を」の使い方を理解して文や文章の中で使っている。（〔知識及び技能〕(1)ウ）
思考・判断・表現	❷「書くこと」において、語と語や文と文との続き方に注意しながら、内容のまとまりが分かるように書き表し方を工夫している。（〔思考力、判断力、表現力等〕Bウ）
主体的に学習に取り組む態度	❸進んで「は」「へ」及び「を」の読み方や使い方を理解し、学習課題に沿って文を読んだり書いたりしようとしている。

単元の流れ

時	主な学習活動	評価
1	学習の見通しをもつ わにの唱え歌を音読する。 助詞の「は」「へ」及び「を」を視写する。	
2	わにの唱え歌を視写し、助詞の「は」「へ」及び「を」の使い方を理解する。 「わ」と「は」、「お」と「を」などの使い方の違いを考える。	❶
3	助詞の「は」「へ」及び「を」を正しく使って文を書く。 学習を振り返る 作った文を発表し合い、学習を振り返る。	❷❸

授業づくりのポイント

〈単元で育てたい資質・能力〉

本単元のねらいは、助詞の「は」「へ」及び「を」の使い方について理解を深めることである。「は」と「わ」、「を」と「お」、「へ」と「え」の使い分けに慣れ、読んだり書いたりできるようにする。聞こえる音と表記が一致しないため、難しさや抵抗を感じる子供も多い。たくさん唱えたり視写したりした後、友達と「は」「へ」「を」を使った文を作る活動を通して、使い方に慣れていくようにする。唱え歌を覚えてしまうほど繰り返し読むことで、単元後も「は」「を」「へ」の使い方に迷ったとき、使い方を思い出せるようにしたい。

具体例

○教師の範読を聞き、教科書の唱え歌を指でなぞりながら聞かせる。「先生の読み方と書かれている平仮名が違うところを見つけましょう」と伝え、表記と発音が一致するところと一致しないところがあることに気付かせる。さらに、表記のとおりの発音で誤って読んだ例も示し、発音と表記が違うことを理解できるようにする。

〈教材・題材の特徴〉

わにの唱え歌は、助詞「は」「を」「へ」と平仮名「わ」「お」「え」が使われた、ストーリー性のある楽しい歌である。主語と述語の関係や、助詞のもつ働きについて、学ぶことができる教材である。音読を繰り返す中で、耳で聞こえてくる音と文字の表記の違いに気付くことができる。この唱え歌を通して、どのようなきまりがあるのか、子供なりに考えさせることで、「不思議だな」「おもしろい」と、文字や文への興味・関心をもたせたい。

具体例

○視写するとき、教師は、子供が書く速さに合わせて音読と板書をするようにする。発音と表記が違うことを繰り返し確認できるようにする。助詞の「は」「を」「へ」に○を付け、「は」と表記するのに「ワ」と読むのはどのようなときか、「へ」と表記するのに「エ」と読むのはどのようなときか、「お」と表記せず「を」と表記するのはどのようなときかを、子供なりに考えさせるようにする。

〈言語活動の工夫〉

これまで学習した教材の中にも、「は」や「を」が使われていたことに改めて気付かせるようにする。教材文を音読して表記と発音を確かめるようにする。

単元の最後の「は」「を」「へ」を使った文作りの活動では、思い浮かぶ場面から自由に書いたり、教師が提示した絵や、自分の気に入っている本などをヒントにして書いたりすることで、それぞれが主体的に楽しんで取り組めるようにする。書いた文を発表し合うことで、自分の思いを伝えることの楽しさや評価してもらえる喜びを実感できるようにする。

具体例

○例えば、既習の説明的文章「くちばし」を提示し、「は」「を」の発音と表記を確認する。

○文作りの活動は、「は」「へ」「を」や句読点があらかじめ記入されているワークシートに書いたり、マスのノートに書いたりする。ノートに書く際は、「は」「を」「へ」を○で囲むなどして、正しくかけているか、視覚的に確認できるようにする。

本時案

ⓗⓞⓔを つかおう

本時の目標

・助詞の「は」「へ」「を」の使い方を理解し、正しく読むことができる。

本時の主な評価

・進んで「は」「へ」及び「を」の読み方や使い方を理解し、学習課題に沿って文を読んだり書いたりしようとしている。
・助詞の「は」「へ」及び「を」の使い方を理解して文や文章の中で使っている。

資料等の準備

・わにの唱え歌を拡大したもの

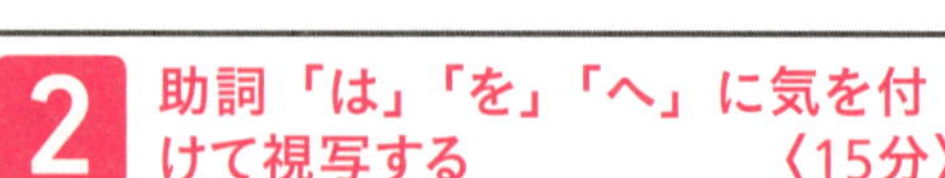

授業の流れ ▷▷▷

1 わにの唱え歌の読み方を考え、音読する 〈20分〉

T わにの唱え歌の読み方を考えましょう。
・どこ「へ」は、「へ」じゃなくて、どこ「エ」と読みます。
・わに「は」は、「ワ」と読みます。
・「お」と「を」があります。
・すらすら読むと、歌みたいになります。
T 先生の読み方と書かれている平仮名が違うところを見つけましょう。
○指でなぞりながら範読を聞かせ、表記と発音が一致するところと一致しないところがあることに気付かせる。
・「は」を「ワ」と読んだり、「へ」を「エ」と読んだりしています。
・「オ」には「お」と「を」がありました。

2 助詞「は」「を」「へ」に気を付けて視写する 〈15分〉

T 「は」「を」「へ」に気を付けて、わにの唱え歌をノートに書きましょう。
○助詞の「は」「を」「へ」に○を付けさせ、正しく読んだり書いたりできるように、意識させる。
○視写するとき、句読点もよく見て打つように声をかける。

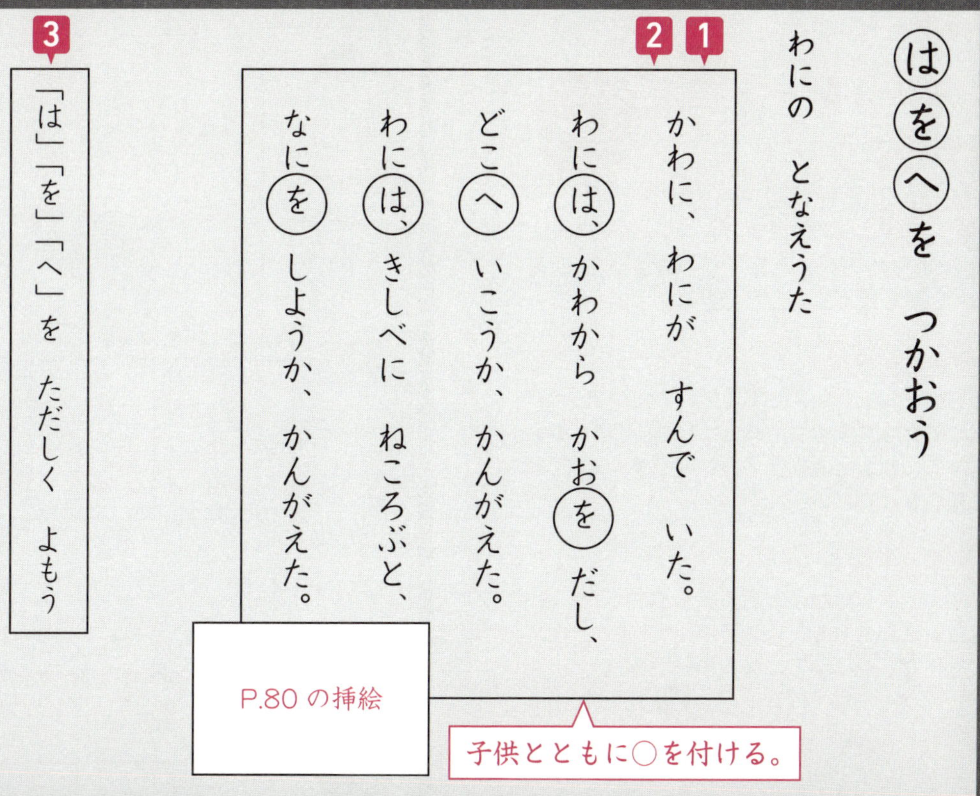

3 わにの唱え歌を繰り返し音読し、学習の振り返りをする　〈10分〉

○繰り返し読み、「は」「を」「へ」に慣れて、正しく読めるようにする。

T　この時間は、「は」「を」「へ」を正しく読む学習をしました。できましたか。どんなことを書きましたか。

・「は」と「へ」には読み方が２つあっておもしろいです。
・間違えないように読みたいです。
・わにの唱え歌をすらすら読めるようになりました。
・「は」「を」「へ」を正しく書くことができました。

よりよい授業へのステップアップ

音読指導

音読するときには、表記のとおりの発音で誤って読んだ例も示し、発音と表記が違うことを理解できるようにする。そうすることで句読点や分かち書きで書かれた言葉のまとまりを意識させ、リズムよく読ませることができる。さらに教科書をめくり、既習の教材「くちばし」でも、「これは、○○のくちばしでしょう」等、「は」（ワ）や「を」が使われていたことを思い出させる。声に出して読むことで、発音や表記の違いを確認させる。

本時案

はをへを つかおう

本時の目標

・助詞の「は」「へ」及び「を」の使い方について理解を深めることができる。

本時の主な評価

❶助詞の「は」「へ」及び「を」の使い方を理解して文や文章の中で使っている。【知・技】

・進んでこれまでの平仮名の学習を生かして文を書こうとしている。

資料等の準備

・前時に使用したわにの唱え歌を拡大したもの

・間違い探しをするための問題

・文を作るときに参考になる挿絵や写真

18-01～03

授業の流れ ▷▷▷

1 わにの唱え歌を音読し、「は」「を」「へ」を使った文を考える〈15分〉

○前時に学習した「は」「へ」「を」の読み方を思い出させる。発音と表記の違いを確認する。教科書を読んだり、前時に自分で視写したノートを読んだりして、確かめる。

T　「は」「を」「へ」の文を作ってみましょう。

○文作りのヒントになるように、日常生活の写真やわにの挿絵を用意する。

「は」・ぼくは　べんきょうする。

・わたしは　あそぶ。

・わには　ねる。

「を」・てを　あらう。

・えんぴつを　もつ。

「へ」・がっこうへ　いく。

・いえへ　かえる。　など

2 「わ」と「は」、「お」と「を」、「え」と「へ」の使い方の違いについて考える〈15分〉

T　「は」を「ワ」、「へ」を「エ」と読むのはどんなときでしょうか。

・「ぼくは」、「わには」、言葉の後の「ワ」は「は」です。

・「いえへ」、「学校へ」、どこ（場所）の言葉の次の「エ」は「へ」です。

・「えんぴつ」「いえ」は、「え」のままです。「わに」も「わ」のままです。言葉の中で「は」「へ」は使いません。

T　「を」を使うのはどんなときですか。

・「○○を」と言葉にくっついています。

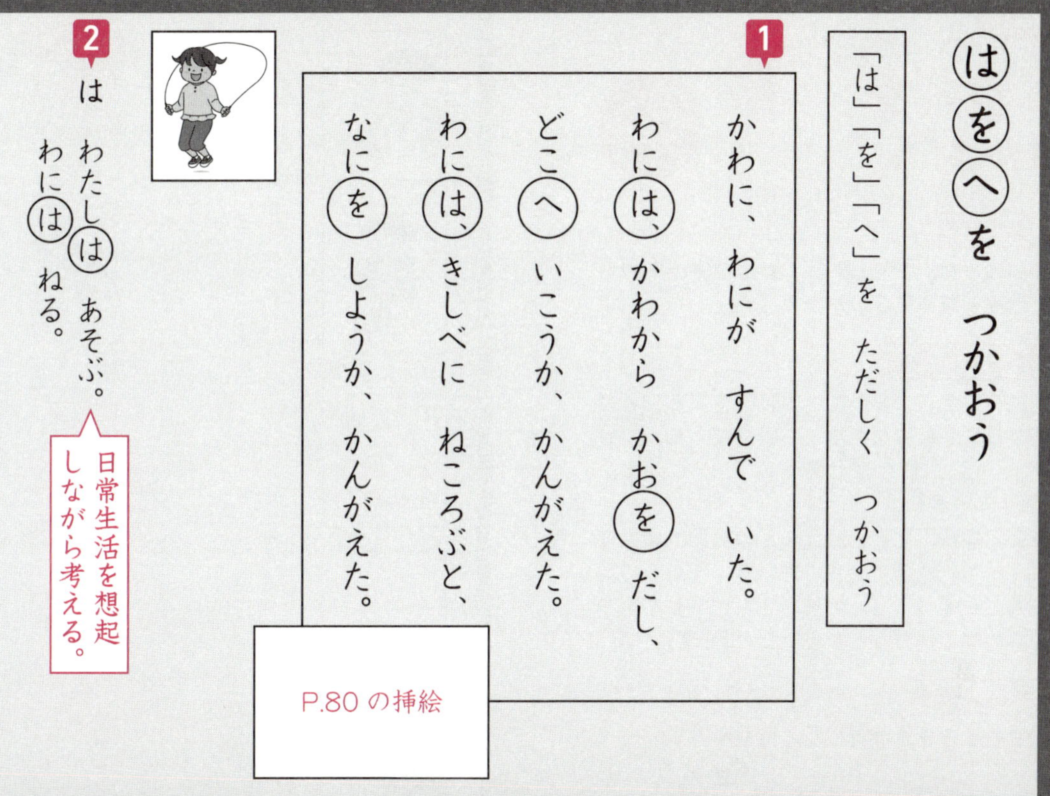

3 「は」「を」「へ」の間違い探しをして、学習の振り返りをする〈15分〉

T　この時間は、「は」「を」「へ」を正しく使う学習をしました。どうでしたか。どんなことを考えましたか。

・どんなときに「は」「を」「へ」を使うのか、分かりました。

・言葉にくっつくときに「は」「を」「へ」を使います。

・文を書いたときに間違っていないか、確かめたいです。

○「は」「を」「へ」を使うときに、表記の間違いがないか確認する習慣を付けさせたい。

よりよい授業へのステップアップ

子どもなりに考えさせる

言葉にくっついて前の言葉と後の言葉をつなぐときに、「くっつきの『は』」「くっつきの『を』」「くっつきの『へ』」を使い、「ワ」「オ」「エ」と読むことを子供なりの言葉で捉えさせる。

個別指導

子供の書いた文の表記を確認し、間違いがあれば、すぐに指導する。

本時案

㋩㋾㋬を つかおう

本時の目標

・助詞の「は」「へ」及び「を」の使い方ついて理解を深めることができる。

本時の主な評価

❷「書くこと」において、語と語や文と文との続き方に注意しながら、内容のまとまりが分かるように書き表し方を工夫している。【思・判・表】

❸長音、拗音、促音、撥音などの表記、助詞の「は」「へ」及び「を」の使い方、句読点の打ち方、かぎ（「　」）の使い方を理解して文や文章の中で使おうとしている。【態度】

資料等の準備

・文を作るときに参考になる挿絵や写真　18-01〜03

・必要に応じて「□は、□を□。」「□は、□へ□。」の文を書く学習カード　18-04

授業の流れ ▷▷▷

1 わにの唱え歌とわにの例文を音読し、「は」「を」「へ」の使い方を確認する 〈5分〉

○助詞の働きをする「は」「を」「へ」は、「ワ」「オ」「エ」と読むことを確認する。教科書の例文から、パズルのように、言葉と言葉をつなぐ役割をしていることに気付かせる。

○前時に作った「は」「を」「へ」を使った文も振り返らせる。

2 「□は、□を□。」の文を作る 〈15分〉

○前時に作った「は」「を」（「へ」）を使った2文を、「□は、□を（へ）□。」の1文にまとめさせる。

○思いつかない子供には、ヒントの写真や挿絵を見せ、言葉をやり取りしながら文を考えられるようにする。

T 「□は、□を□。」の文を作りましょう。

・わたしは、えんぴつを　もつ。

・おにいちゃんは、ほんを　よむ。

・おとうさんは、あさごはんを　たべる。

など

○ノートか、学習カードに書かせる。

○「は」「を」「へ」に○を付けさせ、間違いがないか確認させる。

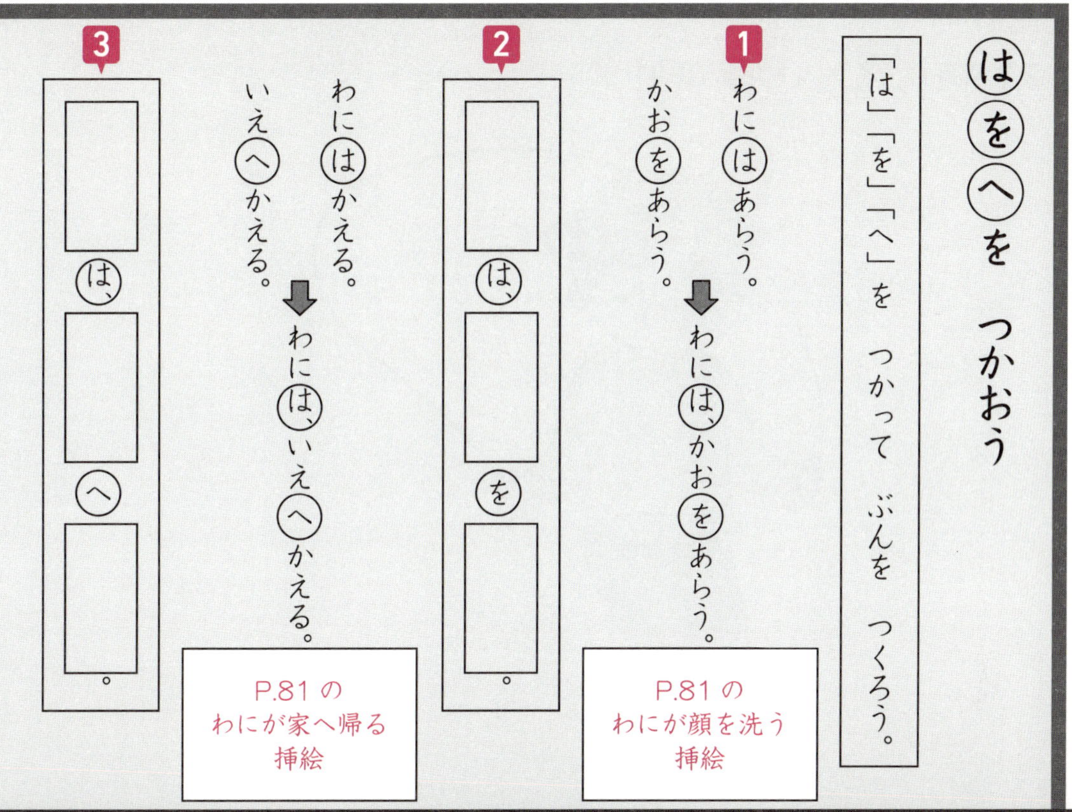

3 「□は、□へ□。」の文を作る 〈15分〉

T　「□は、□へ□。」の文を作りましょう。

・ぼくは、がっこうへ　いく。

・いもうとは、ようちえんへ　いく。

・おかあさんは、コーヒーを　のむ。

など

○「□は、□へ□。」の文章を作りにくいという子供は、「□は□。」「□へ□。」の２文を１つの文にまとさせる。

○「は」の後に読点、文末の句点を書くことを指導する。

4 作った文を発表し合い、学習を振り返る 〈10分〉

T　この時間は、「は」「を」「へ」を使って文を作りました。どうでしたか。どんなことを考えましたか。

・一つの文の中に、「は」と「を」を使うことができました。「は」と「へ」も使うことができました。

・文の中で言葉をつなぐ「は」「を」「へ」が分かりました。

○「―は、―を―。」「―は、―へ―。」の文型カードを掲示しておき、日常の学習や生活の中でたくさん読んだり書いたりして、繰り返し使う中で身に付けさせていく。

資料

1 第2時資料　イラスト 18-01～03

18-01

18-02

18-03

2 第３時資料　学習カード 18-04

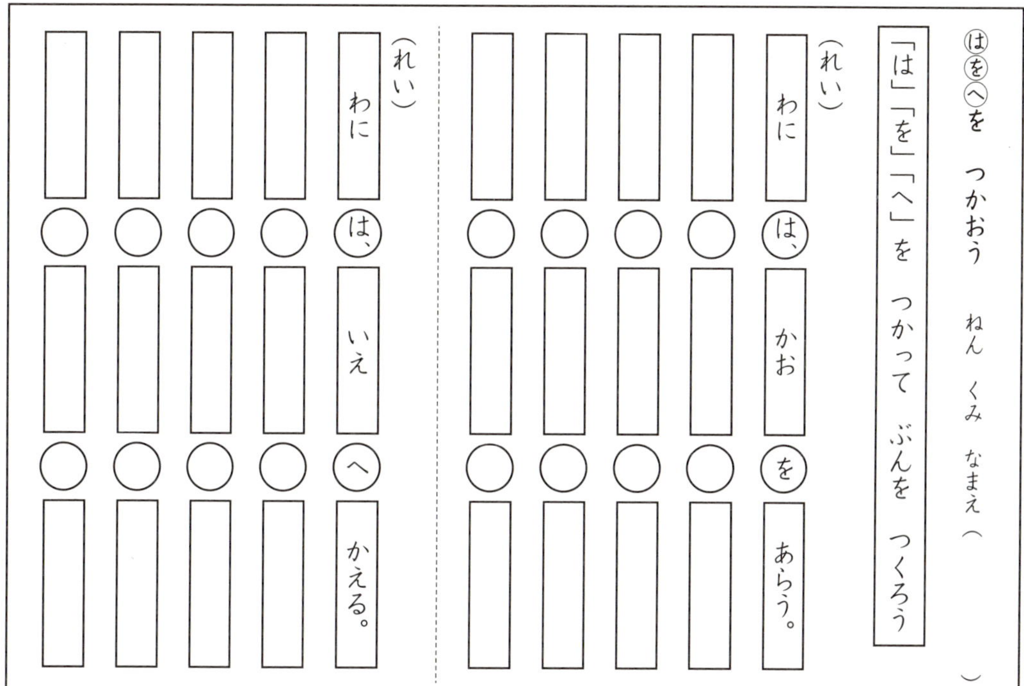

すきな　もの、なあに　（7時間扱い）

〔知識及び技能〕(1)ア　〔思考力、判断力、表現力等〕A話すこと・聞くことア、B書くことウ　関連する言語活動例A(2)ア、B(2)イ

単元の目標

・自分の好きなものとその理由を話したり書いたりして、友達に伝えることができる。

評価規準

知識・技能	❶言葉には、事物の内容を表す働きや、経験したことを伝える働きがあることに気付いている。(〔知識及び技能〕(1)ア)
思考・判断・表現	❷「話すこと・聞くこと」において、身近なことや経験したことなどから話題を決め、伝え合うために必要な事柄を選んでいる。(〔思考力、判断力、表現力等〕Aア) ❸「書くこと」において、語と語や文と文との続き方に注意しながら、内容のまとまりが分かるように書き表し方を工夫している。(〔思考力、判断力、表現力等〕Bウ)
主体的に学習に取り組む態度	❹進んで自分の好きなものとその理由を考え、学習の見通しをもって友達に伝えようとしている。

単元の流れ

次	時	主な学習活動	評価
一	1	学習の見通しをもつ 教科書を見て、「すきなものをかいて、ともだちにしょうかいしよう」という学習課題を確認する。学習の見通しをもつ。	
二	2	好きなものの絵をカードに描く。	
	3	好きなものを、ペアの友達に紹介する。	❹
	4	好きなものとその理由を、グループの友達に紹介する。	❷
	5	モデル文を参考にして、グループの友達に話したことを二文で書く書き方を知る。	❹
	6	モデル文を参考にして、自分の好きなこととその理由を二文で書く。	❸
三	7	書いた文章を友達と読み合って感想を交流する。 学習を振り返る 多くの友達と交流することで、様々な理由を知ったり、友達について知ったりできるようなことを確認し、学習を振り返る。	❶

授業づくりのポイント

〈単元で育てたい資質・能力〉

本単元のねらいは、自分の好きなものとその理由を話したり書いたりして、友達に伝えることができる力を育むことである。「話すこと・聞くこと」において、題材の設定、情報の収集、内容の検討をしていく。そして、「書くこと」において、考えの形成、記述をしていく。二段階の学習過程であるので、自分の好きなものを何にしていくかを考え、その絵をカードに描く時間をじっくり取ることで、その好きな理由についてもじっくりと考えることができる。そうすることで、主体的に学習に取り組めるようになる。

具体例

○教科書には、好きなものとして、「おりがみ」が挙げられている。そして、その理由は、「いろいろな　ものが　つくれるから」である。好きなものについてじっくりと考える時間を取ることで、子供が自信をもって好きな理由を話すことができたり、書くことができたりするものを選択できるようにする。「話すこと・聞くこと」「書くこと」の二段階の学習過程でも、自ら「話したい」「書きたい」「伝えたい」という子供の意欲へとつながるようにする。

〈教材・題材の特徴〉

学習過程が丁寧につくられている単元である。まず、好きなものの絵をカードに描く。そして、それについてペアの友達に話す。それからグループの友達に好きなものとその理由を話す。このように「話すこと・聞くこと」の学習をした後で、友達に話したことを書くという「書くこと」の学習をするという学習過程である。

具体例

○ペアで好きなもののことを話す学習過程で、聞いた人は感想を言ったり、「どうして　すきなの。」と理由を質問したりする。ここでは対話的な学習が期待できる。また、ペアとたくさん話しておくことが、その後のグループでの話し合いでも好きな理由をしっかりと話すことができ、主体的で対話的な学習へとつながる。

〈他教材や他教科との関連〉

どの学習でも、自分の考えを述べることはあるだろう。そのようなときにも、理由を話すことは大切になってくる。理由が分かると、好きなことが相手によく伝わることに気付くという学習体験を大切にしたい。

具体例

○「わけは、〜です。」「なぜかというと〜からです。」というような話型を掲示するなどして、理由を話すことを習慣化、日常化できるとよい。

本時案

すきな　もの、なあに

本時の目標

・「すきな　ものを　かいて、ともだちに　しょうかいしよう」という学習計画を立て、見通しをもつことができる。

本時の主な評価

・好きなものとその理由を考え、好きなものを紹介する活動に関心をもち、進んで好きなものを考えたり、学習の進め方を考えたりしている。

資料等の準備

・教師作成の「すきな　もの　かあど」の見本　19-01～02
・学習計画用の模造紙

3
子供と一緒に話し合って、単元名を付ける。

がくしゅうの　なまえ

「すきな　もの　かあど」で、ともだちに
つたえよう

ふりかえり

・これから「すきな　もの　かあど」を
かくのが　たのしみです。
・すきな　ものを　ともだちと　はなすのが
たのしみです。
・ぼくは、さっかあが　すきなので、はやく
ともだちに　つたえたいです。

授業の流れ ▷▷▷

1 自分の好きなものを発表する 〈5分〉

T　みなさんの好きなものは何ですか。
・折り紙です。
・サッカーです。
・ラグビーです。
・野球です。
・うんていです。
・一輪車です。
・ドッジボールです。
・ボールです。
・ぬいぐるみです。
○好きなものを自由に発表させる。自分の好きなものを言えない子供には、好きな食べ物、好きな教科、好きな動物など言いやすいものの視点を与える。

2 好きなものについて話して書くという学習計画を立てる 〈35分〉

T　先生の好きなものを紹介するカードを作ってきました。
・私も作ってみたいです。
・お隣さんと好きなものについて話したいです。
・好きなものの絵を描いて、みんなに知らせたいです。
・みんなの好きなものについてもっと知りたいです。
○「すきな　もの　かあど」の見本を提示し、学習計画を子供と話し合いながら作っていく。①好きなものを絵に描く。②好きなものについて、グループで話し合う。③好きなものについて文章を書く。という学習の流れをつくっていく。

すきな　もの、なあに

2
すきな　ものに　ついて、ともだちに　つたえる
がくしゅうの　けいかくを　たてよう。

2
すきな　もの　かあど

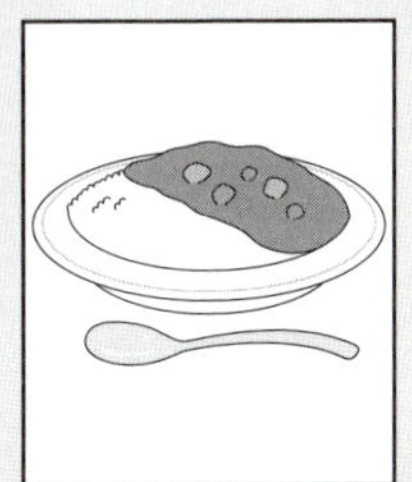

「すきな　もの　かあど」を提示する。

2
がくしゅうけいかく
①すきな　ものを　えに　かこう。
②すきな　ものに　ついて、ぺあで　はなそう。
③すきな　ものに　ついて、ぐるうぷで　はなそう。
④すきな　ものに　ついて、ぶんを　かこう。
⑤すきな　もの　かあどを　よみあおう。

次時以降も使うことができるように模造紙に書くとよい。

3 学習の最後に「すきな もの かあど」を書くという単元の見通しをもつ〈5分〉

T　好きなものを絵と文でかいて伝えると、もっとみんなと仲よくなれそうですね。
・好きなものをみんなに教えたいです。
・クラスの友達の好きなものを知りたいです。
・絵も描くと分かりやすいです。
・友達と好きなものについて話したいです。
○好きなものを絵と文でかくこと、グループで好きなものについて伝え合うことを伝える。
T　好きなものを絵と文でかいて、みんなに伝えましょう。次回は、好きなものの絵を描きましょう。振り返りを書きましょう。
○学習課題を話し合って一緒に作り、単元の見通しをもたせる。次時の予告をし、好きなものについて考える時間を取っておく。

よりよい授業へのステップアップ

好きなものの視点

自信をもって好きなものを言える子供もいるが、そうではない子供もいることを想定し、好きなものの視点をいくつか提示できるようにしておく。
・好きな遊び　・好きな食べ物
・好きな教科　・好きな動物

活動のゴールの提示

導入時に学習の最後に作成する「すきな　もの　かあど」を子供に提示すると、イメージをもちやすい。

本時案

すきな　もの、なあに　2/7

本時の目標

・好きなものの絵をカードに描き、伝えたいものを選ぶことができる。

本時の主な評価

・好きなものを考え、絵に描いて進んで伝えようとしている。

資料等の準備

・教師作成の「すきな　もの　かあど」の見本 19-01～02
・学習計画が書かれた模造紙
・「すきな　もの　かあど」の絵を描く画用紙

ふりかえり
・ぼくは、「すきな　もの　かあど」に、さっかあぼおるをかきました。はやく　ともだちに　つたえたいです。ともだちと　はなすのが　たのしみです。
・みんなの　すきな　ものを　ききたいです。

授業の流れ

1 「すきな　もの　かあど」に描きたいものを選ぶ〈5分〉

T　「すきな　もの　かあど」に何を描きますか。ノートに書きましょう。
・折り紙です。
・サッカーです。
・うんていです。
・一輪車です。
・ドッジボールです。
・ぬいぐるみです。
・カレーライスです。
○いくつか好きなものを発表させ、番号を付け、思い付くままにノートに書かせる。机間指導をし、自分の好きなものを書けない子供には、好きな食べ物、好きな教科、好きな動物など言いやすいものの視点を与え、一緒に書く。

2 自分の好きなものを一つ決め、絵に描く〈35分〉

T　みなさんの好きなものはたくさんありますね。ノートに書いた好きなものの中から一つ選び、赤鉛筆で○をしましょう。
・ぼくは、サッカーにします。
・私は、一輪車にします。
・私は、おうちで大切にしているぬいぐるみにします。
T　「すきな　もの　かあど」に、自分が決めた好きなものの絵を描きましょう。
・サッカーボールの絵を描こう。
・一輪車の絵を描こう。
・ぬいぐるみの絵を描くよ。
○「すきな　もの　かあど」の見本を提示し、絵を描くことを提示する。

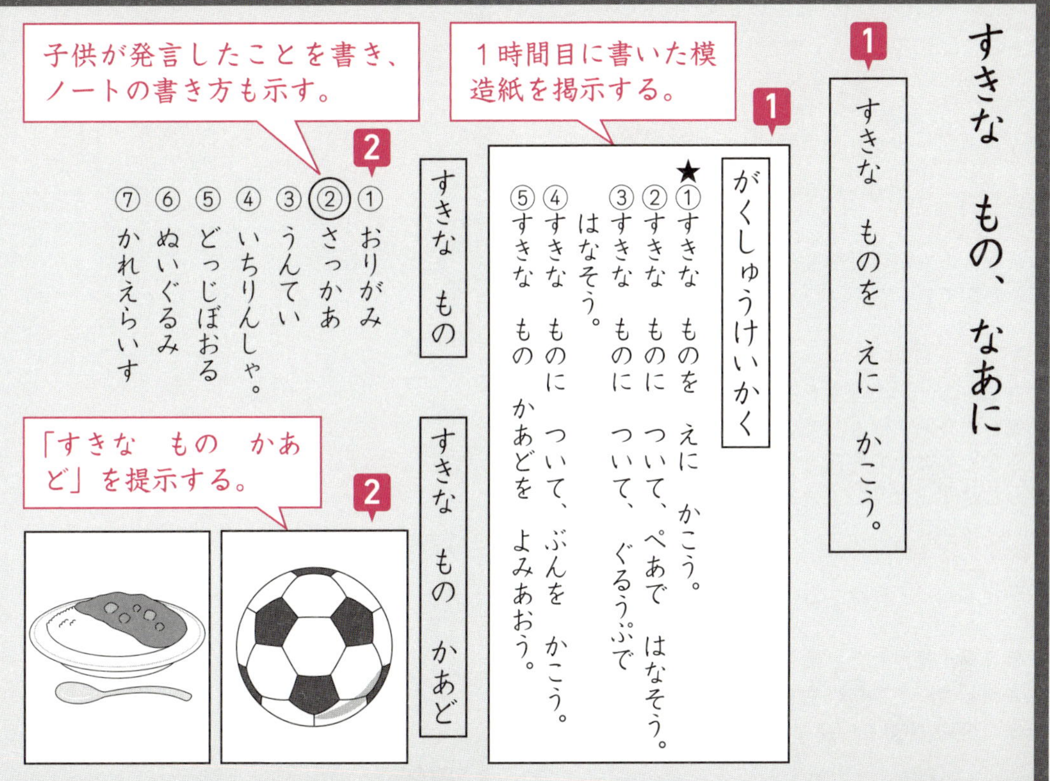

3 描いたものを紹介し、次時の見通しをもつ〈5分〉

T 「すきな　もの　かあど」に、どんなものを描きましたか。
・サッカーです。
・うんていです。
・ドッジボールです。
・カレーライスです。
・好きなものをもっとみんなに話したいです。
○描いたものだけを紹介し、「もっと話したい」「もっと聞きたい」という気持ちをもたせる。
T 次回は、「すきな　もの　かあど」を使って、隣の友達と話しましょう。振り返りを書きましょう。
○次時の見通しをもたせる。

よりよい授業へのステップアップ

学習計画の提示

一時間一時間の学習を積み上げていくために、毎時間、学習計画を掲示する。今やっている学習が、どの時間であるのか、これからどのようにつながっていくのかを分かるように示す。

活動のゴールの提示

1時間目に提示した学習の最後に作成する「すきな　もの　かあど」を毎時間、子供に提示する。毎時間の活動で、「すきな　もの　かあど」ができ上がっていくことで達成感を味わえる。

本時案

すきな　もの、なあに　3/7

本時の目標

・好きなものとその理由を、ペアの友達に伝えることができる。

本時の主な評価

❹好きなものとその理由を考え、友達に話したり聞いたりしようとしている。【態度】

・好きなものとその理由を考え、ペアの友達と話したり聞いたりしている。

資料等の準備

・教師作成の「すきな　もの　かあど」の見本 19-01～02

・学習計画が書かれた模造紙

・吹き出しカード 19-03

・子供の挿絵 19-04

ふりかえり

・ぼくは、「どうして　すきなの。」と、となりの　ともだちに　きく　ことが　できました。わけを　きいたら、もっと　よく　わかりました。

・こんどは、もっと　たくさんの　ともだちと　はなしたいです。

授業の流れ ▷▷▷

1 教師の「すきな もの かあど」の話し方モデル動画（ペア）を見る〈10分〉

T　先生と、「すきな　もの　かあど」のペアとの話を聞きましょう。

A　先生は、サッカーが好きだよ。いつもみんなでやっているよ。

B　どうして好きなの。

A　シュートが決まると、楽しいからだよ。

○学年の教師とともに撮影した話し方モデルの動画を流す。ここではあえて丁寧に話さない。まずは、隣の友達とペアになって話すことができるように、友達と気軽に話すことができる雰囲気で話す。何度か見本を示し、「どうして　すきなの。」という理由を聞く言い方を定着させる。

T　みなさんも隣の友達に「どうして　すきなの。」と聞いてみましょう。

2 二人組になって、好きなものとそのわけについて話す〈30分〉

T　隣の友達と好きなものとそのわけを話しましょう。

A　私は、カレーライスが好きだよ。給食でカレーが出ると、うれしくておかわりをしているよ。

B　どうして好きなの。

A　おいしいからだよ。

T　わけもお話できましたか。交代しましょう。

○一定の時間を決めて、理由をきちんと話すことができているか確認したり、声掛けしたりしてから交代させる。実態を見て、いろいろなペアと話せるように、教室内で工夫するとよい。

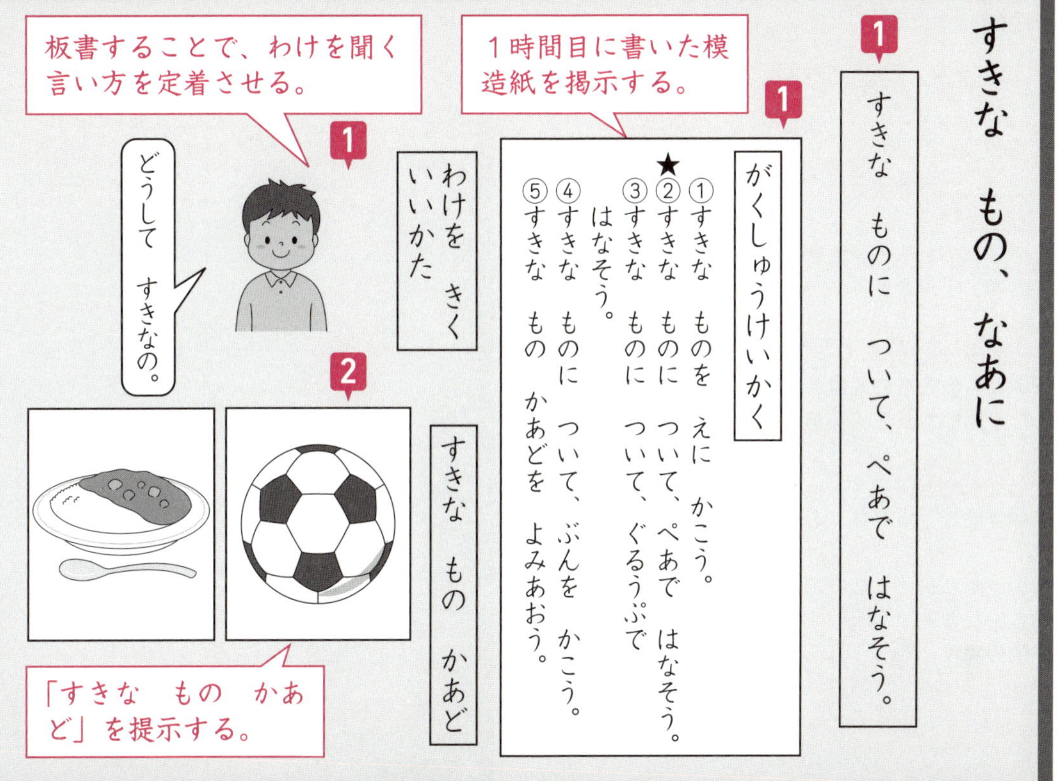

3 全体の前で発表し、次時の見通しをもつ〈5分〉

T　隣の友達に、好きなものとそのわけを話すことができましたね。みんなの前で話をしてくれるペアはいますか。

・みんなに聞いてもらいたいです。
・「どうして　すきなの。」と聞けるようになったから、みんなにも聞いてもらいたいです。
・もっとたくさんの人と話したいです。

○１時間の学習の成果をクラス全体で共有する。「どうして　すきなの。」という理由を聞く言い方をできているかを確認する。

T　次回は、「すきな　もの　かあど」を使って、グループの友達と話しましょう。振り返りを書きましょう。

○次時の見通しをもたせる。

よりよい授業へのステップアップ

教師の話し方モデル（ペア）

教師の話し方モデルを示すことで、どのように話せばよいのかがよく分かる。学年の教師と一緒に話し方モデルを作成し、動画撮影し、流すなど方法を工夫できるとよい。

「どうして　すきなの。」

理由を聞く言い方を定着させるだけでなく、理由を聞くことのよさも伝えるようにする。この学習だけでなく、様々な場面で理由を考えることにより、考えが深まることも伝えたい。

本時案

すきな　もの、なあに

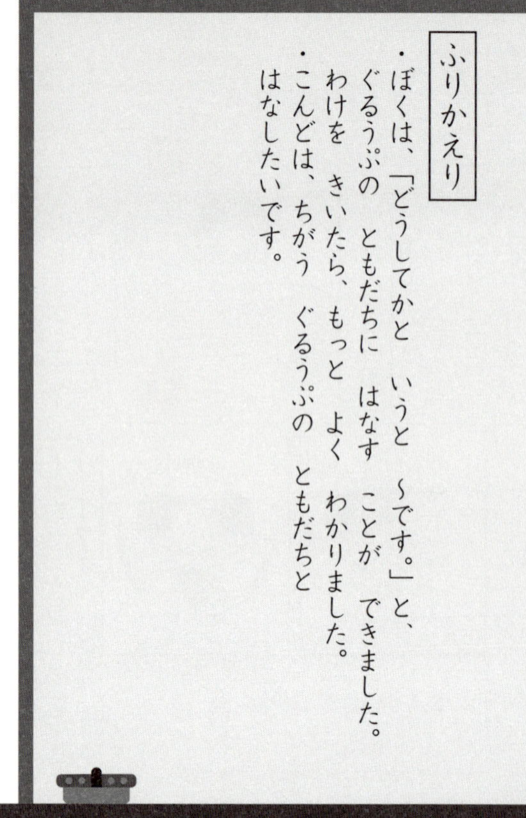

ふりかえり
・ぼくは、「どうしてかと　いうと　～です。」と、
ぐるうぷの　ともだちに　はなす　ことが　できました。
わけを　きいたら、もっと　よく　わかりました。
・こんどは、ちがう　ぐるうぷの　ともだちと
はなしたいです。

本時の目標

・好きなものとその理由を、グループの友達に伝えることができる。

本時の主な評価

❷好きなものとその理由を考え、グループで話したり聞いたりしている。【思・判・表】

資料等の準備

・教師作成の「すきな　もの　かあど」の見本　19-01～02
・学習計画が書かれた模造紙
・吹き出しカード　19-03
・子供の挿絵　19-04

授業の流れ ▷▷▷

1　教師の「すきな もの かあど」の話し方モデル動画（グループ）を見る〈10分〉

T　先生の「すきな　もの　かあど」の、グループでの話を聞きましょう。
「先生の好きなものは、サッカーです。どうしてかというと、シュートが決まると、楽しいからです。」

○教師が見本を示す。前時と違い、ここではグループの人に伝える丁寧な話し方をする。前時と違い、丁寧に話していることにも気付かせていく。何度か見本を示し、「どうしてかというと～です。」という理由を話す言い方を定着させる。

T　みなさんも、グループの友達に好きなものと「どうしてかというと～です。」とそのわけを話しましょう。

2　グループで、好きなものとそのわけについて話す〈30分〉

T　グループの友達に、好きなものとそのわけを話しましょう。

・ぼくの好きなものは、カレーライスです。どうして好きかというと、野菜とお肉がたくさん入っているからです。

・私の好きなものは、一輪車です。どうして好きかというと、いろいろな技ができるようになるとうれしいからです。

T　グループの友達に好きなものとそのわけをお話できましたか。交代しましょう。

○一定の時間を決めて、わけをきちんと話すことができているかを確認したり、声掛けしたりしてから交代させる。実態を見て、進め方を教室内で工夫するとよい。

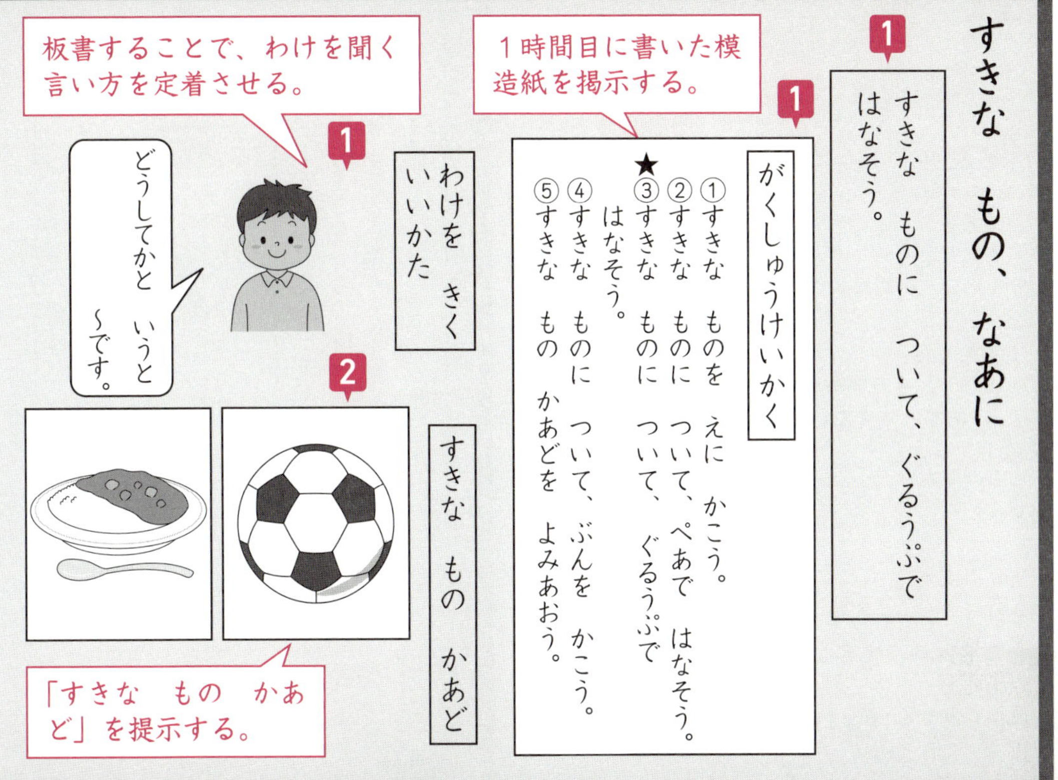

3 全体の前で発表し、次時の見通しをもつ　〈5分〉

T　グループの友達に、好きなものとそのわけを話すことができましたね。みんなの前で話をしてくれる人はいますか。

・みんなの前で話したいです。
・「どうしてかというと」と話せるようになったから、みんなにも聞いてもらいたいです。
・違うグループの友達と話したいです。

○1時間の学習の成果をクラス全体で共有する。「どうしてかというと～です。」というわけを話す言い方をできているかを確認する。

T　次回は、「すきな　もの　かあど」で話したことを書いて、もっとたくさんの友達に伝えましょう。振り返りを書きましょう。

○次時の見通しをもたせる。

よりよい授業へのステップアップ

教師の話し方モデル（グループ）

ペアと話す場合、グループで話す場合では、話し方が違うことに気付かせる。大勢の人と話すときには、丁寧に話すことが必要であることにも気付かせていく。前時同様に、学年の教師と一緒に話し方モデルを作成し、動画撮影するなど工夫できるとよい。

話型：「どうしてかというと～です。」

わけを話す言い方を定着させるだけでなく、わけを聞くことのよさを再度伝えるようにする。

本時案

すきな　もの、なあに

本時の目標

・モデル文を参考に、グループの友達に話したことを二文で書く書き方を知ることができる。

本時の主な評価

❹好きなものとその理由を「～です。」「～からです。」を使って文章に書こうとしている。【態度】

・「～です。」「～からです。」を使う書き方を理解している。

資料等の準備

・学習計画が書かれた模造紙
・教科書 P.84の「すきな　もの　かあど」の文章の拡大
・吹き出しカード　19-03
・子供とえんぴつの挿絵　19-04～05
・句読点のマス目カード　19-06

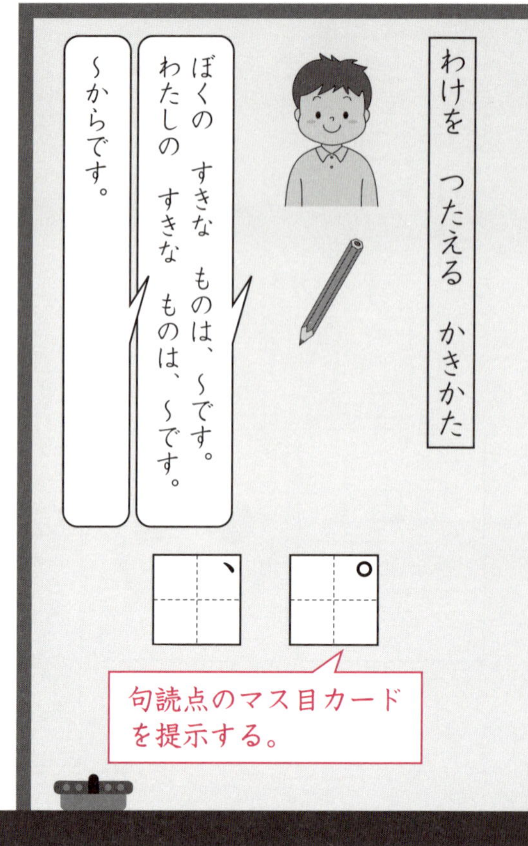
わけを　つたえる　かきかた
ぼくの　すきな　ものは、～です。
わたしの　すきな　ものは、～です。
～からです。
、
。
句読点のマス目カードを提示する。

授業の流れ ▷▷▷

1 教師の「すきな　もの　かあど」の書き方モデルを知る〈10分〉

T　先生は「すきな　もの　かあど」を使って、話をしましたね。今日は、この間、グループで話したことを文で書いてきました。
「わたしのすきなものは、さっかあです。しゅうとがきまると、たのしいからです。」

・ぼくも書いてみたいです。
・文を書いてみんなに知らせたいです。

○前時に話した教師の「すきな　もの　かあど」の話を文章にしたカードを提示する。どのような活動をするのかイメージをもたせる。

T　みなさんも自分の好きなものとそのわけについて、文で書けるようにしましょう。

2 自分の好きなものについて文を書くときに気を付けることを考える〈30分〉

T　教科書の文を音読しましょう。好きなものについて、どのような文で書いていますか。

・「ぼくの　すきな　ものは、～です。」と書いています。
・「～からです。」と好きなもののわけを書いています。

○教科書の文章の拡大コピーを掲示し、子供の発言の発言を板書したり、文型に線を引いたりする。そのときに、句読点のマス目についても指導する。

T　それでは、みなさんもノートに書いてみましょう。

・「わたしのすきなものは、なわとびです。とんでいるとたのしいからです。」

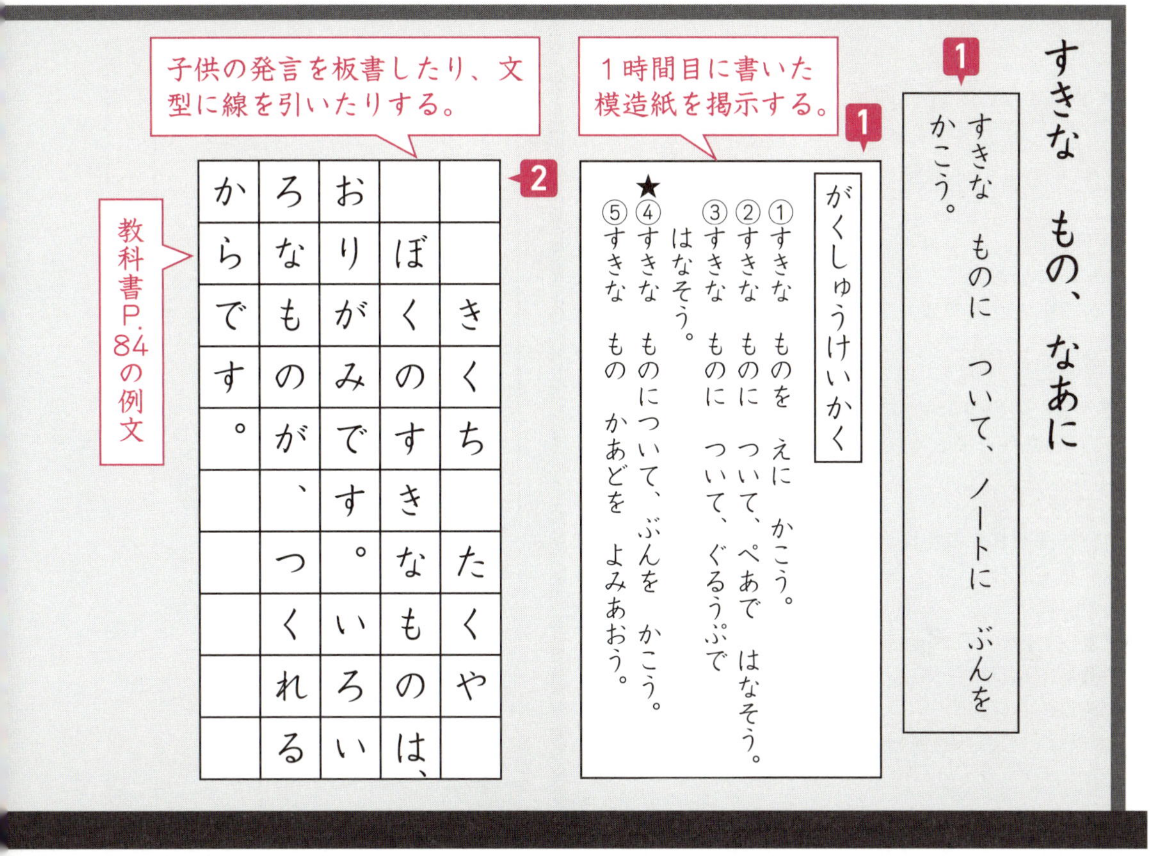

すきな　もの、なあに

1 すきな　ものに　ついて、ノートに　ぶんを　かこう。

1 時間目に書いた模造紙を掲示する。

1 がくしゅうけいかく

①すきな　ものを　えに　かこう。
②すきな　ものに　ついて、ぺあで　はなそう。
③すきな　ものに　ついて、ぐるうぷで　はなそう。
★④すきな　ものについて、ぶんを　かこう。
⑤すきな　もの　かあどを　よみあおう。

子供の発言を板書したり、文型に線を引いたりする。

2 きくちたくやぼくのすきなものは、おりがみです。いろいろなものが、つくれるからです。

教科書 P.84 の例文

3 隣の友達と発表し、次時の見通しをもつ〈5分〉

T　書いたノートを隣の友達と発表し合いましょう。

・「ぼくのすきなものは、かれえらいすです。やさいとおにくが、たくさんはいっているからです。」
　「わたしのすきなものは、いちりんしゃです。いろいろなわざができるようになるとうれしいからです。」

○１時間の学習の成果をクラス全体で共有する。二つの文型が書けているかを確認する。

T　次回は、「すきな　もの　かあど」に、今日書いた文を書いていきましょう。振り返りを書きましょう。

○次時の見通しをもたせる。

よりよい授業へのステップアップ

教師作成のモデル文

教師が作成した「すきな　もの　かあど」を示すことで、どのように書けばよいのかイメージをもたせる。実際のものを示すことで、子供の意欲にもつながる。

文型：「〜からです。」

前時までに、わけを聞く言い方を定着させてきた。わけを書く書き方についても学ぶことで、書いて伝えるよさにも気付かせる。

本時案

すきな　もの、なあに

本時の目標

・モデル文を参考にして、自分の好きなこととその理由を２文で書くことができる。

本時の主な評価

❸好きなものについて、「〜です。」「〜からです。」を使って書いている。【思・判・表】

資料等の準備

・学習計画が書かれた模造紙
・教科書 P.84の「すきな　もの　かあど」の文章の拡大
・吹き出しカード 19-03
・子供とえんぴつの挿絵 19-04〜05
・句読点のマス目カード 19-06
・「すきな　もの　かあど」 19-07

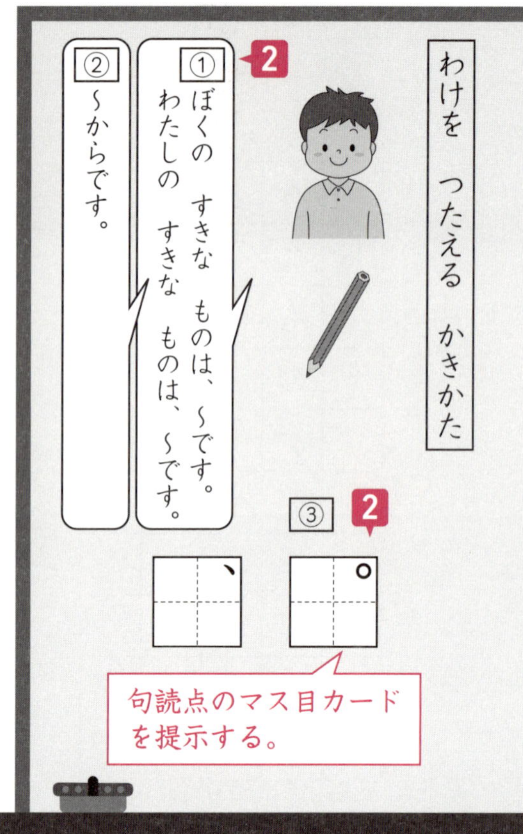
わけを　つたえる　かきかた
①
ぼくの　すきな　ものは、〜です。
わたしの　すきな　ものは、〜です。
②
〜からです。
③
、
。
2
2
句読点のマス目カードを提示する。

授業の流れ ▷▷▷

1 「すきな　もの　かあど」の書き方を確認する 〈10分〉

T　前回は「すきな　もの　かあど」に書くための練習をしました。どのような書き方でしたか。
・「ぼくのすきなものは、〜です。」と書いています。
・「〜からです。」と好きなもののわけを書いています。
・早く「すきな　もの　かあど」に書きたいです。
○前時の教科書の文章の拡大コピーを掲示し、確認する。句読点のマス目についても再度、指導する。
T　みなさんも自分の好きなものとそのわけについて、「すきな　もの　かあど」に文で書きましょう。

2 自分の好きなものについて、好きなものとそのわけを文で書く 〈30分〉

T　みなさんも自分の好きなものについて、好きなものとそのわけを文で書きましょう。
・「わたしのすきなものは、なわとびです。とんでいるとたのしいからです。」
・「ぼくのすきなものは、ぷうるです。はやくおよげるとうれしいからです。」
・「ぼくのすきなものは、ぶろっくです。いろいろなものをつくれてわくわくするからです。」
・「わたしのすきなものは、おむらいすです。たまごがふわふわで、たべるとしあわせなきもちになるからです。」
○句読点の位置や丁寧に書くことを伝える。
○早く終わった子同士で読み合い、書き直しをさせてもよい（推敲）。

すきな　もの、なあに

1

すきな　ものに　ついて、ノートに　ぶんを　かこう。

1

がくしゅうけいかく

①すきな　ものを　えに　かこう。
②すきな　ものに　ついて、ぺあで　はなそう。
③すきな　ものに　ついて、ぐるうぷで　はなそう。
★④すきな　ものに　ついて、ぶんを　かこう。
⑤すきな　もの　かあどを　よみあおう。

1時間目に書いた模造紙を掲示する。

2

きくち　たくや
ぼくのすきなものは、おりがみです。いろいろなものが、つくれるからです。

5時間目の「すきな　もの　かあど」の文章の拡大を掲示する。

教科書P.84の例文

3 隣の友達と書いたカードを確認し、次時の見通しをもつ〈5分〉

T　書いたカードを隣の友達と読み合い、確認しましょう。

・ていねいに書けているよ。
・「～からです。」と好きなもののわけも書けているね。
・「、」と「。」の位置を確認しようね。
・他の友達のカードも見たいね。

○1時間の学習の成果をクラス全体で共有する。2つの文型が書けているか、正しい位置で句読点を書けているかを確認する。

T　次回は、いよいよ「すきな　もの　かあど」を友達と読み合いましょう。振り返りを書きましょう。

○次時の見通しをもたせる。

よりよい授業へのステップアップ

句読点の位置

「すきな　もの　かあど」を書くことを通して、文章を書く技能も身に付けさせていく。特に、句読点の位置については、文を書くときには、必ず出てくる。丁寧に指導し、定着させていく。

推敲

友達と読み合うときには、①「ぼく、わたしのすきなものは、～です。」、②「～からです。」、③句読点の位置の3つのポイントを示し、どのような視点で読み合うのかを分かるようにする。

本時案

すきな　もの、なあに

本時の目標

・書いた文章を友達と読み合って感想を交流することができる。

本時の主な評価

❶言葉には、友達の好きなものとその理由を伝える働きがあることに気付いている。【知・技】

資料等の準備

・学習計画が書かれた模造紙
・教師作成の「すきな　もの　かあど」の見本
19-01〜02

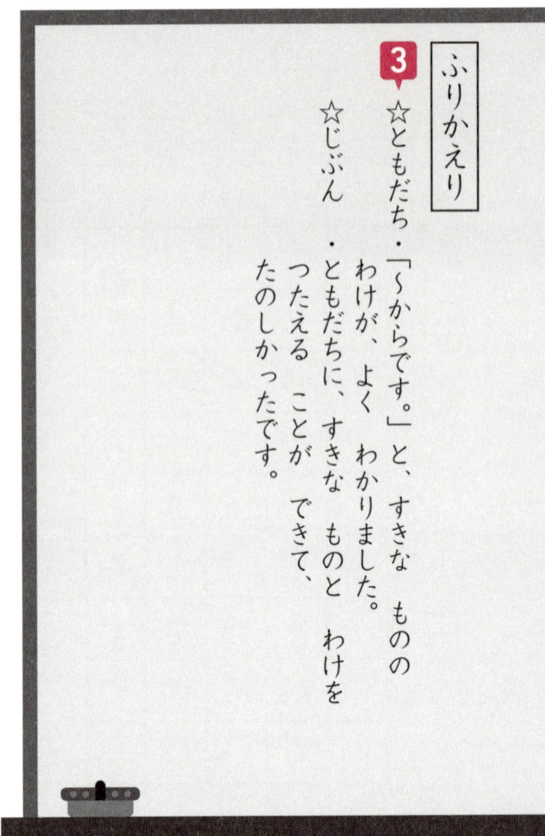

ふりかえり
3
☆ともだち・「〜からです。」と、すきな　ものの
わけが、よく　わかりました。
☆じぶん　・ともだちに、すきな　ものと　わけを
つたえる　ことが　できて、
たのしかったです。

授業の流れ ▷▷▷

1 書いた「すきな　もの　かあど」の交流の仕方を確認する 〈10分〉

T　今日は、書き方ではなく、自分の好きなものとそのわけについて、「すきな　もの　かあど」を使って、友達に伝えましょう。先生の「すきな　もの　かあど」を伝えます。

A　先生の好きなものは、サッカーです。どうしてかというと、シュートが決まると、楽しいからです。

B　わたしも、サッカーが好きだよ。

A　そうなんだ。今度一緒にやろうよ。

○教師のモデル動画を流す。何度か見本を示し、「すきな　もの　かあど」で伝えた後、もう一人が内容について話し、また、それに対して答えるというように話を続けることを定着させる。

2 自分の好きなものについて、好きなものとそのわけを友達と交流する 〈30分〉

T　それでは、みなさんも「すきな　もの　かあど」を使って、自分の好きなものとそのわけを伝えましょう。

A　ぼくの好きなものは、ブロックです。いろいろなものを作れてわくわくするからです。

B　私も、ブロックが好きだよ。どんなものを作ったの。

A　恐竜だよ。今度一緒に作ろうよ。

○教師は、机間指導をしながら、個別に声掛けをし、話が続いていないペアがあれば、一緒に入って話をする。なるべく多くの子供と交流できるようにする。誰と交流したかが分かるように、カードの端に名前のサインをもらうなど工夫することもできる。

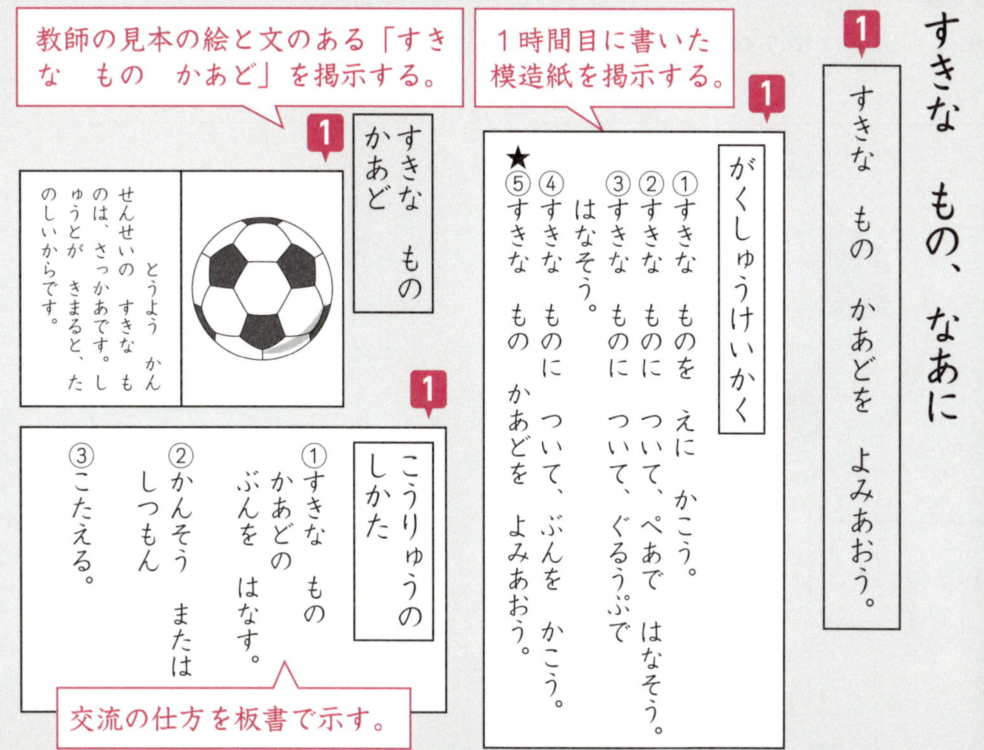

3 交流したことを振り返って、単元の振り返りをする〈5分〉

T 「すきな　もの　かあど」で伝えて、友達のよかったところはありますか。

・「〜からです。」と好きなもののわけがよく分かりました。

・○○さんが、ブロックで恐竜を作れると知って、今度一緒に作る約束をしました。

T 「すきな　もの　かあど」で伝えて、自分のよかったところはありますか。

・友達に好きなものとわけを伝えることができて、楽しかったです。

・友達が聞いてくれて、うれしかったです。

T 「すきな　もの　かあど」で友達に伝えることができましたね。振り返りを書きましょう。

○単元全体の振り返りをする。

よりよい授業へのステップアップ

教師の交流のモデル動画

教師の交流のモデルを示すことで、どのように交流すればよいのかがよく分かる。学年の教師と一緒に交流モデルを作成し、動画撮影し、流すなど方法を工夫できるとよい。

振り返りの観点

単元の振り返りでは、自分が学習してよかったところだけではなく、友達のよかったところも考えさせるようにしていく。交流のよさが、友達のよさにもなるようにしていく。

資 料

1 第1～4時、第7時資料「すきな　もの　かあど」の絵

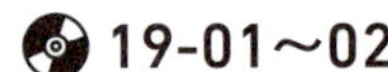
19-01～02

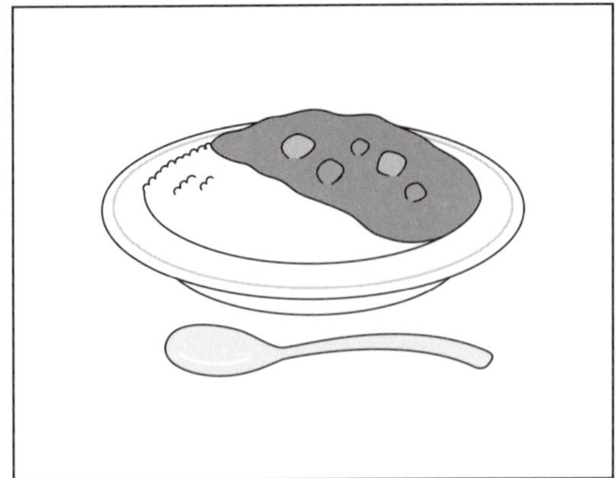

2 吹き出しカード 19-03

3 第3時～第6時　子供とえんぴつの挿絵 19-04、19-05

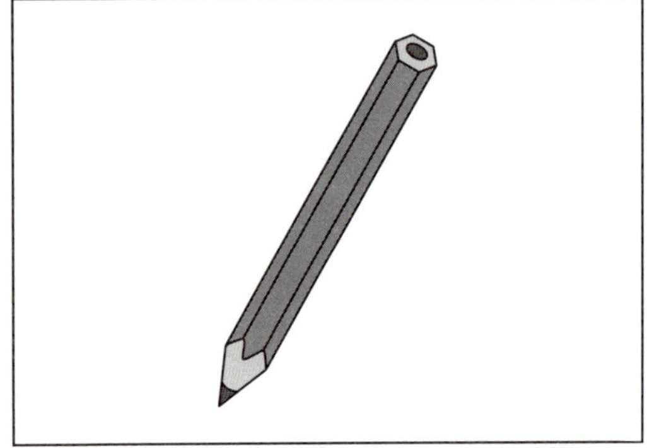

4 第５時・第６時資料 「句読点のマス目カード」 19-06

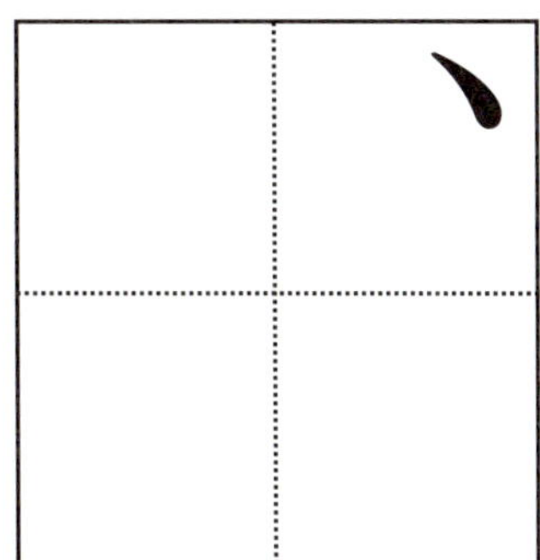

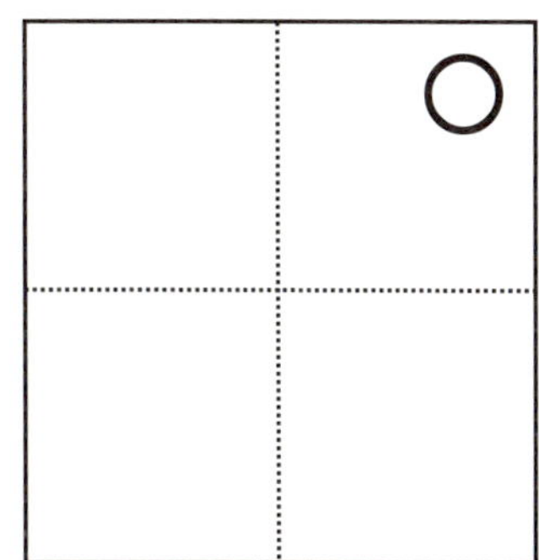

5 第５時資料「すきな　もの　かあど」 19-07

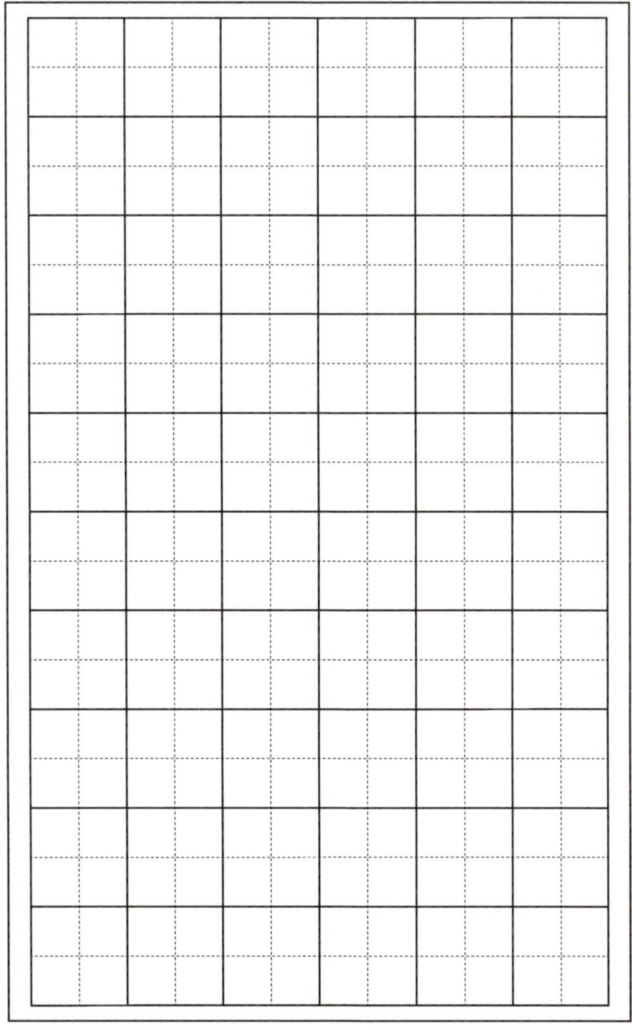

おむすび　ころりん　5時間扱い

〔知識及び技能〕(1)ク、(3)ア　〔思考力、判断力、表現力等〕C読むことイ　関連する言語活動例C(2)イ

単元の目標

・語のまとまりや言葉の響きなどに気を付けて音読することができる。
・場面の様子や登場人物の行動など、内容の大体を捉えることができる。

評価規準

知識・技能	❶語のまとまりや言葉の響きなどに気を付けて音読している。(〔知識及び技能〕(1)ク) ❷昔話や神話・伝承などの読み聞かせを聞くなどして、我が国の伝統的な言語文化に親しんでいる。(〔知識及び技能〕(3)ア)
思考・判断・表現	❸「読むこと」において場面の様子や登場人物の行動など、内容の大体を捉えている。(〔思考力、判断力、表現力等〕Cイ)
主体的に学習に取り組む態度	❹進んで文章を読んだり音読したりし、学習課題に沿って分かったことや感想を伝え合おうとしている。

単元の流れ

次	時	主な学習活動	評価
一	1	学習の見通しをもつ 教師による読み聞かせを聞く。 感じたことを出し合う。 場面分けをし、物語の内容をつかむ。	❷
二	2	1の場面（始め～P.89最後まで：踊りだすおじいさん）を読む。	
	3	2の場面（P.90～91：穴に落ちたおじいさん）を読む。	❶ ❸
	4	3の場面（P.92～93：家に帰ってからのおじいさん）を読む。	
三	5	グループで役割分担し、音読発表をする。 学習を振り返る これまでの学習を振り返り、感想を交流する。	❶ ❹

授業づくりのポイント

〈単元で育てたい資質・能力〉

本単元のねらいは、物語の内容の大体を捉えて読む力を育てることである。そのためには、場面の様子や登場人物の行動に着目して読むことが大切である。「だれが」「どこで」「何をして」「どうなった」に気を付けて読むことができるよう意識する。

本教材は我が国に伝わる昔話の１つである。読み聞かせを聞いたり音読をしたりする中で、我が国の伝統的な言語文化に十分親しむことができるようにしていく。

具体例

○入門期の子供が学習するということで、物語の「楽しさ」や「大体をつかむ」ことが主眼となる。次第に子供が叙述に基づいて読んだり、話し合いの中で読み違いを修正したりできるように指導する。子供が「ここに○○と書いてあるから、△△です。」と叙述を基に考えたり発言したりできるようにしていく。

〈教材・題材の特徴〉

本教材は、七五調で書かれており、音読することによって自然にリズムが生まれ、我が国に伝わる伝統的な七五調のリズムに親しむことができる。物語は繰り返しによって進行し、場面の移り変わりが分かりやすい構成となっている。音読を繰り返すことによって、楽しく読み進めるとともに内容も十分理解できるようになる。

具体例

○保護者の協力を得ながら「音読カード」などを用いて、家庭でも音読ができるようにする。繰り返し読むことが七五調のリズムに親しんだり、内容を理解したりすることにつながる。

○作品中に何度も出てくる言葉の繰り返し、七五調のリズムなどのおもしろさを味わわせたい。そのために、語句の違いや使われる場面の違いにも注目させる。

〈言語活動の工夫〉

本単元では、繰り返しに着目し、声の強弱、高低などを工夫した音読を行わせ、場面の違いを考えさせたい。作品を動作化なども行いつつ「国語」という教科を学習することの楽しさを味わわせ、学ぶ意欲をさらに高めていきたい。単元の終末に音読発表を行うことをあらかじめ提起することで、一人一人が確実に音読できるようにさせたい。また、何回も音読することによって、叙述に基づいて考え、物語の内容の大体を理解することも指導していきたい。

具体例

○聞き手を意識した音読となるよう、隣の子供と、次はグループ内で役割分担して読ませるなどの活動をさせる。

○音読発表会を設定することによって、保護者にも子供の音読を聞いていただき、より多くの人に評価されることによって、次の学習への意欲付けとする。

本時案

おむすび ころりん

1/5

本時の目標

・「おむすび　ころりん」の話に興味をもち、話の流れをつかむことができる。
・本単元の最後には、音読発表会をするという見通しをもつことができる。

本時の主な評価

❷昔話の読み聞かせを聞いて、我が国の伝統的な言語文化に親しんでいる。【知・技】
・場面の様子や登場人物の行動など、内容の大体を捉えている。

資料等の準備

・各場面の挿絵のコピー
・山や畑、古民家などの写真
・ワークシート　20-01

二、ねずみの　おうちへ
とびこんだ　おじいさん。

三、おうちに　かえった
おじいさん。

P.90 の挿絵

P.92、P.93 の挿絵

必要に応じて本文に戻りつつ進める。

授業の流れ ▷▷▷

1 「おむすび　ころりん」は、どんな話かを想像する 〈5分〉

○黒板に題名を書いて、子供の意見を出させる。

T 「おむすび　ころりん」という話を勉強します。さてどんな話だと思いますか。

・「おむすび」は、おにぎりと同じです。
・「ころりん」だから転がる感じです。
・じゃあ、おむすびが転がって何かが起きるお話かもしれません。

○ここは、自由に意見を出させると楽しい導入になる。

2 教師の音読を聞き、場所、登場人物など物語のおおよそを確認する 〈15分〉

T 最初に先生が読むので、どんな話か、しっかり聞いてください。

○リズムよく、言葉のまとまりに気を付けて音読する。

○場面が変わるところでは、十分に間を空けて、子供が場面の変化に気付きやすいように配慮する。

T いつ　どこでの話ですか。

・昔々、山の畑。

T 誰が出てきましたか。

・おじいさん。
・ねずみたち。

○子供によっては、ねずみを「人物」と捉えられない例もあるかもしれない。その際は、「話の中では人物と考える」ことを伝える。

おむすび　ころりん

おはなしの　だいたいを　しろう。

1 どんな　おはなしでしょう。

おむすびが　でて　くる
おむすびは　おにぎりと　おなじ
ころりん　だから　おむすびが　ころがる　はなし

2 いつ　どこで　だれが　でて　きたか。

いつ　　むかしむかし
どこで　やまの　はたけ
でて　きたのは
おじいさん
ねずみ
おばあさん

3 ばめんわけを　しよう。

一、おむすびが　ころがって～
おどりだす　おじいさん。

P.89 の挿絵

3 場面分けをする　〈25分〉

T　では、話を場面分けしましょう。

○場面分けをする。

・1の場面：おむすびが転がって踊りだすおじいさん。

・2の場面：穴に落ちてねずみに歓迎されるおじいさん。

・3の場面：こづちを持ち帰り、おばあさんと幸せに暮らすおじいさん。

○挿絵を確認しながらゆっくり進めたい。

よりよい授業へのステップアップ

理解を深めるために

子供の中には昔々の情景を想像しにくい場合もある。山の畑や古民家などの写真を用意することも有効か。

音読の日常化

音読に十分親しませたい教材である。家庭に協力（極力褒めてもらえるよう配慮）を依頼し、音読の宿題を出す。

本時案

おむすび ころりん

本時の目標

・おじいさんの様子の変化を想像することができる。

本時の主な評価

・語のまとまりや言葉の響きなどに気を付けて音読している。
・場面の様子やおじいさんの行動を読み取っている。

資料等の準備

・場面の挿絵のコピー
・ワークシート 20-02

2

P.89 の挿絵

わすれて しまった おじいさん。
うたに あわせて おどりだす。
おむすび ころりん すっとんとん。
ころころ ころりん すっとんとん。

○おじいさんの ようすを かんがえて おんどく しよう。

3

おんどくの ぽいんと
・よい しせいで。
・こえの おおきさ はやさに きを つけて。
・まちがえずに。

授業の流れ ▷▷▷

1 1場面を音読する 〈10分〉

T 今日は第1場面を読んでいきましょう。
○教師の範読、その後連れ読み（教師が一文を読んだら子供は繰り返して読み）。
○ここでは、一字一句正確に読めるようにすることが目標となる。
・山の畑でおなかがすいたおじいさん。
・おむすびを追いかけるおじいさん。
・「ころころ ころりん」の歌を聴き、おもしろがるおじいさん。
・歌に合わせて踊りだすおじいさん。

2 場面の様子とおじいさんの行動を読み取る 〈20分〉

T 最初におじいさんは何をしていましたか。
・山の畑を耕していた。
・おなかがすいておむすびを取り出した。
・おむすびが転がってしまったから追いかけた。
T おじいさんは、どんなふうにおむすびを追いかけましたか。
・「まて まて まて」だから、おむすびはとても速く転がっている。
・なかなか追いつけないおじいさん。
○「まて まて まて」を動作化すると、情景がよりよく想像され、音読も表情豊かになる。
T おむすびはどうなりましたか。
・穴に落ちてしまった。
○ワークシートの空欄を埋めながら、全員が内容を理解できるようにする。

おむすび　ころりん

一の　ばめんの　おじいさんの　ようすを
かんがえよう。

1

P.86 の挿絵

P.87 の挿絵

P.88 の右の挿絵

P.88 の左の挿絵

むかし　むかし
はたけを　たがやして
おなかが　すいた　おじいさん。
←
おむすび　ひとつ　ころがって、
ころころ　ころりん　かけだした。
まて　まて　まて
すっとんとんと　とびこんだ。
おむすび　ころりん　すっとんとん。
ころころ　ころりん　すっとんとん。
これは　これは　おもしろい。
ふたつめ　ころんと　ころがすと、
きこえる　きこえる　おなじ　うた。
おむすび　ころりん　すっとんとん。
ころころ　ころりん　すっとんとん。
おなかが　すいてる　ことなんか、

3　第１場面の音読をする　〈15分〉

T　それでは、まず一人一人で３回読んでみましょう。

○①姿勢、②声の大きさ速さ、③間違えずに読む、この３点に絞って音読させる。

T　次は、隣の人と交代で読みましょう（ペア読み）。隣同士でよいところを見つけるように聞きましょう。

T　上手な読み方をしている友達がいたら教えてください。

○何人かに発表させ、よいところを価値付ける。

よりよい授業へのステップアップ

音読が苦手な子供への手立て

音読の初めには教師が一行読み、「はい」の掛け声で続き読みをする「連れ読み」で、音読の苦手な子供もスムーズに読めるようにする。

活動への価値付け

ペア読みでは、この時点で「ころころ　ころりん」を一緒に音読するペアも出てくることが想像される。工夫を認めて大いに褒める。学習への意欲付けになるとともに、音読の工夫を次時の学習につなげることができる。

本時案

おむすびころりん 3/5

本時の目標

・穴に飛び込むおじさんと、迎えたねずみたちの様子を読み取り、音読することができる。

本時の主な評価

❶語のまとまりや言葉の響きなどに気を付けて音読している。【知・技】

❸場面の様子やおじいさんの行動を読み取っている。【思・判・表】

・進んで文章を読み、分かったことを伝え合ったり、音読をしたりしようとしている。

資料等の準備

・場面のイラストのコピー

・こづちの写真、もしくは「実物」

（板書）

3 ○くふうして　おんどくしよう。

おんどくの　くふう
・りずむに　のって。
・はずむように。
・こえを　おおきく。

きく　ひと
・よんで　いる　ひとを　みる。
・よい　ところ　くふうして　いる　ところを　みつける。
・みつけた　ことを　おしえる。

授業の流れ ▷▷▷

1 2の場面のおじいさんの様子を読み取る 〈10分〉

○最初の範読の流れは第2時と同様に行う。

T　今日の2場面、まずおじいさんはどうなりましたか。

・最初はおなかがすいていたのに、歌を聴いておもしろくなって忘れてしまいました。

T　そうしているうちにどうなったかな。

・「とうとう」と書いてあるので、ずっと踊っていたら「ついに」穴に落ちてしまったのだと思います。

・おじいさんはすごく驚いています。

・今度は「おむすびころりん」が「おじいさんころりん」になっています。同じです。

2 穴の中のねずみたちの様子を読み取る 〈10分〉

T　飛び込んだ先はどこでしたか。

・ねずみのおうちでした。

T　ねずみはどう思いましたか。

・おじいさんがおむすびを二つもくれたから大歓迎していると思います。

・ねずみたちも踊っています。おじいさんと同じです。

・「こづち」って何でしょう。

T　「こづち」は、振ると宝物なんかが出てくるものです。

○ここで、写真や実物を見せるとよい。

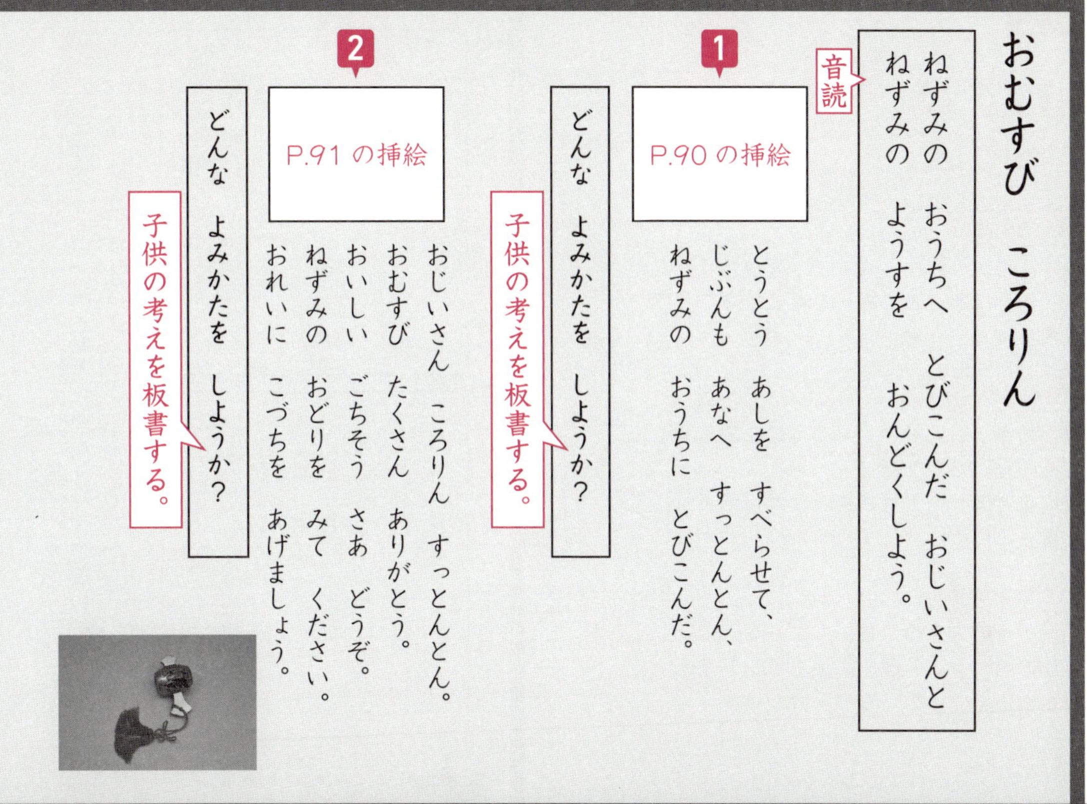

おむすび　ころりん
音読
ねずみの　おうちへ　とびこんだ　おじいさんと
ねずみの　ようすを　おんどくしよう。
1
P.90 の挿絵
とうとう　あしを　すべらせて、
じぶんも　あなへ　すっとんとん、
ねずみの　おうちに　とびこんだ。
どんな　よみかたを　しようか？
子供の考えを板書する。
2
P.91 の挿絵
おじいさん　ころりん　すっとんとん。
おむすび　たくさん　ありがとう。
おいしい　ごちそう　さあ　どうぞ。
ねずみの　おどりを　みて　ください。
おれいに　こづちを　あげましょう。
どんな　よみかたを　しようか？
子供の考えを板書する。

3 2の場面を工夫して音読する〈10分〉

○数名に音読させ、「弾むように読んでいる」など、教師が工夫を見つけ、音読の工夫として書きためていくとよい。

T 「おんどくの　くふう」を参考に、隣の友達と読み方を話し合って練習しましょう。

・「おむすびころりん　すっとんとん。」は弾むように読むといいです。

・ねずみはたくさんいるから、そこは大きな声がいいです。

○まず一人で、次に隣の友達と最後にグループでなど互いに工夫した音読を聞き合わせ、友達同士で読む楽しさを味わわせたい。

○グループ読みでは、様々な工夫が出てくると思われる。なぜその読み方をしたのかを子供に聞き、周りに広げることもできる。

4 音読発表をする〈15分〉

○聴くポイントは、「よかったところ」に絞る。

・間違えずに読めました。

・リズムに乗って読めました。

・「おむすび　ころりん　すっとんとん。」の部分を歌うように読んでいました。

○具体的にどこがどうよかったかを子供に発表させる。一つの発表が終わるごとに、コメントも具体的になるように指導する。1グループ終わったら、必ずよかったところを発表させる。このことで子供に音読の自信がつく。

本時案

おむすび ころりん

本時の目標

・ねずみのおうちから帰って、喜び合うおじいさんとおばあさんの様子を音読することができる。

本時の主な評価

❸場面の様子やおじいさんの行動を読み取っている。【思・判・表】
・語のまとまりや言葉の響きなどに気を付けて音読している。

資料等の準備

・場面のイラストのコピー
・音読のポイント　聞く人のポイント表示
・場合によってはこづちの写真か実物

3
○そうぞうした　ことが　あいてに　つたわるように
おんどくしよう。

おんどくの　くふう
・りずむに　のって。
・はずむように。
・こえを　おおきく。
・きもちに　なって。

きく　ひと
・よんで　いる　ひとを
みる。
・よい　ところ
くふうして　いる
ところを　みつける。
・みつけた　ことを
おしえる。

授業の流れ ▷▷▷

1 おじいさんとおばあさんの様子を読み取る 〈15分〉

○最初の範読からの流れは前時と同様。

T　こづちを振ったときのおじいさとおばあさんはどう思いましたか。

・「あれあれ」は、思ってもいないことが起きて驚いています。
・こづちを振ったら「ざらざら」でなく「ざあらざら」だから　お米はとてもたくさん出てきた感じがします。

○この発言が出ない場合は、教師が「ざらざら」と読んでみて子供に違いを尋ねたい。

・こばんも「ざくざく」ではなく「ざっくざく」だからとてもたくさん出てきました。

2 「ふたりは いつまでも、なかよく たのしく くらした」場面を読み取る 〈10分〉

T　おじいさんとおばあさんは仲よく暮らした、と書いてあるけれど、他に気付くことはありますか。

・絵の中でスズメやカラス、ニワトリも出てくるから、おじいさんたちは周りの生き物とも仲よく暮らしたと思います。
・「めでたし　めでたし」とつけたい話です。

○おじいさんとおばあさんのおおらかな性格から、周りの生き物とも仲よくしてのではないか、と想像させてよいだろう。

おむすび　ころりん

おじいさんと　あばあさんが　たのしく　くらした
ようすを　そうぞうして　おんどくしよう。

おれいの　こづちを　てに　もって、
おうちに　かえって　おばあさんと、
おどった　おどった　すっとんとん。
こづちを　ふり　ふり　すっとんとん。

すると　どう　した　ことだろう。
こづちを　ふる　たび　あれ　あれ　あれ、
しろい　おこめが　ざあらざら。
きんの　こばんが　ざっくざく。
それから　ふたりは　いつまでも、
なかよく　たのしく　くらしたよ。
おむすび　ころりん　すっとんとん。
ころころ　ころりん　すっとんとん。

1 2

P.91 の挿絵

どんな　よみかたを　しようか？

子供の考えを板書する。

3　3の場面を工夫して音読する〈20分〉

〇音読の工夫、聞く人のポイントは画用紙などに書いて、常時表示するとよい。グループごとに音読を発表する。

T　「おむすび　ころりん」を初めから終わりまで、グループで工夫して読む練習を始めましょう。

〇聞くポイントは、「よかったところ」に絞る。１グループ終わったら、必ずよかったところを発表させる。このことで子供に音読の自信がつく。

〇教師はグループを回り、工夫して音読しているグループがあった場合は、一旦練習を止めて、そのグループに工夫している部分を読ませることで、全体に広げたい。

よりよい授業へのステップアップ

擬音語

「ざらざら」と「ざあらざら」、「ざくざく」と「ざっくざく」など言葉のわずかの違いが、意味も印象も変えることを子供と考えたい。中学年以降で物語文を読むときに生かされる。

音読の工夫

声に出して読むことでリズムを感じ、読むことが楽しくなる文章である。より場面の様子を理解したり、音読を楽しんだりするために、動作化を取り入れるのもよい。

本時案

おむすび ころりん 5/5

本時の目標

・学習したことを生かしてグループで工夫して音読し、友達のよいところに気付くことができる。

本時の主な評価

❶語のまとまりに気を付けて音読している。【知・技】

❹友達の音読を聞いてよいところを探し、感想を伝え合おうとしている。【態度】

資料等の準備

・場面のイラストのコピー

・音読のポイント、聞く人のポイントの掲示

○くふうの　しかた

・いちぎょうずつ　こうたいして　よむ。

・「おむすび　ころりん　すっとんとん　ころころ　ころりん　すっとんとん」の　ところは　ぜんいんで　よむ。

・ばめんごとに　こうたいする。

3 ほかの　ぐるうぷの　はっぴょうを　きいて　よい　ところ　くふうして　いる　ところを　みつけよう。

授業の流れ ▷▷▷

1 グループで音読発表の練習をする〈10分〉

○自分なりの読みをさせたいが、教材の性質上、体を動かしたり表情で表現したりすることも許容したい。この段階では、グループごとに練習を重ね、発表に備えさせる。教師は各グループを回り、工夫した理由を聞いたり、改善点を指導したりする。

2 音読発表会をする〈20分〉

T　音読発表会をしましょう。どんなことに気を付けますか。

・よい姿勢で読みます。

・声の大きさ、速さに気を付けます。

・リズムに乗って読みます。

T　聞く人は特に何が大切ですか。

・よいところ、工夫しているところを見つけます。

○クラスでの発表会を行うが、授業参観や学校公開に合わせて行うことも考えられる。家庭での音読の成果が音読発表会で生かされている様子を保護者に聞いていただきたい。

おむすび　ころりん

ともだちと　おんどくを　ききあおう。

おんどくの　ぽいんと
・よい　しせいで。
・こえの　おおきさ　はやさに　きを　つけて。
・リズムに　のって。

きく　ひとの　ぽいんと
・よんで　いる　ひとを　みる。
・よい　ところ　くふうして　いる　ところを　みつける。
・みつけた　ことを　おしえる。

ここに、全てのページのイラストを順番に掲示する。

1 ぐるうぷで　くふうして　おんどくしよう。

2 おんどくはっぴょうかいを　しよう。

3 音読発表会の感想を交流する。学習感想を書く　〈15分〉

○子供同士の聞き合いだけでなく、保護者に聞いていただき、どのようなことを感じたかも交流したい。

T　最後にみんなの発表を聞いて学習感想を書き、発表してもらいます。

○学習感想の視点
・よい姿勢で読めていたか。
・声の大きさ、速さに気を付けて読めていたか。
・リズムに乗って読めていたか。

T　では、何人か発表してもらいます。

・○○グループは、「おむすびころりんすっとんとん」の部分を毎回変えて読んでいたのがよかったです。
・△△グループは、「おむすびころりんすっとんとん」だけ全員で読んだのがよかったです。

よりよい授業へのステップアップ

子供たちに大切にさせたいこと

子供たちには、自分たちのグループとの工夫の違いに気付くことをまず大切にさせたい。そこから友達を認め、共に学ぼうという学級づくりへの芽が生まれる。

保護者と共に子供を励ます

できれば参観いただいた保護者の方にも、その場で感想をいただけると子供への励ましとなる。そのためには学級通信などで、その旨を伝えておくことも必要であろう。

資料

1 第1時ワークシート 20-01

「おむすび　ころりん」　ねん　くみ　なまえ（　　　　　）

どんな　おはなしでしょう。

いつ　どこで　だれが　でて　きたか

いつ　（　　　　　　　　）

どこで　（　　　　　　　　）

でて　きたのは

ばめんわけを　しよう

板書計画と同じ挿絵を貼る

一、（　　　　　　　　　　）

二、（　　　　　　　　　　）

三、（　　　　　　　　　　）

「おむすび　ころりん」　ねん　くみ　なまえ（　　　　　）

一の　ばめんの　おじいさんの　ようすを　かんがえよう

むかし　むかし
はたけを　たがやして
（　　　　　　　　　　）

↓

おむすび　ひとつ　ころがって、
ころころ　ころりん　かけだした。
（　　　　　　　　　）
すっとんとんと　とびこんだ。
おむすび　ころりん　すっとんとん。
ころころ　ころりん　すっとんとん。
（　　　　　　　　　）
ふたつめ　ころんと　ころがすと、
きこえる　きこえる　おなじ　うた。
おむすび　ころりん　すっとんとん。
ころころ　ころりん　すっとんとん。
（　　　　　　　　　　）
（　　　　　　　　　　）
おむすび　ころりん　すっとんとん。
ころころ　ころりん　すっとんとん。

○おじいさんの　ようすを　かんがえて　おんどく　しよう

おんどくの　くふう
・よい　しせいで
・こえの　おおきさ　はやさに　きを　つけて
・まちがえずに

板書計画と同じ挿絵を貼る

としょかんと　なかよし　（2時間扱い）

〔知識及び技能〕(3)エ

単元の目標

・本のおもしろいところを選んで、紹介カードを書いたり、友達に紹介したりすることができる。

評価規準

知識・技能	❶読書に親しみ、いろいろな本があることを知っている。(〔知識及び技能〕(3)エ)
主体的に学習に取り組む態度	❷進んで読みたい本を選んで読み、学習課題に沿って、おもしろかったところを紹介しようとしている。

単元の流れ

次	時	主な学習活動	評価
一	1	学習の見通しをもつ 読みたい本を選んで読む。 本のおもしろいところを紹介カードに書く。	❶
二	2	本のおもしろいところを友達に紹介する。 学習を振り返る 本を紹介し合った感想を共有する。	❷

授業づくりのポイント

〈単元で育てたい資質・能力〉

読書を通して、様々な知識や情報を得たり、自分の考えを広げたりすることができる力の育成を目指して、日常的に読書に親しむことができるようにすることがねらいである。

「としょかんへ　いこう」では、図書室には様々な本があることや図書室の使い方を知ることができた。

本単元では、読んだ本をカードに記録することを学習し、自分の読書生活を振り返ることができるようにする。

日本の昔話などのジャンルに絞って提示し、多読できるようにしたり、他教科の学習や係活動などと関連させて様々なジャンルの本を手に取って読めるようにしたりと工夫するとよい。

具体例

〇本の一覧表や読書カードを作成することで、読もうとする子供の意欲を維持するとともに、どの本を読んだのか子供自身が分かるようにする。

〈想像の世界を味わう〉

昔話や物語などの文学作品を読むことのおもしろさの一つに、想像の世界に浸り、疑似的に体験することができることがある。現実ではあり得ないことも想像の世界で体験することができる。また、話の中で大事なことを考えさせられたり学んだりすることもできる。昔話はまさにその二つの要素をもっている。このような読書経験を積み重ねることで、本を身近に置き、本に親しみ、本から学ぶ子供を育成していくのである。

〈他教材や他教科との関連〉〈図書館司書や地域の図書館との連携〉

他教材と関連させながら読書をする機会を増やすことが大切である。読みたいと思う必然性が本単元を通して、図書館で読みたい本や調べたい事柄に合わせた本を集めてもらえることを知り、今後の学習に活用できるようにする。

具体例

〇前単元では「おむすび　ころりん」を学習しているので、ジャンルを日本の昔話に絞り、子供に提示することもできる。

〇生活科の学習と関連させて、あさがおやヒヤシンスなど花の育て方の図鑑を用意したり、説明文「うみの　かくれんぼ」の学習を活用する場を設定し、海の生き物に関する本を用意するなど、司書と連携することで、調べ学習の場として図書館を活用する機会を増やしていくことができる。

本時案

としょかんと なかよし 1・2/2

本時の目標

・本のおもしろいところを選んで、紹介カードに書くことができる。
・本のおもしろいところを友達に紹介することができる。

本時の主な評価

❶本を読み、いろいろな本があることを知っている。【知・技】
❷好きな本を選び、本のおもしろいところを紹介しようとしている。【態度】

資料等の準備

・本の一覧表
・「どくしょ　かあど」 21-01
・「おはなし　しょうかい　かあど」 21-02

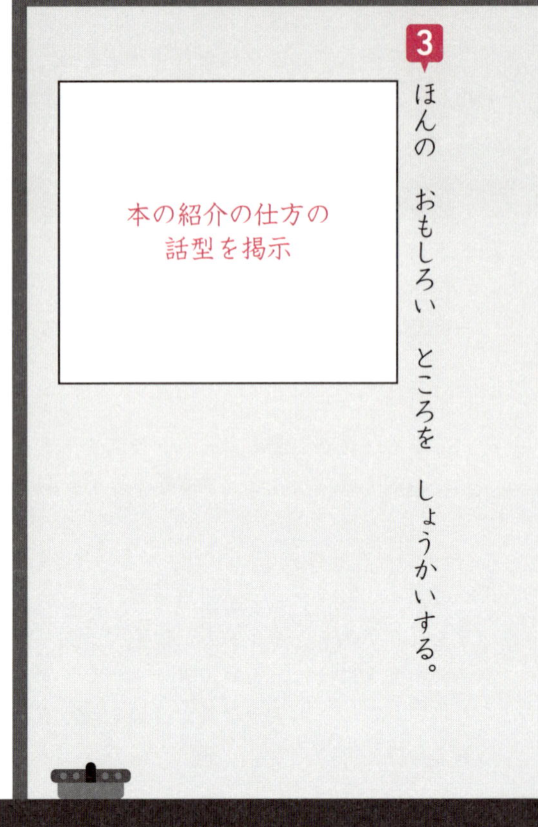

3
ほんの　おもしろい　ところを　しょうかいする。
本の紹介の仕方の
話型を掲示

授業の流れ ▷▷▷

1 本を選んで読み、「どくしょ　かあど」に記録する〈第１時〉

○これまで図書室で借りた本を想起させ、おすすめの本を紹介させる。

T　どんな本を読んだのか、後で思い出すことができるようにカードに記録するようにしましょう。

○読書カードを配布し、読んだ本の題名、日付、おもしろかったことを表す印を記録するようにする。

○読んでもらった本も書いてよいことを確認する。

○今後も継続してカードに記録するようにする。徐々に分類やひとこと感想等を各スペースのあるカードに移行するとよい。

2 おもしろかったところを「おはなし　しょうかい　かあど」に書く〈第２時〉

○本を読みためることができるよう、第１時から日にちを空けて行うとよい。

T　友達に紹介したい本を選んだら、「おはなし　しょうかい　かあど」に書きましょう。

○読んだ本の中から、友達に紹介したい本を選ぶようにする。

T　書き方を説明します。本の題名とおもしろいと思ったところの絵と、おもしろかったところをかきましょう。おもしろかったところは、「○○が～したところです。」と書けるといいですね。

○「おはなし　しょうかい　かあど」の拡大掲示を活用し、書く事柄や書き方などを確認する。

○早く書き終わった人は、発表の練習をするように声を掛ける。

第2時の板書

としょかんと　なかよし

ほんの　おもしろい　ところを
ともだちに　しょうかいしよう。

1 ほんを　よんで、おもしろい　ところに　ふせんしを
はる。

1 どくしょ　かあどに、よんだ　ほんと
ひづけ、おもしろかった　しるしを　つける。

2 ほんの　しょうかい　かあどを　かく。
★おもしろい　ところ

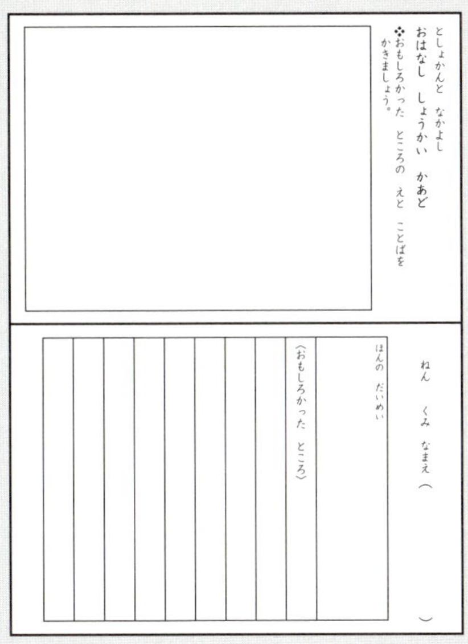

としょかんと　なかよし
おはなし　しょうかい　かあど
✿おもしろかった　ところの　えと　ことばを
かきましょう。
ねん　くみ　なまえ（　　）
ほんの　だいめい
〈おもしろかった　ところ〉

3 本のおもしろかったところを友達に紹介する　〈第２時〉

T　それでは本の紹介タイムをしましょう。

○目的に応じて、交流するグループを編成する。

・同じ本を読んだ人同士のグループ。

・違う本を読んだ人のグループ。

T　友達の本の感想を紹介しましょう。友達の紹介していた本の中で、興味をもった本はありますか。

・○○さんの「○○○○」という本を私も読んでみたいです。～が起きたところがおもしろかったからです。

○友達の発表を聞いて、興味をもった本を紹介したり、発表のよかったところを共有したりする。

よりよい授業へのステップアップ

読書の日常化

授業時間だけではなく、休み時間などにも本を手に取ることができるように意識付けたい。本を専用のブックトラックで用意したり、本棚の周りにポップを立てたりするなど、子供の関心が持続するように工夫したい。

紹介や発表したことの価値付け

交流を通して、新しい本に興味をもったことや友達の発表のよいところなどを価値付けすることで、交流することの意味を感じさせるようにする。

資料

1 第1時資料「どくしょ　かあど」 21-01

ねん　くみ　なまえ（　　　　　　　　　　）

どくしょ　かあど

よんだひ	よんだほんの　だいめい	しるし◎○△
／		
／		
／		
／		
／		
／		
／		
／		
／		
／		
／		
／		

2 第２時資料「おはなし　しょうかい　かあど」 21-02

としょかんと　なかよし

おはなし　しょうかい　かあど

❖おもしろかった　ところの　えと　ことばを
かきましょう。

ねん　くみ　なまえ（　　　）

ほんの　だいめい

〈おもしろかった　ところ〉

こんな　ことが　あったよ　（6時間扱い）

〔知識及び技能〕(1)オ　〔思考力、判断力、表現力等〕B書くことア、オ　関連する言語活動例B(2)イ

単元の目標

・経験したことの中から書くことを見つけて文章を書いたり、友達の書いた文章を読んで感想を伝え合ったりすることができる。

評価規準

知識・技能	❶言葉には、事物の内容を表す働きや、経験したことを伝える働きがあることに気付いている。(〔知識及び技能〕(1)オ)
思考・判断・表現	❷「書くこと」において、経験したことから書くことを見つけ、必要な事柄を集めたり確かめたりして、伝えたいことを明確にしている。(〔思考力、判断力、表現力等〕Bア) ❸「書くこと」において、文章に対する感想を伝え合い、自分の文章の内容や表現のよいところを見つけている。(〔思考力、判断力、表現力等〕Bオ)
主体的に学習に取り組む態度	❹学習課題に沿って経験したことから書くことを見つけ、伝えたいことを明確にして、粘り強く文章を書こうとしている。

単元の流れ

次	時	主な学習活動	評価
一	1	学校生活での出来事や休日や放課後にしたこと、発見したことを出し合い、友達の生活に関心をもつ。 **学習の見通しをもつ** 経験したことを書いて読み合おうという意欲をもち、学習計画をたてる。	
二	2	文章に書く内容や経験を振り返るときの観点を理解し、共通体験を基に文章を書く。	❶
	3	学校生活で経験したことから書くことを見つけ、文章と絵をかく。	❹
	4	休日や放課後に経験したことから書くことを見つけ、文章と絵をかく。	❷
	5	休日や放課後に経験したことから書くことを見つけ、文章と絵をかく。	❷❹
三	6	**学習を振り返る** 書いたものを読み合い、感想を伝え合う。	❸

授業づくりのポイント

〈単元で育てたい資質・能力〉

本単元のねらいは、経験したことから書くことを見つける力を育むことである。

子供は、毎日の生活の中で多くのことを経験しているが、書くときになると「書くことがない」と困ることがある。それは、題材を見つけるために、自分の生活を振り返る経験が少ないからである。また、経験を振り返る際の観点がないためでもある。そこで、友達や教師との対話やモデル文、共通体験を用いた学習を通して、いくつかの観点を獲得し、経験を振り返ることができるようにしていく。

本単元終了後も継続して取り組むことで、確かな力となっていく。

具体例

○「昨日、プールに行ったよ」という友達の言葉に、子供から「どこのプール」「何したの」「誰と行ったの」等の問いかけが出る。それらの言葉を生かして「いつ」「どこで」「だれと」「何をした」等の観点の短冊を作る。この短冊を掲示することで、経験を振り返る際に活用できる。単元終了後も常掲しておき、新たな観点が生まれたら、短冊を付け足すようにするとよい。

〈教材・題材の特徴〉

絵と文章で経験したことを書く活動である。教科書は、見開き２ページの構成である。モデル文は三文からなり、「いつ」「だれと」「何をして」「どう思ったか」が書かれている。観点としては、「したこと」「みた　こと、みつけた　もの」「きいた　こと」「おもった　こと」の四つが示されている。また、読んで感想を交流する活動が大きく示されている。

「書くこと」は、平仮名を学習したての一年生にとって、難しいと感じることの多い言語活動である。多くの人に感想をもらうことで、「この文や言葉がよかったんだな」と自分の文章のよさに気付くとともに、「書いてよかった」と実感し次への意欲を高めることができるように留意したい。

〈言語活動の工夫①　段階的に継続して取り組む〉

書くことを見つけることや文章を書くことは、継続して取り組むことで上達するものである。継続して取り組み、子供が１人でも題材を見つけて文章を書くことができるように段階的に指導するとよい。その際、子供が「できた」という達成感や満足感を味わい、書くことを「簡単だ」「楽しい」と感じることができるようにしたい。

具体例

○二次の４時間を段階的に指導する。まず全員で生活科や体育の学習での共通体験について観点で振り返り、言葉を出し合ってから文章を書く。次は学校生活の中で、その次は家庭での「お手伝い」、最後は休日や放課後のことと、少しずつ題材を選ぶ範囲を広げていく。全員で経験を振り返って、出し合った言葉から書くことを選ぶところから始め、教師や同じ経験をした友達と一緒に振り返る。

〈言語活動の工夫②　日常的に言葉を増やし、「書くこと」につなげる〉

経験したことを想起して書く際、最後に「たのしかったです」と書く子供が多い。しかし、話し言葉の中では「おもしろかった」「どきどきした」と、書き言葉よりもバリエーション豊かに表現している。そこで、授業中や朝の会等で子供が発した言葉を短冊に書き留めて掲示していく。そうすることで、感想を表現する言葉を増やし、少しずつ書き言葉の表現を広げることができる。短冊の言葉を使って書いたり、新たな言葉を探そうとしたりする姿が現れる。

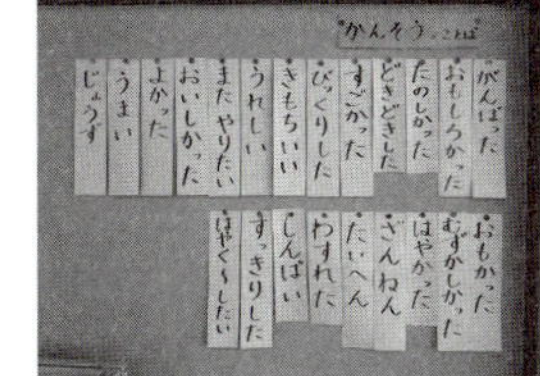

本時案

こんな　ことが　あったよ

本時の目標

・経験した出来事を書いて読み合う活動に関心をもち、学習の見通しをもつことができる。

本時の主な評価

・絵日記をかいて読み合う活動に関心をもち、学習計画を立てる話し合いに参加している。

資料等の準備

・教科書のモデル文（デジタル教科書または、拡大したもの）
・短冊

3

えにっきで　みんなに　しらせよう
やすみじかん・ほうかご・おやすみの　ひ

けいかく
・おもいだす。
・ぶんを　かく。
・えを　かく。
・よみあって、かんそうを　つたえる。

授業の流れ ▷▷▷

1 休み時間や放課後、休日に経験したことを出し合う 〈10分〉

T　休みの日にどんなことをしましたか。
・買い物をしました。
・プールに行きました。
・掃除をしました。
○始めは、したことだけを発表させるが、次第に「誰と」「どうだったのか」など問いかけ、エピソードを引き出すようにする。子供から質問のつぶやきが出たら、答えるように促し、やり取りをさせるとよい。
・ぼくは、昨日プールに行きました。
・どこのプール。
・誰と行ったの。
○やり取りを聞きながら、短冊に出てきた観点を記録しておく。

2 教科書を読み、絵日記の形式や書かれている内容を知る 〈20分〉

T　どんなことが書いてあるか調べましょう。
○まず、音読し、その後文章を視写することで、書かれている内容を理解させていく。
・花火大会のことが書いてあります。
・おじいちゃんと花火を見たことです。
T　どんな順番で書いてありますか。
・土曜日に―T　「いつ」ですね。
・おじいちゃんと―「誰と」だね。
・花火を見ました。―「何をした」かな。
・空に大きな花が咲いたみたいでした。―「思ったこと」だね。
・とてもきれいでした。―「思ったこと」だね。
○子供とやり取りをしながら、内容を確認し、観点を明確にして短冊を書き足していく。

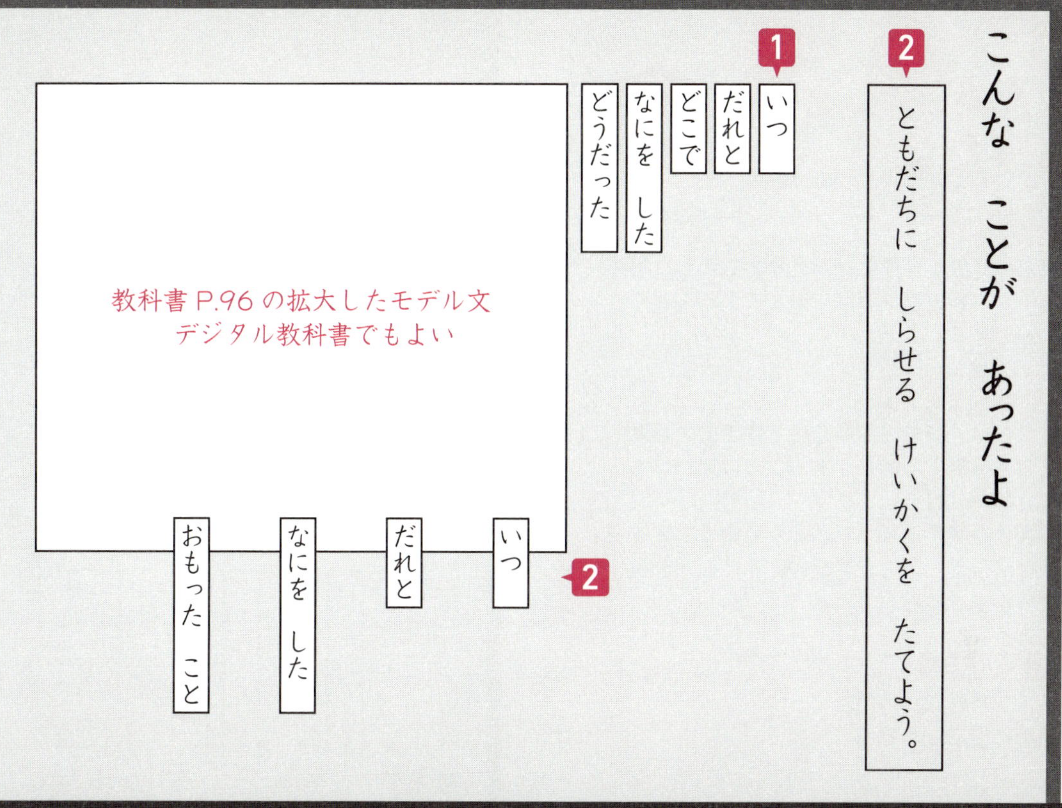

3 学習の見通しをもつ 〈15分〉

○クラスの友達に自分のしたことや思ったことを知らせるために、絵日記をかいて読み合うとよいことを確認する。

T　どうやって絵日記をかきますか。

・何をしたかを思い出す。
・文を書く。
・絵を描く。
・読んで、感想を伝える。

T　どんなことを絵日記にかいたらよいと思いますか。

・休み時間のこと、放課後のこと、土日のこと等。

○子供の発言を整理し、学習計画を立てる。子供から出ないものは、教師が提案する。

よりよい授業へのステップアップ

題材の幅を広げる工夫

特別な出来事ばかりではなく、日々の生活の中で題材を探して書くことができるようにしたい。

教科書のモデル文は、「見つけたこと」の要素が薄い。教師が生活の中で「見つけたこと」を題材にモデル文を作成し、提示することで、題材の幅を広げることができる。各区市で作成している作文集等にも参考になる作品があるので活用するとよい。

絵日記は、夏休みの課題として出されることが多い。子供が、何をどうしたらよいのか困らないように指導したい。

本時案

こんな　ことが　あったよ　2/6

本時の目標

・共通の経験を全員で振り返り、想起したものの中から書きたい事柄を選んで文章を書くことができる。

本時の主な評価

❶言葉には、事物の内容を表す働きや、経験したことを伝える働きがあることに気付いている。【知・技】

・体育の授業で経験したことから書くことを見つけ、伝えたいことを明確にして、粘り強く文章を書こうとしている。

資料等の準備

・拡大した絵日記の用紙
・前時に作成した観点の短冊

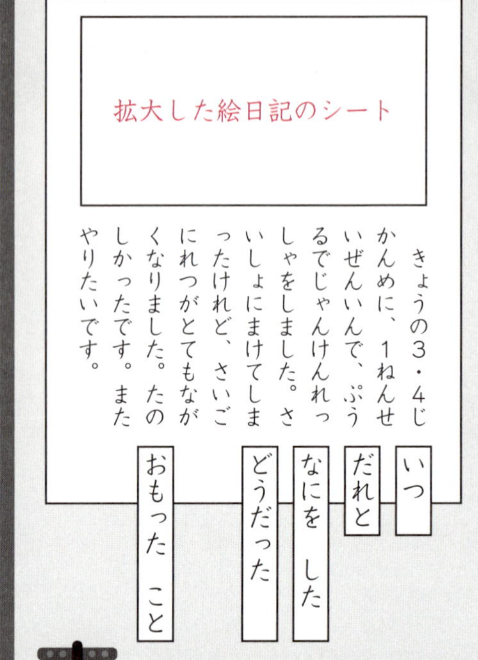

授業の流れ ▷▷▷

1 共通体験を基にそのときの出来事を想起する 〈10分〉

○学習計画や教科書のモデル文を確認し、本時の学習への見通しをもたせたり、出来事を想起する際の観点を意識させたりする。

T　体育のプールでのことを思い出してみましょう。

・シャワーが冷たくて寒かった。
・じゃんけん列車をした。
・どうぶつかけっこをしたのが楽しかった。
・おにごっこが楽しかった。

○やり取りしながら、したことや思ったことを引き出し、観点ごとに分けて板書する。

2 想起したことを基に全員で文章を考える 〈10分〉

T　どんな文章にしましょうか。

・最初は、「きょうの３・４じかんめに」って書くといいと思います。
・「どこで」は、「プールで」です。
・次は、「じゃんけんれっしゃをしました」じゃないかな。

T　じゃんけん列車のことだから、次はこれにしようかな。「最初に負けちゃった」けど、「最後は列がすごく長くなりました」。

○やり取りをしながら、1で出し合ったものの中から観点に沿って選択し、文章化していく。したことは、複数あるので、その中から選択するところも子供に見せ、文章化する際の過程を理解させたい。

こんな　ことが　あったよ

1 ぷうるの　ことを　かいて　しらせよう。

1 いつ
・きょうの
3・4じかんめ

だれと
・1ねんせいぜんいん
・○○くん(じゃんけん)

どこで
・ぷうる

どうだった
おもった　こと
・ちょっと　さむかったけど
たのしかった
・かって　うれしかった
・たのしかった
・また　やりたい

なにを　した
・おにごっこ
1かいも
つかまらなかった
・じゃんけんれっしゃ
さいしょに　まけた
れつが　ながく
なった
・どうぶつかけっこ
わにの　とき、はなに
みずが　はいった
・しゃわあ
つめたくて　ぶるぶる

観点ごとに分けて板書する。

3 書きたい事柄を選んで絵日記をかく〈25分〉

T　みんなも、プールのことを絵日記にかいてみましょう。黒板に書いてあることから選んでもいいですし、書いてないことを書いてもいいです。

○したことは、複数あるので1で想起したものの中から、どのことについて書きたいか選択することを確認する。

○同じだと思ったことは全員で考えた文章を真似してよいこと、板書にないものでも書いてよいこと、自分で考えたことを書けるとよりよいことを伝えて書かせる。

よりよい授業へのステップアップ

真似るから学ぶへ

文章を考えて書くのは難しい言語活動である。初めての場合、どのように書いたらよいのかと戸惑う子供も多い。「同じだなと思ったところは、まねっこしてもいいよ」と伝えることで、安心して学習に取り組むことができる。

できないことは苦手意識につながる。まずは、書くことを好きにさせること、楽しい・得意だと感じさせることを大切にしたい。できたという達成感が、次もやってみようという意欲につながる。回を重ねるうちに、自分の言葉で書くことができるようになる。

本時案

こんな　ことが　あったよ

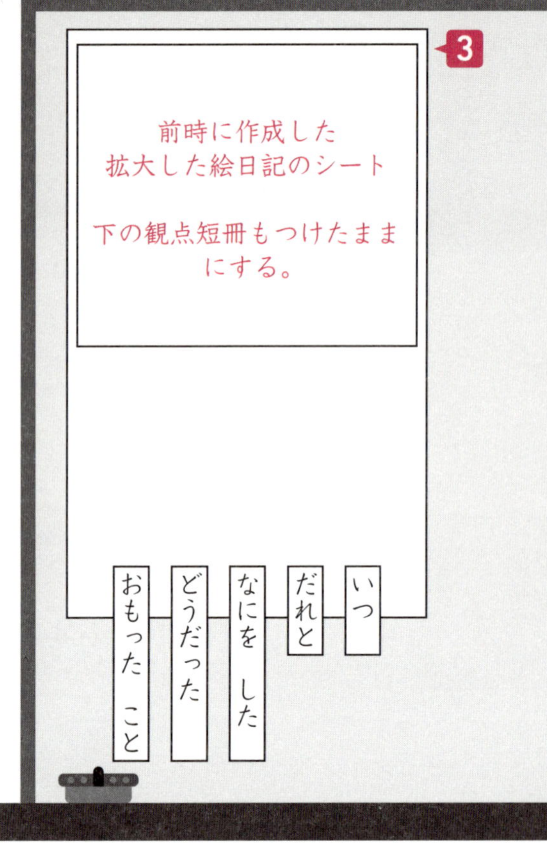

本時の目標

・学校生活で経験したことの中から書きたい題材を選び、観点に沿って振り返り、想起したものの中から書きたい事柄を選んで文章を書くことができる。

本時の主な評価

❹１日の学校生活で経験したことの中から、書くことを見つけ、伝えたいことを明確にして、粘り強く文章を書こうとしている。【態度】
・学校生活の中で経験したことから書くことを見つけ、観点に沿って必要な事柄を集めて文章を書いている。

資料等の準備

・第１時に作成した観点の短冊
・拡大ワークシート　22-01
・前時に作成した絵日記の拡大シート

授業の流れ ▷▷▷

1　１日の学校生活の出来事を出し合い、書く題材を選ぶ　〈10分〉

○前時に書いた絵日記を紹介し、よいところを価値付けることで、次はもっと上手に書こうという意欲を喚起する。

T　学校では今日１日、どんなことをしましたか。友達や先生に知らせたい発見はありましたか。

・アサガオの花が咲いているのを見つけました。
・算数を頑張りました。
・図書館で本を借りました。
・給食を全部食べました。

○子供から出されたものを板書し、その下に名前マグネットを貼る等、誰が何について書こうとしているのかを分かるようにする。

2　観点に沿って、選んだ題材について詳しく想起する　〈15分〉

T　絵日記の文章を書くとよいことはなんでしたか。

・「いつ」「どこで」。
・「だれと」「なにをした」。
・「どうおもった」。

○想起する観点が意識できるように前時までに作成した観点短冊を黒板に貼る。

T　どんなことをしたか思い出してみましょう。

○ワークシートを配布し、想起した事柄を記入させる。

T　同じことを書こうと思っている友達と、どんなことがあったか思い出してみましょう。

○友達と話すことで、そのときの出来事が想起されることも多い。

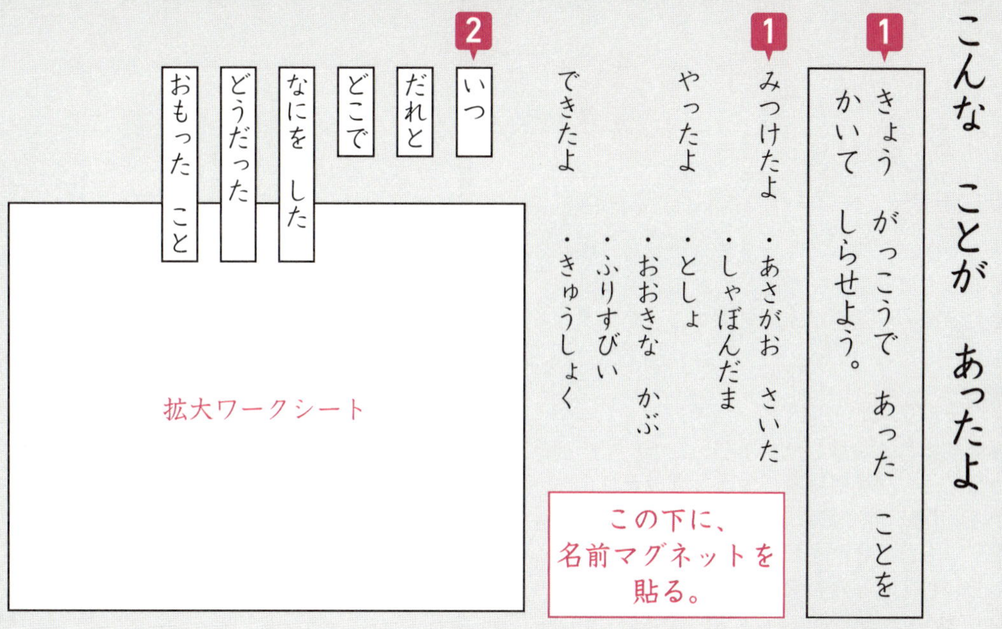

3 想起したことを基に絵日記をかく〈20分〉

T　思い出したことを使って絵日記を書きましょう。

○書き込んだワークシート見ながら文章化させる。必要に応じて同じ題材を選んだ子供と、書き方やどのようなことを書いたのかを交流できるようにする。

○書き出せずに困っている子供がいたら、黒板の前に集め、前時に作成した絵日記の拡大シートを見ながら、どの観点から書けばよいかを一緒に考えるとよい。

よりよい授業へのステップアップ

対話的な学びを活用する

経験を想起したり、文章化したりすることを、難しく感じる子供も多い。名前マグネットを活用して同じ題材で書く友達が分かるようにしておき、「困ったら相談してみよう」と伝えるとよい。

書くことが好きな子供に

1年生は、すらすらと文章を書くことができたり、教師に「いいね」と褒められたりすることで書くことを得意と感じ、好きになる。まずは、書くことを好きにさせることが大切である。字や表記の間違いの指摘は程々にしたい。

本時案

こんな　ことが　あったよ

本時の目標

・放課後や休日に経験した出来事について、観点に沿って振り返り、想起したものの中から書きたい事柄を選び、文章を書くことができる。

本時の主な評価

❷放課後や休日に経験したお手伝いについて、観点に沿って必要な事柄を集め、文章を書いている。【思・判・表】
・お手伝いをした経験を想起し、伝えたいことを明確にして粘り強く文章を書こうとしている。

資料等の準備

・前１時に作成した観点の短冊
・第２時に作成した絵日記のモデル文拡大シート
・書き終わったらすることを書いた画用紙

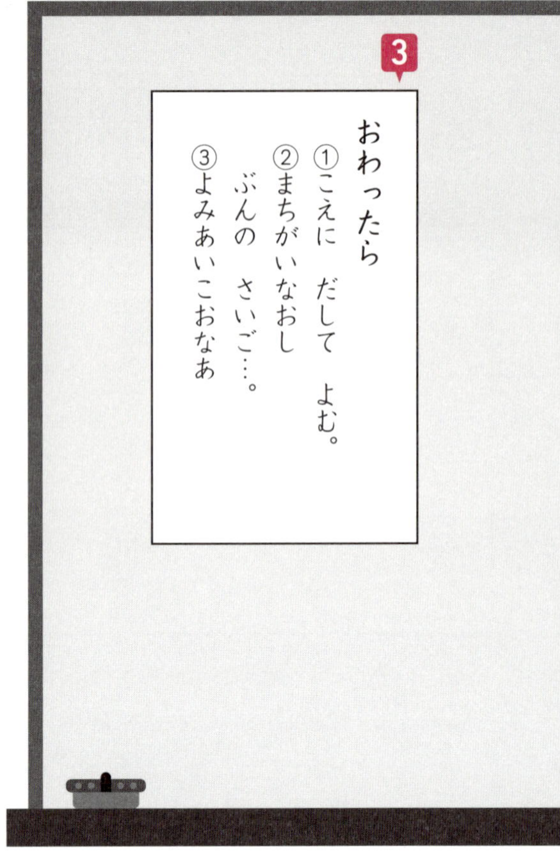

授業の流れ ▷▷▷

1 家で経験したお手伝いを出し合い、書く題材を選ぶ 〈10分〉

○週末に「おてつだいをする」という宿題を出しておき、週明けに本時の学習をするとよい。
T　どんなお手伝いをしましたか。
・布団をしきました。
・洗濯物をたたみました。
・弟や妹（赤ちゃん）のお世話をしました。
○次々にテンポよく発表させ、伝えたいという意欲を高めた後、本時のめあてを確認したい。
○話すことが得意な子供には、想起する観点に沿って問いかけ、答えを引き出す。聞いている子供のもっと知りたいという意欲を高めるだけでなく、自分に置き換えて答えを考えさせることができる。

2 観点に沿って、題材について詳しく想起する 〈10分〉

T　絵日記の文章に書くとよいことはなんでしたか。
・「いつ」「どこで」
・「だれと」「なにをした」
・「どうおもった」　等
○想起する観点が意識できるように前時までに作成した観点短冊を黒板に貼る。
T　どんな文章にしますか。小さい声で言ってみましょう。言えたら絵日記をかきましょう。
○文章を言わせることが、観点ごとに経験を想起させることになる。言うことができた子供から、絵日記の用紙を取りに来て書くよう指示する。
○必要な子には、前時に使用したワークシートを配布し、想起した事柄を記入させるとよい。

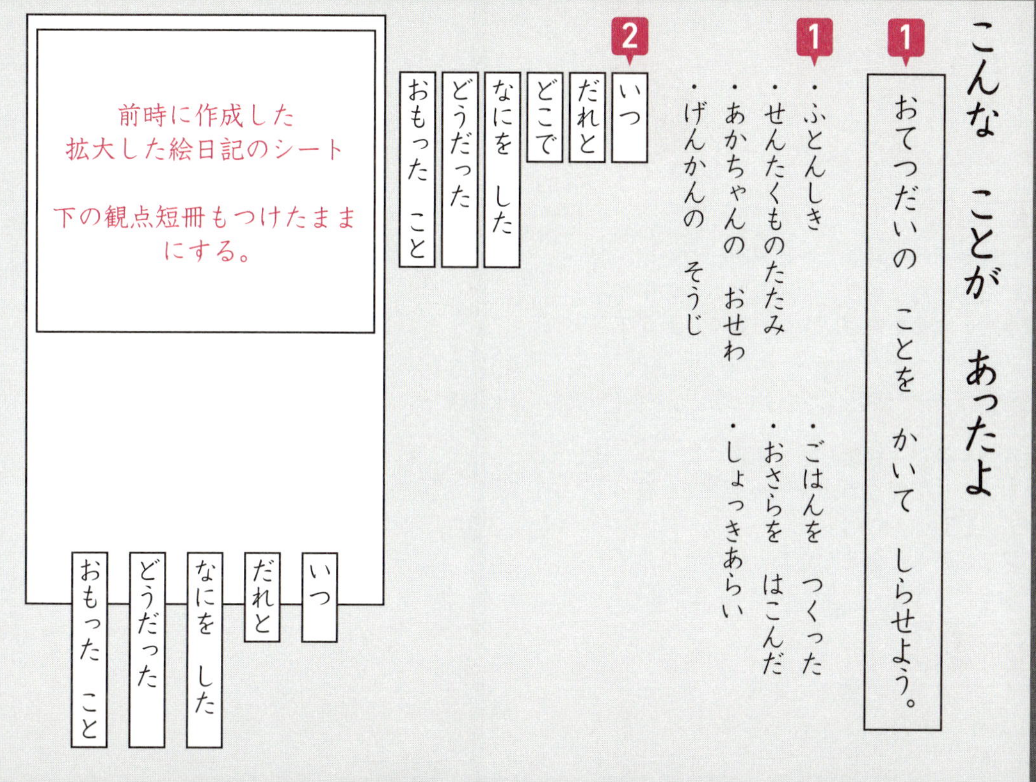

こんな　ことが　あったよ
1
おてつだいの　ことを　かいて　しらせよう。
1
・ふとんしき
・せんたくものたたみ
・あかちゃんの　おせわ
・げんかんの　そうじ
・ごはんを　つくった
・おさらを　はこんだ
・しょっきあらい
2
いつ
だれと
どこで
なにを　した
どうだった
おもった　こと
前時に作成した
拡大した絵日記のシート
下の観点短冊もつけたまま
にする。
いつ
だれと
なにを　した
どうだった
おもった　こと

3 想起したことを基に絵日記をかく〈25分〉

T　書くことが決まった人から絵日記をかきましょう。

○経験したことを想起し、文章に書く活動を重ねてきているので、スムーズに書き始める子供が多いことが予想される。それぞれに経験したことが異なるので、困ったときには、教師に相談するよう伝えておく。

○書き終わった後にすることを板書しておく。まず、自分で読み返すという習慣を付けさせたい。

よりよい授業へのステップアップ

意図的な題材の用意

本時の中心は、観点に沿って個人で経験を想起し、文章化することである。「心に残ったことを絵日記にかいてみよう」と言われて、何を書こうか迷っているうちに時間が過ぎてしまうことのないようにしたい。

そこで、事前に「おてつだいをする」「かぞくとあそぶ」等の宿題を出す。誰もが題材をもっている状態にすることで、本時の中心となる活動に取り組む時間を十分に確保することができるようにする。題材は、誰かと一緒に行うことという視点で選ぶとよい。

本時案

こんな　ことが　あったよ

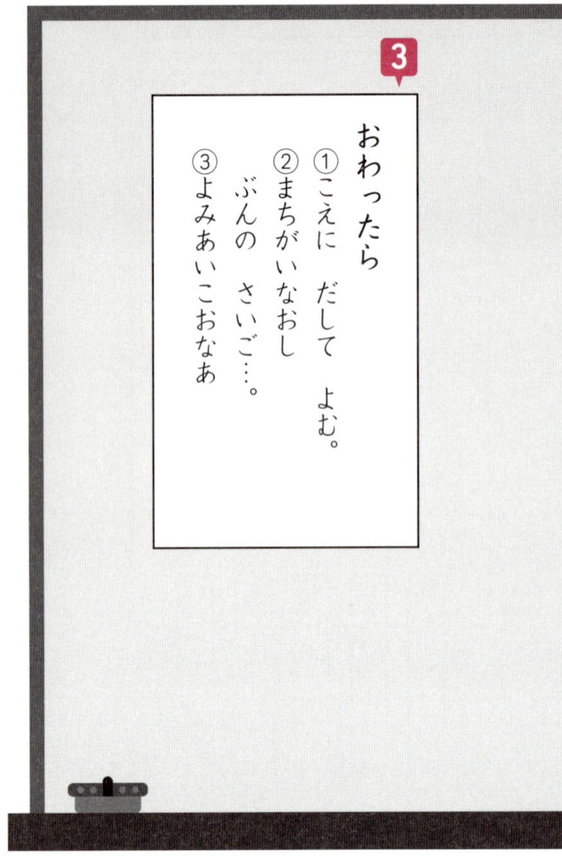

本時の目標

・放課後や休日に経験した出来事について、観点に沿って振り返り、想起したものの中から書きたい事柄を選び、文章を書くことができる。

本時の主な評価

❷放課後や休日に経験した出来事について、観点に沿って必要な事柄を集め、文章を書いている。【思・判・表】
❹経験を想起し、伝えたいことを明確にして粘り強く文章を書こうとしている。【態度】

資料等の準備

・第１時に作成した観点の短冊
・第２時に作成した絵日記のモデル文拡大シート
・書き終わったらすることを書いた画用紙

授業の流れ ▷▷▷

1 放課後や休日に経験したことを出し合い、書く題材を選ぶ〈10分〉

T　放課後や休みの日にどんなことをしましたか。
・公園で遊びました。
・妹のお世話をしました。
・おもしろい夢を見ました。
・アイスを食べました。
○次々にテンポよく発表させ、伝えたいという意欲を高めた後、本時のめあてを確認したい。
T　放課後や休みの日にしたことの中から、絵日記にかくことを１つだけ選びましょう。
○したことを羅列して書くのではなく、１つの題材について書くために１つ選ぶよう指示する。

2 観点に沿って、題材について詳しく想起する〈10分〉

T　絵日記の文章に書くとよいことはなんでしたか。
・「いつ」「どこで」
・「だれと」「なにをした」
・「どうおもった」　等
○想起する観点が意識できるように前時も活用した観点短冊を黒板に貼る。
T　どんな文章にしますか。小さい声で言ってみましょう。言えたら、絵日記をかきましょう。
○必要な子供には、第３時に使用したワークシートを活用できるようにし、想起した事柄を記入させるとよい。

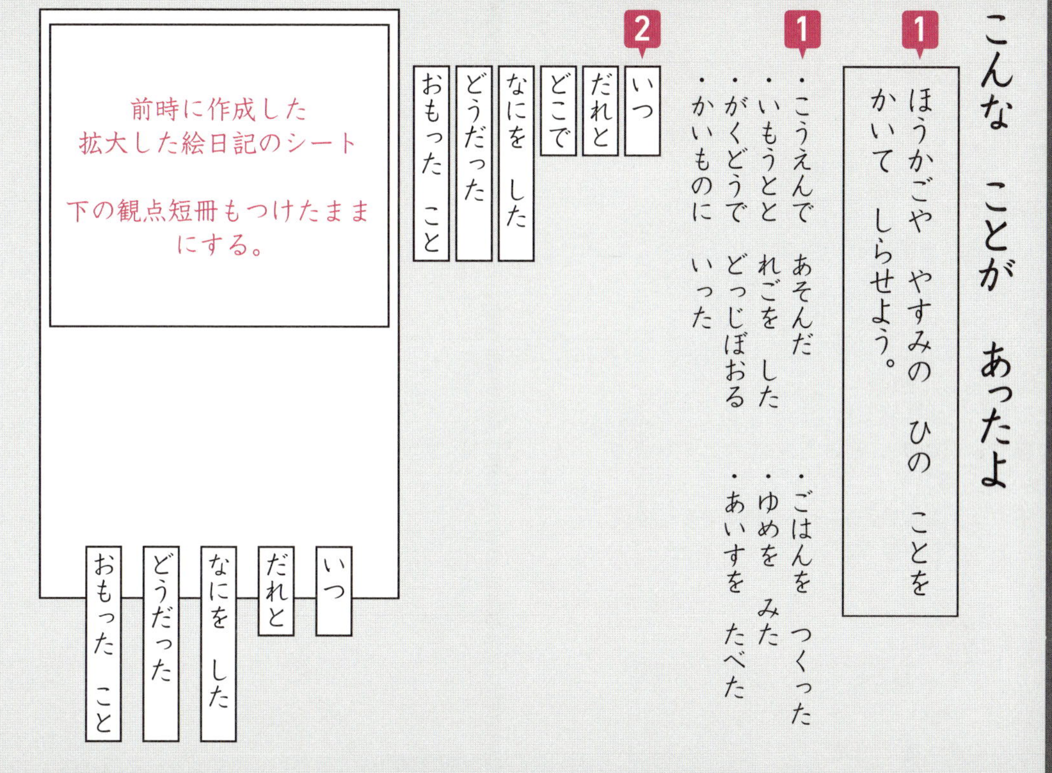

3 想起したことを基に絵日記をかく〈25分〉

T　書くことが決まった人から絵日記をかきましょう。

○それぞれに経験したことが異なるので、困ったときには、教師に相談するよう伝えておく。

T　書き終わったら、まず自分で読み返してみましょう。

○書き終わった後にすることを板書しておく。まず、自分で読み返すという習慣を付けさせたい。

よりよい授業へのステップアップ

読み返す習慣を付ける

文章を書き上げた後、自分で読み返す習慣を付けたい。声に出して音読することで誤字や脱字に気付くことができる。書きっ放しにしないで読み返す。それが、推敲の力を育てる第一歩である。

その際、「文の終わりに。が付いているか」「間違えている字や、抜けている字がないか」という視点を示す。誤りに気付かないことも多いが、まずは「読み返す」という活動を行い、習慣付けていくことが大切である。

本時案

こんな　ことが あったよ

本時の目標

・書いた文章を読み合い感想を伝え合うことで、自分が書いた文章のよさを意識することができる。

本時の主な評価

❸文章に対する感想を伝え合い、自分の文章の内容や表現のよいところを見つけている。【思・判・表】

・言葉には、事物の内容を表す働きや、経験したことを伝える働きがあることに気付いている。

資料等の準備

・読んだ人が感想を記入する用紙（付箋でも可）
・感想の視点を書く短冊
・絵日記の作品例と壁面掲示例

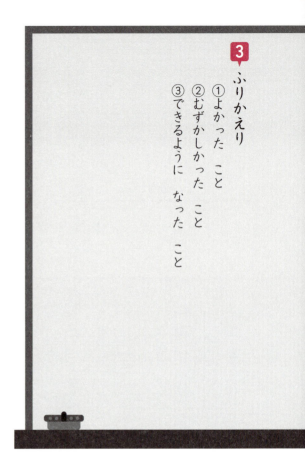

授業の流れ ▷▷▷

1 友達の絵日記の読み聞かせを聞く〈10分〉

T　これまでみんながかいた絵日記の中から、いくつか紹介します。

○数人の絵日記を教師が読み聞かせる。スクリーンやテレビ等に映し出すことができれば、子供も目で追うことができ、よりよい。

T　感想は、ありますか。

・～したところがおもしろかった。
・お手伝いでしたことが私と同じだった。
・成功してよかったなと思った。

○出された感想を活用して視点を整理する。

○「次は」「私のは」等の声が上がってきたところで、本時のめあてを確認する。

T　今日は、今まで書いた絵日記を友達と読み合って、よいところを見つけていきましょう。

2 絵日記を読み合い、感想を書く〈20分〉

T　友達の絵日記を読みます。読み終わったら、絵日記の中身のことで感想を書きましょう。

○読むときの手順や、感想の視点を確認してから活動に移る。

○感想の視点は、文型で示すと書きやすい。内容や表現に注目して感想を書くように指示する。

○必ず全員が感想をもらうことができるように配慮する。一つずつ席をずらして相手を変えたり、班の中で絵日記を回すようにしたりと様々に工夫ができる。

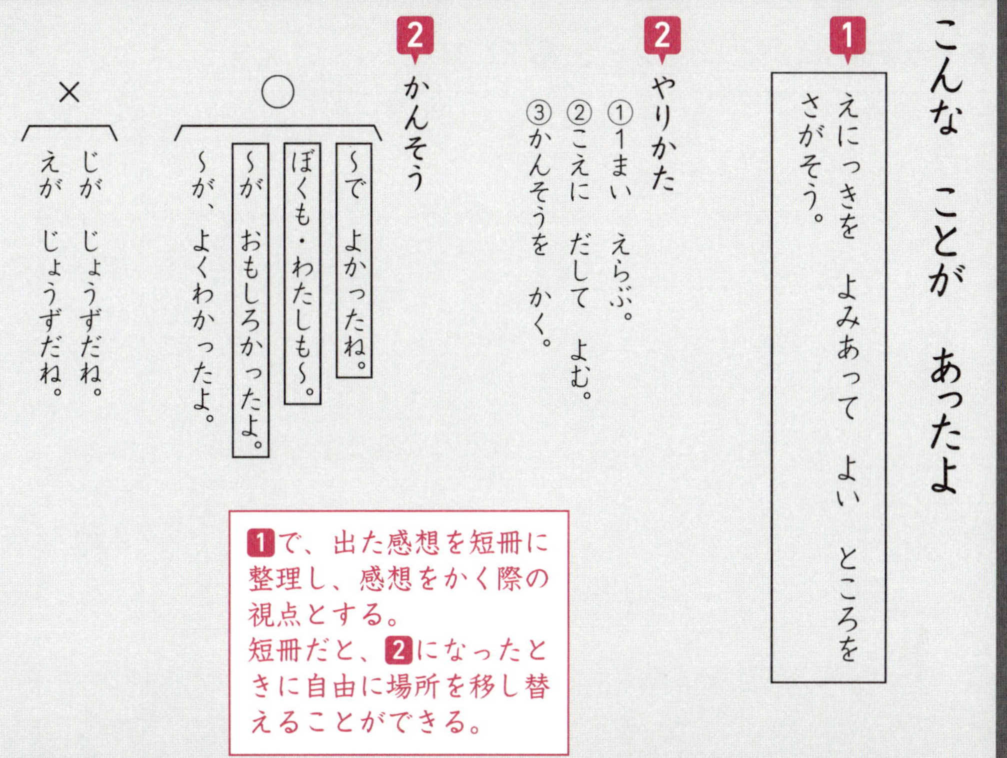

3 もらった感想を読み、自分の気に入った絵日記を選ぶ　〈5分〉

○子供は、友達からもらった感想を喜んで読む。自分の文章のよさに気付いたり、書いてよかったという充実感を味わったりすることにつながるので、時間を取りたい。

T　自分がかいた絵日記の中で、1番「いいな」と思うものを選びましょう。

・感想をたくさんもらったから、これにしよう。
・お手伝いの文がすらすら書けたからこれかな。
・プールが楽しかったからこれにしよう。
・オリジナルの文がたくさん書けたから、これがいいな。

○文章に着目して選ぶように促す。

4 単元の学習を振り返り、学習感想を書く　〈10分〉

T　絵日記をかいて、友達と読み合いました。やってみてどうでしたか。

・友達の絵日記を読んでおもしろかったです。
・たくさん書けるようになってうれしいです。
・文を書くのが難しかったです。
・だんだんすぐに（短時間で）書けるようになりました。

○数名に発表させた後、学習感想を聞いて振り返りを書く。「できるようになったこと」「難しかったこと」「よかったこと・おもしろかったこと・うれしかったこと」等、視点を示し、それに沿って書かせる。

資料

1 第3時資料　絵日記ワークシート 22-01

ねん　くみ　なまえ（　　　）

がつ　にち　ようび

だい

2 第６時資料　絵日記の作品例と壁面掲示例

1ねん 2くみ なまえ（作品例1）
（7）がつ （17）にち （すい）ようび てんき（くもり）

ゆめ
ぼくはきょう、ともだちが100てんをとったゆめをみました。とてもびっくりしました。
ともだちはうれしそうでした。ぼくもうれしくなりました。

1ねん 3くみ なまえ（作品例2）
（7）がつ （17）にち （すい）ようび てんき（くもり）

ぴあののだいすき
わたしは、きのうおとうさんと ぴあののおんがくをききました。おんがくをきいていたら、おとがちがうところがあって、わたしはびっくりしました。

壁面掲示例

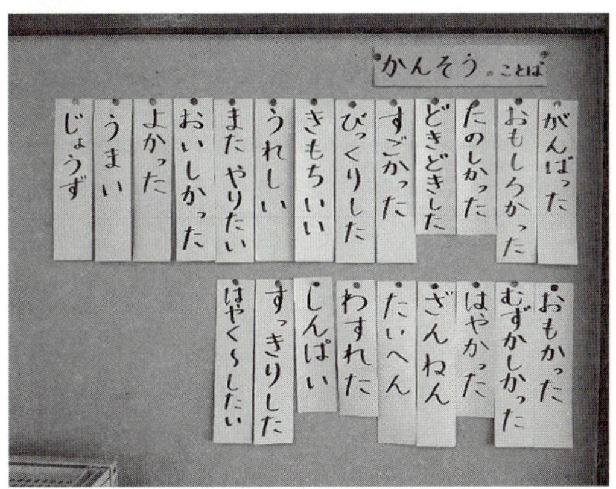

つづけよう②

こえに　だして　よもう

（2時間扱い）

〔知識及び技能〕(1)ク　〔思考力、判断力、表現力等〕C読むことイ

単元の目標

・詩に書かれている様子を思い描きながら、楽しんで音読することができる。
・詩のイメージに合うように、読み方の工夫を考えることができる。

評価規準

知識・技能	❶語のまとまりや言葉の響きなどに気を付けて音読している。(〔知識及び技能〕(1)ク)
思考・判断・表現	❷「読むこと」において、場面の様子や登場人物の行動など、内容の大体を捉えている。(〔思考力、判断力、表現力等〕Cイ)
主体的に学習に取り組む態度	❸進んで場面の様子や登場人物の行動など内容の大体を捉え、学習課題に沿って言葉の響きに気を付けて音読しようとしている。

単元の流れ

次	時	主な学習活動	評価
一	1	学習の見通しをもつ 詩を掲示し、音読活動を行うことを知る。 詩を読み、連ごとに書かれている様子をイメージして、いろいろな読み方をする。 班で読み方を練習して発表する。	❶❷
二	2	班ごとに、詩にぴったり合う読み方を考えて練習し、詩の音読発表を聞き合う。 学習を振り返る 1時間の読み方との違いを考え、共有する。	❸

授業づくりのポイント

〈単元で育てたい資質・能力〉

本単元のねらいは、詩に書かれた場面の様子を思い浮かべながら、声に出して読むことを楽しむことである。1学期からの「つづけよう」の中の一つであり、詩に親しみ、声に出して読むことを楽しむことを大切にしたい。

そのためには、情景を想像する力、いろいろな物事を感じる力などが必要になる。実際に空の青さや風を感じながら学習をすることで、空に「一」と書いてみたくなった「ぼく」たちの気持ちに触れることができるようにする。また、何度も読んで、いろいろな読み方で読んで、その子なりのぴったりな読みや、そのグループの思いを込めた読み方ができるようにしたい。

具体例

○例えば、声の大きさを変える、高さを変える、優しく・強そうに、明るく暗くなど雰囲気を変える。いろいろな変えた読み方を経験することで「声を変える」ということのイメージをつかませたい。変え方を知り、自分でも新しい読み方の工夫を増やしていくことができる手立てとなる。

〈教材・教具の特徴〉

この詩は、リズムのよい4つの連で成り立っている。一年生の「ぼく」たちの視点で言葉が紡がれており、実際に感じてみたりやってみたりしやすいという特徴がある。「ぼく」たちの目線もずっと空を見て上に向けられているので、「ぼく」になって声に出して読んでみると、詩の全体に明るい希望が満ちているようである。2、3連で出てくる「一」という言い切り方には、清々しい力強さや熱を感じる。2学期は新しく漢字を習い始める子どもたちである。気持ちを新たに、2学期も一生懸命頑張ろうという思いを感じてほしい。

具体例

○よく晴れた日に、校庭や屋上に出て実際にみんなで詩のとおりにやってみたい。「あおい　そらの　こくばんに　なに　かこう」と思いながら空を見つめ、「うでを　のばし　ちからを　こめて」「一」を書くと、どんな書き方になるのか、お日さまの光や風を感じて、どんな気持ちになったのか、体験することで、より深く詩をイメージでき、「詩」が、短い言葉で感じたことや感動を伝えるものであることも体感できる。

〈1年生におすすめの詩の本〉

・『いちねんせい』 谷川俊太郎　詩、小学館
・『木いちごつみ』きしだえりこ　詩、福音館書店
・ユーモア詩の絵本①『おとうさんはげひんです』岩波書店
・『どうぶつはやくちあいうえお』きしだえりこ　詩、のら書店
・『あいうえおのうた』 中川ひろたか　詩、のら書店

本時案

こえに　だして　よもう 1/2

本時の目標

・「いちねんせいの　うた」を読み、連ごとに書かれている様子をイメージして、いろいろな読み方で音読をすることができる。

本時の主な評価

❶語のまとまりや言葉から、工夫して音読している。【知・技】
❷詩に書かれた様子や、人物の行動など、大体を捉えている。【思・判・表】

資料等の準備

・詩の拡大コピー
・漢字指導用の小黒板１枚
・短冊

3
よみかた
・ゆっくり　・はやい
・おおきい　・ちいさい
・やさしく　・つよそうに
・あかるく　・くらく

授業の流れ ▷▷▷

1 一のつく言葉を考え、いろいろな読み方で読む 〈15分〉

T　２学期は、漢字の学習をします。みんなは、これから、平仮名と片仮名だけじゃなく、漢字も書けるようになるんだね。どんな気持ちですか。
・漢字が書けるとかっこいい。
・早くたくさん習いたい。
T　最初の漢字は「一」。「一」のつく言葉は、何がありますか。
・一年生。　・一番。　・一等賞。　・世界一。
○いろいろな読み方をしてみんなで読んでみる。
・大きな声で→小さな声で。
・明るく→暗く。
・やさしく→強そうに。
・ゆっくり→速く。

2 まとまりごとに読み、詩の内容を理解する 〈15分〉

T　「空の黒板」って、どういうことでしょう。
・空が広くて、黒板みたい。
・雲で絵を描いてあるときがある。
・書いてみたくなる。
T　どんな読み方がぴったりですか。
・広い感じだから、ゆっくり読もう。
・「何書こう」と考えているから、優しく読もう。
○「２連は、力を込めてだから、力強く読もう」など、理由をもって、読み方を選べるように声を掛けていく。
○「おひさま　みてる」では、おひさまがどんな気持ちで見ているかも考え、読みに生かしたい。

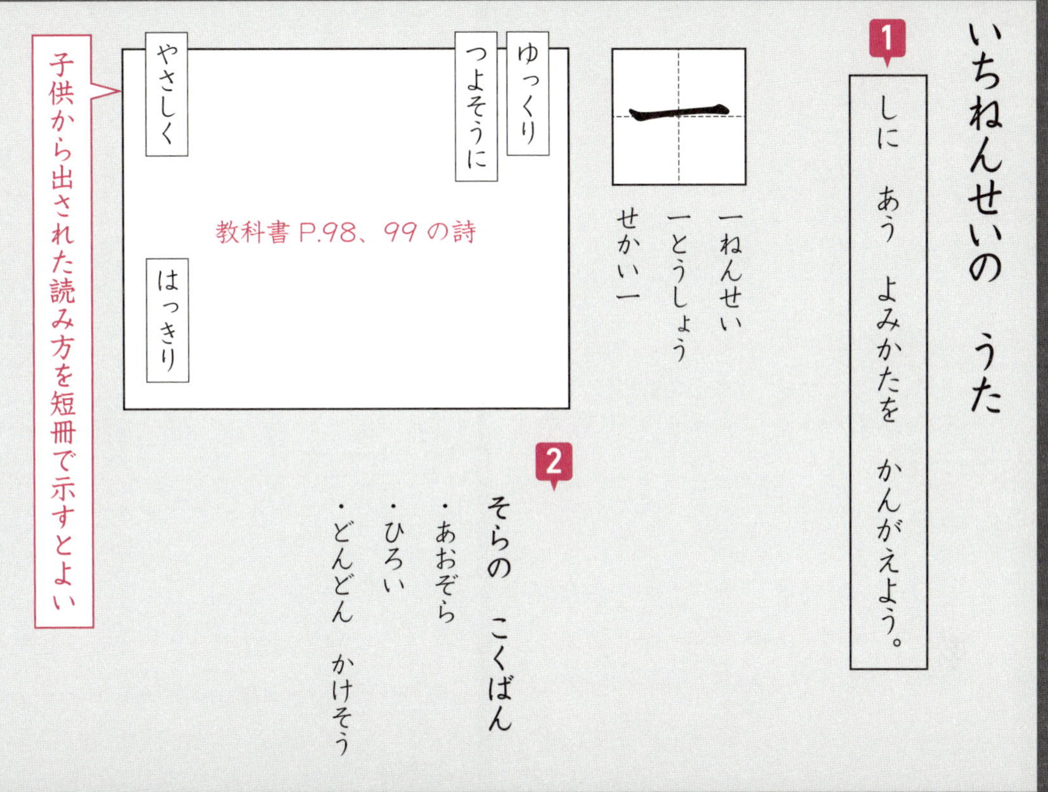

3 班で読み方を練習して、発表する〈15分〉

T　いろいろな読み方をして、班のみんなと一緒に詩にぴったりな読み方を考えましょう。

○班で連ごとの読み方を決め、練習に取り組ませる。

○子供は工夫しているつもりでも、オーバーにやるくらいでないと聞き手には伝わらない。練習の際は、読み方を強調させる。

○発表を聞いて、他の班の工夫のよかったところを発表する。教師は工夫を短冊に書いて拡大コピーに貼っていく。みんなの発表を聞いて、再度、自分が詩にぴったりだと思った読み方で読んでみるとよい。

○次回は、実際に外に出て、詩を体で感じてみることを伝える。

よりよい授業へのステップアップ

状況をイメージする工夫

詩の男の子たちは、どうして「一」と、書いてみたのか、その気持ちも考えるようにすると、より、詩に書かれた様子を理解しやすくなる。

音読の工夫

「いちねんせいの　うた」は、「つづけよう」の学習の１つである。読み方に変化をつけて何度も読むことで、声に出して詩を読むことを楽しむ心を育てたい。また、いろいろな読み方をすることで、読み方によってイメージが変わることにも気付くきっかけとなるようにしたい。

本時案

こえに　だして　よもう　2/2

本時の目標

・詩の世界を味わい、工夫して音読することができる。

本時の主な評価

❸詩の情景を思い描きながら、工夫して音読しようとしている。【態度】

資料等の準備

・詩の拡大コピー
・ホワイトボード
・短冊

3

かんそう

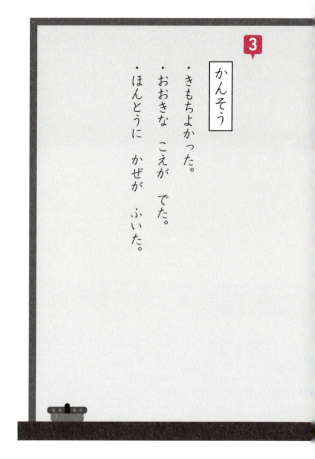

・きもちよかった。
・おおきな　こえが　でた。
・ほんとうに　かぜが　ふいた。

授業の流れ ▷▷▷

1 前回の読みの工夫を振り返って音読する 〈５分〉

T　前回、「いちねんせいの　うた」を読んだときに、どんな読み方の工夫をしましたか。

・「ちからを　こめて」は、強く読んだ。
・「おひさま　みてる」は、優しく読んだ。

○前回、４連それぞれの読み方を決めた。その工夫を思い出して音読する。

○拡大した詩を貼ったホワイトボードを用意しておくと、教科書を手に音読しなくて済み、詩の世界により入りやすくなる。

2 屋外で練習をし、詩の情景を思い浮かべる 〈20分〉

○青い空を見上げて、「あおい　そらの　こくばん」や、「なに　かこう」と思っている気持ちを体感する。

T　詩の中の「ぼく」や「わたし」になったつもりで、心を込めて音読しましょう。

T　詩のとおりにやってみて、気付いたことや思ったことはありますか。

・空の黒板は広いから、「一」の字を、すごく大きく書けるよ。
・一の字が好きになってきた。
・本当に風が吹いてきたよ。

○教室に持ち帰れるよう、短冊に書く。

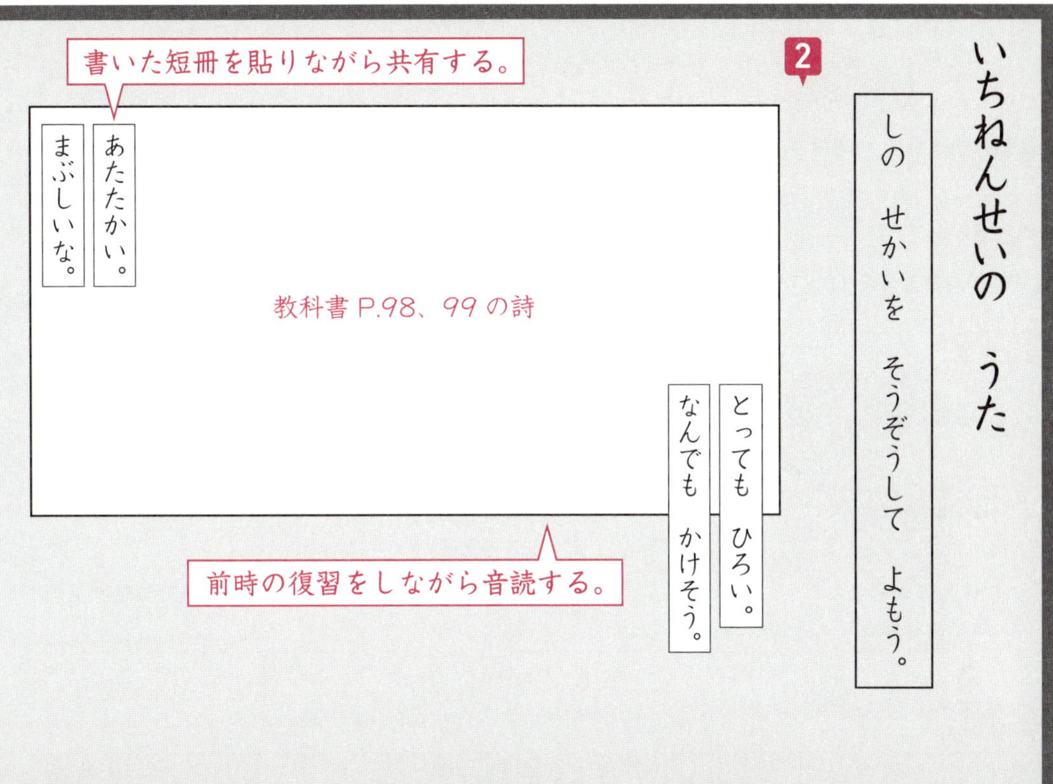

3 体験を経て、詩の読み方を工夫して、詩の音読発表をする〈20分〉

○外から帰り、体験してみて気付いたことを短冊で振り返る。

T　詩のとおりにやってみて、感じた気持ちや感じた様子も入れて、詩を読んでみましょう。

○練習の時間を取る。自分でも読み、友達の発表も聞き、詩の世界に浸らせたい。

T　昨日の読み方と変わったところがあったら、教えてください。

・大きな声が出せた。
・気持ちよかった。
・「あおい　そらの　こくばん」が、どんなものか分かった。思い浮かべて読めた。
・「一」を力いっぱい大きく書いて読めた。

よりよい授業へのステップアップ

体験を通して「詩」の世界をイメージする

この詩は、体験できる部分が多い。実体験することで、場面の様子やそのときの気持ち・状況を追体験し、詩の世界を体で感じさせたい。

詩に親しませる工夫

詩に親しむため、継続して詩を読み聞かせたり声に出させたりしたい。「いちねんせい」の詩は1年生が体験しているものが多く、想像しやすい。声に出すことを楽しむ意味では、「どうぶつはやくちあいうえお」は一年生が好んで声に出し、覚えようとする。

つづけよう②

ききたいな、ともだちの　はなし　（2時間扱い）

〔知識及び技能〕(1)ア　〔思考力、判断力、表現力等〕A話すこと・聞くことウ　関連する言語活動例A(2)ア

単元の目標

・夏休みの経験を聞き合って、感想を述べることができる。

評価規準

知識・技能	❶言葉には、事物の内容を表す働きや、経験したことを伝える働きがあることに気付いている。(〔知識及び技能〕(1)ア)
思考・判断・表現	❷「話すこと」において話し手が知らせたいことや自分が聞きたいことを落とさないように集中して聞き、話の内容を捉えて感想をもっている。(〔思考力、判断力、表現力等〕Aエ)
主体的に学習に取り組む態度	❸積極的に友達が考えながら聞き、学習課題に沿って、質問や感想を伝えようとしている。

単元の流れ

次	時	主な学習活動	評価
一	1	学習の見通しをもつ 夏休みの経験を話す活動への見通しをもつ。 ペアの友達と話して、具体的な様子を想起し、発表する内容を決める。	❶
二	2	学級全体で夏休みの経験を発表して聞き合う。 学習を振り返る 発表を聞き合った感想を共有する。	❷❸

授業づくりのポイント

〈単元で育てたい資質・能力〉

本単元のねらいは、話し手の知らせたい事柄を集中して聞き、話の内容を捉えて感想をもつ力を育むことである。

そのためには、相手の伝えたいことを考え、話の内容を具体的に想像しながら聞く力が必要となる場の設定や話す量を工夫するとよい。

話し手が前に立つことで、聞き手の視線は、自然に話し手へと集中しやすくなる。話し手の声の大きさも、教室全体を意識したものになりやすい。

話す内容は二文から三文とする。聞き手の想像や感想を引き出すためには、ある程度の情報が必要である。「どのようにしたのか」「どうだったのか」が分かると、聞き手は話への関心が高まり、感想をもちやすくなる。

具体例

○夏休みの経験を振り返る際、「〜した。」という一文で思い出せるままに書く。その中から最も伝えたい事柄を選んで絵に表すことにより、話し手の思いと内容を形づくることができる。

〈ワークシートの工夫〉

話し手が話題についてより具体的に話せるように、ワークシートを用いる。話題の選択から話す練習までの一連の活動をスムーズに行えるよう工夫する。罫線は、ます目に比べて子供の書く負担が小さい。

具体例

○ワークシートは、「経験を自由に想起し複数の一文で書き込む罫線」「話し言葉で書く吹き出し」「吹き出し」は、話す内容を考える際に有効である。伝えたい事柄を整理して話すことや、発表時の文末表現に着目することができる。

〈言語活動の工夫〉

ペアで対話をしながら、夏休みの出来事を想起させる。その際、質問や感想を伝え合うようにするとよい。話し手は質問に答えることで、より詳しく経験を想起することができる。聞き手は、相手の話したいことはどのようなことか、想像しながら聞いたり、質問や感想をもったりすることができる。

なお、全員の発表を授業時間内に行うことは子供の集中力を考慮すると困難である。朝の会など別の機会に設定し、継続する。そこで、質問や感想について意図的な指名を取り入れたい。発表する子供をあらかじめ明確にし、残りの子供に対して聞き手としての明確な意識をもたせる。その上で自ら挙手を行っていない子供を指名し、質問や感想を促す。意図的な指名を行う旨は事前に伝えておく。

具体例

○ペアで対話する際、夏休みの絵日記を活用し、見せながら話すこともできる。友達と夏休みのことを話して、質問し合うと楽しいという経験をさせ、もっと多くの友達の話を聞きたいと感じることが全員の話を聞くことへの意欲につながる。

本時案

ききたいな、ともだちの はなし

本時の目標

・友達と対話をしながら、夏休みの経験を想起し、発表することを決めることができる。

本時の主な評価

❶言葉には、事物の内容を表す働きや、経験したことを伝える働きがあることに気付いている。【知・技】

資料等の準備

・ワークシートのコピー（拡大したもの）

しつもん
・いつ
・だれと
・やって どうだった
・どんな きもち

授業の流れ ▷▷▷

1 学習への見通しをもつ 〈10分〉

T 夏休みに、どんなことをしましたか。
・毎日、アサガオの水やりをした。
・学校のプールで泳いだ。
○「私は夏休みに○○したけれど、みなさんは……」と、教師の経験を言って投げかけてもよい。数名の子供にとどめる。
T 夏休みの様子をみなさんから聞くときの「しっかり」とは、どんな聞き方なのでしょう。
・よく聞くこと。
・様子を思い浮かべながら聞くこと。
○教科書を開いて全文を読み、あらためて「聞き方」について発問を行う。
○発表した事柄について、質問や感想も伝え合うことを確認する。

2 夏休みの経験を振り返る〈10分〉

T 夏休みにしたことを思い出しましょう。
・お祭りで金魚すくいをした。
・おじいちゃんちへ行った。
・いとこと花火をした。
○ワークシートの拡大紙を黒板に掲示し、記入する欄を示す。併せて、ワークシートも配る。
○夏休みの絵日記や一行日記を見ながら想起させるとよい。
○主語「わたしは〜」を省略し、一文で短く「〜した」と書き表すように指導する。そのために、一行の中に文が収まるように指導する。1の活動で出た事柄を例として書くと分かりやすい。
○時系列で書くのではなく、思い出すままに書き出していくことを伝える。

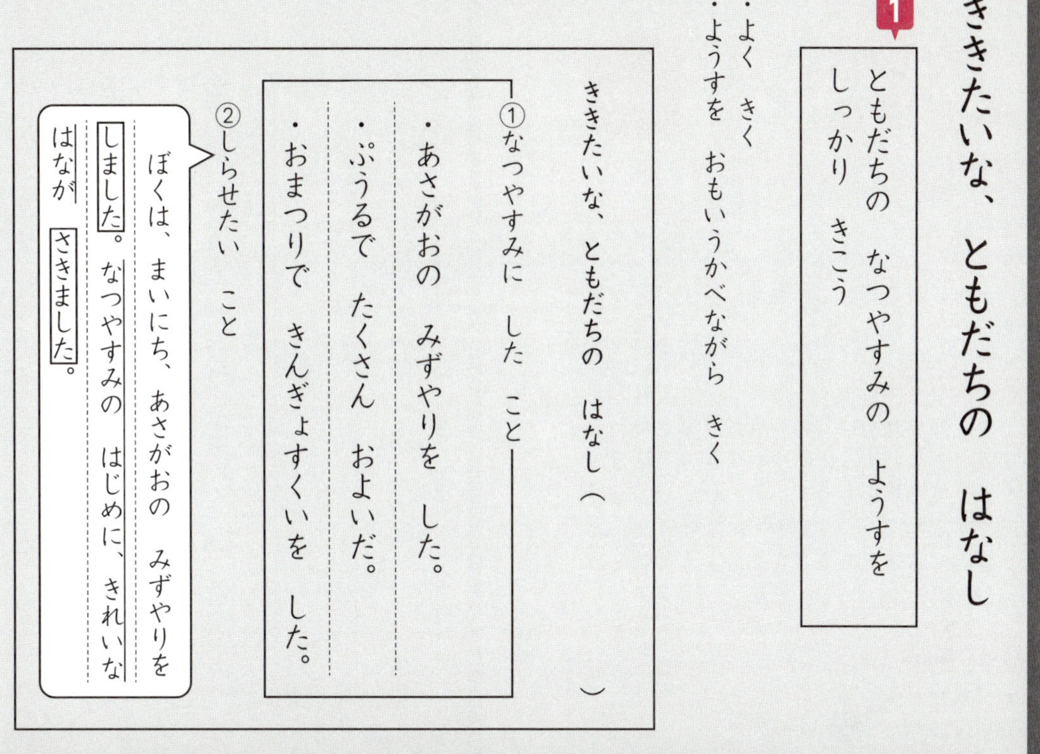

3 ペアで夏休みの出来事を聞き合う〈15分〉

T　夏休みにしたことを友達と話しましょう。

○ペアで夏休みの出来事を話し、質問をし合うことで、詳しく経験を想起することができるようにする。

○質問の視点を掲示し、困ったら参考にできるようにするとよい。

○ペアを変えて多くの友達と対話をすることで、話したい内容が明確になっていく。

4 伝えたい題材を選び、様子を文に表す〈10分〉

T　みんなに伝えたい出来事を一つ選び、また、話すように文章にも書きましょう。

文：ぼくは、まいにち、あさがおのみずやりをしました。なつやすみのはじめに、きれいなはながさきました。

○事柄を選ぶ基準は、「伝えたい」という思いが強いものや様子を詳しく思い返せるものとする。

○絵は、伝えたい事柄の様子が分かるように描く。描くことを通して詳しく思い出し、「伝えたいこと」が明確になる場合もある。

○1の活動と異なり、主語を入れたり文末表現を丁寧にしたりすることを確認する。

本時案

ききたいな、ともだちのはなし

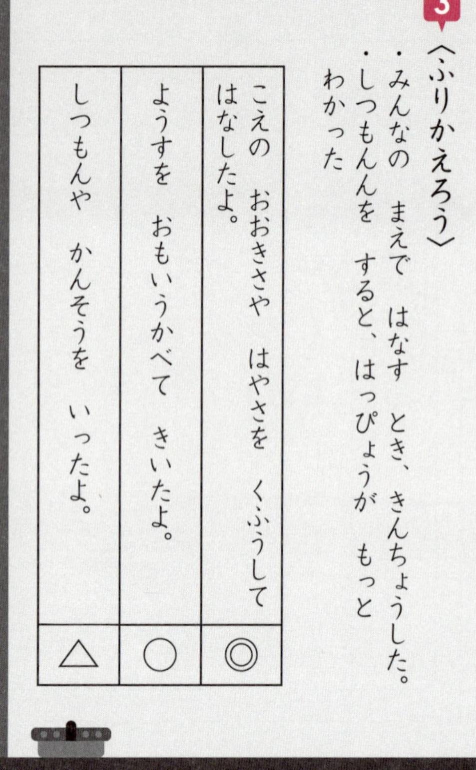

3
〈ふりかえろう〉
・みんなの　まえで　はなす　とき、きんちょうした。
・しつもんを　すると、はっぴょうが　もっと　わかった
こえの　おおきさや　はやさを　くふうして　はなしたよ。
◎
ようすを　おもいうかべて　きいたよ。
○
しつもんや　かんそうを　いったよ。
△

本時の目標

・夏休みの経験を想起し、友達に話すことができる。

本時の主な評価

❷話し手が知らせたいことや自分が聞きたいことを落とさないように集中して聞き、話の内容を捉えて感想をもっている。【思・判・表】
❸友達の発表に進んで質問や感想を言うことで、質問することのよさを感じようとしている。【態度】

資料等の準備

・ワークシートの一部（評価）のコピー（拡大したもの） 24-02
・前時で用いたワークシートのコピー（拡大したもの） 24-01

授業の流れ ▷▷▷

1 発表の仕方を知り、ペアで話す練習をする〈10分〉

T　発表のときに大事なことは何でしょう。
・みんなに聞こえる大きな声で話す。
・ゆっくり分かるように話す。
・発表する人の方を向いて聞く。
・様子を思い浮かべながら聞く。
〇学習課題や前時のワークシートを基に、「しっかり聞く」ことの意味を確認する。
〇話し手は前に出て話すことや、聞き手は質問や感想を言うことを指導する。全員が発表することはできないので、発表しない子供は特に、聞き手として質問や感想を言えるように耳を傾けることを促す。
〇教師が発表のモデルを示すと、発表のイメージをもたせやすい。
〇大事なことを確認後、ペアで練習させる。

2 夏休みの経験を発表して聞き合う〈30分〉

〇全体で発表させる。人数によっては、グループで行うなど工夫する。
T　友達の発表を聞いて、質問や感想を言いましょう。
・花は何色でしたか。
・花が咲いたとき、どんな気持ちでしたか。
・私も、水やりを毎日して花が咲きました。とてもうれしかったです。
〇話し手から見える位置（教室の後方）に、「おおきいこえ」「ゆっくりはなす」などのめあてを掲示しておくと意識しやすい。「しつもんやかんそうをおねがいします。」と投げかける話型を掲示してもよい。
〇質問や感想が一部の子供に偏らないようにする。

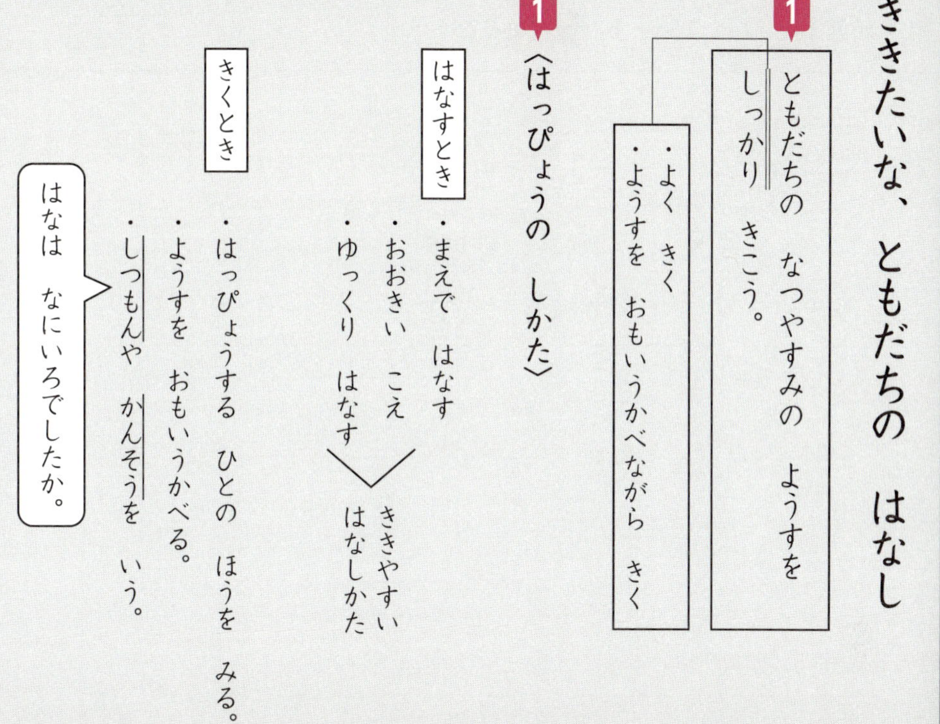

3 学習を振り返る 〈5分〉

T　発表を聞き合ってどうでしたか。振り返りましょう。

・みんなの前で話すとき、緊張しました。
・声の大きさや速さに気を付けて話せました。よかったです。
・質問をすると、発表がもっとよく分かりました。
・○○さんの発表がおもしろかったです。

○ワークシートにある振り返りの欄を用いて、振り返らせる。
○質問によって話の内容の深まりがあったことに着目させ、質問することのよさを感じ取らせたい。
○よかった子供の姿を具体的に挙げる。

よりよい授業へのステップアップ

振り返りシートの工夫

発達段階を踏まえ、自己評価は記号を用いた。「◎○△」や「☆」の数の色塗りなど、子供にとって負担の少ない取り組みやすいものが望ましい。必要に応じて、他の単元や教科でも活用していきたい。

伝え合う活動の継続の工夫

全員の発表を、授業と朝の会の両方の時間で設定した。これを機に、朝の会で短いスピーチを行うことを始める。話題は身近なことや経験したことを中心に教師が提示し、交代で伝え合うことで、話す力・聞く力を育む。

資料

1 第１時資料　ワークシート 24-01

ききたいな、ともだちの　はなし

ねん　　くみ　なまえ（　　　　　　　　　　　　）

ともだちの　なつやすみの　ようすを　しっかり　きこう

①なつやすみに　した　こと

②しらせたい　こと

こえの　おおきさや　はやさを くふうして　はなしたよ。	
ようすを　おもいうかべて　きいたよ。	
しつもんや　かんそうを　いったよ。	

こえの　おおきさや　はやさを
くふうして　はなしたよ。
ようすを　おもいうかべて　きいたよ。
しつもんや　かんそうを　いったよ。

つづけよう②

たのしいな、ことばあそび

2 時間扱い

〔知識及び技能〕(1)オ、(3)イ

単元の目標

・長く親しまれている言葉遊びを通して、身近な語句の量を増し、語彙を豊かにすることができる。

評価規準

知識・技能	❶身近なことを表す語句の量を増し、話や文章の中で使うとともに、言葉には意味による語句のまとまりがあることに気付き、語彙を豊かにしている。(〔知識及び技能〕(1)オ) ❷長く親しまれている言葉遊びを通して、言葉の豊かさに気付いている。(〔知識及び技能〕(3)イ)
主体的に学習に取り組む態度	❸積極的に言葉遊びに取り組み、学習課題に沿って言葉を探したり問題作りをしたりして、言葉のおもしろさに気付いている。

単元の流れ

次	時	主な学習活動	評価
一	1	学習の見通しをもつ 言葉の表を使った言葉の見つけ方を知る。 教科書の表を見て、縦・横・斜めに隠れている言葉を見つける。	❶
二	2	簡単な表に自分で問題を作り、友達と出し合って言葉遊びを楽しむ。 学習を振り返る 言葉遊びのコツとともに、学習そのものの感想を共有する。	❷❸

授業づくりのポイント

〈単元で育てたい資質・能力〉

本単元のねらいは、身近なことを表す語句の量を増し、言葉への関心を高めることである。

そのためには、言葉には意味による語句のまとまりがあることに気付く力が必要となる。

表の中には様々な言葉が、縦・横・斜めに隠れている。それらの言葉を見つけるためには、意味のある語句のまとまりとして着目する必要がある。多くは2文字と3文字から成り、子供は自分にとって身近な言葉を見つけることができる。また、見つけた言葉の発表する活動を通して、友達が見つけた言葉も語句として知ることとなり、言葉への関心を高めることにもつながる。

具体例

○表に隠れている言葉の例として、縦読みで「いぬ」が挙げられている。「い」を横読みにすると、「いちねんせい」が見つかる。読み方を様々に変えて見つける際に、縦読みと斜め読みは「上から下」、横読みは「左から右」という読み方のきまりを確認する。

○子供によって語彙の量に差がある。なじみのない語句は意味を教えたり例を出したりする。

〈教材・題材の特徴〉

年間を通した取り組みの2回目「つづけよう」である。今回は表に隠された言葉を探す言葉遊びである。隠れた言葉探しの表は、縦8文字横8文字の64文字で構成されている。より多くの言葉を見つけたいと、子供の意欲をかきたてる文字数の多さである。中には1つの語句から別の語句を見いだせるものもあり、まとまりによって語句が変わることや、2つの語句が組み合わさってできたことに着目することもできる。

自分で問題を作るときは、文字数を少なくし子供が取り組みやすくしている。縦3文字・横3文字の9文字の表を用意し、縦読み・横読み・斜め読みの組み合わせが容易にできるようになっている。意欲的な子供に対しては、字数がさらに多い表を用意して取り組めるようにするとよい。

具体例

○1つの語句から別の語句が見いだせる―「しりとり」と「とり」

○2つの語句が組み合わさって一つの語句ができる―「なつ」と「やすみ」で「なつやすみ」

〈言語活動の工夫〉

隠された言葉探しを楽しんだ後に、自分で問題を作って友達と出し合い、また楽しむ。言葉遊びのよさとして、楽しみながら言葉のきまりやよさ、語彙の豊かさに触れることができる。作った問題を友達と交換して解き合う活動によって、作る意欲を促すことにもつながる。

字数の異なる表を用意し、作り始めの段階や実態に応じて選ぶことができるようにした。また、友達と問題を出し合う際には繰り返し取り組むことができるよう、囲みを入れずに言葉を見つけたり、コピーしたものを渡して囲みながら見つけたりすることができるようにした。「言葉遊びのお店屋さんごっこ」という活動を設定し、その中で本単元の言葉探しに取り組ませるのもよい。

具体例

○自分で作った問題を友達と交換し、見つけた言葉を伝え合う。「3つの言葉を見つけてください」といった、課題を設定して出し合うのもよい。

○「言葉遊びのお店屋さんごっこ」として、本単元の言葉探しの他に、既習内容である「1音節1文字」でお題に合った言葉集め、しりとり、穴埋め問題などの活動をお店として設定する。

本時案

たのしいな、ことばあそび

本時の目標

・教科書の表を見て、縦・横・斜めに隠れている言葉を多く見つけることができる。

本時の主な評価

❶身近なことを表す語句の量を増やし、話や文章の中で使うとともに、言葉には意味による語句のまとまりがあることに気付き、語彙を豊かにしている。【知・技】

・身近なことや経験したことなどから話題を決め、伝え合うために必要な事柄を選んでいる。

資料等の準備

・言葉の表のコピー
(子供用：教科書と同じ大きさのもの)
(掲示用：拡大したもの)

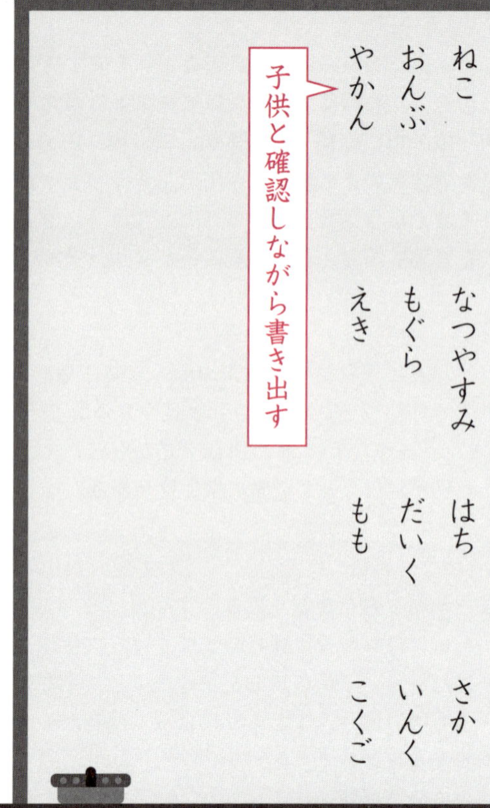

授業の流れ ▷▷▷

1 言葉遊びの仕方を知る 〈10分〉

○言葉の表を掲示する。

T この表の中には言葉が隠れています。どのように隠れているのでしょう。ヒントは、左上に動物が隠れています。

・隠れている言葉の文字が並んでいる。

・縦読みと斜め読みは「上から下」。

・横読みは「左から右」。

○例として「いぬ」を丸で囲み、隠れていた言葉の可視化を行う。

○「いぬ」の「い」を横に読むと「いちねんせい」になる。縦・横・斜めに読んでいいこと、読む順番にきまりがあることを確認する。

○見つけた言葉を丸で囲み、ノートに記入させる。

2 表の中から言葉を見つける 〈20分〉

T 言葉を見つけて、ノートに書きましょう。

○丸の囲みは、言葉を見つけていくにしたがい重なっていく。言葉を探しにくくなるので、同じ表を1人2枚配り、活用させるとよい。

○見つけた言葉を薄い色の色鉛筆で塗りつぶし、次に鉛筆で囲ませるなど、見つけた言葉の文字の重なりに配慮した工夫をする。

○子供は競争心があると意欲が促される。「誰が一番多く見つけられるか」「言葉を七つ、見つけよう」といった呼び掛けを行う。

○時間で区切り、見つけた言葉を発表し合ってから再度探すのもよい。

○見つけた言葉を「いぬ・いちねんせい・ねこ」というように、語句のまとまりとして書く。

たのしいな、ことばあそび

かくれて　いる　ことばを　みつけよう。

1

い	ち	ね	ん	せ	い	さ	や
ぬ	た	こ	お	ん	ぶ	し	か
あ	り	ま	く	ま	な	り	ん
ひ	と	え	き	ご	つ	と	そ
つ	け	も	ぐ	ら	や	り	ら
じ	い	も	だ	は	す	ず	め
え	ほ	ん	い	ち	み	い	だ
ひ	び	し	く	さ	ん	ぽ	か

（P.102の表）

2

たて
よこ
ななめ
①みつけたら、ことばをかこむ。
②みつけたことばをていねいにかく。

3

いぬ
いちねんせい
ひつじ
あり
たこ

しか
そら
くま
まえ
なつ

とけい
えほん
しりとり
とり
すずめ

めだか
さんぽ
すいか
いえ
ひび

3 見つけた言葉を発表する〈15分〉

T　見つけた言葉を発表しましょう。

○見つけた言葉を表と対応させながら板書を行う。

T　言葉探しをして、気付いたことはありますか。

・1つの言葉の中に、別の言葉が入っています（「しりとり」と「とり」）。

・2つの言葉がつながって、1つの言葉になっています。「なつ」と「やすみ」で「なつやすみ」。

○言葉の仕組みへのよい気付きは取り上げて、言葉への興味を高める。

○次時は、自分で言葉探しの問題作りを行うことを伝える。

よりよい授業へのステップアップ

言葉探しへの支援

子供によっては、表の文字量に圧倒されて意欲が低下したり、言葉を見いだすことに困難さを感じたりする場合がある。2つの方法で支援を行う。1つは、表の半分を伏せて情報量を減らす。表を半分に折り、半分できたところで残りを示す。もう一つは、「いちねんせい」という言葉を横書きで提示し、「い」から縦に「いぬ」が、「ね」からは縦に「ねこ」という言葉が導き出せることを示す。縦読みや横読み・斜め読みの組み合わせ方を、言葉を抜き出して指導すると分かりやすい。

本時案

たのしいな、ことばあそび

本時の目標

・簡単な表に言葉を当てはめて言葉探しの問題を作り、友達と出し合って言葉遊びを楽しむことができる。

本時の主な評価

❷長く親しまれている言葉遊びを通して、言葉の豊かさに気付いている。【思・判・表】
❸進んで言葉遊びに取り組み、友達と問題の出し合いを楽しもうとしている。【態度】

資料等の準備

・前時で用いた言葉の表のコピー（拡大したもの）
・表のコピー
（子供用：教科書と同じ大きさのもの）
（掲示用：拡大したもの）

〈ふりかえろう〉
・ことばを　たくさん　みつけて　うれしかった。
・たのしかった。もっと　もんだいを　つくりたい。

授業の流れ ▷▷▷

1 問題の作り方を知る 〈10分〉

T　言葉探しの問題を自分で作り、友達と問題を出し合います。言葉探しは、どうやって言葉を見つけましたか。
・言葉が縦・横・斜めに隠れている。
・見つけた言葉を丸で囲む。
〇前時の学習を振り返り、表に隠れた言葉の見つけ方を確認する。
〇まず、２文字か３文字の言葉を考えて表に書く。次に、その言葉の一文字を含めた別の２文字か３文字の言葉を考え、向きを変えて表に書き込む。
〇板書で例を示し、作り方を具体的にイメージできるようにする。

2 言葉探しの問題を作る 〈20分〉

T　縦３マス・横３マスの９マスの表に言葉を入れて、問題を作りましょう。
〇縦読みや横読み・斜め読みを組み合わせて言葉を見出すことを指導する。「いちねんせい」→縦に「いぬ」「ねこ」、「まえ」→「えき」というように、前時の表から言葉を抜き出して示すと分かりやすい。
〇表の言葉を書き込んだら、複数の言葉が隠れているかを確かめさせる。
〇問題を早く作成した子供には、全９マスの表の２枚目や、縦４マス・横４マス全16マスの表を渡し、作問への意欲を促す。

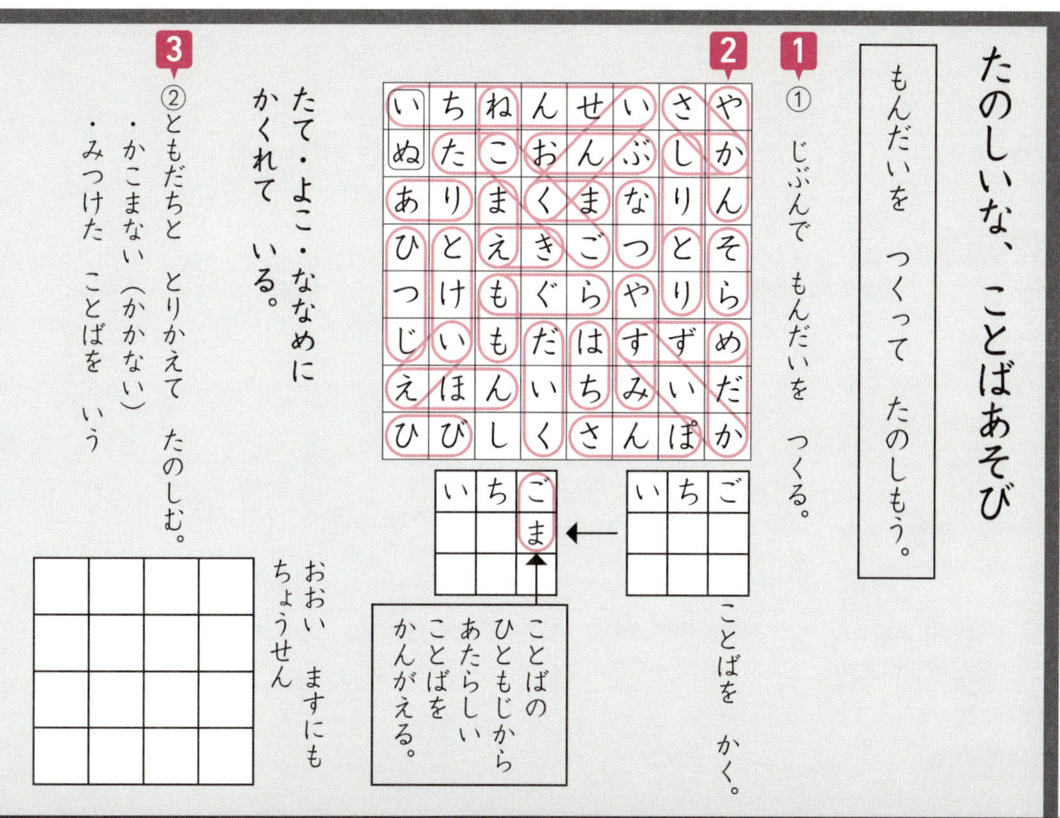

3 友達と問題を出し合う　〈15分〉

T　友達と問題を交換して出し合いましょう。

○まず、互いに表を交換する。次に、見つけた言葉を一つずつ言う。囲みを行わないので、指で文字を示しながら言葉を伝えることを確認する。

○「3つの言葉を見つけてください」といった、課題を設定して出し合うのもよい。

○最後に、学習の振り返りを行う。言葉の隠れ方や探し方のコツとともに、活動そのものへの感想を取り上げたい。楽しんで活動に取り組んだり、言葉のおもしろさに気付いたりすることができればよい。

よりよい授業へのステップアップ

子供の作問の掲示

問題の交換を２人で行うだけではなく、４人組などの少人数や学級全体で取り組む。書画カメラで画面に映し、見つけた言葉を発表する。問題の交換の仕方を説明する際にも有効。

様々な言葉に興味をもたせる工夫

第二次の活動として、「言葉遊びのお店屋さんごっこ」を設定してもよい。本単元の言葉探しの他に、既習内容である「１音節１文字」でお題に合った言葉集め、しりとり、穴埋め問題などの活動を行う。

やくそく

8時間扱い

〔知識及び技能〕(1)ク　〔思考力、判断力、表現力等〕C読むことイ、エ　関連する言語活動例C(2)イ

単元の目標

・音読を通して、場面の様子や登場人物の行動などに着目し、内容の大体を捉えることができる。

評価規準

知識・技能	❶語のまとまりや言葉の響きなどに気を付けて音読している。(〔知識及び技能〕(1)ク)
思考・判断・表現	❷「読むこと」において、場面の様子や登場人物の行動など、内容の大体を捉えている。(〔思考力、判断力、表現力等〕Cイ) ❸「読むこと」において、場面の様子に着目して、登場人物の行動を具体的に想像している。(〔思考力、判断力、表現力等〕Cエ)
主体的に学習に取り組む態度	❹進んで場面の様子や登場人物の行動など、内容の大体を捉え、学習課題に沿って音読しようとしている。

単元の流れ

次	時	主な学習活動	評価
一	1	題名から話の内容を予想して範読を聞き、感想を出し合う。物語の場所や登場人物を確かめる。	
	2	学習の見通しをもつ 登場人物の行動に着目して、話の大まかな展開を読み取る。学習計画を立て、見通しをもつ。	❷
二	3	1・2の場面（ある　おおきな　木に…／ある　とき…）を音読し、あおむしたちの行動を具体的に想像しながら読み取る。	❶
	4	3の場面（にひきが　いいあいを　して　いると…）を音読し、あおむしたちの行動を具体的に想像しながら読み取る。	❸
	5	4の場面（その　ときです。…）5の場面の前半（いちばん　たかい　えだに　つくと、…）を音読し、あおむしたちの行動を具体的に想像しながら読み取る。	❸
	6	5の場面の後半（とおくには、…）を音読し、あおむしたちの行動を具体的に想像しながら読み取る。	❶
三	7	全文を音読し、第2次で読み取ったことを基に、登場人物や物語の展開について、整理する。	❷
	8	学習を振り返る 音読を聞き合い、単元の学習を振り返る。	❹

授業づくりのポイント

〈単元で育てたい資質・能力〉

本単元のねらいは、場面の様子や登場人物の行動などに着目し、内容の大体を捉える力を育むことである。

そのためには、「誰が」「何をしたか」、「何を言ったか」そして「どうなったか」を読み取ることが必要となってくる。行動を表す言葉に着目し、物語の登場人物や主な出来事、結末等を大づかみに捉えることができるようにしたい。内容の大体を捉える中で、あおむしたちの行動や会話について具体的に想像することもできるようにする。

具体例

○「いつものように　はを　たべて　いると、」「にひきが　いいあいを　して　いると、」「あおむしたちは　おおげんか。その　ときです。」「いちばん　たかい　えだに　つくと、」「やくそくを　しました。」「おりて　いきました。」これらの言葉から、物語の大まかな展開を読み取ることができる。

〈教材・題材の特徴〉

自分のことだけを考えてけんかをしていた３匹のあおむしが、広い世界に驚き「一緒に海に行こう」と「やくそく」する物語である。少々長めの話だが、行動や会話から内容の大体を捉えやすい物語である。行動を表す言葉に着目することで、登場人物の行動やその理由を具体的に想像することもできる。

具体例

○「めを　まるく　する」は、驚きを表す慣用表現であるが、子供にとっては馴染みがなく、単に目を丸くすることだと捉える子供も少なくない。正しく理解できるよう留意したい言葉である。

○「せのびを　する」は、見たくてたまらない気持ちを表している。「なぜ」と行動の理由を問うことで、行動の裏にある登場人物の気持ちを想像することができる。

〈言語活動の工夫〉

音読を通して、内容の大体を捉えたり登場人物の行動を具体的に想像したりしながら読み進める。その際、ペープサートを活用することで、「誰が」「何を」話しているのか、「どこで」「どんな」行動をしているのかを意識することができる。

登場人物の行動を具体的に想像する際には、叙述に基づいて想像をするよう心掛ける。言葉の意味や使い方を考える際には、動作化をしたり他の場面での使用例を出し合ったりしながら経験と結び付けて理解できるようにしたい。

○低学年の子供が、想像をするために有効な方法の一つに音読がある。言い合いをしている３匹のあおむしの会話とやくそくをするときの３匹の会話では、読むときの口調が異なってくる。なぜそう音読したのかを考えることで、登場人物の行動を具体的に想像することができる。

○理由を説明する際「ここに書いてあるから…」「○○ということは…」という言葉が出てくるとよい。デジタル教科書や拡大した本文を活用し、常に叙述に立ち返ることができるようにする。

本時案

やくそく

1/8

本時の目標

・読み聞かせを聞き、物語の感想を書くことができる。

本時の主な評価

・物語の展開を楽しみながら範読を聞き、場面の様子や登場人物の行動などに着目して感想を書いている。

資料等の準備

・あおむしのペープサート 26-01〜03

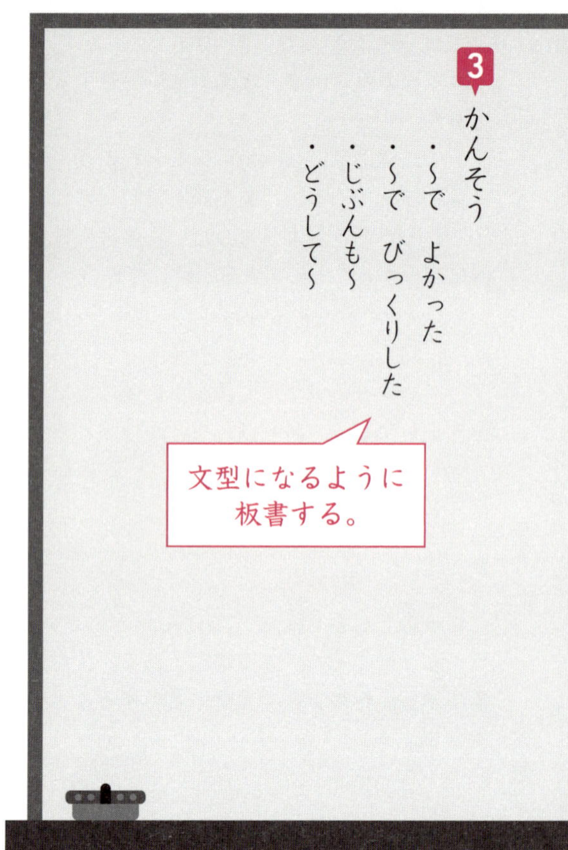

3
かんそう
・〜で　よかった
・〜で　びっくりした
・じぶんも〜
・どうして〜
文型になるように
板書する。

授業の流れ ▷▷▷

1 「やくそく」という言葉から、話の内容を想像する 〈10分〉

○「やくそく」と板書する。

T　「やくそく」いう言葉から、どんなことを思いう浮かべますか。

・大事なこと。

・守らないといけない。

○大切なものであるということを確認する。

T　今から読む話は、「やくそく」という話です。どんな話だと思いますか。

・家族と約束する話。

・約束をやぶっちゃう話。

・友達と約束をする話。

○テンポよく進め、物語への期待を高める。

○話の名前を「題名」、書いた人を「作者」ということを教える。

2 読み聞かせを聞き物語の舞台や登場人物を確認する 〈15分〉

○３匹のあおむしが出てくることが分かるよう、声色を変えて読み分けるようにする。

T　話の場所は、どこでしたか。

・木の上。

T　お話には誰が出てきましたか。

・あおむし（男の子）。

・そっくりなあおむし（女の子）。

・そっくりなあおむし（男の子）。

・木。

○３匹のあおむしが出てくることを確認する。会話の話し方から性別も考えさせる。

○登場人物という用語に触れてもよい。

やくそく

1
だいじな　こと
まもらないと　いけない
やぶっちゃだめ

おかあさんと
ともだちと
あそびの　やくそく

おはなしを　きいて、かんそうを　かこう。

2
おはなしの　なまえ…だいめい
↓やくそく

おはなしを　つくった　ひと…さくしゃ
↓こかぜ　さち

ばしょ
・木の　うえ

でて　くる　もの…とうじょうじんぶつ
・あおむし（おとこのこ）
・そっくりな　あおむし（おんなのこ）
・そっくりな　あおむし（おとこのこ）
・木

3 物語の感想を書く 〈20分〉

T 「やくそく」の話を聞いてどう思いましたか。感想をノートに書きましょう。

○数名に感想を言わせ、視点をつくってから書かせるとよい。

○この感想から「読みの課題」を作りたいので、「よかった」「自分も」「どうして～」等と視点を示して書かせる。

よりよい授業へのステップアップ

言葉からイメージを広げる

題名の「やくそく」という言葉について、知っていることを出し合う。もっているイメージを出し合ったり、子供の生活経験と結び付けたりすることで、物語への興味を高める。

用語

学習を進める際には、用語の理解が必要となる。教科書では、単元ごとに、その単元で理解させたい用語が示されているので、順次理解させるようにしたい。

本時案

やくそく

本時の目標

・時間を表す言葉や出来事に注意して読み、物語の大体を理解することができる。

本時の主な評価

❷時間の経過や場面の様子、登場人物の行動に注意して読み、内容の大体を捉えようとしている。【思・判・表】
・語のまとまりや言葉の響きなどに気を付けて音読している。

資料等の準備

・各場面ごとの場面絵
・あおむしのペープサート　26-01～03

子供の

とおくに　うみが　みえ、３びきは
ちょうに　なったら　いっしょに
うみに　いく　やくそくを　して、
おりて　きた。

教科書
P.110
の絵

3

おはなしを　よんで　みんなで　かんがえたい　こと
〇どうして　あおむしたちは、けんかを　したのか。
〇どうして　おおきな　木の　てっぺんに　のぼったのか。
〇３びきは、おおきな　木に　のぼって　どう　おもったのか。
〇３びきは、どうして　けんかを　やめたのか。
いつ　やめたのか。
〇３びきは、どんな　やくそくを　したのか。

子供の

授業の流れ

1　音読をして話の流れを確かめ、場面絵を並び替える　〈10分〉

〇本時のめあてを確認し、音読をさせる。
T　話の順番のとおりに絵を並べましょう。
〇ワークシートで場面絵を並び替えさせる。
〇その後黒板で並び替え、場面を確認するようにする。（１の場面～５の場面）

2　物語の大まかな内容を捉える　〈20分〉

T　いつ・だれが・なにをしたかが分かる言葉に注目して、どんな場面かを確かめましょう。
〇文中の言葉を確認し、展開を板書で整理する。
1　あおむしが、葉っぱを食べて蝶になる日を待っている。
2　あるとき、あおむしが、葉っぱを食べて蝶になる日を待っている。
3　言い合いをしていると、そっくりなあおむしが葉っぱを食べており、大げんかになる。
4　そのとき、大きな木が、「うえまでのぼってそとのせかいをみてごらん。」と言う。
5　一番高い枝に着くと、遠くに海が見えた。３匹は、蝶になったら一緒に海に行く約束をして、木のてっぺんから降りた。

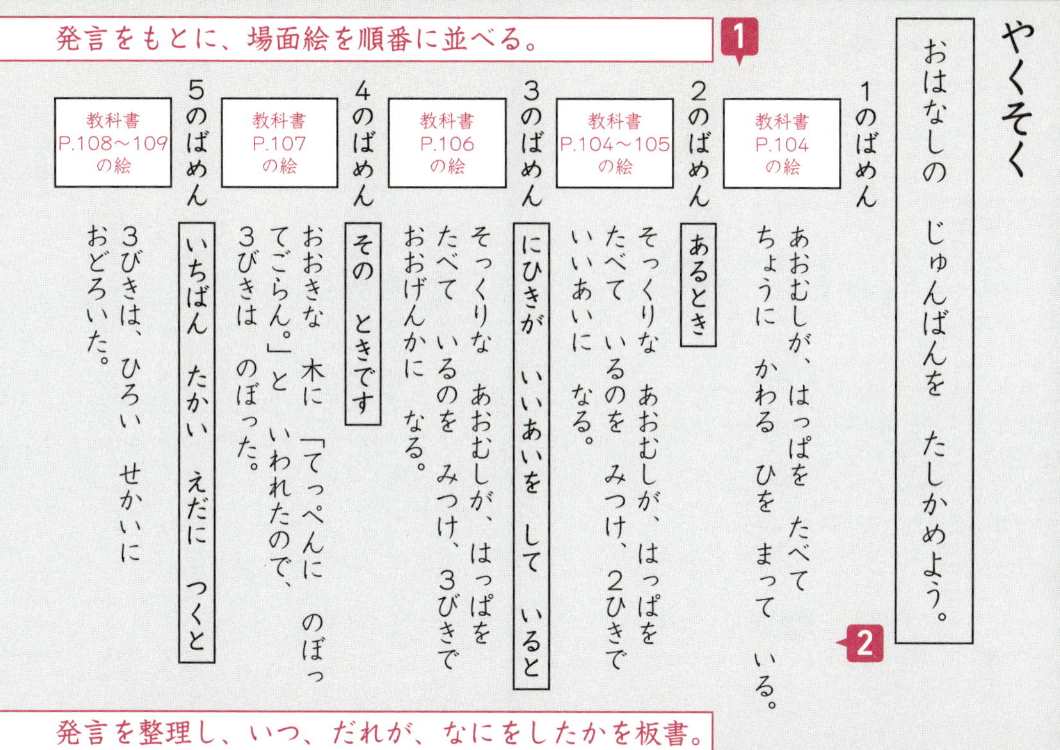

3 前時の感想を出し合い、「読みの課題」を作る〈15分〉

T　前の時間に書いた感想を出し合って、みんなで考えていく課題をつくりましょう。

○初発の感想を出し合い、教師と子供でやり取りをしながら、読みの課題をつくる。(以下、例)

・あおむしたちがけんかになってびっくり。
→どうして、あおむしたちはけんかをしたのか。
・木に登って一緒に海を見たのがよかった。
→どうして大きな木のてっぺんに登ったのか。
・木に登ってけんかをやめたのがよかった。
・どうしてけんかをやめたのか。
→３匹はどうしてけんかをやめたのか。
・約束して、木から降りたところがよかった。
→３匹は、どんな約束をしたのか。

よりよい授業へのステップアップ

挿絵の並べ替え

場面の展開を理解させるためには、挿絵を物語の順番に並び替えることが有効である。ただ、挿絵では、ページの区切りが場面の変わり目だと勘違いする子供も多いので、時を表す言葉を探すなど、丁寧に確認したい。

読みの課題作り

学習感想を出し合い、「どうしてそう考えた」「自分だったらどう思う」等のやり取りをする中で、読みの課題をつくる。自分たちの感想から、学習が始まるという経験を徐々に重ねていく。

本時案

やくそく

本時の目標

・1・2の場面を読み、会話から、あおむしたちの行動やその理由を具体的に想像することができる。

本時の主な評価

❶語のまとまりや言葉の響きなどに気を付けて音読している。【知・技】

・1・2場面の様子に着目して、あおむしたちの行動を具体的に想像している。

資料等の準備

・あおむしのペープサート　26-01～03

・ワークシート　26-05

2匹のあおむしが、実ることに気付けるよう

そっくり

・はやく ちょうに なるために この 木の はっぱは、ぜんぶ わたしが たべるのよ。
・だれにも あげないわ。
・よこどり しないで。

「この 木は、わたしの 木。だから、はっぱも、わたしの はっぱ」

授業の流れ ▷▷▷

1 音読し、場面の様子を確かめる〈10分〉

○1・2場面を音読し、登場人物や出来事を確かめる。

T　あおむしが、毎日はっぱを食べているのは、どうしてですか。

・早く大きくなりたいから。

・たくさん食べて、蝶になりたいから。

○1の場面では、蝶になるために、葉っぱを食べる必要があること、食べないと大人になることができないことを確認する。

○2の場面では、あおむしが自分とそっくりな女の子のあおむしと言い合いになったことから、本時の読みの課題を確認する。

2 会話に着目して読み、言い合いの理由を考える〈20分〉

○あおむしと、そっくりな女の子のあおむしが言った言葉を確認する。

・「だめ　だめ。この　木は、ぼくの　木。ぼくの　はっぱ。」

・「この　木は、わたしの　木。だから、はっぱも、わたしの　はっぱ。」

○2匹のあおむしになって言葉を言ってみる。

○数組の子供に発表させ、怒った口調で読むことを確認する。

T　あおむしたちは、どうして怒っているのかな。

・葉っぱをあげたくなかったから。

・自分の葉っぱを横取りされたと思ったから。

○あおむしの気持ちを想像し、ワークシートに書かせた後に発表させ、共有する。

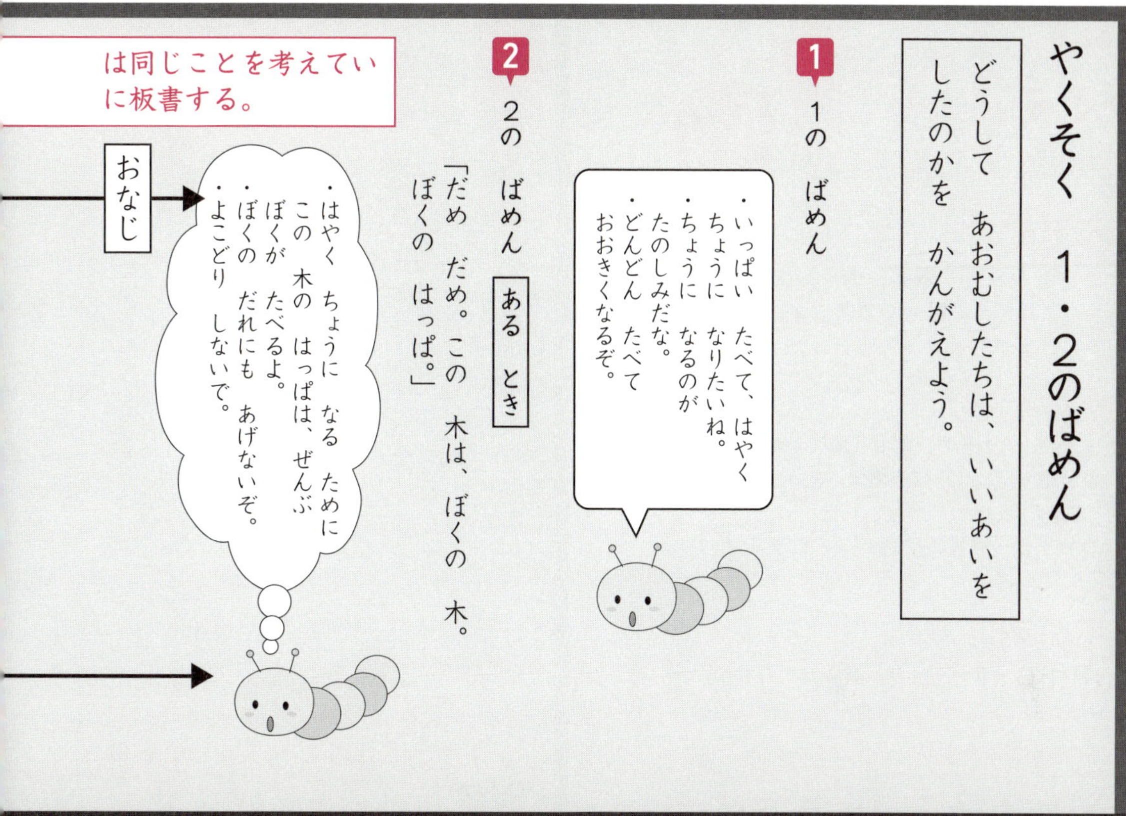

やくそく　1・2のばめん
どうして　あおむしたちは、いいあいを　したのかを　かんがえよう。
1
1の　ばめん
・いっぱい　たべて、はやく　ちょうに　なりたいね。
・ちょうに　なるのが　たのしみだな。
・どんどん　たべて　おおきくなるぞ。
2
2の　ばめん　ある　とき
「だめ　だめ。この　木は、ぼくの　木。ぼくの　はっぱ。」
・はやく　ちょうに　なる　ために　この　木の　はっぱは、ぜんぶ　ぼくが　たべるよ。
・ぼくの　だれにも　あげないぞ。
・よこどり　しないで。
おなじ
は同じことを考えてい
に板書する。

3 音読の練習をし、記録する〈15分〉

T　2匹のあおむしになって音読してみましょう。

○2で、考えたことを活かして音読する。

○教材文の「　」の後に、自分が想像した（ワークシートに書いた）気持ちを付け足して音読させる。

○ペアで聞き合ったり、タブレットで撮影し合ったりする。

○全体の前で数人に発表させ、1・2場面のあおむしの行動や言葉・気持ちを確かめる。

○本時の学習を振り返り、読みの課題の答えを自分なりにまとめる。

よりよい授業へのステップアップ

主体的に読む

設定した読みの課題の答えを考えながら学習を進める。自分たちで課題を立て、追究することが、主体的な読み手を育成することにつながる。

理解を確かにする板書

この物語には、3匹のそっくりなあおむしが登場する。それぞれの気持ちを比較し、共通点に気付かせるように板書する。また、3匹のいる場所が、一本の枝・木の一番上と場面によって変わるので、黒板上でペープサートを操作して行動を確かめるようにする。

本時案

やくそく

本時の目標

・3の場面を読み、場面の様子や会話から、あおむしたちの行動やその理由を具体的に想像することができる。

本時の主な評価

❸1・2場面の様子に着目して、あおむしたちの行動を具体的に想像している。【思・判・表】

・語のまとまりや言葉の響きなどに気を付けて音読している。

資料等の準備

・あおむしのペープサート　26-01～03

3匹のあおむしが、実ることに気付けるよう

・なにを　いって　いるんだ。この　木は　ぼくの　木だ。
・よこどりするな。
・ぜんぶ　ぼくが　たべるんだ。
・だれにも　あげないぞ。

「そんな　こと、しるもんか。」

ペープサートを動かして、3匹目の食べる音に気が付

授業の流れ▷▷▷

1　音読し、場面の様子を確かめる〈10分〉

○音読し、登場人物や出来事を確かめる。

T　3の場面は、誰が出てきますか。また、何が起こりましたか。

・言い合いをしていたら、3匹目のあおむしが出てきました。

・3匹は、大げんかになりました。

○言葉の意味を確かめる。「いいあい」「じぶんたちと　そっくり」

○言葉から受け取る感じを出し合う。「もりもり　もりもりと、おとが　きこえます。」→どんどん食べている。あっという間に全部食べそう。

○ペープサートを活用し、場面の様子を理解させ、読みの課題を確認する。

2　会話に着目して読み、大げんかになった理由を考える〈20分〉

○3匹のあおむしが言った言葉を確認し、板書する。

○3匹のあおむしになって、会話の部分だけ声に出して音読させる。

○数組の子供に発表させ、2の場面よりも激しい口調で読むことを確認する。

T　あおむしたちは、どうして大げんかになってしまったのかな。

・葉っぱをあげたくなかったから。

・自分の葉っぱを横取りされたと思ったから。

・自分の分が減ってしまうと嫌から。

・全部自分が食べたいと思っているから。

○あおむしの気持ちを想像し、ワークシートに書かせた後に発表させ、共有する。

やくそく　3のばめん

1

どうして　あおむしたちは、おおげんかを　したのか　かんがえよう。

にひきが　いいあいを　して　いると

「その　はっぱは、ぼくのだぞ。」

2

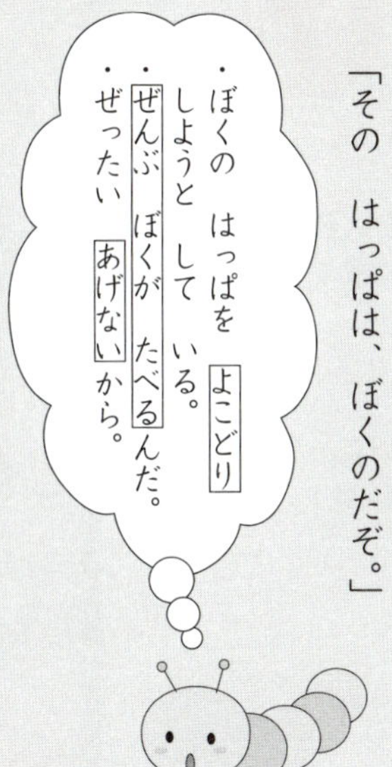

・ぼくの　はっぱを　よこどり　しようと　して　いる。
・ぜんぶ　ぼくが　たべるんだ。
・ぜったい　あげないから。

「わたしの　はっぱを　たべないで。」

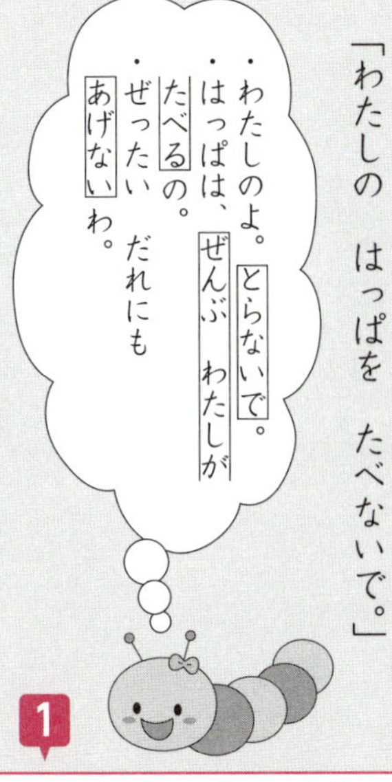

・わたしのよ。とらないで。
・はっぱは、ぜんぶ　わたしが　たべるの。
・ぜったい　だれにも　あげないわ。

は同じことを考えてい
に板書する。

1

2匹が言い合いをしているときに、
いたことを理解できるようにする。

3 音読の練習をし、記録する〈15分〉

T　3匹のあおむしになって音読してみましょう。

○2で、考えたことを活かして音読するように助言する。

○教材文の「　」の後に、自分が想像した（ワークシートに書いた）気持ちを付け足して音読させる。

○ペアで聞き合ったり、タブレットで撮影し合ったりする。

○全体の前で数人に発表させ、3場面のあおむしの行動や言葉・気持ちを確かめる。

○本時の学習を振り返り、読みの課題の答えを自分なりにまとめる。

よりよい授業へのステップアップ

ICT 機器の活用

1人1台のタブレットが配置されている学校も増えてきている。国語の学習でも、ICT 機器を効果的に活用していきたい。

本単元では、タブレットやデジタルカメラの動画機能などを活用し、音読の様子を記録することが考えられる。記録した動画を見たり音声を聞いたりすることで、子供が自分の学習を振り返ることができる。一人一人の評価に活用できるのはもちろん、授業の冒頭で前時を振り返る際にも役に立つ。

本時案

やくそく

5/8

本時の目標

・4の場面・5の場面の前半を読み、場面の様子や会話から、あおむしたちの行動やその理由を想像することができる。

本時の主な評価

❸場面の様子に着目して、あおむしたちの行動を具体的に想像している。【思・判・表】
・語のまとまりや言葉の響きなどに気を付けて音読している。

資料等の準備

・あおむしのペープサート 26-01〜03
・木の絵（拡大） 26-04

授業の流れ ▷▷▷

1 音読し、場面の様子を確かめる 〈10分〉

○音読し、登場人物や出来事を確かめる。
T　4と5の場面の前半では、誰がどんなことをしましたか。
・大きな木が3匹を怒りました。
・木が3匹に「うるさいぞ」と言いました。
・3匹は、一番高い枝まで登りました。
○ペープサートを活用し、場面の様子を理解させ、読みの課題を確認する。
「どうして3匹は、大きな木の上に登ったのか。」
「3匹はどうしてけんかをやめたのだろう。」

2 木の一番上に登ったときの3匹の気持ちを考える 〈20分〉

○木と3匹のあおむしが言った言葉を確認する。
○木と3匹のあおむしになって、会話の部分だけ声に出して音読させる。
○数組の子供に発表させ、けんか口調ではないことを確認する。
T　あおむしたちはけんかをやめたんですね。どうして、けんかをやめたのでしょう。
・広い世界に驚いたから。
・木がたくさんあると初めて知ったから。
○「目を丸くする」の意味を確認し、初めて見る広い世界に驚いていることを確かめる。
○あおむしの気持ちを想像し、ワークシートに書かせた後に発表させ、共有する。

やくそく　4のばめん・5のばめん

1

どうして　3びきは　おおきな　木の　うえに
のぼったのだろう。
どうして　けんかを　やめたのだろう。

4の　ばめん　その　ときです

「みんな　もっと　うえまで　のぼって
そとの　せかいを　みて　ごらん。」

5の　ばめん　いちばん　たかい　えだに　つくと

めを　まるく　する…おどろく・びっくりする

2

「ぼくら　こんなに
ひろい　ところに
いたんだね。」

びっくり
しらなかった。
すごい
なぁ。
たくさん
木が　あるね。

1

ペープサートを動かして、3匹が大きな木に言われて木の一番上に登ったことを理解できるようにする。

3 音読の練習をし、記録する〈15分〉

T　3匹のあおむしになって音読してみましょう。

○2で、考えたことを生かして音読するように助言する。

○教材文の「　」の後に、自分が想像した（ワークシートに書いた）気持ちを付け足して音読させる。

○ペアで聞き合ったり、タブレットで撮影し合ったりする。

○全体の前で数人に発表させ、3場面のあおむしの行動や言葉・気持ちを確かめる。

○本時の学習を振り返り、読みの課題の答えを自分なりにまとめる。

よりよい授業へのステップアップ

語句の理解を読みにつなげる

「目を丸くする」は、驚いたことを表す慣用表現である。驚いて目を大きく見開く様子を表しており、「驚いた」よりも「目を丸くした」のほうが驚きが強く伝わってくる。

読み聞かせや日頃の会話の中で、意味を知っている子供もいるが、知らない子供も多い。全体で取り上げて、意味を確かめたり使い方を確かめたりして、理解を図ることで、あおむしたちが広い世界を見て大変驚いていることが想像できる。語句を理解することが、読みに生きるのである。

本時案

やくそく

本時の目標

・４の場面・５の場面の前半を読み、場面の様子や会話から、あおむしたちの行動やその理由を想像することができる。

本時の主な評価

❶語のまとまりや言葉の響きなどに気を付けて音読している。【知・技】
・場面の様子に着目して、あおむしたちの行動を具体的に想像している。

資料等の準備

・あおむしのペープサート 26-01〜03
・木の絵（拡大） 26-04

授業の流れ ▷▷▷

1 音読し、場面の様子を確かめる 〈10分〉

○音読し、登場人物や出来事を確かめる。
T　５の場面の後半では、誰が、何をしましたか。
・３匹が木のてっぺんから海を見ました。
・一緒に海に行く約束をしました。
・３匹は、てっぺんから降りてきました。
○ペープサートを活用し、場面の様子を理解させ、読みの課題を確認する。
「どうして３匹は、海に行く約束をしたのだろう。」

2 ３匹が海に行く約束をした理由を考える 〈15分〉

○３匹のあおむしが言った言葉を確認する。
○会話の部分だけ音読させ、数組に発表させる。
T　３匹は海を見てどう思ったのでしょう。
・何だろう、きれいだな。
・もっと近くで見たいな。
○「せのびを　しました。」を動作化させ、どうして背伸びをしているのか考えさせる。
T　あおむしたちはどうして一緒に海に行く約束をしたのでしょう。
・初めて海を見たからもっと近くで見てみたい。
・一緒に見つけたから、一緒に行きたい。
○あおむしの気持ちを想像し、ワークシートに書かせた後に発表させ、共有する。

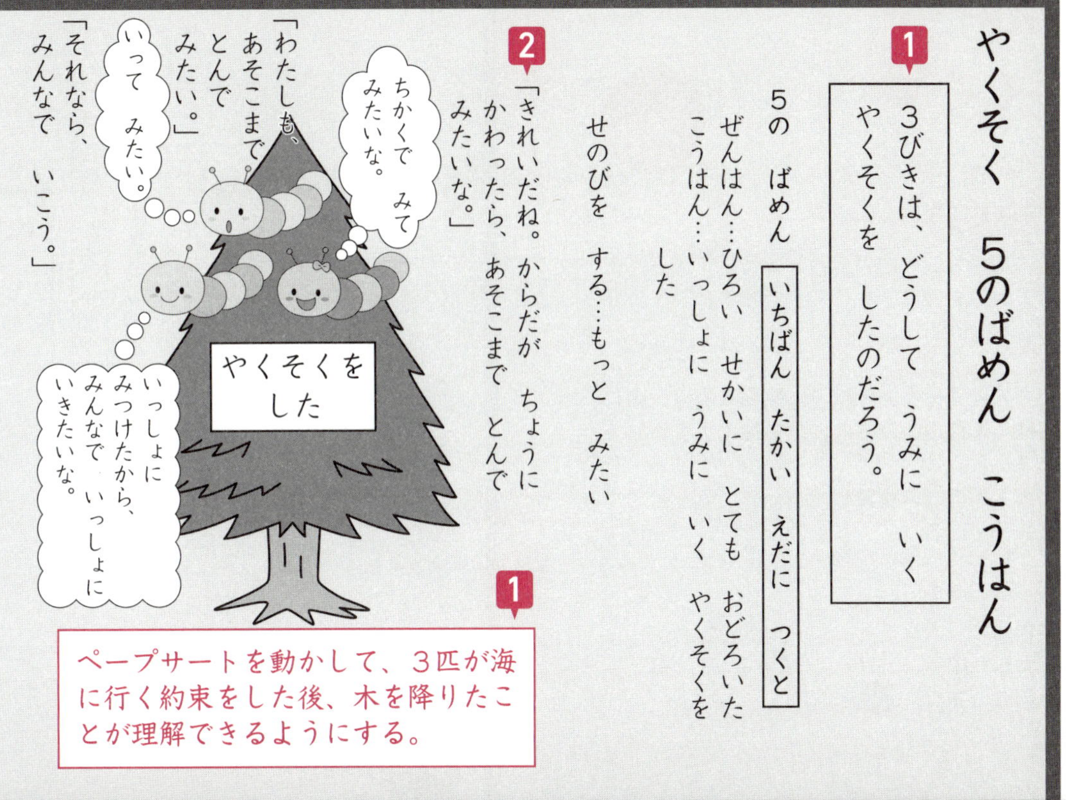

やくそく　5のばめん　こうはん
1
3びきは、どうして　うみに　いく
やくそくを　したのだろう。
5の　ばめん　いちばん　たかい　えだに　つくと
ぜんはん…ひろい　せかいに　とても　おどろいた
こうはん…いっしょに　うみに　いく　やくそくを
した
せのびを　する…もっと　みたい
2
「きれいだね。からだが　ちょうに
かわったら、あそこまで　とんで
みたいな。」
ちかくで　みて
みたいな。
「わたしも、
あそこまで
とんで
みたい。」
いって　みたい。
「それなら、
みんなで　いこう。」
やくそくを
した
いっしょに
みつけたから、
みんなで　いっしょに
いきたいな。
1
ペープサートを動かして、３匹が海に行く約束をした後、木を降りたことが理解できるようにする。

3 木から降りてくるときの３匹の気持ちを考える〈５分〉

○約束をした後の３匹の行動を確かめる。
○「くんねり　くんねり」という言葉から受け取る感じを出し合う。
・のんびりしている。
・ゆっくりしている。
→３匹が穏やかに、てっぺんから降りてきたことに気付かせたい。

T　約束をしててっぺんから降りてくるとき、３匹はどんな気持ちだったでしょう。

・みんなで海に行くのが楽しみだ。
・海に行く途中にどんな世界があるか、わくわくする。
・早く蝶になれるよう、一緒に頑張ろう。

4 音読の練習をし、記録する〈15分〉

T　３匹のあおむしになって音読してみましょう。

○2で、考えたことを生かして音読するように助言する。
○教材文の「　」の後に、自分が想像した（ワークシートに書いた）気持ちを付け足して音読させる。
○ペアで聞き合ったり、タブレットで撮影し合ったりする。
○全体の前で数人に発表させ、３場面のあおむしの行動や言葉・気持ちを確かめる。
○本時の学習を振り返り、読みの課題の答えを自分なりにまとめる。

本時案

やくそく

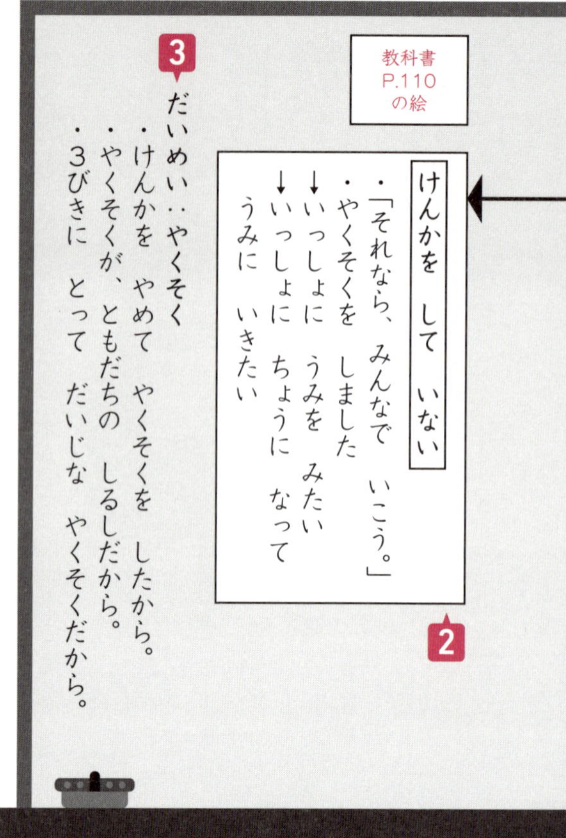

教科書
P.110
の絵
けんかを して いない
・「それなら、みんなで いこう。」
・やくそくを しました
↓いっしょに うみを みたい
↓いっしょに ちょうに なって
うみに いきたい
2
3
だいめい：やくそく
・けんかを やめて やくそくを したから。
・やくそくが、ともだちの しるしだから。
・3びきに とって だいじな やくそくだから。

本時の目標

・出来事や登場人物の行動に着目して読み、内容の大体を理解することができる。

本時の主な評価

❷時間の経過や場面の様子、登場人物の行動に注意して読み、内容の大体を捉えようとしている。【思・判・表】
・語のまとまりや言葉の響きなどに気を付けて音読している。

資料等の準備

・各場面の場面絵
・あおむしのペープサート　26-01～03
・木の絵（拡大）　26-04

授業の流れ ▷▷▷

1 全文を音読し、出来事を確かめる〈10分〉

○出来事を確かめながら音読する。
○挿絵を並べたり、第３時から第５時で読み取ったことや考えたことを記録した模造紙を見たりしながら、物語の内容を振り返る。
○やり取りの中で「けんかをしていたけど、やめて友達になったんだよね」等、あおむしの変化に触れる発言が出たら、それを受けて本時の読みの課題につなげる。
T　あおむしは、いつ、けんかをやめたのでしょう。

2 あおむしたちが変化したところを探す〈15分〉

○けんかをしていることを表す叙述と、けんかをしていないことを表す叙述を探し、そこからあおむしたちのどのような気持ちが分かるかを確認し、板書する。
T　あおむしたちがけんかをやめたのは、いつでしょう。
・木のてっぺんに登っているとき。
・一番高い枝に着いて、広い世界を見たとき。
・海にいく約束をしたとき。
○３・４・５段落の音読に合わせて、あおむしのペープサートを操作し、一番高い枝に着いて、広い世界を見たときは、言い合いをしていないことを確かめる。

3 題名が「やくそく」になった理由を考える〈5分〉

○題名が「やくそく」になった意味を考える。

T　この話の題名は「やくそく」です。こかぜさんは、どうして、こんな題名をつけたのでしょうか。

・けんかをやめて約束をしたから。

・約束をしたから、友達になれたのではないか。

・約束が、3匹にとってとても大事なものだから。

○1年生なりに題名の役割を考えさせたい。考えを出し合うことで、物語にとって大切なものが題名になっていることに気付かせる。

4 音読の練習をし、記録する〈15分〉

T　話の出来事やあおむしたちの気持ちが分かるように工夫して音読しましょう。

○ペアで聞き合ったり、タブレットで撮影し合ったりする。

○本時の学習を振り返り、読みの課題の答えを自分なりにまとめる。

本時案

やくそく

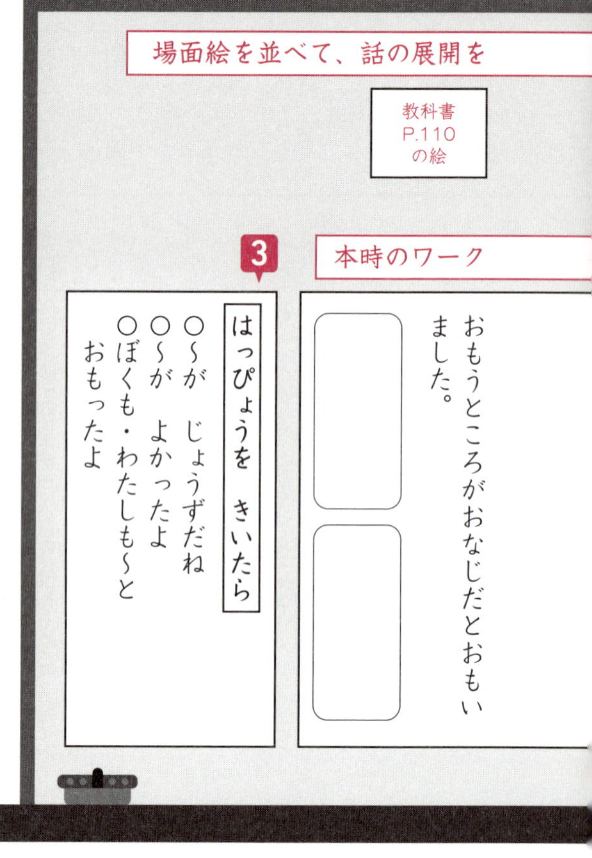

本時の目標

・物語の感想を書き、友達と感じたことを共有することができる。

本時の主な評価

❹進んで場面の様子や登場人物の行動など、内容の大体を捉え、学習課題に沿って音読したり、感想を伝え合ったりしようとしている。【態度】

資料等の準備

・各場面の場面絵
・ワークシートの拡大 26-06

授業の流れ ▷▷▷

1 物語の感想を書く 〈20分〉

○全文を音読し、話の展開を確認する。

T 「やくそく」の話を学習して、思ったことや考えたことを書きましょう。

・あおむしたちが友達になってよかったと思いました。ぼくも、○○君と友達になったときのことを思い出しました。約束したから、一緒に海に行けるといいね。

○自分の経験とつなげて書けるよう、視点を示す。

○３文程度をモデル文として提示すると書きやすい。書くことが得意ではない子供の生活経験と関連している内容にするとよい。

2 音読練習をする 〈10分〉

T 感想に書いたことが分かる場面を選び、音読の練習をしましょう。

○感想の根拠となる場面を選び、場面の様子や登場人物の行動・気持ちが伝わるように音読の練習をさせる。

○3の交流では、感想を読んでから音読をすることを伝え、友達に発表できるように練習させておく。

やくそく

おはなしの　かんそうを　かいて、こうりゅうしよう。

教科書P.104の絵　教科書P.104～105の絵　教科書P.106の絵　教科書P.107の絵　教科書P.108～109の絵

確認したり、気に入った場所を選んだりできるようにする。

かんそう

「やくそく」を　よんで　おもったこと
○～が　おなじ・にて　いる
○～して　よかった
○どうしてかと　いうと、～から
○ぼくも・わたしも…

シートの拡大に、モデル文を記入。

やくそく

○～が　おなじ・にて　いる
○～して　よかった
○どうしてかと　いうと、～から
○ぼくも・わたしも…

かんそう
　さいしょ　けんかになったところが、わたしとおねえちゃんににているとおもいました。どうしてかというと、わたしとおねえちゃんは、おやつでけんかになるからです。じぶんでぜんぶたべたいと

3 感想と音読を交流し、単元の学習を振り返る〈15分〉

○発表は、ペアで行い、相手の発表を聞いたら、必ず感想を言うようにさせる。

T　発表を聞いた後、友達に何と言ってあげるとよいでしょうか。

・～が上手だね。
・～がよかったよ。

○子供から出されたものを話型として板書する。

○ペアの相手を変えて複数回交流を行い、最後に全体で、数名の発表を聞く。

○単元の学習感想をワークシートに書く。

よりよい授業へのステップアップ

文型・話型の効果

　感想を書くときや伝えるとき、何をどのようにすればよいのかと戸惑う子供には、型を示すことが有効である。

　全体でやり取りをしながら文型や話型を作り、活用させるとよい。ゆくゆくは、型がなくても話したり書いたりできるようにしていきたい。

読書感想文との関連

　2学期初めは、読書感想文を書くことの多い時期である。自分の経験と結び付けて感想を書くという本時の学習を、読書感想文に生かすことができる。

資料

1 第３時資料　ワークシート 26-05

おはなしを　たのしもう
やくそく　　　　ねん　　くみ　　なまえ（　　　　　　）

１・２のばめん

どうして　おおむしたちは、いいあいを
したのだろう。

だめ　だめ。この　木は、ぼくの　木。
ぼくの　はっぱ。

この　木は　わたしの　木。だから、
はっぱも　わたしの　はっぱ。

2 第８時資料　ワークシート 26-06

おはなしを　たのしもう
やくそく　　　　ねん　　くみ　　なまえ（　　　　　　　）

おはなしの　かんそうを　かいて　こうりゅうしよう。

○～が　おなじ・にて　いる
○～して　よかった
○どうしてかと　いうと、～から
○ぼくも・わたしも…

ふりかえり

ことば

かたかなを　みつけよう

2時間扱い

〔知識及び技能〕(1)ウ

単元の目標

・片仮名の語を正しく読み、片仮名で書く語を見つけて、書くことができる。

評価規準

知識・技能	❶片仮名を読み、書くとともに、片仮名で書く語の種類を知り、文や文章の中で使っている。(〔知識及び技能〕(1)ウ)
主体的に学習に取り組む態度	❷進んで片仮名で表す言葉を見つけ、学習課題に沿って正しく読んだり書いたりしようとしている。

単元の流れ

次	時	主な学習活動	評価
一	1	学習の見通しをもつ P.112を様々な読み方で音読する。 片仮名の長音の書き方や促音の書き方を練習する。	❶
	2	身の回りにある片仮名で表す言葉を見つけて書く。 集めた片仮名の言葉を使って、「カタカナカルタ」を作る。 学習を振り返る グループでカルタ取り遊びを行い、学習を振り返る。	❷

授業づくりのポイント

〈単元で育てたい資質・能力〉

本単元のねらいは、片仮名の語を正しく読み、書くことができる力を育むことである。また、擬態語や擬声語、外国の地名や人名、外来語など片仮名で書く語がどのような種類の語であるかを知り、実際に文や文章の中で片仮名を使うことができるようにする。特に「シ」と「ツ」や「ソ」や「ン」などの似ている片仮名は間違えやすいので、繰り返し丁寧に指導することが大切である。「違うところを見つけよう」と問いかけ、子供が自ら字形を意識して書くことができるようにする。

具体例

○ P.112を教師の範読に続けて様々な読み方で音読する。片仮名の言葉は子供たちが読み、平仮名は教師が読んだり、上段と下段を交代で読んだりする。

○片仮名の長音は、「ー」を使うことを理解させ、平仮名表記との違いに気付かせる。教師の発音を聞いて、片仮名を書き表す（ぜりい→ゼリーと書く）。

○「ワンワン」「ニャーニャー」は動物の鳴き声、「カステラ」は外来語のように見つけた言葉を分類して板書することで、片仮名で書く語には種類があることを理解できるようにする。

〈言語活動の工夫〉

子供の身の回りにあるものから、片仮名の言葉を見つけて書くようにする。生活の中で耳にしたことがある言葉でも、片仮名表記で書くことを初めて知ることも多い。言葉をたくさん集める中で身近な片仮名表記に着目できるようにしたい。集めた片仮名の言葉を教室に掲示し足していき、カタカナカルタを増やしていくなどして、繰り返し片仮名表記の言葉に触れることで慣れ親しむようにする。

具体例

○給食の献立表を見ながら、片仮名が使われている言葉を抜き出したり、丸を付けたりして片仮名の言葉をたくさん見つける。毎日の給食の献立にも片仮名で書く語があることに気付き、子供にとって身近なものから片仮名の言葉に着目することができるようになる。

○子供の身の回りにあるものから片仮名の言葉を見つける際に、頭の中で思い付かない子供もいるため「たべもの」や「学校」「文房具」などテーマを決めてその中から見つけることができるようにするとよい。

○集めた片仮名言葉と文をカードに書いて、それに合う絵札を作り、カルタをして遊んでもよい。

本時案

かたかなを みつけよう

本時の目標

・片仮名で書く言葉を知り、片仮名を書いたり読んだりすることができる。

本時の主な評価

❶教科書 P.112を読み、片仮名の書き方を知り、教師の発音を聞いて片仮名を正しく読み、書いている。【知・技】

資料等の準備

・教科書 P.112の拡大コピー
・カタカナの言葉を書く短冊
・カステラの挿絵  27-01

おかし
カステラ
マドレーヌ
くだもの
バナナ
メロン

3で書いた短冊を4で分類して、カテゴリー名を板書する。

授業の流れ ▷▷▷

1 P.112を音読する 〈10分〉

T 112ページを見て、カタカナの言葉を丸で囲んでみましょう。
・平仮名ではない言葉だから分かるよ。
・7個あったよ。
T 先生の後に続けて読んでみましょう。
T 次は、先生が平仮名を読むので、みなさんは片仮名を読んでみましょう。
○片仮名のところは手拍子をしながら発音すると、長音や促音の読み方を習得することができる。
○役割を変えて読んだり、ペアで読んだりと様々な読み方をして楽しみながら、自然と暗記できるくらい読むとよい。

2 小さく書くカタカナとのばす音の書き方を知る 〈15分〉

T 今読んだ片仮名を見て何か気付いたことはありますか。
・小さい「ツ」や「ヤ」が平仮名と同じで右上のマスに書かれています。
・のばして読んだ片仮名がぼうになっています。
T ノートに書いてみましょう。
○マス目のノートに教科書に出てきた片仮名を書いて練習する。
○鉛筆の持ち方や姿勢を確かめさせ、書き順や字形を意識してゆっくり書かせるようにする。
○実態によって教師が板書したものを視写させたり、正しい字形で書けているかを机間巡視で確かめたりする。

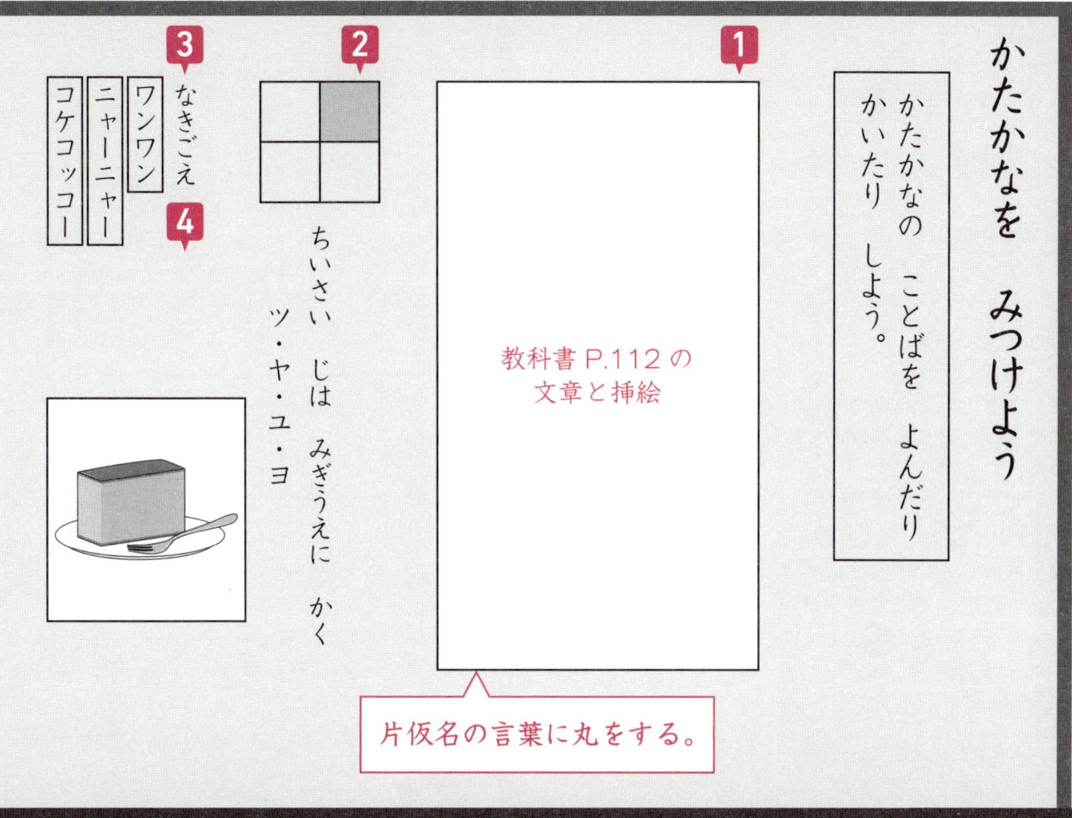

3 教師が提示した絵を見て発音し、ノートに書く〈15分〉

T　（絵を見せて）これは何でしょう。

・カステラ。

・ポッキー。

T　カステラは、片仮名で書きます。先生が書くところを見ていてください。

○短冊に書き、4で分類できるようにする。

T　一緒に書いてみましょう。

○長音と促音が使われている言葉を使う。

○外来語の「カステラ」や「動物の鳴き声である「ワンワン」「ニャーニャー」など、種類の違う言葉を使うとよい。

○実態に応じて、教師が発音した言葉を聞いて、ノートに書かせてもよい。

4 片仮名で書いた言葉を分類する〈5分〉

T　今、書いた言葉を仲間分けしてみましょう。

・バナナとメロンはくだものです。

・ワンワン・ニャーニャーは鳴き声です。

○片仮名で書く言葉には、種類があることに子供から気付けるようにする。

○外国から日本に来たものは片仮名で書くことに触れてもよい。

本時案

かたかなをみつけよう

本時の目標

・身の回りにあるものから片仮名で表す言葉を見つけて書くことができる。

本時の主な評価

❷進んで身の回りにあるものから片仮名で表す言葉を見つけ、片仮名で正しく書こうとしている。【態度】

資料等の準備

・給食の献立表
・片仮名が書いてある本や資料
・カステラの挿絵 27-01

カステラ
もぐもぐ
おいしいな
教師が作成したカルタを拡大したものを貼る。

授業の流れ ▷▷▷

1 給食の献立表から、片仮名の言葉を探して書く 〈5分〉

T 給食の献立表を見て、片仮名が使われている言葉があるか探してみましょう。

・今日のメニューにもあるよ。
・グラタンだ。
・カレーライスも片仮名だよ。

T たくさん片仮名の言葉があるね。ノートに書いてみましょう。

○片仮名のところは手拍子をしながら発音すると、長音や促音の読み方を習得することができる。

2 身の回りにあるものから片仮名で書かれている言葉を探す 〈15分〉

T 片仮名で表す食べ物の言葉が集まりましたね。食べ物の他にも片仮名で表す言葉はありますか。探してみましょう。

・クレヨン。
・ロッカー。

○教室にある掲示物や、本などから探してみるように伝えるとよい。

○集めた言葉を板書し分類する。実態に応じて、ノートに書く。

かたかなを　みつけよう

かたかなの　ことばを　さがそう。

1
たべもの
グラタン
カレーライス
ピラフ

2
ぶんぼうぐ
クレヨン
ハサミ
ホッチキス
セロテープ

種類ごとに分けて板書する。

3
カタカナカルタを　つくって　あそぼう。

3 集めた片仮名の言葉から、「カタカナカルタ」を作って遊ぼう〈25分〉

T　集めた片仮名言葉を使って、カルタを作ってみましょう。

○カステラの絵が書いてある絵札、「黄色くて甘いカステラ」「カステラもぐもぐおいしいな」のような文の読み札を作る。

○実態に応じてペアやグループで取り組むようにし、片仮名を読む機会を増やす。

○ある程度カルタができたら、グループでカルタ取り遊びを行う。

よりよい授業へのステップアップ

様々な片仮名の言葉に興味をもたせる工夫

第1時に行ったものも含め、子供の身の回りにあるものから、片仮名で表す言葉を集め、カタカナカルタを作る。読み手は、片仮名を声に出して読むことになり、絵札を探す子供も、絵札の絵と文字をつなげて片仮名を読むことになる。楽しみながら片仮名をたくさん読むことができるようにする。

よんで、たしかめよう

うみの　かくれんぼ　（8時間扱い）

〔知識及び技能〕(1)カ　〔思考力、判断力、表現力等〕C読むことア、ウ　関連する言語活動例C(2)ア

単元の目標

・文章の中の重要な語や文を選び出しながら読み、分かったことを書いてまとめることができる。

評価規準

知識・技能	❶文の中における主語と述語との関係に気付いている。(〔知識及び技能〕(1)カ)
思考・判断・表現	❷「読むこと」において、事柄の順序を考えながら、内容の大体を捉えている。(〔思考力、判断力、表現力等〕Cア) ❸「読むこと」において、文章の中の重要な語や文を考えて選び出している。(〔思考力、判断力、表現力等〕Cウ)
主体的に学習に取り組む態度	❹進んで事柄の順序を考えながら内容の大体を捉え、学習課題に沿って、分かったことを話したり書いたりしようとしている。

単元の流れ

次	時	主な学習活動	評価
一	1	全文を読み、気になったところと理由、読んで疑問に思ったことなどを学習感想として書く。気になったところについて交流する。	
	2	内容の大体を読み取る。疑問を発表し、解決できる疑問は解決する。 **学習の見通しをもつ** これからの学習のおおよその見通しをもつ。	❷
二	3〜5	はまぐり・たこ・もくずしょいについて、どこに隠れているか、特徴、隠れ方を読みとる。 隠れ方を知り、自分が感じたことを書いて、交流する。 本の読み聞かせなどから、海で隠れる生き物について理解を深める。	❸
	6	本を読み、海の生き物の隠れ方を自分で文章に書く。 自分が「うみのかくれんぼずかん」に書きたい海の生き物を決める。	❶
三	7	自分の選んだ生き物について、本を読み、図鑑のページの下書きをする。	❹
	8	**学習を振り返る** 図鑑のページの清書をして仕上げる。互いに読み合う。	

授業づくりのポイント

〈単元で育てたい資質・能力〉

本単元では、どのような事柄の順序で説明が書かれているのかを確かめ、自分でも重要な語や文を選び出す力を育てたい。そのために、主語や文末に着目して読むことが、何が書かれているのか判断することにつながることを理解させていく。

基本形となる簡単な構成の説明文なので、問いが初めにあり、答えに当たる例が3つ並んでいるということを押さえたい。段落分けや、各段落が何について書かれているかの確認もしやすい短い文章なので、この単元でも説明文の基本的なことを確認し、少しずつ身に付くようにするとよい。

具体例

○「『〜かくれて　います。』の前には、場所が書いてある」「『〜が　できます。』も『〜を　もって　います。』と似ている」といった文章の言葉に関する気付きを大切にして確認する。

○「『くちばし』では質問、答え、質問、答え、質問、答えとなっていたけれど、『うみの　かくれんぼ』ではどうなっているのかな」と問いかけ、構成をクラス全体で確認する。

〈教材・題材の特徴〉

海に住む生き物の身の隠し方について書かれた説明的な文章である。「なにが、どのように　かくれて　いるのでしょうか。」という問いに対して各段落に答えがあり、「何が」「どのように隠れているのか」が書かれている。段落を順に読んでいくうちに、隠れている場所、隠れるための体の特徴、隠れ方に当たる重要な語や文を自分で見つけられるようにしていく。

教材文には3つの生き物が出てくる。「このほん、よもう」に載っている本などに、隠れる生き物がたくさん載っている。かくれんぼが上手な生き物がたくさんいるという気付きから、なぜ生き物たちが隠れているのかという理由についても考えさせたい。

具体例

○「何が、どこにかくれています。」の文型（①）と、どんな特徴があって（②)、どのように隠れるのか（③）が3文になっているので、2〜4段落で繰り返して確かめていく。

○子供にとって読みやすいシリーズの本を選び、隠れる生き物について読み聞かせで紹介する。「この本にも、隠れている生き物がいるよ」と似た本を見つけて読み始める子も出るだろう。

〈言語活動の工夫〉

単元の終末には、生き物の隠れ方を題材にした関連本を読み、自分が選んだ生き物の隠れ方について「うみのかくれんぼずかん」にまとめる活動を設定する。教材文を読み進めることと併せて関連した図書を読み、説明している文章の本に親しむことができるようにする。

読んで分かった「何がどのように隠れているのか」と併せて読んで、感じたことも書かせる。1つでも書くことができれば、読んだことから自分なりに考え、表現できたと捉えたい。

具体例

○教材文を読みながら「潜って隠れる仲間」など名前を付け、読み聞かせで似ている他の生き物のことも紹介したい。〜の仲間、という呼び名があると、自分で読んでいても見つけやすい。

○「砂の色に変えられるのがすごい」等、驚いたり感心したりするところがその生き物の工夫しているところに当たるので、それぞれの生き物について見つけさせたい。もっと書ける子には、工夫を詳しく書いたり、隠れる理由など気付いたことを書いたりさせたい。

本時案

うみの　かくれんぼ

1/8

本時の目標

・「うみの　かくれんぼ」を読んで、初めて知ったことや気になったこと、疑問に思うことなど感想を表現することができる。

本時の主な評価

・「うみの　かくれんぼ」を読んで、感想を表現している。

資料等の準備

・教科書の文をA3に拡大コピーしたもの。
・クラス人数分の水色・桃色のシール（切り分ける）。
・振り返りの観点を書いたもの　28-01

P.118の文章

へんしんするのが　すごい
はさみが　よく　きれる
かにに　みえない

ⓕ

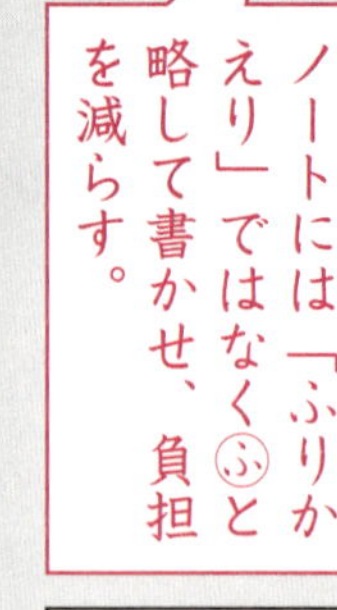

ノートには「ふりかえり」ではなくⓕと略して書かせ、負担を減らす。

ⓦ　～が　わかった。
ⓖ　～を　がんばった。
ⓜ　めあてに　ついて。

授業の流れ ▷▷▷

1　題名読みをして、イメージをもつ〈5分〉

○題名の「海」「かくれんぼ」について、関係あると思う言葉、知っている言葉を出させる。「海」と「かくれんぼ」のイメージをもたせてから、「うみの　かくれんぼ」はどんなかくれんぼなのか、考えさせる。

T　「海」について知っていることや、「海」と聞いて思い浮かべることはありますか。

・青い。　・夏に遊びに行く。
・波がある。　・かにややどかりがいる。

T　「かくれんぼ」について知っていることや思い浮かべることはありますか。

・鬼がいる。　・木の後ろに隠れる。

T　海のかくれんぼは、どんなかくれんぼだろうね。

2　範読を聞いて、感想を書く〈25分〉

○めあてを確認し、感想として、好きなところと理由、疑問を書くことを伝えてから範読をする。

T　これから読みます。好きなところや疑問に思うところを見つけながら聞きましょう。

○見つけられない子には声を掛けるとよい。

T　好きなところはありますか？

・う～ん……。

T　気になったところでもいいですよ。どのページが気になりますか？

・これ（たこのページ）。

T　どうして気になったのですか？

・色が不思議。

T　117ページの色が不思議だから、と書きましょう。

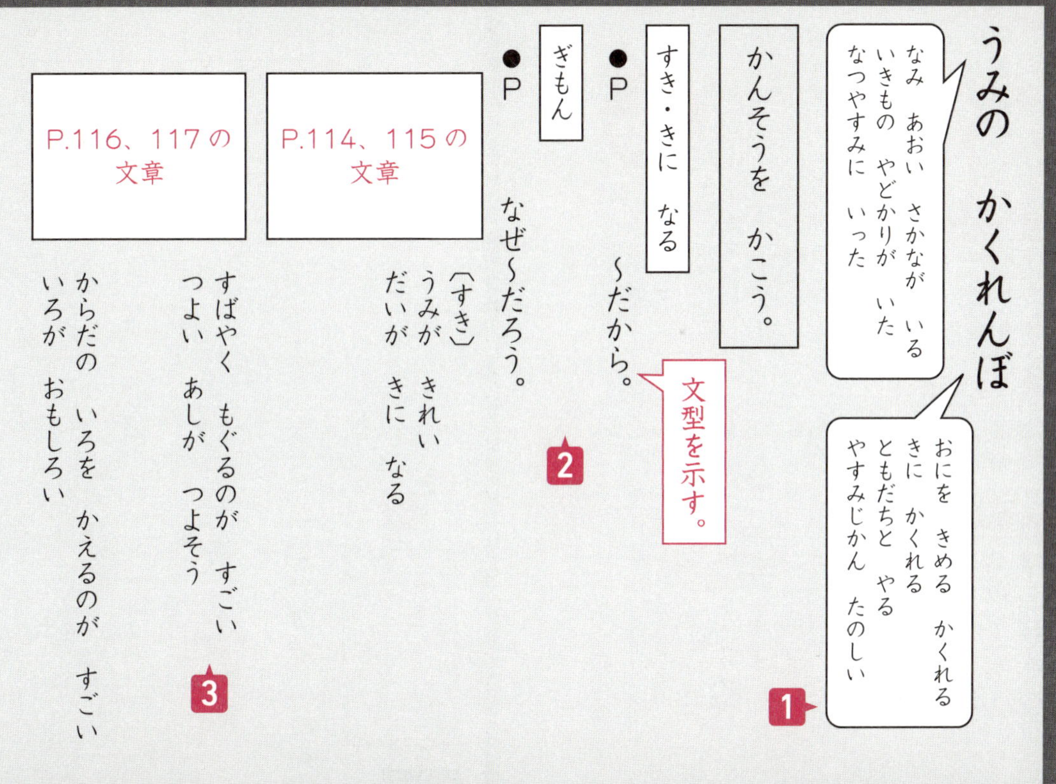

3 感想をシールで貼って交流する。好きなところと理由を発表する〈15分〉

○教科書の全文を拡大コピーしておき、好きなところに桃色、疑問に水色のシールを貼り、全員の感想が目に見える形になると、感想を交流したい気持ちが高まる。「あ、同じだ」「ここに貼ったの誰」など会話が始まる。

○友達の好きなところや理由を聞いて、同じ感想をもっている子がいることに気付かせたい。重要な言葉に気付いて書く子もいるので、注目させたい。

・体の色を変えるのがおもしろいから選びました。

T　たこは色が変えられるのですね。

・素早くもぐるのがすごいからです。

T　素早くもぐるんですね。へえ、ゆっくりじゃないのね。

よりよい授業へのステップアップ

ノート指導

ノートのどのマスに何を書いたらよいのかを、分かりやすく示したい。板書黒板に書いたり、書画カメラで実際のノートを写したりするのもよい。

振り返りの書き方

1年生なので、振り返りにどんなことを書くのか、分かりやすく示す必要がある。どのくらいのことが書けるかによって、少しずつ内容を変えて教えていきたい。

この単元では3項目を示した掲示用の紙を作り、毎時間最後に書かせることにした。

本時案

うみの かくれんぼ

本時の目標

・「うみの　かくれんぼ」を読み、何の説明をしているかや問いの文章を見つけて、内容の大体を捉えることができる。

本時の主な評価

❷各段落に書かれている内容の大体を読み、段落の題を考えている。【思・判・表】

資料等の準備

・はまぐり、たこ、もくずしょいの写真
・「うみのかくれんぼ」の本
・海の生き物の本（分かりやすいものを選んで）
・振り返りの観点を書いたもの　28-01

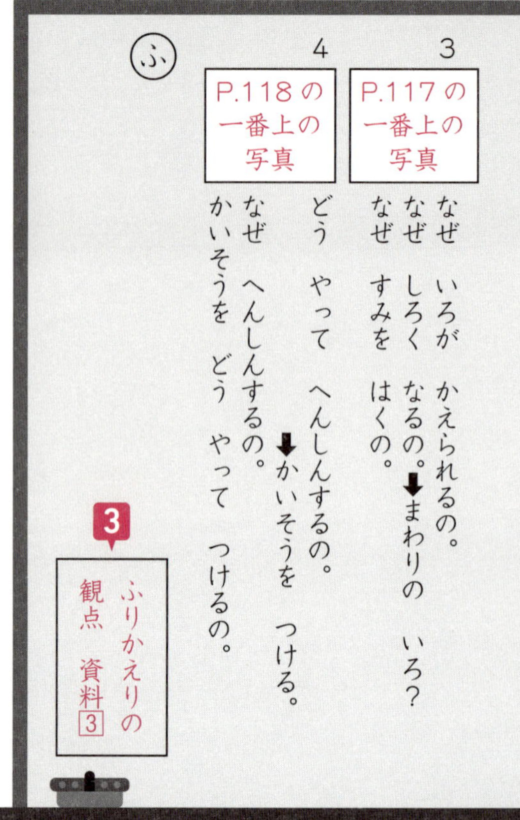

授業の流れ ▷▷▷

1 段落分けをして、段落の名前を付ける〈10分〉

○授業の始めに、必ず音読の時間を取る。どの子にも読ませたいので、２人組で交替で読む時間を２～３分取る。
○素早く読めたら、２回目を読むようにする。
○苦手な子には、優しく教えてあげるよう伝え、そんな関わりができている子を取り上げて褒める。習慣になってしまえば、子供たちだけでも上手に進められる。
○段落の大体の内容を捉えるために、段落の名前（小見出し）をクラス全体で付ける活動をする。
T　１段落の名前は何がいいですか。
・海。　・生き物。　・海のかくれんぼ。
T　どの題がいいか、理由が言える人はいますか。

2 疑問を発表し、解決できるものは解決する〈25分〉

○説明文では必ず、問いと答えを確認する。
T　説明文には「問い」と「答え」がありましたね。「問い」は「問題」みたいな意味でした。文の中から見つけられた人は黙って手を挙げましょう。
T　算数の問題文みたいな言葉が入っています。
T　見つけた人で、答えを言わずにヒントを出せる人はいますか。
・最初のほうにある。
・～でしょうか。ってついている。
○１時間目にノートに書いた疑問を、ページの順に発表させる。すぐに解決できる疑問や、単元の学習を進めても分からないものは解決しておく。

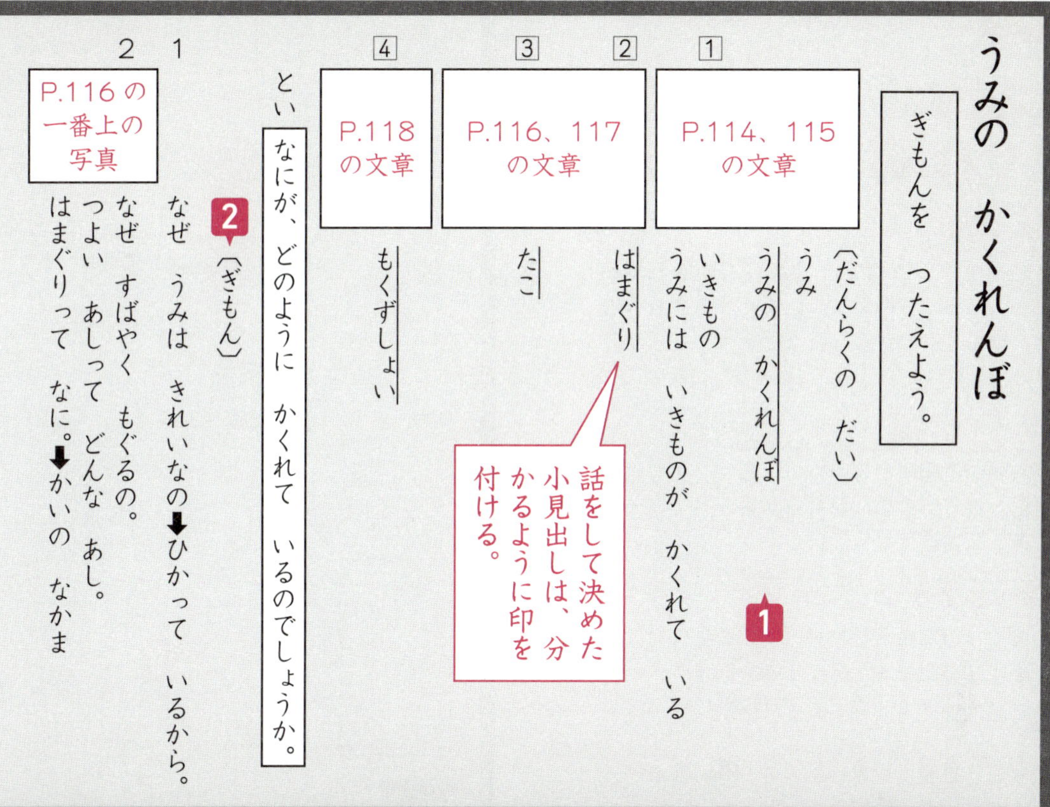

3 これからの学習の流れを確認し、振り返りを書く　〈10分〉

○1段落の問いの文をノートに書く。これから、各段落に書いてある答えを、詳しく読んでいくことを話す。

○今日は解決できなかった疑問を、「うみのかくれんぼ」の学習の中で解決していこうと話して計画の中に書き、自分たちが学習計画を一緒に作っているような気持ちにさせたい。

1．かんそうをかく。
2．ぎもんをつたえる。1だんらくをよむ。
3．2だんらくをよむ。なぜ～なの。
4．3だんらくをよむ。なぜ～なの
5．4だんらくをよむ。なぜ～なの。
6．ずかんのかきかたをがくしゅうする。
7．ずかんをかく。

よりよい授業へのステップアップ

疑問の解決の工夫

疑問が多く出ている場合、発表前に歩いて回り、いろいろな子と疑問を交流する時間を取る。答えが分かりそうなら答えてあげる。分からない疑問は、確かにそれは分からない、と確認すればよい。すぐに解決できる疑問の大体はその中で解決し、本人も満足する。

時間があれば読み聞かせを

どこに生き物が隠れているかを探すような、簡単に読める本を紹介することで興味をもたせ、図鑑作りのためにも並行読書を薦めたい。手に取れるように本を揃えておくこと。

本時案

うみの かくれんぼ

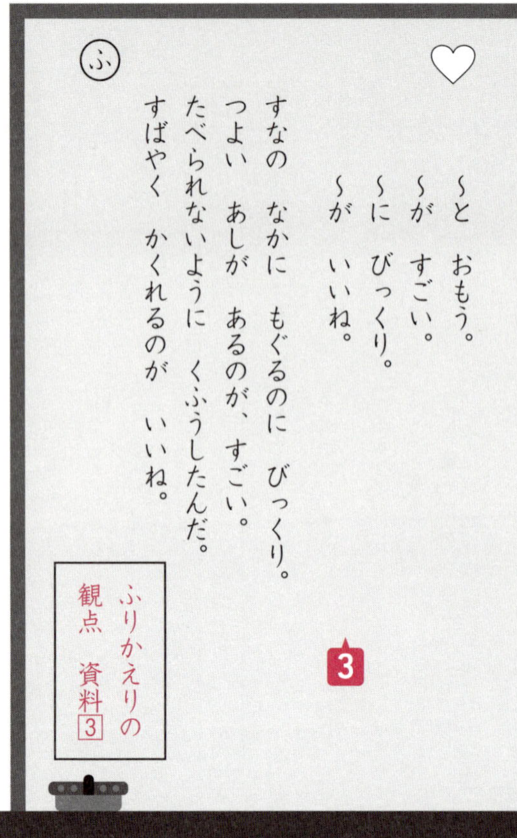

ふ
〜と　おもう。
〜が　すごい。
〜に　びっくり。
〜が　いいね。
すなの　なかに　もぐるのに　びっくり。
つよい　あしが　あるのが、すごい。
たべられないように　くふうしたんだ。
すばやく　かくれるのが　いいね。
ふりかえりの観点　資料3
3

本時の目標

・2段落を読み、はまぐりがどこに隠れているか、はまぐりの特徴、はまぐりの隠れ方を見つけて、自分が感じたことを書くことができる。

本時の主な評価

・隠れている場所が書かれている文、体の特徴が書かれている文、隠れ方が書かれている文があることに気付いている。

資料等の準備

・はまぐりの写真（教科書の写真の拡大）
・はまぐりの隠れ方が分かる本や映像
・本「もぐってかくれる」（教科書に載っている）
・振り返りの観点を書いたもの　28-01
・ハートマーク　28-03

授業の流れ ▷▷▷

1 資料を見て、はまぐりについて知る　〈10分〉

○今日のめあてと2段落を読んで解決したい疑問を確認してから、2人組で音読する時間を取る。
○教科書に紹介されている「もぐってかくれる」の本などに載っている、はまぐりや他の貝が足を伸ばしている写真を見せ、はまぐりについて書かれた文を読み聞かせする。
○潜って隠れる生き物をいくつか紹介しておくと、単元の最後で図鑑に書きたい生き物を見つけるのに役立つ（あさりのような貝類、ヒラメ、ヒトデ、クサフグ等）。
○教室で映像を見せられる環境があれば、貝の潜っていくところを見せるとよい。読み取らせてから、授業の最後に見せてもよい。

2 隠れる場所と特徴、隠れ方を、2段落から読み取る　〈15分〉

T　今日から、問いの「なにがどのようにかくれているのでしょうか」の答えを読んでいきます。
T　何が隠れていますか。
・はまぐり。
T　そうですね。はまぐりはどのように隠れていますか。
・砂の中に隠れています。
・素早く潜ります。
・強いあしで潜ります。
T　読んで見つけられましたね。ノートにまとめていきましょう。
ど　どこに隠れているか、場所を書きましょう。
と　はまぐりにはどんな特徴がありましたか。書きましょう。「あし」ってどこでしょう。

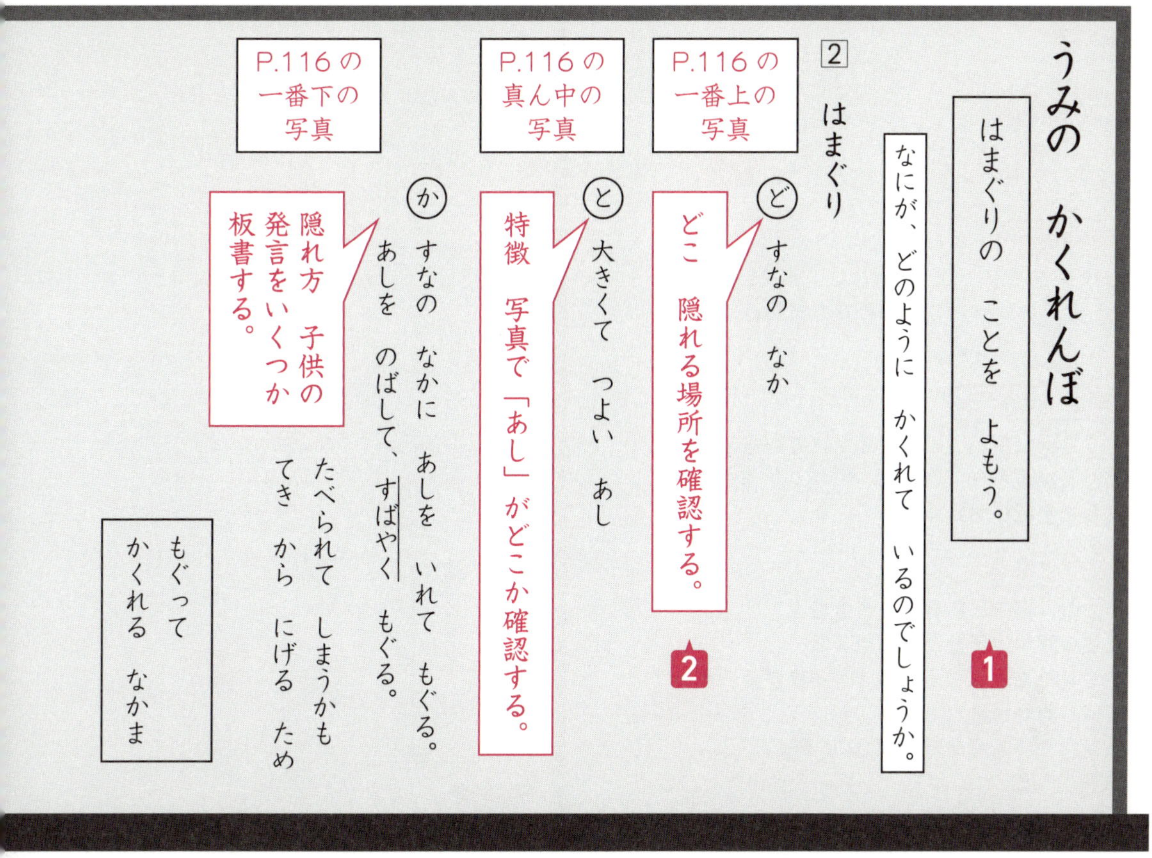

うみの　かくれんぼ

はまぐりの　ことを　よもう。

なにが、どのように　かくれて　いるのでしょうか。

1

2　はまぐり

P.116の一番上の写真

ど　すなの　なか

どこ　隠れる場所を確認する。

2

P.116の真ん中の写真

と　大きくて　つよい　あし

特徴　写真で「あし」がどこか確認する。

P.116の一番下の写真

か　すなの　なかに　あしを　いれて　もぐる。
あしを　のばして、すばやく　もぐる。
たべられて　しまうかも
てき　から　にげる　ため

隠れ方　子供の発言をいくつか板書する。

もぐって　かくれる　なかま

3 はまぐりについて思ったことを書き、発表する　〈20分〉

○「素早く隠れる」のはなぜか確かめておきたい。資料の文にも出てくるが、天敵に食べられないためと、遠くに転がらないためである。

○単元の終わりに「うみのかくれんぼずかん」を書くときにも、隠れる場所、体の特徴、隠れ方とともに、自分が感じたことや思ったことを書く。そのときに自分で感想が書けるように、本文を読みながらも毎回ハートマークで示しノートに書かせる。

T　「〜とおもう。」を使って、はまぐりについて思ったことを書きましょう。「〜がすごい。」を使ってすごいなと思うところを書いてもいいです（〜にびっくり、〜がいい、〜がじょうず、などの文末もよい）。

よりよい授業へのステップアップ

科学的な読み物の読書に繋げる

単元の終わりに「うみのかくれんぼずかん」を書く活動があることもあり、子供たちの中には本に興味をもち、手に取って見ている子もいるだろう。時間があるときに、学習の中でどんどん紹介していくことで「海の生き物っておもしろいんだなあ」と思わせ、本を手に取る子を増やしたい。この時間に出てくる生き物には、「潜って隠れる仲間」と名前を付ける。他にも「色を変えて隠れる仲間」等、呼び名を付けることで、「〜の仲間を見つけたよ」と子供たちの話題にものぼりやすくなる。

本時案

うみの かくれんぼ

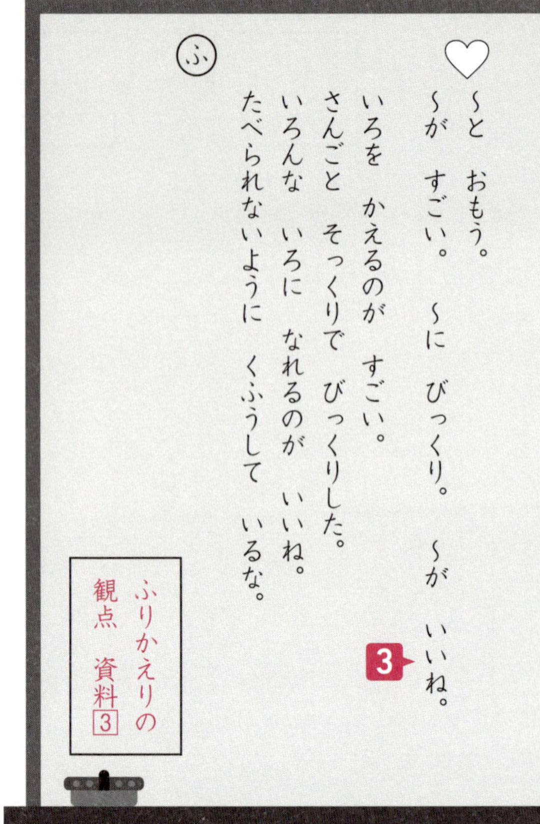

♡
～と　おもう。
～が　すごい。　～に　びっくり。　～が　いいね。
3
いろを　かえるのが　すごい。
さんごと　そっくりで　びっくりした。
いろんな　いろに　なれるのが　いいね。
たべられないように　くふうして　いるな。
ふ
ふりかえりの観点　資料3

本時の目標

・３段落を読み、たこがどこに隠れているか、たこの特徴たこの隠れ方を見つけて、書くことができる。

本時の主な評価

・たこの隠れている場所が書かれている文、体の特徴が書かれている文、隠れ方が書かれている文を選び出して書いている。

資料等の準備

・たこの写真（教科書の写真の拡大）
・たこの隠れ方が分かる本や映像
・本「いろをかえてかくれる」（教科書に載っているシリーズ）
・振り返りの観点を書いたもの　28-01
・資料2・3

授業の流れ ▷▷▷

1 資料を見て、たこについて知る〈10分〉

○今日のめあてと３段落を読んで解決したい疑問を確認してから、２人組で音読する時間を取る。
○教科書に紹介されている本のシリーズの「いろをかえてかくれる」などに載っている、たこが色を変える様子の写真を見せ、たこについて書かれた文を読み聞かせする。
○色によって隠れる生き物をいくつか紹介しておくと、単元の最後で図鑑に書きたい生き物を見つけるのに役立つ（ハナタツ、カサゴ、ピグミーシーホース、リーフィーシードラゴン等）。
○たこが色を変える様子の映像や、周りの物とそっくりの色になっている写真を何枚か見せると、よりよくたこの隠れ方が分かる。

2 隠れる場所と特徴、隠れ方を、３段落から読み取る〈15分〉

○問い「なにがどのようにかくれているのでしょうか」の答えにあたる２つ目の例、たこについて読み取っていく。はまぐりから続けて、主語や文末に気を付けて読み、探すことを教える。
T　たこには、どんな特徴があるでしょう。
・体の色を変えます。
・いろんな色に変わっていきます。
T　教科書では、どこに書いてありますか。
・たこは、体の色を変えることができます。
T　はまぐりみたいに「～もって　います。」の他に「～できます。」でも特徴が書けますね。
○授業の前に、子供の実態に合わせてノートに何を書かせるかを決めておきたい。（資料2・3）

うみの　かくれんぼ

たこの　ことを　よもう。

なにが、どのように　かくれて　いるのでしょうか。

1

③ たこ

ど　うみの　そこ

2

と　からだの　いろを　かえられる

しろっぽい　すなの　いろ　さんご

あかっぽい　いわ　かいそう

⬇ まわりと　おなじ　いろに　なって

てきに　みつからないように　する

か　まわりと　おなじ　いろに　なって

かくれる。

いろを　かえて、じぶんを　みえにくく

する。

いろを　かえて

かくれる　なかま

P.117の一番上の写真

P.117の真ん中の写真

P.117の一番下の写真

3 たこについて思ったことを書き、発表する　〈20分〉

○はまぐりについてうまく書けていた子のものを紹介することで、どんな内容がよいかをイメージすることができる。２回目の活動なので、前回よりも書きやすいだろうということが想像できるので見守ってもよい。

○静かに考えて書く時間を十分に確保したい。時間を伝え、その時間までは書けなくても自分で考えさせる。その後に近くの子と何を書いたか交流する時間を取ってもよい。

○書けていない子には「何がすごいと思った？」など問いかけて話をさせると書ける子もいる。

○どうしても書けない子がいれば、友達の発表を聞いていいなと思ったものを選んで書いてもよいことを伝える。

よりよい授業へのステップアップ

初めの感想を活かす工夫

疑問で出てきたことを解決しながら、文や写真から読み取らせていくとよい。「なぜ白くなるの」と疑問が出ていれば、「この写真のことですね。なぜ白くなっているのでしょう」と全体に問いかける。

・周りと同じ色になるって書いてある。

・周りの砂が白いから。

他の色にはならないのかと続けて問いかければ、周りの色に合わせて変化するのではと声が上がるだろう。次々と色を変える動画がインターネット上に多くあるので見せてあげるとよい。

本時案

うみの かくれんぼ

本時の目標

・4段落を読み、もくずしょいがどこに隠れているか、もくずしょいの特徴、もくずしょいの隠れ方を見つけて、自分が感じたことを書くことができる。

本時の主な評価

❸もくずしょいの隠れている場所が書かれている文、体の特徴が書かれている文、隠れ方が書かれている文を選び出して書いている。【思・判・表】

資料等の準備

・もくずしょいの写真（教科書の写真の拡大）
・もくずしょいの隠れ方が分かる本や映像
・本「かたちをかえてかくれる」（教科書に載っているシリーズ）
・振り返りの観点を書いたもの 28-01

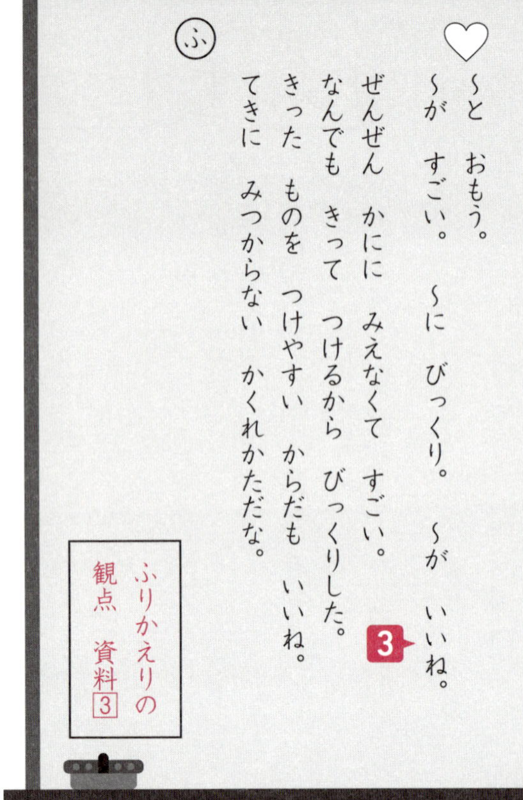

♡
〜と おもう。
〜が すごい。 〜に びっくり。 〜が いいね。
3
ぜんぜん かにに みえなくて すごい。
なんでも きって つけるから びっくりした。
きった ものを つけやすい からだも いいね。
てきに みつからない かくれかただな。
ふ
ふりかえりの観点 資料3

授業の流れ ▷▷▷

1 資料を見て、もくずしょいについて知る 〈10分〉

○今日のめあてと4段落を読んで解決したい疑問を確認してから、2人組で音読する時間を取る。

○教科書に紹介されている本のシリーズの「かたちをかえてかくれる」などに載っている、もくずしょいが隠れる様子の写真を見せ、もくずしょいについて書かれた文を読み聞かせする。

○隠れて過ごす生き物をいくつか紹介する。単元の最後で図鑑に書きたい生き物を見つけるのに役立つ。

○もくずしょいの映像や、いろいろな物を小さく切って体に付けた写真を何枚か見せると、よりもくずしょいのことが分かるだろう。

2 隠れる場所と特徴、隠れ方を、4段落から読み取る 〈15分〉

○問い「なにが、どのように かくれて いるのでしょうか。」の答えにあたる3つ目の例、もくずしょいについて読み取っていく。

T 今日は3回目だから自分で見つけられるといいですね。「どこ」「特徴」「隠れ方」を探しましょう。「隠れ方」は自分で書いても、教科書の文章を書いてもいいですよ。

○あまり知られていないので、もくずしょいの説明も付いているが、「どこ」に隠れるかはほとんどの子が自分で読み取れる。

○体の特徴によって文末が少しずつ違っていることを押さえる。

○「変身する」という表現にはなっているけれど隠れ方について書いていることを確認する。

うみの　かくれんぼ

もくずしょいの　ことを　よもう。

1

なにが、どのように　かくれて　いるのでしょうか。

4

もくずしょい

P.118の一番上の写真

ど　いわの　ちかく

2

P.118の真ん中の写真

と　はさみで　かいそうなどを　小さく　きる。
も…かいそうなど
くず…かけら　きれはし
まわりに　ある　いろいろな　ものを
きって　つける

P.118の一番下の写真

か　かいそうを、からだに　つけて　かくれる。
きった　ものを　つけて、へんしんする。
かいそうを　つけて、みえないように　する。

かたちを　かえて　かくれる　なかま

3 もくずしょいについて思ったことを書き、発表する〈20分〉

○たこについてうまく書けていた子のものを紹介するとよい。3回目の活動なので、できるだけ見守り、静かにじっくりと取り組ませたい。

○たこの授業のノートをチェックしたときに書けていなかった子を確認しておき、最初に見に行きたい。複数人いる場合には、今日この時間はこの子を見ようと決めておき、ノートが書けたと思えるようフォローしたい。

○考えて書く時間を十分に確保してから、近くの子と何を書いたか交流する時間を取ると、全体の前では発表できない子も発表の機会をもつことができる。

○友達の発表を聞いていいなと思ったものをノートに記録してもよいことを伝える。

よりよい授業へのステップアップ

1年生でも書けるノートの工夫

1年生なので、実態によって書くことのできる分量にかなりの差があるだろう。ただ、1年生でも続けてノートを書いていくと、書ける量も増えスピードも速く書けるようになってくる。今どのくらい書けるのかを考え、書かせる内容を限定すれば、たくさんのことを読み取っても時間内に授業が終わる。「思ったこと」は必ず書かせたいが、読み取ったことは限定して書くのもよい（内容は変えないほうが積み重なる）。事前に教師もノートに書いてみると、分量が多いかどうかが分かる。

本時案

うみの かくれんぼ

本時の目標

・ハナタツがどこに隠れているか、ハナタツの特徴、ハナタツの隠れ方を見つけて、事柄の順序を考え、説明する文章に書くことができる。

本時の主な評価

❶ 2段落の文章を読み、どこにどのように隠れているか説明するときの主語と述語の続き方に気付いている。【知・技】
・ハナタツがどこにどのように隠れているのか、写真や資料から考えて、文章に書くことができる。

資料等の準備

・ハナタツの写真
（隠れ方の分かる物を大きめに印刷する）
・読みやすいシリーズの本を選び、多めに用意する
・振り返りの観点を書いたもの 28-01

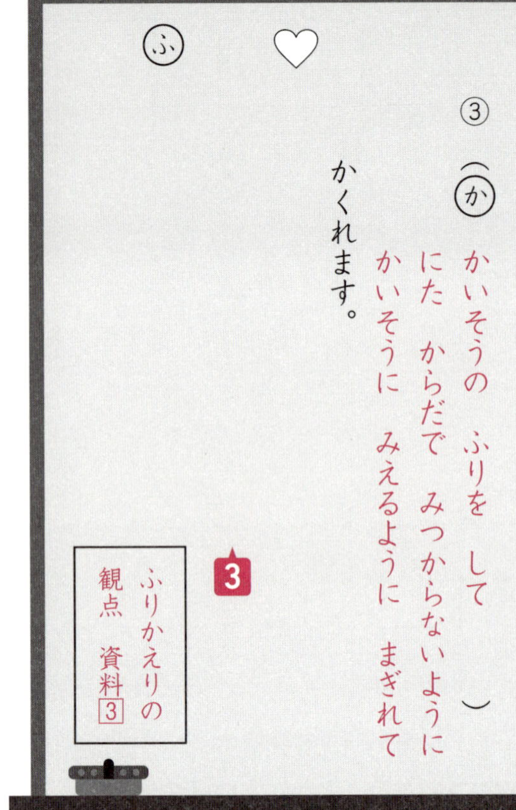

授業の流れ ▷▷▷

1 資料を見て、ハナタツについて知る 〈10分〉

○ハナタツについて書くことで、次の時間のための練習をすることを確認する。
○並行読書をしながら自分が書きたい生き物を決めるよう促しておくと、この日には既に決まっている子も多いだろう。まだ決めていない場合は、今日決めることも話しておき、授業の終わりまでには決めようと意識させるようにする。
○２段落を全員で音読する。３つの文にそれぞれ、隠れている場所、体の特徴、隠れ方が書いてあったことを確認する。
○ハナタツの写真を見て、気付いたことをたくさん出させたい。その後でゆっくり２回、本に載っているハナタツの説明を読んで聞かせる。

2 写真と図鑑から読み取って書く 〈20分〉

○ハナタツについて、隠れている場所、隠れるために使う体の特徴、隠れ方を見つける。
○なるべく分かりやすい文章で説明が書かれたシリーズの本を選び、そこから書きたい生き物を選ばせると「うみのかくれんぼずかん」の活動がしやすくなる。その場合は、この時間の生き物もその本から選び、どこに何が書いてあるのか、本の読み方を確認する。
○写真から読み取ってもよいことを伝える。
○３つの文を書かせる。
・ハナタツが（場所の名前）に隠れています。
・ハナタツは（体の特徴）をもっています。
・（隠れ方）隠れます。

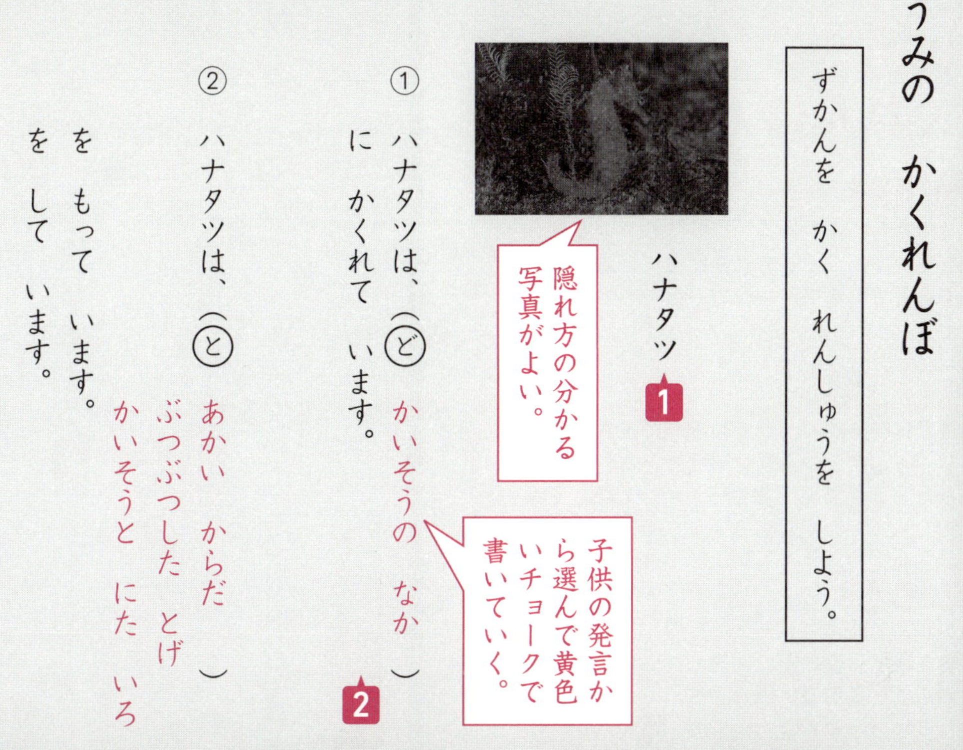

うみの　かくれんぼ
ずかんを　かく　れんしゅうを　しよう。
ハナタツ
1
隠れ方の分かる写真がよい。
子供の発言から選んで黄色いチョークで書いていく。
① ハナタツは、（ど　かいそうの　なか　）に　かくれて　います。
2
② ハナタツは、（と　あかい　からだ　ぶつぶつした　とげ　かいそうと　にた　いろ　）を　もって　います。
を　して　います。

3 ハナタツについて思ったことを書く〈15分〉

○もくずしょいについてうまく書けていた子のものを紹介し、どんなことを書けばよかったか確かめる。

○2の活動で書いた3つの文と思ったことが書けたらノートを持ってこさせ、一人一人書けているか確認していく。

○書けた子には次の活動を指示しておく。

T　ハナタツについて書き終わったら、海の生き物についての本を読みましょう。自分の書きたい生き物が決まったら、生き物の名前をノートに書きましょう。

○2の活動で書いてある中から選んで書くようにしておけば、大体の子が書くことができる。実態により（　　）の中を考えて書かせてもよい。

よりよい授業へのステップアップ

単元の中で積み重ねる

3～5時間目に繰り返して読み取った、

ど　どこ　隠れている場所
と　特徴　隠れるために使う体の特徴
か　隠れ方　どうやって隠れているか

を、言語活動で書く活動をするときにも生かすことで、「どこ」には場所を表す言葉が入ることや、「特徴」には生き物の体のことが入ることが分かっていて言葉を見つけやすくなる。

「隠れ方」は少しずつ書き方が違うので、簡単な方法を示した上で書けているか確認する。

本時案

うみの かくれんぼ

本時の目標

・自分の選んだ生き物について隠れている場所等を見つけようとして読み、主語と述語の関係を考えて図鑑のページの下書きをすることができる。

本時の主な評価

❹図書館資料を読み、自分の選んだ生き物について、どこにどのように隠れているのかを分かったことを捉え、書こうとしている。【態度】

資料等の準備

・モデル文を拡大コピーしたもの
・下書き用紙（絵の欄に×をしておくとよい）
・清書用紙（画用紙に印刷する）
・振り返りの観点を書いたもの　28-01

ふ

①②③♡を　かいて
みせに　くる。（したがき）2
←
せいしょの　かみに、えをかく。3

ふりかえりの観点　資料3

授業の流れ ▷▷▷

1 2段落を音読する。6時間目の例を使い、説明の書き方を確認する 〈5分〉

○2段落を全員で音読する。3つの文にそれぞれ、隠れている場所、体の特徴、隠れ方が書いてあったことを確認する。

○6時間目に学習したハナタツについての文を読み、隠れている場所、体の特徴、隠れ方を書くときの文型を確認する。

T　今日はいよいよ「うみのかくれんぼずかん」のページ作りをします。4つの文が書けるといいですね。1、「〜に隠れています。」どこに隠れているかを書くのでしたね。2、「〜をもっています。」特徴について書くのでしたね。隠れ方に関係があることが書けるといいですね。3、「〜隠れます。」隠れ方の文。ハート、自分が思ったことの文、の4つです。

2 選んだ本の文章を読み、自分の選んだ生き物について図鑑の下書きを書く〈30分〉

○写真から読み取ったことも使ってよいと伝える。

○書き終わったら、①の文、②の文、③の文、ハートの文の4つが書けているか、読み返して確認するように話す。

○全員が選んだ本を読みながら言葉を探す活動ができるよう、事前にページを確認しておき、本かコピーを用意しておく。

○選んだ本によっては、読み取りたい内容が書かれていなかったり、文が難しくて読み取りづらいものもあったりするので、困ったら相談にきてよいことにしておく。

○分からなくなったときに確認できるように、黒板に、文型や作業の手順を書いておく。

うみの　かくれんぼ

ずかんの　したがきを　かこう。

モデル文
拡大コピー

1

① ハナタツは、（ど　　　　）に　かくれて　います。

② ハナタツは、（と　　　　）を　もって　います。を　して　います。

③ （か　　　　）かくれます。

♡

3 下書きに書いた内容を確認し、清書の絵を描く 〈10分〉

○隠れている場所、体の特徴、隠れ方、思ったこと、合計4つの文が書けているかを読んで確認し、直したほうがよいところを個別に伝える。
○直してもってきたものを見て、直せているかも確認する。
○4つの文に①の文、②の文、③の文、ハートと名前が付いているので、抜けているものがあれば文の名前で示す。
○できた子から順番に見ていくが、一度に見られる量には限りがあるので、待っている子たちは清書の絵を描くようにしたい。
○間違えて下書き用紙に絵を描いてしまう子がいないよう、下書き用紙の絵の欄には×印をあらかじめ付けて印刷する。

よりよい授業へのステップアップ

個別の作業は分かりやすく

全体で進める作業はできるけれど、一人一人が進めていく作業は難しいという子も当然いるだろう。次に何をしたらよいのかが分からなくなったときに、確認できるように板書に示しておきたい。

また、難しくても経験していけば少しずつできるようになっていくので、静かに取り組むことや、諦めないで仕上げることを指導していきたい。

本時案

うみの かくれんぼ

8/8

本時の目標

・間違いを正そうとして、自分の文章を読み返すことができる。友達の選んだ生き物について知るために、友達の文章を読むことができる。

本時の主な評価

・自分の選んだ生き物について分かりやすく書くために、間違いがないか探しながら、自分の文章を読み返している。
・友達の書いた図鑑のページに興味をもち、友達の選んだ生き物や友達の感じ方を知ろうとして、読んでいる。

資料等の準備

・モデル文を拡大コピーしたもの
・下書き用紙（文字の間違いを確認しておく）
・清書用紙
・黒板掲示用名札（あれば使うとよい）
・振り返りの観点を書いたもの 28-01

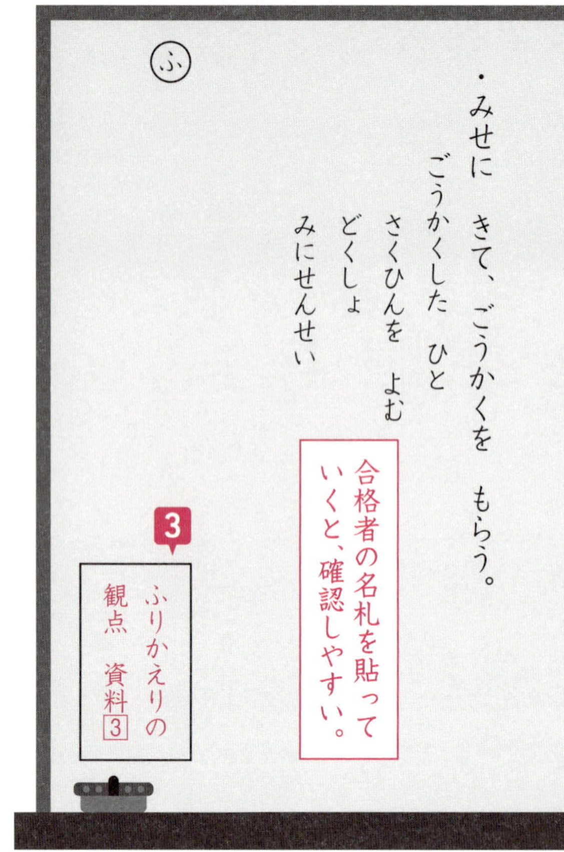

授業の流れ ▷▷▷

1 めあてを確認し、清書の仕方と学習の流れを知る 〈5分〉

○2段落を全員で音読する。3つの文にそれぞれ、隠れている場所、体の特徴、隠れ方が書いてあったことを確認する。
○6時間目に学習したハナタツについての文を読み、隠れている場所、体の特徴、隠れ方を書くときの文型を確認する。
○図鑑を見る人が読みやすいように、清書の用紙の文字を丁寧に書くことを確認する。
○学習の流れを黒板に書き、説明する。各自が黒板を見返して作業を進められるようにしたい。

T 自分の作品を仕上げて、友達のものも読むところまでできたらいいですね。合格をもらったら、ミニ先生になって困っている友達に声をかけてあげるのもいいですね。

2 清書をする。読み合って、文が読めるか確かめる 〈35分〉

○7時間目に書いた全員の下書き用紙を確認しておき、文字の間違いなど赤で直しを入れておく。大きく直さなくてはいけない子については呼んで直接話し、直せるようフォローする。
○そばについて進めないと難しい子が何人かいる場合は、「まだ下書きができていない人は一緒にやりましょう」と、この時間のみ席を替えて一か所に集め、そばについて書かせたい。
○下書きは直す必要のないことを伝えておく。

T 下書き用紙を消して直す必要はありません。清書をするときに直して書きましょう。間違えないためには、文章を一つ書いたら、必ず読み返すといいですよ。

うみの　かくれんぼ

ずかんの　ぺえじを　しあげよう。

モデル文
拡大コピー

〈せいしょ〉
・ていねいに　じを　かく。
・まちがえた　じは
せいしょで　ただしく　かく。
したがきは　なおさなくて　よい
1
・えを　かんせいさせる。
・じぶんで　2かい、よみなおす。　➡　なおす
・3にんに　よんで　もらう。　➡　なおす
2

3 でき上がった作品を紹介する。振り返りを書く　〈5分〉

○清書用紙に合格した人数が増えたら、読み合う場所を決めて、友達の作品を読ませるとよい。
○自分で読み直すことも大事にしたいが、書き方が分かって仕上がった子たちにはミニ先生になってもらって友達の作品を読み間違いを見つけたり、困っている子の話を聞いてもらったりするのもよい。たくさんの作品を読み返すことで文を直す力が身に付いていく。
○友達の作品からはなるべくよいところも見つけさせたい。

T　友達の作品を読んでいろいろな生き物のことが分かるといいですね。読んだら、見つけたよいところを伝えましょう。もし違う字があったら教えてあげてください。

よりよい授業へのステップアップ

「うみのかくれんぼずかん」

Ａ４の用紙に書かせた清書を集め、Ａ４の透明なポケットが付いているファイルに入れていき、表紙と目次を付けて教室の学級文庫に置いておけば「１ねん○くみ　うみのかくれんぼずかん」が完成する。読書の時間や空いた時間に読んでよいことにしておけば、自分の作品も、友達の作品も入った１冊だけの図鑑を楽しく読むだろう。

それぞれの作品のできにさほど差がないようなら、印刷して文集のような図鑑を作るのもよい。その際は、間違いがないかをもう一度よく確認したい。

資 料

1 第１～８時資料　振り返りの観点を書いたもの　28-01

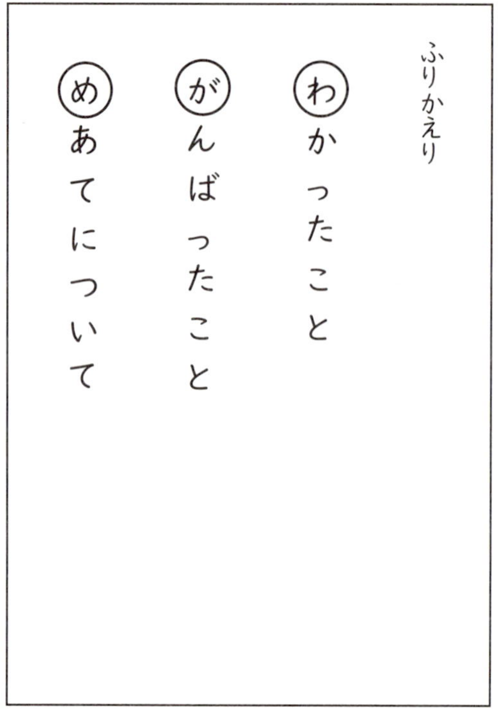
ふりかえり

(わ)かったこと

(が)んばったこと

(め)あてについて

2 第４時資料　子供のノート例

※使っているノートに合わせて、何を書かせたいかを決めておくとよい。書画カメラで映してモデルとして見せてもよい。

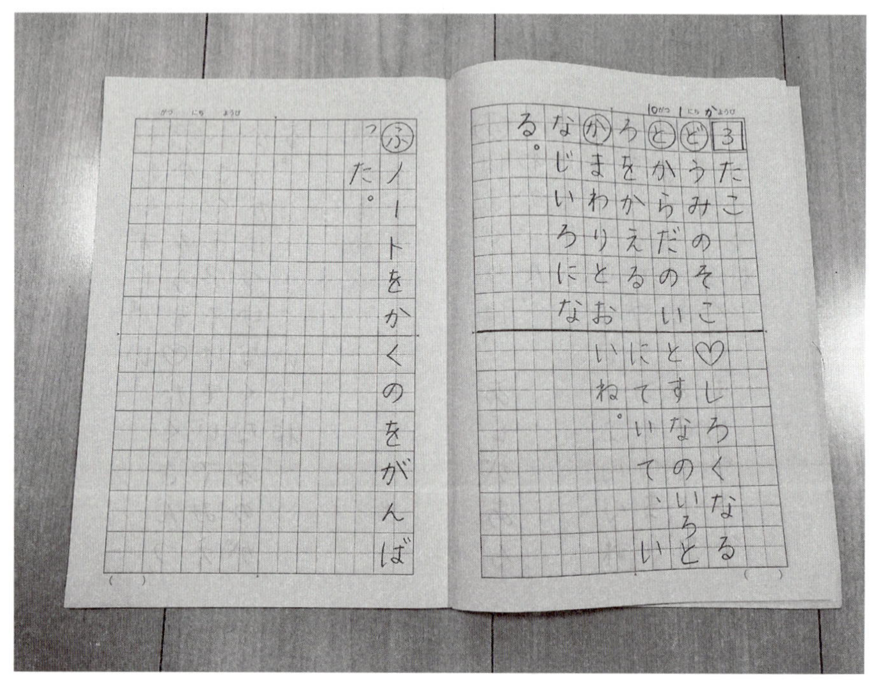

3 第４時資料　子供のノート例

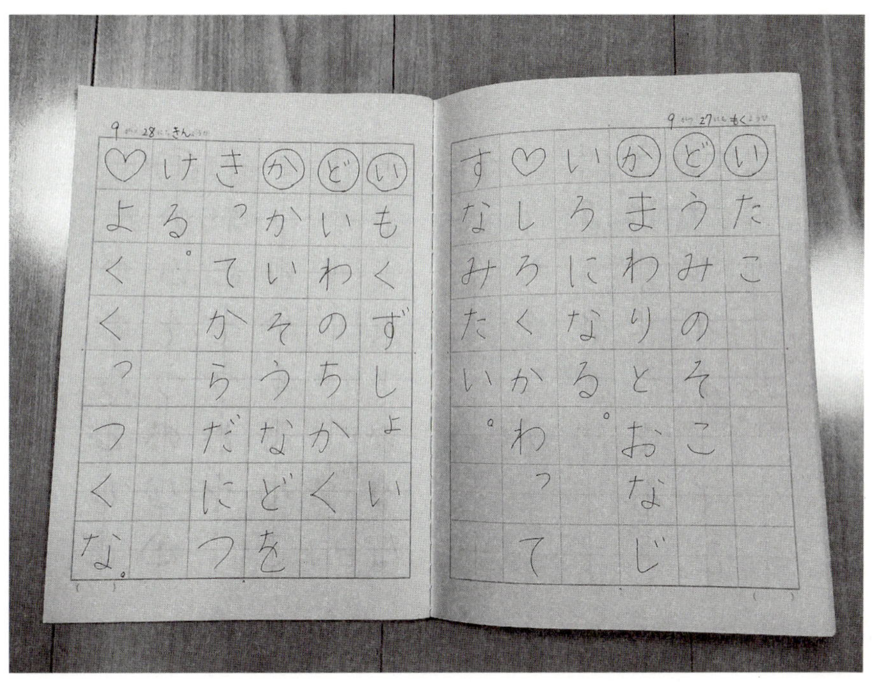

4 第７、８時資料　ワークシート 28-02

板書掲示用モデル文例

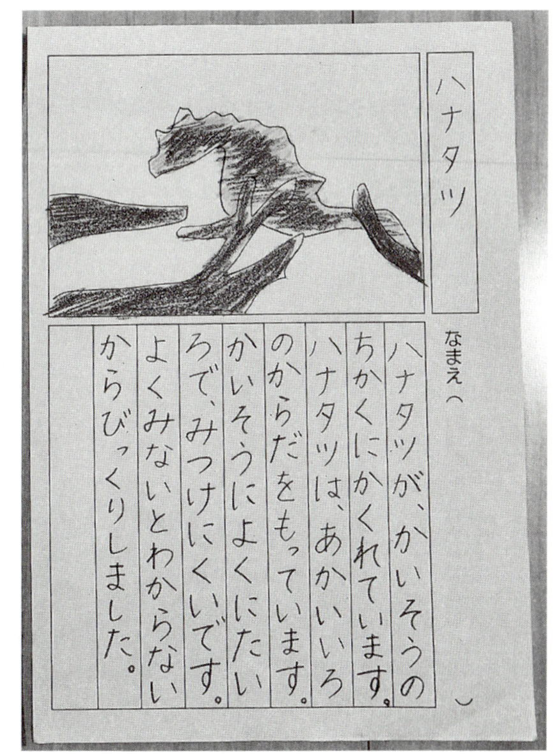

ことば

かずと　かんじ　（4時間扱い）

〔知識及び技能〕(1)エ　〔思考力、判断力、表現力等〕B書くことウ

単元の目標

・一から十までの漢字を、読んだり書いたりすることができる。
・数を表す漢字やいろいろな数え方を、読んだり書いたりすることができる。

評価規準

知識・技能	❶一年生に配当されている漢数字を読んだり、書いたりしている。(〔知識及び技能〕(1)エ)
思考・判断・表現	❷「書くこと」において、数を表す漢字の読み方や助数詞を理解して、数えるものに合った数え方を考え、文に書いている。(〔思考力、判断力、表現力等〕B(1)ウ)
主体的に学習に取り組む態度	❸進んで音読したり数え歌を作ったりして、学習課題に沿って漢数字や助数詞を正しく読んだり書いたりしようとしている。

単元の流れ

次	時	主な学習活動	評価
一	1	学習の見通しをもつ 「こぶたの数え歌」を様々な音読の仕方で読む。 「こぶた」の部分を他の動物に置き換えて、「かぞえうた」を読む。	
	2	一から十までの漢数字を一つずつ、筆順や形に注意しながらノートに書く。 一から十までの漢字には様々な読み方があることを理解する。 書いた漢字を見ながら、繰り返し読む。	❶
二	3	前時までに行った様々な「かぞえうた」を音読する。 教科書にあるものや身の回りにあるものの数え方を話し合い、助数詞について理解する。 教科書にあるものや身の回りにあるものの数え方を、漢数字を使ってノートに書く。	❷
	4	ワークシートの□に漢数字や言葉を書き入れて、自分だけの数え歌を作る。 学習を振り返る 作った数え歌を友達と読み合う。	❸

授業づくりのポイント

〈単元で育てたい資質・能力〉

本単元のねらいは、漢数字があることを知り、それを正しく読んだり書いたりすること、また身近にあるものの数え方に興味をもち、日常生活の中で助数詞に気を付けながら使う力を育むことである。

そのためには、漢数字と算用数字との関連性や違いを正しく理解するとともに、日常生活の具体的な場面を想起しながら、学習を進めることが大切である。

具体例

○漢数字の横にそれと対応する算用数字を書き、数として同じ大きさであることを理解していく。

○漢数字と算用数字のカードを作り、「算数だとどんな数字を書くかな」と聞き、対応する数を当てさせる。

〈教材・題材の特徴〉

数え歌を全体で読み、さらに数え歌の一部を様々なものに置き換えても読み、語感やリズムを思い切り楽しみながら漢数字に自然に触れることができる教材である。

数え歌の一部を変える活動は、同じ漢数字でも、ものによって読み方やそれに続く助数詞が変わることに気付くきっかけにもなる。また、一から順番に読むことで、数がどのように増えていくのか正しく理解することにもつながる。

後半には、助数詞が変わるものが多く書かれていて、身の回りにあるものへと思考を広げるきっかけとなる。

具体例

○読み方や助数詞が変化している箇所に赤で○をつける。

○「たたくと、」という言葉に合わせ、手拍子を入れる。動物の鳴き声を入れたり、読んだ数の子供を立たせたりするなど、読み方を工夫することもできる。

○教科書に書かれたものの他に、数えられるものを子供に発表させ、漢字と助数詞を使って書く。

〈児童の作品やノートの扱い〉

低学年の子供は、褒められることで「こうすればいいんだ」ということを自覚し、学習への意欲も高めていく。そこで、子供の作品を教師が評価する場、子供が互いに評価し合う場を大切にしたい。新出漢字の学習やリズムに合わせて読むことには、進んで取り組む子供が多い。その利点を生かして書いたことを全体で発表させたり、みんなが見られるように掲示したりし、日常的に漢数字や数え歌に触れられる環境をつくる。苦手意識がある子供も、多くの作品に触れることで、「こんな作品もあるんだ」「これなら自分にできるかも」などと、前向きな気持ちになることが期待できる。

具体例

○丁寧に書けた漢数字を、今日のお手本として授業の始めや終わりに全体で紹介する。

○朝の会や帰りの会で「数え歌タイム」を設定し、子供が作った作品を発表し、みんなで読み合う。

○「数え歌掲示板コーナー」を教室内に作り、子供の作品を掲示する。いつでも新しい歌が書けるように、作品カードを準備しておく。

○ワークシートやノートなどをコピーして、教室内に掲示したり、学級だよりで紹介したりする。

本時案

かずと　かんじ　1/4

本時の目標

・「こぶたの数え歌」を漢数字の読み方に気を付けて、リズムよく読むことができる。

本時の主な評価

・漢数字を正しい読み方で読んでいる。
・一から十までの漢数字を用いた数え歌を進んで読もうとしている。

資料等の準備

・「こぶたの数え歌」の拡大図

4
○ふりかえり

子供に学習の中で気付いたことを発表させ、次時の学習につなげる。

授業の流れ ▷▷▷

1 詩を見て、今までと異なる点を見つける〈5分〉

○「こぶたの数え歌」を見て、漢数字が出ていることを確認する。

T　今まで出てきていないものが出てきています。何でしょう。

・初めて数字の漢字が出てきています。

○漢字が使われていることに目を向けさせ、今までの学習との違いを子供に自覚させる。

T　みなさん、正しく読めますか。今日は、読み方に気を付けて、数え歌の音読を楽しみましょう。

2 「こぶたの数え歌」を音読する〈10分〉

○はじめに教師が範読する。漢数字の読み方はもちろんだが、リズムを付けて読むことも大切にする。

T　聞いてみて何か気付いたことがありますか。

・ぶたがたくさん出てきておもしろいです。
・同じ言葉がたくさん出ています。
・どんどん増えています。

○正しく数え歌の言葉を読み取っている解釈は、全て賞賛する。

T　それでは、先生の後に続けて読みましょう。

○「こぶたの数え歌」を漢字の読み方に注意しながら、音読する。

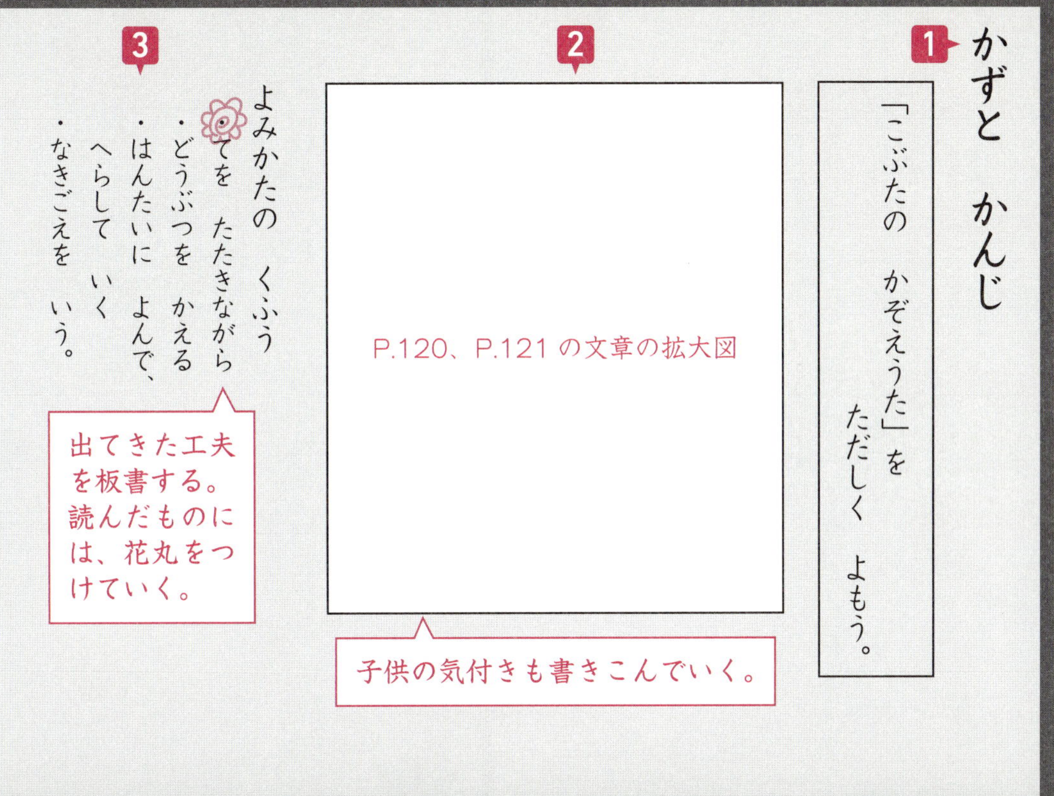

3 読み方の工夫を話し合う〈15分〉

○読み方の工夫を話し合い、様々な種類の数え歌を考える。

T　次は、読み方の工夫をして「数え歌」を読みましょう。まずは、近くの人と話し合ってみましょう。

○発達段階を考え、工夫についてはペアや全体で話し合い、様々な考えを誰もが共有できるようにする。意見が出ないようであれば、いくつか教師が例示する。

・手をたたきながら読むとおもしろそうです。
・こぶたじゃなくても、よさそうです。

○工夫を全体で発表する。

4 読み方を工夫しながら、音読を楽しむ〈15分〉

○考えた工夫を生かして、数え歌を音読する。

T　この工夫はどんなふうに読むのですか。

○発言した子供に見本を見せてもらい、その後に続いて全体で音読する。見本は、ペアや班でもよい。

○学習を振り返る。

・いろいろな動物が増えてきました。
・動物園みたいです。
・数え方が変わることもありました。

○助数詞や漢数字の読み方の違いに気付くことも期待できる。その場合、「賢いね」「次の時間でやってみようか」などと賞賛し、意欲へとつなげる。

本時案

かずと　かんじ　2/4

本時の目標

・漢数字を、書き順を意識して書くとともに、算用数字との関係を正しく理解することができる。

本時の主な評価

❶一から十までの漢数字を正しく書いたり、読んだりしている。【知・技】

資料等の準備

・「こぶたの数え歌」の拡大図
・マス黒板

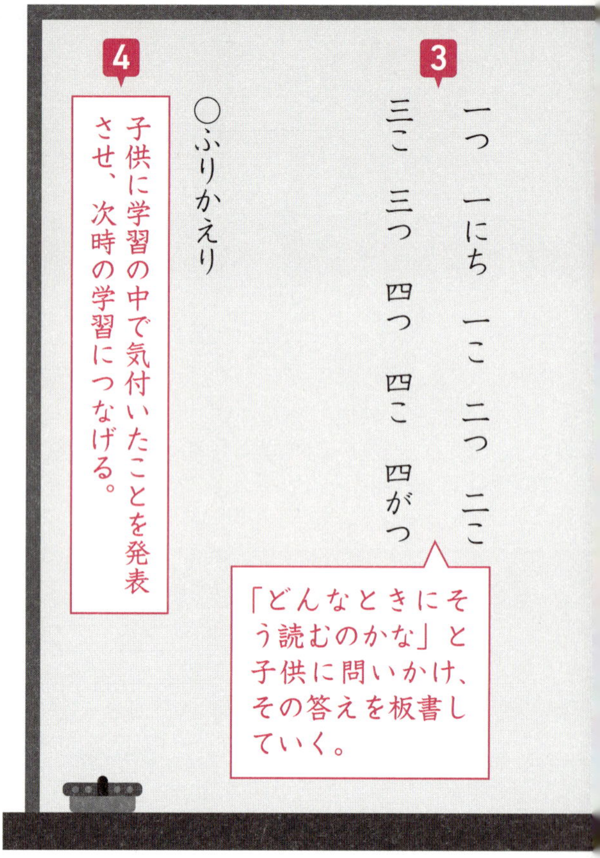

3
一つ　一にち　一こ　二つ　二こ
三こ　三つ　四つ　四こ　四がつ

「どんなときにそう読むのかな」と子供に問いかけ、その答えを板書していく。

4
○ふりかえり

子供に学習の中で気付いたことを発表させ、次時の学習につなげる。

授業の流れ ▷▷▷

1 前時までに行った数え歌を音読する〈5分〉

○「こぶたの数え歌」やその替え歌などを音読し、どんな学習をしたのかを振り返る。

T　（音読後）今まで出てきていないものが出てきましたね。

・初めて数字の漢字が出てきました。

T　そうですね。それでは今日は、数を表す漢字を書く練習をしていきましょう。

○漢数字に目を向けさせて、学習の見通しをもたせる。

2 字形や書き順を確認しながら、漢数字を書く〈20分〉

○ノートに漢数字を書く。

T　それでは、まず数の漢字をノートに練習しましょう。形や書き順に鉛筆の持ち方にも気を付けましょう。

○漢字ドリルなどで、先に学習させておきたい。授業では、空書きで書き順の確認をし、ノートに丁寧に書かせていく。

○漢字の下に、算用数字も書き、同じ大きさを表すことを理解させる。

T　漢字を書くときに気を付けたところはどこですか。

○一文字ずつ確認をしながら、子供のペースに合わせて学習を進める。

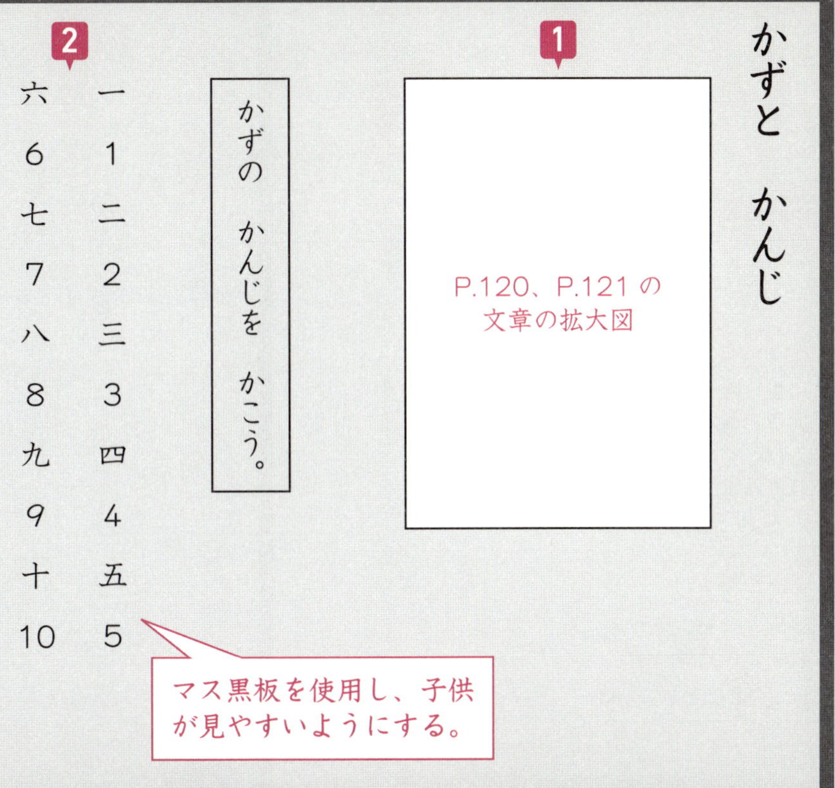

3 漢数字の読み方を確認する〈10分〉

〇教科書に書かれた読み方を、音読する。

T　とても上手に数の漢字が書けました。でも、漢字は、読み方も覚えないと使えませんね。

・読み方が一つじゃない漢字もあります。

T　いいところに気が付きましたね。そうです。漢字には、いくつかの読み方があるものもあります。それにも気を付けながら、読みましょう。

〇二つ以上の読み方がある漢数字について、どんなときにそれぞれの読み方をするのか確認する。そのことが第3時の助数詞の学習にもつながる。

4 本時を振り返り、再度、「こぶたの数え歌」を音読する〈10分〉

〇漢数字の書き順を確認する。

T　それでは、ノートに書いた漢数字を字の形や書き順に気を付けて、指でなぞりましょう。次に、空書きをしましょう。

〇書くときに気を付けたことを、再度、確認する。

〇「こぶたの数え歌」を音読する。

T　次に、もう一度、数の漢字に気を付けながら、「こぶたの数え歌」を音読しましょう。

・漢字をどんなときに使うか分かりました。

・漢字には、読み方がたくさんあることが分かりました。

〇学習感想を発表させ、本時に身に付けた力に気付けるようにする。

本時案

かずと　かんじ　3/4

本時の目標

・身の回りにあるものを数えるときに使う助数詞を正しく理解し、使うことができる。

本時の主な評価

❷教科書にあるものや身の回りにあるものの数え方を、助数詞に気を付けて文に書いている。【思・判・表】

・教科書や身の回りから、様々な数え方を見つけようとしている。

資料等の準備

・教科書の挿絵のコピー
・漢数字の一覧表

4

りんごが　一つ
おりがみが　一まい
にんじんが　一ぽん
えほんが　一さつ
くるまが　一だい

マス黒板に丁寧に書き、子供がノートに正しく書けるようにする。余裕があれば、子供に発表させて、新たに書き足してもよい。

授業の流れ ▷▷▷

1 数え歌を音読し、漢数字の読み方が変わることを確認する　〈10分〉

○漢数字やその読み方を、数え歌を読みながら確認する。

T　前の時間はどんなことを学習しましたか。

・漢字で数を書きました。

・読み方が変わることも見つけました。

T　同じ数でも読み方が違うことがありますね。どんなときですか。

・下についている言葉が違います。

○子供の気付きを、本時の学習の動機としていく。

2 数えるものによって助数詞が変わることを理解する　〈10分〉

○教科書の挿絵にあるものの助数詞をそれぞれ確認する。

T　折り紙は何と数えますか。

・何枚で数えます。

T　鉛筆は何と数えますか。

・何本と数えます。

○助数詞を確認後、「こぶたの数え歌」に合わせて読み、助数詞や漢数字の読み方が変わる場合もあることを確認する。

・「ほん」と「ぽん」があります。

・「ろく」と「ろっ」があります。

T　書き方や読み方を間違えないように気を付けましょう。

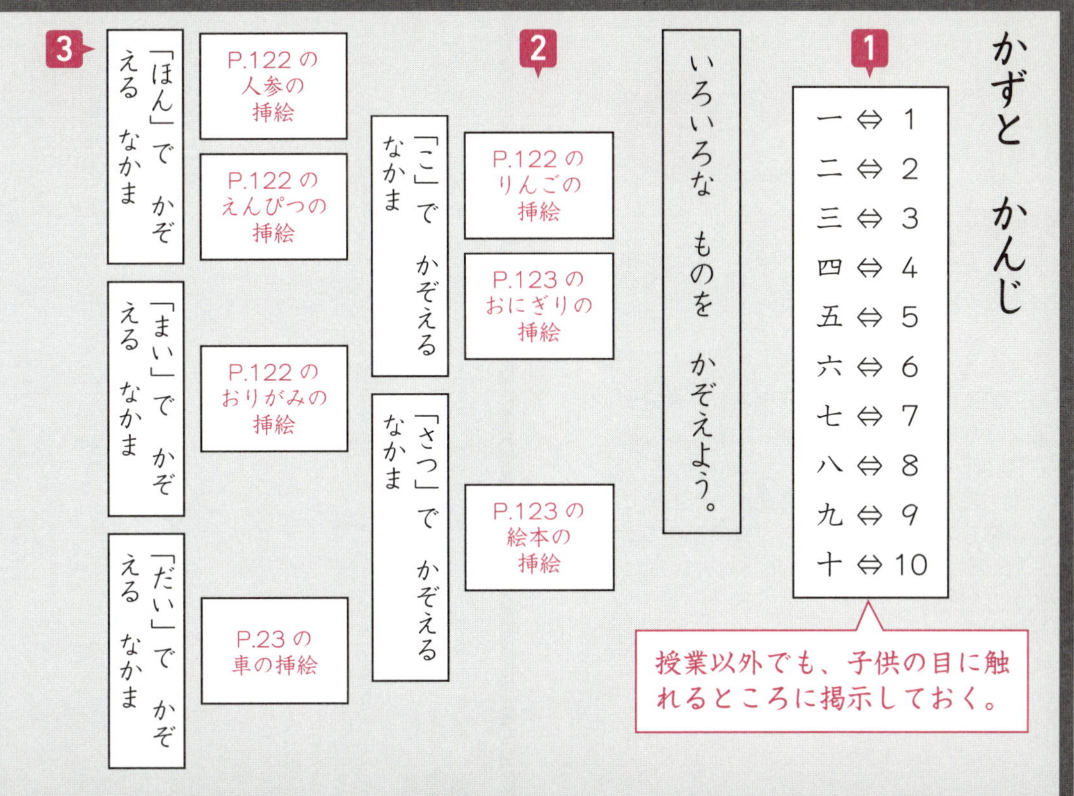

3 身の回りから、同じ助数詞で数えるものを想起し発表する〈10分〉

○同じ助数詞を使うものを身の回りのものから考える。

T　「ほん」で数えるものは、他にどんなものがありますか。

○教師が問いを出した後で、近くの人と話し合いをする時間を設定する。

・大根です。

・クレヨンです。

T　どんなものを「ほん」と数えますか。

○発展的な内容なので、子供から意見が出なければ、教師が説明してもよい。

○「まい」「だい」などについても同様の活動をする。

4 漢数字と助数詞に気を付けながら、ノートに文を書く〈15分〉

○「こ」「まい」「ほん」「さつ」「だい」の助数詞を使って文を書く。

T　先生が書いたことを、みなさんはノートに書き写しましょう。

・途中までしか書かれてません。

T　いいところに気が付きましたね。下につく言葉は、自分で考えて書いてみましょう。

○教師がマス黒板に「りんごが一」「おりがみが一」「えほんが一」と書き、下に続く助数詞を子供が考えながら書いていく。

○漢数字と助数詞を使って書いた文を、全体で声に出して読む。

本時案

かずと　かんじ

本時の目標

・自分で数え歌を作り、発表したり、友達と読み合ったりすることができる。

本時の主な評価

❸進んで数え歌を作り、一から十までの漢数字を書いたり数え歌を読んだりしようとしている。【態度】
・数を表す漢字にはいくつかの読み方があることを理解して、数え歌を考え、書いている。

資料等の準備

・教科書の挿絵のコピー
・ものの数え方を書いたもの（前時までの成果物）
・教師の作品見本

○ともだちの　かぞえうたを　よもう

3 子供に学習感想を発表させる。

授業の流れ ▷▷▷

1 漢数字の書き方や助数詞の違いについて確認する 〈10分〉

○前時までに学習した漢数字を確認したり、「こぶたの数え歌」を読んだりして、これまでの学習を振り返る。
T　前の時間までに学習したことを発表しましょう。
・数を漢字で書きました。
・漢字の読み方が、数えるものによって変わることが分かりました。
T　「こぶたの数え歌」をもう一度読んでみましょう。
○全体で音読した後、数えるものによって助数詞が変わることを確認する。また、他のものの数え方も確認する。

2 漢数字の書き方や助数詞に気を付けて、数え歌を作る 〈20分〉

○本時の活動を確認して、学習の見通しをもつ。
T　今日は、自分だけの数え歌を作ります。教科書に載っているものや自分で考えたものを使って、数え方に注意して作りましょう。
○教師がまず作品見本を提示する。
・教科書以外に考えられるもの
ノート→○さつ　　消しゴム→○こ
くつ→○そく　　　うさぎ→○わ
○全員共通の部分（「○つたたくと、」）は、あらかじめ教師がワークシートに書いておく。子供が□に言葉を入れるだけにしておく。書けない子供には、教科書や見本を参考にするよう助言し、漢数字を書く機会を確実に確保する。

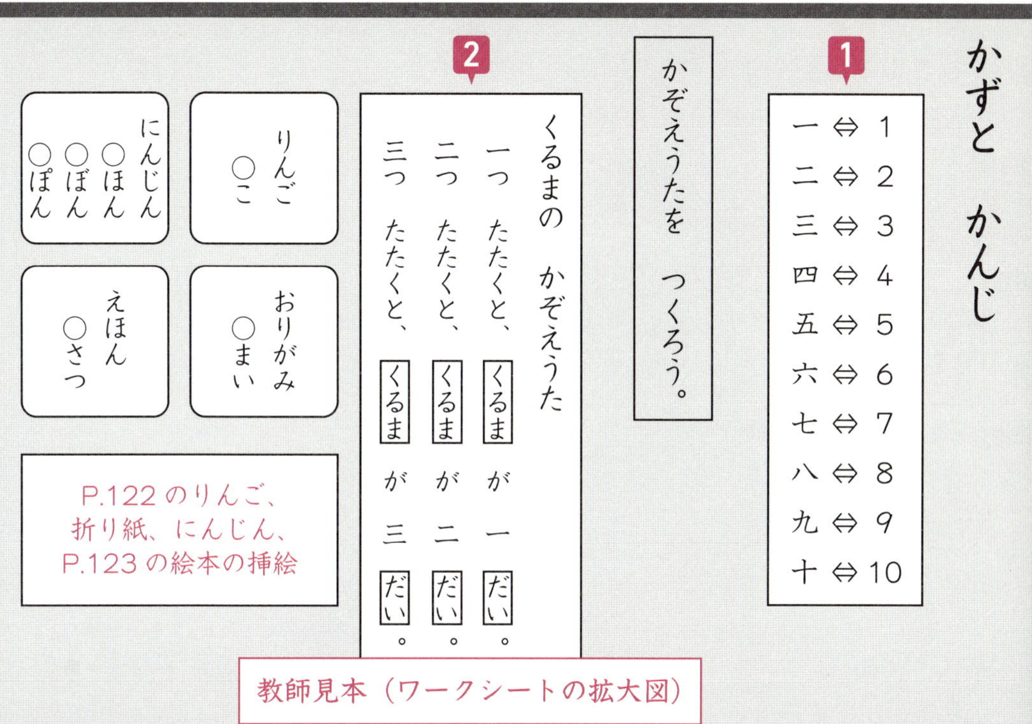

3 作った数え歌を班で読み合ったり、全体で発表したりする〈15分〉

T　みなさん、できましたね。まずは、近くの人と見せ合って、感想も言いましょう。

・すごくおもしろい。

・自分と違って、なるほどな、と思ったよ。

〇教師も自作の数え歌をもって、子供と関わるようにする。

T　それでは、みなさんの前で発表してもらおうと思います。

〇自薦と他薦、両方行うとよい。

T　数え方や数の漢字を学習しました。生活の中でも使うことができますね。

〇学習成果をこれからの生活につなげられるようにする。

よりよい授業へのステップアップ

黒板掲示の工夫

数えるものは、身の回りにたくさんあることを自覚させるために、教科書に掲載していないものも取り上げる。

また、算用数字と漢数字の対応を正しく理解できるように、対応表を常時教室内に掲示する。

助数詞を正しく理解させるための工夫

助数詞の使い方は、はじめのうちは間違えてしまう子供も少なくない。数え歌を書き終えたら、声に出して読ませ、友達同士の交流のときも音読するよう言葉掛けをし、間違いに子供自らの力で気付けるようにする。

監修者・編著者・執筆者紹介

[監修者]

中村　和弘（なかむら　かずひろ）　東京学芸大学准教授

[編著者]

岡﨑　智子（おかざき　ともこ）　東京都杉並区立八成小学校主任教諭
福田　淳佑（ふくだ　じゅんすけ）　東京学芸大学附属世田谷小学校教諭

[執筆者] ＊執筆順。所属は令和２年１月現在

		[執筆箇所]
中村　和弘	（前出）	●まえがき　●「主体的・対話的で深い学び」を目指す授業づくりのポイント　●「言葉による見方・考え方」を働かせる授業づくりのポイント　●学習評価のポイント　●板書づくりのポイント
岡﨑　智子	（前出）	●いい　てんき　●こんな　ことが　あったよ　●やくそく
福田　淳佑	（前出）	●第１学年の指導内容と身に付けたい国語力　●さあはじめよう
赤堀　貴彦	（東京都大田区立都南小学校教諭）	●こえに　だして　よもう「あさの　おひさま」（つづけよう①）　●ぶんを　つくろう　●かずと　かんじ
宇賀村　康子	（東京都文京区立誠之小学校主幹教諭）	●ききたいな、ともだちの　はなし（つづけよう①）　●たのしいな、ことばあそび（つづけよう①）　●ききたいな、ともだちの　はなし（つづけよう②）　●たのしいな、ことばあそび（つづけよう②）
梅澤　梓	（東京都中央区立佃島小学校教諭）	●はなの　みち　●こえに　だして　よもう（つづけよう②）
大島　静恵	（東京学芸大学附属世田谷小学校教諭）	●としょかんへ　いこう　●おおきな　かぶ　●としょかんと　なかよし
山之内　恭子	（東京都世田谷区立松原小学校教諭）	●かきと　かぎ　●ねこと　ねっこ
鈴木　隆	（東京都世田谷区立武蔵丘小学校主任教諭）	●わけを　はなそう　●おばさんと　おばあさん　●おむすび　ころりん
松波　智恵	（東京都豊島区立池袋本町小学校主任教諭）	●くちばし　●ⓗⓞⓔを　つかおう
清浦　夕樹	（東京都港区立赤羽小学校教諭）	●おもちやと　おもちゃ　●かたかなを　みつけよう
浦田　佳奈	（東京都西東京市立栄小学校教諭）	●あいうえおで　あそぼう　●うみの　かくれんぼ
山下　美香	（東京学芸大学附属大泉小学校教諭）	●おおきく　なった　●すきな　もの、なあに

『板書で見る全単元の授業のすべて　国語　小学校１年上』付録 DVD について

・各フォルダーには、以下のファイルが収録されています。
　① 板書の書き方の基礎が分かる動画（出演：成家雅史先生）
　② 授業で使える短冊類（PDF ファイル）
　③ 学習指導案のフォーマット（Word ファイル）
　④ 児童用のワークシート（Word ファイル、PDF ファイル）
　⑤ 黒板掲示用の資料、写真、イラスト等
・DVD に収録されているファイルは、本文中では DVD のアイコンで示しています。
・これらのファイルは、必ず授業で使わなければならないものではありません。あくまで見本として、授業づくりの一助としてご使用ください。
※フォルダ及びファイル番号は、単元の並びで便宜的に振ってあるため、欠番があります。ご了承ください。

【使用上の注意点】
・この DVD はパソコン専用です。破損のおそれがあるため、DVD プレイヤーでは使用しないでください。
・ディスクを持つときは、再生盤面に触れないようにし、傷や汚れ等を付けないようにしてください。
・使用後は、直射日光が当たる場所等、高温・多湿になる場所を避けて保管してください。
・PDF ファイルを開くためには、Adobe Acrobat もしくは Adobe Reader がパソコンにインストールされている必要があります。
・PDF ファイルを拡大して使用すると、文字やイラスト等が不鮮明になったり、線にゆがみやギザギザが出たりする場合があります。あらかじめご了承ください。

【動作環境　Windows】
・〔CPU〕Intel® Celeron® プロセッサ360J1. 40GHz 以上推奨
・〔空メモリ〕256MB 以上（512MB 以上推奨）
・〔ディスプレイ〕解像度640×480、256色以上の表示が可能なこと
・〔OS〕Microsoft Windows10以降
・〔ドライブ〕DVD ドライブ

【動作環境　Macintosh】
・〔CPU〕Power PC G4 1.33GHz 以上推奨
・〔空メモリ〕256MB 以上（512MB 以上推奨）
・〔ディスプレイ〕解像度640×480、256色以上の表示が可能なこと
・〔OS〕Mac OS 10.12（Sierra）以降
・〔ドライブ〕DVD コンボ

【著作権について】
・DVD に収録されているファイルは、著作権法によって守られています。
・著作権法での例外規定を除き、無断で複製することは法律で禁じられています。
・DVD に収録されているファイルは、営利目的であるか否かにかかわらず、第三者への譲渡、貸与、販売、頒布、インターネット上での公開等を禁じます。
・ただし、購入者が学校での授業において、必要枚数を児童に配付する場合は、この限りではありません。ご使用の際、クレジットの表示や個別の使用許諾申請、使用料のお支払い等の必要はありません。

【免責事項】
・この DVD の使用によって生じた損害、障害、被害、その他いかなる事態についても弊社は一切の責任を負いかねます。

【お問い合わせについて】
・この DVD に関するお問い合わせは、次のメールアドレスでのみ受け付けます。 tyk@toyokan.co.jp
・この DVD の破損や紛失に関わるサポートは行っておりません。
・パソコンやアプリケーションソフトの操作方法については、各製造元にお問い合わせください。

板書で見る全単元の授業のすべて
国語 小学校 1 年上
～令和 2 年度全面実施学習指導要領対応～

2020(令和 2)年 4 月 1 日　初版第 1 刷発行

監 修 者：中村　和弘
編 著 者：岡﨑　智子・福田　淳佑

発 行 者：錦織　圭之介
発 行 所：株式会社東洋館出版社
〒113-0021　東京都文京区本駒込 5 丁目16番 7 号
営 業 部　電話 03-3823-9206　FAX 03-3823-9208
編 集 部　電話 03-3823-9207　FAX 03-3823-9209
振　　替　00180-7-96823
U　R　L　http://www.toyokan.co.jp

印刷・製本：藤原印刷株式会社
編集協力：株式会社あいげん社

装丁デザイン：小口翔平＋岩永香穂（tobufune）
本文デザイン：藤原印刷株式会社
イラスト：赤川ちかこ（株式会社オセロ）

ISBN978-4-491-03983-1　　Printed in Japan